东南法学 第四辑
——学术前沿与专题研究

主 编 刘艳红
副主编 汪进元 熊樟林

东南大学出版社
·南京·

图书在版编目（CIP）数据

东南法学.第四辑，学术前沿与专题研究/刘艳红主编.—南京：东南大学出版社，2021.12
　　ISBN 978-7-5766-0003-2

Ⅰ.①东… Ⅱ.①刘… Ⅲ.①法学-文集 Ⅳ.①D90-53

中国版本图书馆CIP数据核字（2021）第278078号

东南法学（第四辑）：学术前沿与专题研究
Dongnan Faxue (Di-si Ji)：Xueshu Qianyan Yu Zhuanti Yanjiu

主　　编	刘艳红
出版发行	东南大学出版社
地　　址	南京市四牌楼2号　邮编：210096
网　　址	http://www.seupress.com
经　　销	全国各地新华书店
印　　刷	兴化印刷有限责任公司
开　　本	787 mm×1092 mm　1/16
印　　张	18
字　　数	460千字
版　　次	2021年12月第1版
印　　次	2021年12月第1次印刷
书　　号	ISBN 978-7-5766-0003-2
定　　价	72.00元

本社图书若有印装质量问题，请直接与营销部联系。电话：025-83791830
责任编辑：刘庆楚　　责任印制：周荣虎　　封面设计：毕　真

目 录

习近平法治思想

1 习近平法治建设重大关系理论
　　　　　　　　　　　　　／江必新　戢太雷

科技法学专题

43 相对人参与算法行政的困境与出路
　　　　　　　　　　　　　／程关松　苗运卫

58 大数据时代账号注销权的保护实践——以《个人信息保护法》"删除"处理为视角
　　　　　　　　　　　　　／阮晨欣

理论前沿

71 什么是"宪法渊源"？——基于一般理论与中国语境的分析
　　　　　　　　　　　　　／雷　磊

103 谁是宪法实施主体？——以宪法文本为中心的分析
　　　　　　　　　　　　　／刘怡达

120 行政协议第三人原告资格认定标准
　　　　　　　　　　　　　／王红建

135　食品安全风险警示的法律分析
　　　　　　　　　　　　　　　　　　/ 林沈节

150　论投诉类行政案件司法审查的对象——对《行诉解释》第十二条第（五）项的再解释
　　　　　　　　　　　　　　　　　　/ 张松波

青年法苑

163　《刑法修正案（十一）》的法教义学检视——以"妨害社会管理秩序罪"为切入点
　　　　　　　　　　　　　　　　　　/ 张梓弦

183　论政务处分的"违法"事由及其范围界定
　　　　　　　　　　　　　　　　/ 陈　辉　明广超

201　我国城市住宅小区中的空间所有权检视及其治理路径
　　　　　　　　　　　　　　　　　/ 房　梁　单　锋

221　论"人的尊严"作为重要范畴及其实现
　　　　　　　　　　　　　　　　　　/ 黄鑫政

域外译介

234　预防接种事故与国家补偿责任
　　　　　　　　　　／［日］西埜章 著　杨官鹏 译

260　灰箱：从政治价值到法律范畴的转换时刻
　　　　　　／［瑞典］莫罗·赞博尼 文　张昌辉 译

·习近平法治思想·

习近平法治建设重大关系理论[*]

江必新　戢太雷[**]

摘　要：习近平法治思想是内涵丰富、论述深刻、逻辑严密、系统完备的法治理论体系。这一体系涵盖了习近平关于法治建设一系列重大关系的重要论述。实现法治中国宏伟目标，需要对法治建设重大关系予以重视、妥善处理；推进全面依法治国和国家治理现代化，需要对法治建设重大关系统一认识、统一步骤；应对我国所处的变革时代与复杂环境，满足人民新时代需求，需要对法治建设重大关系深入理解、更新认识。这些重大关系主要包括政治与法治，改革与法治，依法治国与以德治国，依法治国与依规治党，民主与专政，政策与法律，有法可依与良法善治，法治与经济，法治与社会秩序和稳定，法治与国家治理现代化，确保全面履职与监督制约权力，严格执法与规范公正文明执法，全民守法与建设高素质法治工作队伍，抓住关键少数，尊重国情与借鉴域外经验等诸多关系。习近平关于法治建设重大关系的重要论述，形成了习近平法治建设重大关系理论。这一理论具有重大的理论意义和实践价值，是全面依法治国的根本遵循和行动指南。

关键词：习近平法治思想　习近平法治建设重大关系理论　全面依法治国　法治中国　重大关系

---

[*] 基金项目：国家社会科学基金重大项目"党政合设、合署背景下的行政法基本问题研究"（项目号：18ZDA148）。
[**] 作者简介：江必新，中南大学法学院教授、博士生导师。戢太雷，中南大学法学院博士研究生。

序言

2020年11月16日至17日召开的中央全面依法治国工作会议正式确立了习近平法治思想。这一思想,深刻回答了新时代为什么实行全面依法治国、怎样实行全面依法治国等一系列重大问题。习近平法治思想是马克思主义法治理论中国化的最新成果,是习近平新时代中国特色社会主义思想的重要组成部分,是全面依法治国的根本遵循和行动指南。[①]

全面依法治国必然涉及各种法治建设重大关系,必须协调各种法治建设重大关系。"坚持处理好全面依法治国的辩证关系。全面依法治国必须正确处理政治和法治、改革和法治、依法治国和以德治国、依法治国和依规治党的关系。"[②]习近平关于法治建设重大关系的重要论述,形成了习近平法治建设重大关系理论。学习、研究习近平法治建设重大关系理论,对深刻理解习近平法治思想具有重要意义。本文尝试从习近平法治建设重大关系理论产生的背景、习近平法治建设重大关系理论的基本内容、习近平法治建设重大关系理论的价值与贡献三方面展开研究探讨。

一、习近平法治建设重大关系理论产生的背景

(一)实现"建设法治中国"宏伟目标,要求对法治建设重大关系予以重视、妥善处理

2013年1月,习总书记对做好新形势下政法工作作出批示时,提出了"法治中国"概念,党的十八届三中全会通过的《中共中央关于全面深化改革若干重大问题的决定》第九部分对"推进法治中国建设"提出了具体要求。十九大报告将"建设中国特色社会主义法治体系、建设社会主义法治国家"作为法治建设总目标。法治中国建设是一个系统、复杂的工程,涵盖政治、经济、文化、社会等领域,涉及方方面面关系,必须统筹兼顾、把握重点,妥善处理好法治建设中的重大关系。

何谓重大?就是事关根本、关乎全局。例如,中国法治道路问题。习总书记深刻指出:"全面推进依法治国,必须走对路。如果路走错了,南辕北辙了,那再提什么要求和举措也都没有意义了。"[③]方向决定道路,特别是在一个有十四亿人口的发展中大国,谁引领发展、走什么样的发展道路,具有方向性、战略性意义。又如,党和法治的关系。党和法治的关系,是法治建设的核心问题。在法治中国建设中,党的地位如何?怎样实现党对依法治国的领导?再如,依法治国、依法执政、依法行政如何推动?法治国家、法治政府、法治社会如何建设?这些

---

① 《习近平在中央全面依法治国工作会议上强调　坚定不移走中国特色社会主义法治道路　为全面建设社会主义现代化国家提供有力法治保障》,载《人民日报》2020年11月18日,第01版。
② 习近平:《论坚持全面依法治国》,中央文献出版社2020年版,第230页。
③ 习近平:《论坚持全面依法治国》,中央文献出版社2020年版,第105页。

都是亟须解决的问题。笔者总结了法治中国建设中存在的一些重大问题,主要有:一是人民群众反映强烈的突出问题;二是经济社会面临的深层次问题;三是法治国家建设中的关键问题;四是涉外法治和国际治理中的战略问题;五是国家和社会治理中的根本问题。[①]

法治中国建设中的各类重大关系,是法治建设中必然出现、必须正视、必定处理的问题,具有客观性、基础性、紧迫性,牵一发而动全身。处理这些法治建设中的重大问题,对指引法治中国沿着正确航道前行无疑具有重要意义。

(二)推进全面依法治国和国家治理现代化,要求在法治建设重大关系上统一认识、统一步调

党的十八大以来,习总书记原创性提出"全面依法治国是国家治理的一场深刻革命"的重要论断。在十九大报告中,习总书记强调,"全面依法治国是国家治理的一场深刻革命"[②]。从法治的特性来看,"法治改革的着眼点在于创新和重构,对于处在大转型大变革大变迁时代的中国社会来说,法治发展仅靠外在的继承和借鉴是不够的,必须进行深刻的法治改革和伟大的法治革命,以激发法治发展的内生动力,并通过法治革命引领和保障社会进步"[③]。

全面依法治国也是一项长期而重大的历史任务。习总书记指出,要直面问题,坚定不移地推进法治领域的改革,坚决破除束缚全面推进依法治国的体制机制障碍,解决法治领域的突出问题。党的十八届三中全会出台了20多项重大法治改革措施,十八届四中全会确定了180多项重大法治改革举措。在这场深刻、伟大的治理革命中,现代、传统观念交织,不同人群、不同利益、不同立场共存。比如,在改革和法治问题上,存在"改革要发展,法治要让路"等言论,在法理事理情理关系上,存在"人情大于王法"的传统观念的影响,在立法、执法、司法等环节还存在不少误区。

人心是最大的政治,共识是奋进的动力。法治建设,需要全社会共同参与,需要凝心聚力。人民内部的观点不同,需要凝聚共识;利益不同,需要整合。习总书记关于法治建设中重大关系的论述,正是基于统一思想、统一认识、统一步调之考量,以达成社会共识、凝聚全国人民同心同德为出发点的。

(三)应对我国所处的变革时代与复杂环境,满足人民新时代需求,要求对各类重大关系深入理解、更新认识

我们正处于一个变革的时代,这一变局既非一域一国之变,亦非一时一事之变,而是世界之变、时代之变、历史之变。在变革中,各种力量交织,各种问题叠加。回顾过去的40多年,

---

[①] 江必新:《以习近平法治思想为指导 着力解决法治中国建设中的重大问题》,载《行政法学研究》2020年第6期。
[②] 习近平:《决胜全面建成小康社会,夺取新时代中国特色社会主义伟大胜利》(2017年10月18日),载习近平:《习近平谈治国理政(第三卷)》,外文出版社2020年版,第30页。
[③] 张文显:《习近平法治思想的理论体系》,载《法制与社会发展》2021年第1期。

世界发展进程最大的现实就是一个"变"字，最大的趋势就是谋和平，促发展。2015年10月12日，习总书记在中共中央举行的集体学习（主题是"全球治理格局和全球治理体制"）中指出："国际社会普遍认为，全球治理体制变革正处在历史转折点上。国际力量对比发生深刻变化，新兴市场国家和一大批发展中国家快速发展，国际影响力不断增强，是近代以来国际力量对比中最具革命性的变化。"① 从国内来看，"中国特色社会主义进入新时代，我国社会主要矛盾已经转换为人民日益增长的美好生活需要和不平衡不充分的发展之间的矛盾"②。"人民美好生活需要日益广泛，不仅对物质文化生活提出了更高要求，而且在民主、法治、公平、正义、安全、环境等方面的要求日益增长。"③ 社会主要矛盾发生明显变化，人民更加渴望党和国家依法执政、依法行政，对党和国家提出了许多新要求。

习总书记在分析国内外形势的基础上，指出："当今世界正经历百年未有之大变局，国际形势复杂多变，改革发展稳定、内政外交国防、治党治国治军各方面任务之繁重前所未有，我们面临的风险挑战之严峻前所未有。"④ 解决国内外的诸多问题，都需要我们强化理论探索，实现理论突破。习总书记正是在这种背景下，为实现执政安全、制度安全、国家长治久安，处理法治建设中的重大关系，例如，民主与专政、改革与法治、依法治国与依规治党等重大关系。

坚持从问题出发，从中国的实际出发，问题就是改革的方向，一直是习总书记所强调的基本立场和观点。习总书记关于法治建设重大关系的论述，始终和中国社会热点焦点问题同频共振，为解决现实问题，实现高质量发展、满足人民新时代需求提供了"良方"。习总书记充分论证了法治与国家治理现代化的关系，指出法治支撑"中国之治"。在处理法治与经济的关系时，习总书记指出，经济体制改革是全面深化改革的重点，经济体制改革的核心问题是处理好政府和市场关系，要用法治来规范政府和市场的边界。

综上，法治建设中的若干重大关系，是中国特色社会主义法治道路上必须解决的重大问题。这些重大关系具有客观性、必然性、复杂性，处理这些重大关系极具重要性、必要性、紧迫性。这些重大关系处理不好，社会主义法治建设就有偏离方向的危险，法治中国建设就有功败垂成的风险。这些正是习总书记处理法治建设中重大关系的根本考虑和背景所在。

---

① 习近平：《提高我国参与全球治理的能力》，载习近平：《论坚持推动构建人类命运共同体》，中央文献出版社2018年版，第384页。
② 习近平：《决胜全面建成小康社会，夺取新时代中国特色社会主义伟大胜利》（2017年10月18日），载习近平：《习近平谈治国理政（第三卷）》，外文出版社2020年版，第9页。
③ 《决胜全面建成小康社会　夺取新时代中国特色社会主义伟大胜利——习近平在中国共产党第十九次全国代表大会上的报告》（2017年10月18日），载《人民日报》2017年10月28日，第01版。
④ 习近平：《关于〈中共中央关于全面推进依法治国若干重大问题的决定〉的说明》，载本书编写组：《〈中共中央关于全面推进依法治国若干重大问题的决定〉辅导读本》，人民出版社2014年版，第53页。

二、习近平法治建设重大关系理论的基本内容

习总书记对法治建设领域中的诸多重大关系,作了科学、深刻、系统的论述。本文从政治与法治,改革与法治,依法治国与以德治国,依法治国与依规治党,民主与专政,政策与法律,有法可依与良法善治,法治与经济,法治与社会秩序和稳定,法治与国家治理现代化,发展与安全,法理情(法理事理情理),确保全面履职与监督制约权力,严格执法与规范公正文明执法,全民守法与抓住关键少数、建设高素质法治工作队伍,尊重国情与借鉴域外经验等方面展开解读。

(一)政治与法治的关系

政治与法治的关系,是民主政治的核心问题。习总书记在政治与法治二者的关系上,作了诸多精辟的阐述、严密的论证。具体包括:

1. 政治与法治密不可分

习总书记指出:"法治当中有政治,没有脱离政治的法治……每一种法治形态背后都有一套政治理论,每一种法治模式当中都有一种政治逻辑,每一条法治道路底下都有一种政治立场。"[①] 他强调:"我们要建设的中国特色社会主义法治体系,本质上是中国特色社会主义制度的法律表现形式。"[②] 一方面,政治是法治的基础。一是政治定性、定向法治。有什么样的政治就有什么样的法治,政治制度和政治模式差异必然反映在宪法法律上,体现在法治实践中,法治某种程度上也是政治的风向标。[③] 西方法学家也认为,每种法治形态背后都有一种政治逻辑、政治立场。例如,西方各国的政党和司法之间也有千丝万缕的关系。美国联邦法院法官必须由总统提名并经过参议院同意后方能任命,总统们往往也提名本党成员作为候选人以增强本党在最高法院的力量。2020年,美国的大法官提名,再次印证了这一颠扑不灭的真理。二是政治为法律提供了组织基础。政治组织的产生为法律的制定和执行提供了主体,从法律本身来看,其本身就是人类有组织活动的要求与结果,如果没有政治组织之存在,那么法律就没有存在依据,法律的实施也就缺少执行者和监督者。[④] 三是法治的成果需要政治来加以维护。法律需要政治作为后盾,维护法律的权威性,保证法律不被轻易破坏。另一方面,法治是政治的保障。一是法治规范政治。法治是规范权力的有效方式。权力无

---

① 《习近平同志在省部级主要领导干部学习贯彻党的十八届四中全会精神全面推进依法治国专题研讨班上的讲话》(2015年2月2日),载中共中央文献研究室:《习近平关于全面依法治国论述摘编》,中央文献出版社2015年版,第34页。
② 《习近平同志在省部级主要领导干部学习贯彻党的十八届四中全会精神全面推进依法治国专题研讨班上的讲话》(2015年2月2日),载中共中央文献研究室:《习近平关于全面依法治国论述摘编》,中央文献出版社2015年版,第35页。
③ 张文显:《习近平法治思想的基本精神和核心要义》,载《东方法学》2021年第1期。
④ 江国华:《习近平全面依法治国新理念新思想新战略的学理阐释》,载《武汉大学学报(哲学社会科学版)》2021年第1期。

监督,则权利无保障。法治是约束权力、规范权力的制度之笼。例如人民代表大会的重要原则和制定设计的要求,就是国家机关及其工作人员的权力要受到制约和监督。二是法治保障政治。法治是治国理政的基本方式,具有显著优势。权力的运行,因为法律的赋权而具有正当性。政党的政治主张如果能够成为法律,便能以最小的成本实现最大范围的执行。

2. 政治与法治的关系集中体现为党和法的关系

现代政治是政党政治,政党特别是执政党的路线、方针、政策在很大程度上影响法治的体系和运行。所以,正确处理好党法关系,是处理好政治与法治关系的关键。习总书记指出:"党和法的关系是政治和法治关系的集中反映。"[①] 习总书记高度重视党法关系问题。他指出:"党和法的关系是一个根本问题,处理得好,则法治兴、党兴、国家兴;处理得不好,则法治衰、党衰、国家衰。"[②] 习总书记关于党法关系的重要论述包括如下要点:

第一,党和法高度统一。党的领导和依法治国具有价值同源性和内在统一性。[③] 习总书记论证了党的领导和法治的辩证统一关系:"依法治国是我们党提出来的,把依法治国上升为党领导人民治理国家的基本方略也是我们党提出来的,而且党一直带领人民在实践中推进依法治国。"[④] 他强调:"社会主义法治必须坚持党的领导,党的领导必须依靠社会主义法治……全党在宪法法律范围内活动,这是我们党的高度自觉,也是坚持党的领导的具体体现,党和法、党的领导和依法治国是高度统一的。"[⑤]

第二,社会主义法治必须坚持党的领导,党的领导必须依靠社会主义法治。社会主义法治必须坚持党的领导。一是坚持党的领导是中国特色社会主义法治最本质的特征。党政军民学,党是领导一切的,是中国特色社会主义事业的领导核心。习近平法治思想的"十一个坚持"中,第一个就是坚持党对全面依法治国的领导,这充分表明党的领导在全面依法治国中的统领性、全局性、决定性地位。[⑥] 习总书记原创性提出中国共产党的领导是中国特色社会主义最本质的特征。他进而指出:"党的领导是中国特色社会主义法治之魂,是我们的法治同西方资本主义国家的法治最大的区别。离开了中国共产党的领导,中国特色社会主义法治体系、社会主义法治国家就建不起来。"[⑦] 二是坚持党的领导,是社会主义法治的根本要

---

① 《习近平同志在省部级主要领导干部学习贯彻党的十八届四中全会精神全面推进依法治国专题研讨班上的讲话》(2015年2月2日),载中共中央文献研究室:《习近平关于全面依法治国论述摘编》,中央文献出版社2015年版,第34页。
② 《习近平同志在省部级主要领导干部学习贯彻党的十八届四中全会精神全面推进依法治国专题研讨班上的讲话》(2015年2月2日),载中共中央文献研究室:《习近平关于全面依法治国论述摘编》,中央文献出版社2015年版,第33页。
③ 参见汪习根:《论习近平法治思想的时代精神》,载《中国法学》2021年第1期。
④ 习近平:《加快建设社会主义法治国家》,载《求是》2015年第1期。
⑤ 《习近平同志在省部级主要领导干部学习贯彻党的十八届四中全会精神全面推进依法治国专题研讨班上的讲话》(2015年2月2日),载中共中央文献研究室:《习近平关于全面依法治国论述摘编》,中央文献出版社2015年版,第36页。
⑥ 中共中国法学会党组:《用习近平法治思想引领法治中国建设》,载《人民日报》2020年12月25日,第09版。
⑦ 《习近平同志在省部级主要领导干部学习贯彻党的十八届四中全会精神全面推进依法治国专题研讨班上的讲话》(2015年2月2日),载中共中央文献研究室:《习近平关于全面依法治国论述摘编》,中央文献出版社2015年版,第35页。

求,是全面推进依法治国题中应有之义。首先,坚持党的领导,才能保证全面依法治国的政治方向。纵观新中国法治建设历程,最根本的经验就是坚持党在全面依法治国中的领导核心地位,把党的领导贯彻到全面依法治国全过程和各方面。党的领导是国家的根本领导制度,是我们最大的国情,不容置疑、不容削弱。习总书记强调:"全面推进依法治国这件大事能不能办好,最关键的是方向是不是正确、政治保证是不是坚强有力,具体讲就是要坚持党的领导,坚持中国特色社会主义制度,贯彻中国特色社会主义法治理论。"① 其次,党的领导地位是宪法赋予的。我国宪法确认了中国共产党的执政地位。2018年的宪法修改中,"中国共产党领导是中国特色社会主义最本质的特征"写入宪法总纲第一条。宪法确认了党在国家政权结构中总揽全局、协调各方的核心地位。三是党的领导保障社会主义法治。党的领导是党和国家事业不断发展的"定海神针"。坚持党的领导是中国特色社会主义制度最本质的特征,也是最大的优势。习总书记深刻指出:"党的领导是社会主义法治最根本的保证。"② 四是习总书记论证了党法关系的伪命题和真命题。党的领导和依法治国的关系一直是少数别有用心之人攻击我国法治的借口之一。习总书记指出:"党大还是法大是一个政治陷阱,是一个伪命题。对这个问题,我们不能含糊其辞、语焉不详,要明确予以回答。"③ 他强调:"我们说不存在'党大还是法大'的问题,是把党作为一个执政整体而言的,是指党的执政地位和领导地位而言的。"④ 党作为一个整体,要领导全面依法治国,党的领导要贯穿立法、执法、司法等全过程。但是,具体到每个党政组织、领导干部,就必须服从和遵守宪法法律,就不能以党自居,就不能把党的领导作为个人以言代法、以权压法、徇私枉法的挡箭牌。习总书记揭示了"党大还是法大"背后的政治动机,就是试图将党的领导和法治割裂、对立起来,否定党的领导,否定中国特色社会主义制度。他还强调:"如果说'党大还是法大'是一个伪命题,那么对各级党政组织、各级领导干部来说,权大还是法大则是一个真命题。纵观人类政治文明史,权力是一把双刃剑,在法治轨道上行使可以造福人民,在法律之外行使则必然祸害国家和人民。"⑤ 因此,问题的根本不是党大还是法大的问题,而是权大还是法大的问题。历史已经多次证明,权力与法律相向而行,则国治民安;权力与法律背道而驰,则祸国殃民。

---

① 习近平:《论坚持全面依法治国》,中央文献出版社2020年版,第91页。
② 习近平:《论坚持全面依法治国》,中央文献出版社2020年版,第92页。
③ 《习近平同志在省部级主要领导干部学习贯彻党的十八届四中全会精神全面推进依法治国专题研讨班上的讲话》(2015年2月2日),载中共中央文献研究室:《习近平关于全面依法治国论述摘编》,中央文献出版社2015年版,第34页。
④ 《习近平同志在省部级主要领导干部学习贯彻党的十八届四中全会精神全面推进依法治国专题研讨班上的讲话》(2015年2月2日),载中共中央文献研究室:《习近平关于全面依法治国论述摘编》,中央文献出版社2015年版,第37页。
⑤ 《习近平同志在省部级主要领导干部学习贯彻党的十八届四中全会精神全面推进依法治国专题研讨班上的讲话》(2015年2月2日),载中共中央文献研究室:《习近平关于全面依法治国论述摘编》,中央文献出版社2015年版,第37-38页。

党的领导必须依靠社会主义法治。社会主义法治的目的是加强党的领导。习总书记强调："我们全面推进依法治国，绝不是要虚化、弱化甚至动摇、否定党的领导，而是为了进一步巩固党的执政地位、改善党的执政方式、提高党的执政能力，保证党和国家长治久安。"①

在坚持党的领导的同时，必须注重改善党的领导，不断提高党领导依法治国的能力和水平。坚持党的领导和改善党的领导互为因果、一体两面。如何实现、改善党的领导？一是党要带头依宪执政、依法执政。坚持依法治国首先要坚持依宪治国，坚持依法执政首先要坚持依宪执政。依法治国是党领导人民治理国家的基本方略，依法执政是党治理国家的基本方式。办好中国的事情，关键在党。只有党依宪执政，依法执政，自觉在宪法法律范围内活动，社会主义法治才能落实好。二是要改进党的领导方式和执政方式。"坚持党的领导，不是一句空的口号，必须具体体现在党领导立法、保证执法、支持司法、带头守法上。一方面，要坚持党总揽全局、协调各方的领导核心作用，统筹依法治国各领域工作，确保党的主张贯彻到依法治国全过程和各方面。另一方面，要改善党对依法治国的领导，不断提高党领导依法治国的能力和水平。"②习总书记创造性地提出了"三统一、四善于"的执政理念，即"必须坚持党领导立法、保证执法、支持司法、带头守法，把依法治国基本方略同依法执政基本方式统一起来，把党总揽全局、协调各方同人大、政府、政协、审判机关、检察机关依法依章程履行职能、开展工作统一起来，把党领导人民制定和实施宪法法律同党坚持在宪法法律范围内活动统一起来；善于使党的主张通过法定程序成为国家意志，善于使党组织推荐的人选通过法定程序成为国家政权机关的领导人员，善于通过国家政权机关实施党对国家和社会的领导，善于运用民主集中制原则维护中央权威、维护全党全国团结统一"。"三统一、四善于"是习总书记对党的执政方式的总结和创造性发展。我们要在"三统一"中加强党对法治的领导，在"四善于"中落实党对法治的领导。三是坚持党的领导要与人民当家作主、依法治国有机统一起来。这既是我国社会主义法治建设的成功经验，也反映了民主与法治不可分离的重大关系。四是要注意正确处理党的领导和确保司法机关依法独立公正行使职权的关系。党实施领导权的原则是总揽全局、协调各方。总揽而不是包办，协调而不是替代。党总揽全局是在国家机关职权独立前提下的总揽。党协调各方是指党要最大限度地凝聚共识、形成合力。这是处理好党的领导权与国家权力、社会权力关系的重要原则。习总书记强调："党对政法工作的领导是管方向、管政策、管原则、管干部，不是包办具体事务，……党委政法委要明确职能定位，善于议大事、抓大事、谋全局，把握政治方向，协调各方职能、统筹政法工

---

① 《习近平同志在省部级主要领导干部学习贯彻党的十八届四中全会精神全面推进依法治国专题研讨班上的讲话》（2015年2月2日），载中共中央文献研究室：《习近平关于全面依法治国论述摘编》，中央文献出版社2015年版，第35-36页。

② 习近平：《论坚持全面依法治国》，中央文献出版社2020年版，第107页。

作、建设政法队伍、督促依法办事、创造执法环境。"①五是要建立健全党领导法治工作的体制机制。习总书记指出："全面依法治国是要加强和改善党的领导，健全党领导全面依法治国的制度和工作机制，推进党的领导制度化、法治化，通过法治保障党的路线方针政策有效实施。"②2018年，党中央组建中国共产党中央全面依法治国委员会，正是基于加强党对法治工作领导的目的。

（二）改革与法治的关系

习总书记运用辩证唯物主义和历史唯物主义的世界观和方法论，深刻、充分论证了改革与法治的内在关联和相互关系，阐释了如何实现改革的合法性和法治的现代性。具体包括：

1. 法治和改革具有内在统一性

从表面上看，改革意味着要突破现有的法律，法治则必然要求依法而行。实际上，二者相伴而生、不可或缺、不可偏废。习总书记指出改革与法治如"鸟之两翼、车之两轮"。他强调："法治和改革相辅相成、相伴而生。"③一是法治和改革不可分。我国历史上的历次变法，不管是战国时期商鞅变法、宋代王安石变法还是明代张居正变法，都是改革和法治紧密结合，变旧法、立新法。习总书记强调："深化改革需要法治保障。"④二是全面深化改革、全面依法治国是"破"与"立"的辩证统一。法治就是最大的创新。党的十八届四中全会通过了全面推进依法治国的决定，与党的十八届三中全会通过的全面深化改革的决定形成了姊妹篇，这充分印证了法治和改革密不可分，也体现了"破"与"立"的辩证统一，是总体战略部署在时间轴上的顺序展开。正如习总书记指出："让全面深化改革、全面依法治国像两个轮子，共同推进全面建成小康社会的事业滚滚向前。"⑤改革和法治是两个轮子，这就是全面深化改革和全面依法治国的辩证关系。三是从实践来看，改革和法治同步推进，才能增强改革的穿透力。习总书记强调："要把十八届四中全会提出的对依法治国具有重要意义的改革举措，纳入改革任务总台账，一体部署、一体落实、一体督办180多项。"⑥

2. 在法治下推进改革、在改革中完善法治

在法治下推进改革，解决的是改革的合法性问题。第一，重大改革要于法有据。重大改革要于法有据，就是要在法治的轨道上推进改革，以法治凝聚改革共识、引领改革方向、规范改革进程、化解改革风险、巩固改革成果。习总书记指出："在整个改革过程中，都要高度重

---

① 习近平：《论坚持全面依法治国》，中央文献出版社2020年版，第44页。
② 习近平：《论坚持全面依法治国》，中央文献出版社2020年版，第2页。
③ 习近平：《论坚持全面依法治国》，中央文献出版社2020年版，第38页。
④ 习近平：《论坚持全面依法治国》，中央文献出版社2020年版，第39页。
⑤ 习近平：《论坚持全面依法治国》，中央文献出版社2020年版，第36-37页。
⑥ 《习近平主持召开中央全面深化改革领导小组第六次会议强调　学习贯彻党的十八届四中全会精神　运用法治思维和法治方式推进改革》，载《人民日报》2014年10月28日，第01版。

视运用法治思维和法治方式,发挥法治的引领和推动作用,加强对相关立法工作的协调,确保在法治轨道上推进改革。"①"深化党和国家机构改革,要做到改革和立法相统一、相促进,发挥法治规范和保障改革的作用,做到重大改革于法有据、依法依规进行……做到在法治下推进改革,在改革中完善法治。"②他强调:"凡属重大改革要于法有据,需要修改法律的可以先修改法律,先立后破,有序进行。有的重要改革举措,需要得到法律授权的,要按法律程序进行。"③改革必须有宪法法律的明确授权,改革必须依法改革、循法而改。第二,要做到有序改革。习总书记指出:"要正确推进改革,坚持改革是社会主义制度自我完善和发展。要准确推进改革,认真执行中央要求,不要事情还没弄明白就盲目推进。要有序推进改革,该中央统一部署的不要抢跑,该尽早推进的不要拖宕,该试点的不要仓促推开,该深入研究后再推进的不要急于求成,该得到法律授权的不要超前推进。"④习总书记强调:"需要得到法律授权的重要改革举措,要在履行法律程序后再实施,有序进行,不能违法办事。"⑤

在改革中完善法治,解决的是法治的现代性问题。第一,要把法治纳入全面深化改革的总体部署。改革和创新,是为了落实依法治国、建设社会主义国家的基本方略,是为了通过改革和创新,排除法治建设的不利因素。"要把全面依法治国放在'四个全面'的战略布局中来把握,深刻认识全面依法治国同其他三个'全面'的关系,努力做到'四个全面'相辅相成、相互促进、相得益彰。"⑥一是法治本身就是改革的重要领域。改革是解决法治领域突出问题的根本途径。习总书记指出:"坚定不移推进法治领域改革,坚决破除束缚全面推进依法治国的体制机制障碍。解决法治领域的突出问题,根本途径在于改革。如果完全停留在旧的体制机制框架内,用老办法应对新情况新问题,或者用零敲碎打的方式来修修补补,是解决不了大问题的。"⑦二是要突出司法体制改革。习总书记在十八届四中全会上所做的说明中,重点提到了十个问题,很多都和司法体制改革相关,例如提高司法公信力(第六)、最高人民法院设立巡回法庭(第七)、探索设立跨行政区划的人民法院和人民检察院(第八)、探索建立检察机关提起公益诉讼制度(第九)。习总书记强调,司法是维护社会公平正义的最后一道防线。他指出:"司法领域存在的主要问题是,司法不公、司法公信力不高问题十

---

① 习近平:《把抓落实作为推进改革工作的重点 真抓实干蹄疾步稳求实效》,载《人民日报》2014年3月1日,第01版。
② 习近平:《关于深化党和国家机构改革决定稿和方案稿的说明》(2018年2月26日),载中共中央党史和文献研究室:《十九大以来重要文献选编(上)》,中央文献出版社2019年版,第247页。
③ 习近平:《论坚持全面依法治国》,中央文献出版社2020年版,第35页。
④ 《习近平在山东考察时强调 认真贯彻党的十八届三中全会精神 汇聚起全面深化改革的强大正能量》,载《人民日报》2013年11月29日,第01版。
⑤ 习近平:《论坚持全面依法治国》,中央文献出版社2020年版,第40页。
⑥ 《习近平同志在省部级主要领导干部学习贯彻党的十八届四中全会精神全面推进依法治国专题研讨班上的讲话》(2015年2月2日),载中共中央文献研究室:《习近平关于全面依法治国论述摘编》,中央文献出版社2015年版,第15页。
⑦ 习近平:《加快建设社会主义法治国家》,载《求是》2015年第1期。

分突出……司法不公的深层次原因在于司法体制不完善、司法职权配置和权力运行机制不科学、人权司法保障制度不健全。"① 在法治改革领域，司法体制改革是重中之重。习总书记强调："司法体制改革是政治体制改革的重要组成部分，对推进国家治理体系和治理能力现代化具有十分重要的意义。要加强领导、协力推动、务求实效，加快建设公正高效权威的社会主义司法制度，更好坚持党的领导、更好发挥我国司法制度的特色、更好促进社会公平正义。"②

第二，立法要和改革相辅相成。一是要科学立法。科学立法是处理改革与法治关系的重要环节，立法要主动适应改革发展需要，实现立法决策和改革决策相统一、相衔接。在研究改革方案和改革措施时，要同步考虑改革涉及的立法问题，及时提出立法需求和立法建议。实践证明行之有效的，要及时上升为法律。实践条件还不成熟、需要先行先试的，要按照法定程序作出授权。对不适应改革要求的法律法规，要及时修改和废止。③ 二是要高质量立法。立法要提量提质，保障改革。要加强重点领域、新兴领域、关键领域的立法，"要完善法治建设规划，提高立法工作质量和效率，保障和服务改革发展，营造和谐稳定社会环境，加强涉外法治建设，为推进改革发展稳定工作营造良好法治环境"④。三是立法要为改革留有余地和必要的空间。对于重大改革于法无据的，宜在先行先试的基础上，再做法律的立改废释工作。

要坚持改革和法治统一协调。法治与改革同时进行，二者之间难免发生矛盾和冲突。一方面注重改革，一方面过分强调法治，改革就难以推动。解决这个矛盾和冲突，需要正确处理好改革和法治的关系。"对部门间争议较大的重要立法事项，要加快推动和协调，不能久拖不决。对实践条件还不成熟、需要先行先试的，要按照法定程序作出授权，既不允许随意突破法律红线，也不允许简单以现行法律没有依据为由迟滞改革。对不适应改革要求的现行法律法规，要及时修改或废止，不能让一些过时的法律条款成为改革的'绊马索'。"⑤

（三）依法治国与以德治国的关系

依法治国和以德治国的关系、法治与德治的关系，是经国序民、治国理政的焦点问题。⑥

---

① 习近平：《论坚持全面依法治国》，中央文献出版社2020年版，第98页。
② 习近平：《促进社会公平正义，保障人民安居乐业》（2014年1月7日），载习近平：《习近平谈治国理论》，外文出版社2014年版，第150页。
③ 《习近平主持召开中央全面深化改革领导小组第六次会议强调 学习贯彻党的十八届四中全会精神 运用法治思维和法治方式推进改革》，载《人民日报》2014年10月28日，第01版。
④ 《习近平主持召开中央全面依法治国委员会第二次会议强调 完善法治建设规划提高立法工作质量效率 为推进改革发展稳定工作营造良好法治环境》，载《人民日报》2019年2月26日，第01版。
⑤ 《习近平同志在省部级主要领导干部学习贯彻党的十八届四中全会精神全面推进依法治国专题研讨班上的讲话》（2015年2月2日），载中共中央文献研究室：《习近平关于全面依法治国论述摘编》，中央文献出版社2015年版，第52-53页。
⑥ 张文显：《习近平法治思想的基本精神和核心要义》，载《东方法学》2021年第1期。

习总书记形成了完备、辩证、创新的"法德观",其提出的法德兼治、法德共治理论,阐明了一种现代法治和新型德治相结合的治国新思路。这既是对中国古代治国理政智慧的传承,又是对国家治理现代化理论的发展和升华。具体包括:

1. 法安天下,德润人心

这句已经家喻户晓的金句,极为精辟地揭示了法律和道德的辩证关系。法律和道德不可分,一是二者具有共通性。法律和道德同属上层建筑的范畴。习总书记指出:"法律是成文的道德,道德是内心的法律,法律和道德都具有规范社会行为、维护社会秩序的作用。"① 法治是治国理政的基本方略,德治是治理国家的重要方式。二者都是国家治理的重要手段,法治以其权威性和强制性手段规范社会成员的行为,德治以其说服力和劝导力提高社会成员的思想认识和道德觉悟。二是二者具有协调性。"法律规范人们的行为,可以强制性地惩罚违法行为,但不能代替解决人们思想道德的问题。我国历来就有德刑相辅、儒法并用的思想。法是他律,德是自律,需要二者并用。如果人人都能自觉进行道德约束,违法的事情就会大大减少,遵守法律也就会有更深厚的基础。"② 三是二者具有互补性。"法律作为社会控制的一种方式,具有强力的全部力量,那么它也具有依赖强力的一切弱点。"③ 法律有效实施有赖于道德支持,道德践行也同样离不开法律约束。因此,法律和道德不可分离、偏废,二者协同发力是国家治理的重要保障。治理国家、治理社会,必须一手抓法治,一手抓德治。

2. 依法治国与以德治国相结合,德治和法治相辅相成,相得益彰

从根本上讲,依法治国是政治文明的标志,以德治国是精神文明的标志。在法治中国建设中,"要坚持依法治国和以德治国相结合,把法治建设和道德建设紧密结合起来,把他律和自律紧密结合起来,做到法治和德治相辅相成、相互促进"④。

在新的历史条件下,依法治国和以德治国更显重要。依法治国和以德治国相结合,是社会主义法治的必然要求。社会主义法治以人民为中心,人民在党的领导下参与国家事务管理。除了法律的刚性强制外,更需要通过道德的教化,形成人民内心的确信,达成真正守法。二者相结合的要点在于:

第一,发挥法治对道德的规范作用。一是强化法律对道德的促进作用。"法律是底线的道德,也是道德的保障。"⑤ 发挥好法律的规范作用,必须以法治体现道德理念、强化法律对道德建设的促进作用。一方面,道德是法律的基石,只有那些合乎道德、具有深厚道德基础

---

① 习近平:《论坚持全面依法治国》,中央文献出版社2020年版,第109页。
② 习近平:《论坚持全面依法治国》,中央文献出版社2020年版,第51页。
③ [美]罗斯科·庞德:《通过法律的社会控制》,沈宗灵译,商务印书馆2010年版,第12页。
④ 习近平:《论坚持全面依法治国》,中央文献出版社2020年版,第24页。
⑤ 习近平:《坚持依法治国和以德治国相结合》(2016年12月9日),载习近平:《习近平谈治国理政(第二卷)》,外文出版社2017年版,第134页。

的法律才能为更多人自觉遵行。另一方面,法律是道德的保障,可以通过强制性规范人们行为、惩罚违法行为来引领道德风尚。要注意把一些基本道德规范转化为法律规范,使法律法规更多体现道德理念和人文关怀,通过法律的强制力来强化道德作用、确保道德底线,推动全社会道德素质提升。[①] 二是运用法治手段解决道德领域突出问题。习总书记强调:"要加强相关立法工作,明确对失德行为的惩戒措施。要依法加强对群众反映强烈的失德行为的整治。对突出的诚信缺失问题,既要抓紧建立覆盖全社会的征信系统,又要完善守法诚信褒奖机制和违法失信惩戒机制,使人不敢失信、不能失信。对见利忘义、制假售假的违法行为,要加大执法力度,让败德违法者受到惩治、付出代价。"[②]

第二,发挥道德对法治的支撑作用。一是发挥道德的教化作用。在道德体系中体现法治要求,发挥道德对法治的滋养作用。"再多再好的法律,必须转化为人们内心自觉才能真正为人们所遵行。'不知耻者,无所不为。'没有道德滋养,法治文化就缺乏源头活水,法律实施就缺乏坚实社会基础。"[③] 要努力使道德体系同社会主义法律规范相衔接、相协调、相促进,提高全社会文明程度,为全面依法治国创造良好人文环境。二是在道德教育中突出法治内涵,注重培育人们的法律信仰、法治观念、规则意识,引导人们自觉履行法定义务、社会责任、家庭责任,营造全社会都讲法治、守法治的文化环境,把道德要求贯彻到法治建设中。以法治承载道德理念,道德才有可靠的制度支撑。习总书记特别强调要把社会主义核心价值观融入法治建设。他指出:"法律法规要树立鲜明道德导向,弘扬美德义行,立法、执法、司法都要体现社会主义道德要求,都要把社会主义核心价值观贯穿其中,使社会主义法治成为良法善治。要把实践中广泛认同、较为成熟、操作性强的道德要求及时上升为法律规范,引导全社会崇德向善。"[④]

(四)依法治国与依规治党的关系

党的十八大以来,习总书记从协调推进"四个全面"战略布局的高度,系统部署依规治党、依法治国,进一步夯实了全面从严治党、党国共治的制度基石。习总书记开创性提出"依规治党",并指出:"加强党内法规制度建设是全面从严治党的长远之策、根本之策。"[⑤] 习总书记关于二者关系的论述,具体包括:

1. 依法治国与依规治党有机统一

二者本质相同。依法治国是依据宪法法律治国,依规治党是依党章党规治党。宪法是

[①] 习近平:《加快建设社会主义法治国家》,载《求是》2015年第1期。
[②] 《习近平在中共中央政治局第三十七次集体学习时强调 坚持依法治国和以德治国相结合 推进国家治理体系和治理能力现代化》,载《人民日报》2016年12月11日,第01版。
[③] 习近平:《加快建设社会主义法治国家》,载《求是》2015年第1期。
[④] 习近平:《论坚持全面依法治国》,中央文献出版社2020年版,第166页。
[⑤] 习近平:《论坚持全面依法治国》,中央文献出版社2020年版,第169页。

法律体系的基础,党章是党规体系的基石。宪法和党规在治国理政的根本问题和基本原理上是相通叠加的。① 中华民族的命运同中国共产党的命运密不可分。作为执政党、领导党,党既要依据宪法法律治国理政、让人民生活得更美好,又要依据党章党规从严治党,更好地为人民服务。依法治国和依规治党具有实施主体的同一性、价值的同源性,共同统一于社会主义法治建设的伟大实践。

二者相辅相成。治国和治党都是治理的重要范畴、不可或缺。依法治国与依规治党是辩证统一的。一方面,依规治党是依法治国的前提和保障。党作为执政党,党员领导干部作为"关键少数",在党内严格按照党章和党内法规行事,在社会上带头遵守宪法法律法规,必能起到良好的示范带动作用,大幅提升法治建设的效能。反之,如果不坚持依规治党、不将党的领导活动纳入党内法规轨道,不能将党员领导干部的权力关进党内法规的笼子里,依法治国将难以实现。习总书记深刻阐明了依法治国与依规治党的密切联系,"依规治党深入党心,依法治国才能深入民心"②。另一方面,依法治国是依规治党的依托和基础。宪法确认了党的执政地位,并确认了党总揽全局、协调各方的核心地位。党内法规既是管党治党的重要依据,也是中国特色社会主义法治体系的重要组成部分。党内法规是对立法、法律的具体化,是中国特色社会主义法治体系的一部分。③ 宪法是国家根本法,党制定、实施党内法规必须和宪法、法律保持一致。换言之,党内法规是宪法法律在党的治理领域的具体化、专门化,受宪法法律的制约、保障。依法治国是依规治党的必然选择,也是确保依规治党得到贯彻落实的重要依托。依法治国将法治精神和法治原则渗透于依规治党之中,增强了党运用法治思维和制度思维管党治党的自觉性、坚定性。两者有机统一的基础在于制度目的统一性、党政权力统一性、基本原则统一性以及治理体系统一性。

二者相对独立。依法治国与依规治党虽然相辅相成,互连互通,但是二者仍存在显著差异。党内法规是管党治党建设党的基本依据和党内治理法治化的制度载体,国家法律是由国家强制力保证实施的具有普遍约束力的行为规则。依法治国重点在于解决国家治理问题,而依规治党聚焦于党的治理问题。二者在功能定位上各有侧重、相对独立,不仅不能缺位,更不能错误越位,避免出现"依规治国"或者"依法治党"。④

2. 依法治国与依规治党统筹推进、一体建设

习总书记深刻指出:"我们党要履行好执政兴国的重大历史使命、赢得具有许多新的历史特点的伟大斗争胜利、实现党和国家的长治久安,必须坚持依法治国与制度治党、依规治

---

① 张文显:《党规国法互联互通》,载《法制与社会发展》2017年第1期。
② 习近平:《加强党对全面依法治国的领导》,载《求是》2019年第4期。
③ 魏治勋:《党内法规特征的多元向度》,载《东方法学》2021年第1期。
④ 参见宋功德:《坚持依规治党》,载《中国法学》2018年第2期。

党统筹推进、一体建设。"①依法治国与依规治党相统一,使法纪衔接、纪法贯通,也是社会主义法治体系的内在要求。习总书记强调:"要发挥依法治国和依规治党的互补性作用,确保党既依据宪法法律治国理政,又依据党内法规管党治党、从严治党。"②统筹推动依法治国与依规治党,实现二者优势互补、良性互动,将国家法律制度和党内法规更好结合,促进党的制度优势与国家制度相互转化,汇聚治国理政的合力和效能,这是实现法治中国的重要保障。

实现依法治国与依规治党的有机统一,关键是保障党内法规与国家法律的统一。习总书记强调:"全面推进依法治国,必须努力形成国家法律法规和党内法规制度相辅相成、相互促进、相互保障的格局。"③实现国家法律法规和党内法规制度相辅相成、相互促进、相互保障,需要做好党内法规同国家法律的衔接、协调与配合。在衔接和协调中,要重点解决二者不一致、有冲突的地方,使得党内法规和国家法律相得益彰,互相促进。此外,还要重点做好党内法规备案审查工作,坚持有件必备、有备必审、有错必纠。

(五)民主与专政的关系

民主与专政,是政治学、法学的经典范畴,二者的关系是全面依法治国中的根本关系。习总书记继承并发展了马克思主义经典作家的成果并予以丰富、拓展和深化,在民主、专政二者的关系上有大量原创、深刻的论述,极大地丰富了人类民主政治理论。具体包括:

1. 习总书记对"民主"的创新发展

一是揭示了民主的真谛是人民当家作主。民主、法治、人权,是现代各国宪法的主要公理性原则。马克思、恩格斯说过:"民主是什么呢?它必须具备一定的意义,否则它就不能存在。因此,全部问题就在于确定民主的真正意义。"④习总书记深刻指出,民主就是人民民主,人民当家作主,"找到全社会意愿和要求的最大公约数,是人民民主的真谛"⑤。人民民主是中国共产党始终高举的旗帜。习总书记强调:"人民当家作主是社会主义民主政治的本质和核心。人民民主是社会主义的生命。没有民主就没有社会主义,就没有社会主义的现代化,就没有中华民族伟大复兴。我们必须坚持国家一切权力属于人民,坚持人民主体地位,支持和保证人民通过人民代表大会行使国家权力。"⑥二是提出了以人民为中心的基本原则。党的十八届五中全会首次明确了"以人民为中心的发展思想"。以人民为中心,是全面依法治

---

① 习近平:《论坚持全面依法治国》,中央文献出版社2020年版,第169页。
② 习近平:《论坚持全面依法治国》,中央文献出版社2020年版,第231页。
③ 《中共中央关于全面推进依法治国若干重大问题的决定》,人民出版社2014年版,第53页。
④ 《马克思恩格斯全集:第七卷》,人民日报出版社1959年版,第304页。
⑤ 习近平:《在中央政协工作会议暨庆祝中国人民政治协商会议成立70周年大会上的讲话》(2019年9月20日),载《人民日报》2019年9月21日,第02版。
⑥ 习近平:《在庆祝全国人民代表大会成立六十周年大会上的讲话》(2014年9月5日),载中共中央文献研究室:《十八大以来重要文献选编(中)》,中央文献出版社2016年版,第54-55页。

国的根本立场。习总书记强调:"中国共产党的领导,就是支持和保证人民实现当家作主。"①习总书记还阐述了人民民主和社会主义制度的关联,"我国社会主义制度保证了人民当家作主的主体地位,也保证了人民在依法治国中的主体地位。这是我们的制度优势,也是中国特色社会主义法治区别于资本主义法治的根本所在"②。习总书记多次指出,在中国,发展社会主义民主政治,保证人民当家作主,保证国家政治生活既充满活力又安定有序,关键是要坚持党的领导、人民当家作主、依法治国有机统一。社会主义法治建设必须为了人民、依靠人民、造福人民、保护人民。三是拓展了人民民主实现的多种方式。习总书记指出,要坚持人民主体地位,发展更为广泛、更为充分、更加健全的人民民主,最广泛地动员和组织人民依法管理国家事务,管理经济文化事业,管理社会事务。他强调:"保证和支持人民当家作主不是一句口号、不是一句空话,必须落实到国家政治生活和社会生活之中,保证人民依法有效行使管理国家事务、管理经济和文化事业、管理社会事务的权力。"③

2. 民主和专政既对立又统一,相辅相成

习总书记强调,要辩证认识和处理二者的关系。只讲专政,不讲民主不对,但是只讲民主,不讲专政也不对。无产阶级专政为无产阶级民主提供坚强的后盾,而无产阶级民主为无产阶级专政提供人民基础。没有无产阶级专政就没有无产阶级民主,反之亦然。人民民主专政是我国宪法规定的国家性质,人民民主专政的国家政权机关必须以坚定的政治立场、高度的政治清醒、强烈的政治自觉,把维护人民群众合法权益作为出发点和落脚点。④在实践中,我们要正确把握民主与专政的关系,辨识民主与专政的界限。一是正确区分人民内部矛盾。对人民内部矛盾,要坚持和风细雨、为民服务,但对违法问题、害群之马,一定要依法处置、以儆效尤,这才是保护广大人民根本利益。⑤二是正确区分敌我矛盾。习总书记强调:"共产党人的斗争是有方向、有立场、有原则的,大方向就是坚持中国共产党和我国社会主义制度不动摇。"习总书记提出了斗争区分的"五个凡是",即"凡是危害中国共产党和我国社会主义制度的各种风险挑战,凡是危害我国主权、安全、发展利益的各种风险挑战,凡是危害我国核心利益和重大原则的各种风险挑战,凡是危害我国人民根本利益的各种风险挑战,凡是危害我国实现'两个一百年'奋斗目标、实现中华民族伟大复兴的各种风险挑战"⑥。对于这些挑战,一方面,我们要坚守底线,旗帜鲜明,必须进行有效应对,而且必须取得胜利;另一

---

① 习近平:《论坚持全面依法治国》,中央文献出版社2020年版,第71页。
② 习近平:《论坚持全面依法治国》,中央文献出版社2020年版,第107页。
③ 习近平:《推进协商民主、广泛多层制度化发展》(2014年9月21日),载习近平:《习近平谈治国理政(第二卷)》,外文出版社2017年版,第291页。
④ 参见张文显:《习近平法治思想的基本精神和核心要义》,载《东方法学》2021年第1期。
⑤ 习近平:《论坚持全面依法治国》,中央文献出版社2020年版,第260页。
⑥ 习近平:《发扬斗争精神,增强斗争本领》(2019年9月3日),载习近平:《习近平谈治国理政(第三卷)》,外文出版社2020年版,第226页。

方面,还要注意讲究方式方法,充分发挥法治的功能,利用法治的手段,依法依程序给予应有的制裁,防止授人以柄。① 总之,对敌我矛盾,我们要斗争,更要善于斗争。

（六）政策与法律的关系

政策和法律是最重要的两种社会调整方式,二者的关系是法治理论和实践的重要范畴。习总书记阐释了政策与法律的关系,具体包括:

政策与法律具有目的和价值的内在统一性。政策和法律在指导思想以及为之服务的经济基础、政治制度和根本任务等方面的高度一致,决定了二者都是执政党执政的重要依据,也决定了两者之间密不可分的相互依存关系。在我国,政策和法律在最根本的价值层面是统一的,都以人民利益和社会主义事业为目标。习总书记深刻指出:"我们党的政策和国家法律都是人民根本意志的反映,在本质上是一致的。"② 政策和法律,在根本价值上是一致的,都服务于人民和社会主义事业。

政策与法律协调互补。习总书记强调:"党的政策是国家法律的先导和指引,是立法的依据和执法司法的重要指导。要善于通过法定程序使党的主张成为国家意志、形成法律,通过法律保障党的政策有效实施,确保党总揽全局、协调各方的领导核心作用。党的政策成为国家法律后,实施法律就是贯彻党的意志,依法办事就是执行党的政策。"③ 一方面,政策是国家法律的先导和指引,是立法的依据和执法司法的重要指导;另一方面,通过法律保障政策有效实施,从而实现政策和法律的融合。

处理好政策与法律的关系,要做好二者的统一实施工作。政策与法律有着各自不同的价值追求,差异也较为明显。政策更具便宜性和灵活性,法律讲求稳定性和规范性。面对纷繁多变的国内外形势,执政党必须与时俱进,及时制定各种针对性强的政策。而法律具有滞后性,难以及时应对变动不羁的现实,二者之间难免出现冲突。政法工作"要自觉维护党的政策和国家法律的权威性,确保党的政策和国家法律得到统一正确实施,不能把两者对立起来、割裂开来。如果两者之间出现矛盾,就要努力做好统一正确实施工作"④。在统一实施中,要坚持从实际出发、稳慎及时的原则,进行政策调整或者法律的相应修改,达成最佳效果。

（七）有法可依与良法善治的关系

有法可依、良法善治都是法治中国建设的两个重要范畴。关于有法可依和良法善治,习总书记有大量富有哲理、思辨的论述。具体包括:

---

① 江必新:《习近平法治思想的逻辑体系与理论特征》,载《求索》2021年第2期。
② 《习近平同志在中央政法工作会议上的讲话》(2014年1月7日),载中共中央文献研究室:《习近平关于全面依法治国论述摘编》,中央文献出版社2015年版,第20页。
③ 习近平:《论坚持全面依法治国》,中央文献出版社2020年版,第43页。
④ 习近平:《论坚持全面依法治国》,中央文献出版社2020年版,第43页。

1. 有法可依是良法善治的前提

一方面,实现良法善治,需要有法可依。习总书记指出:"全面推进依法治国,必须坚持科学立法。依法治国,首先要有法可依。"① 从这个意义而言,有法可依是实现依法治国、良法善治的基础。有法可依解决的是法律有无、多少的问题,而良法善治侧重于法律施行的效果,体现国家治理现代化的本质要求。二者是量和质的关系。有法可依,是社会主义法制建设的前提和重点。党的十一届三中全会提出了社会主义法制建设的"十六字方针",即有法可依,有法必依、执法必严、违法必究。党的十五大报告提出,到2010年基本形成中国特色社会主义法律体系。十七大提出,要完善中国特色社会主义法律体系。2011年3月,全国人大常委会工作报告宣布,中国特色社会主义法律体系基本形成。实现了有法可依,并不必然意味着实现了良法。习总书记深刻指出:"我们国家和社会生活各方面总体上实现了有法可依,这是我们取得的重大成就。同时,我们也要看到,实践是法律的基础,法律要随着实践发展而发展。转变经济发展方式,扩大社会主义民主,推进行政体制改革,保障和改善民生,加强和创新社会管理,保护生态环境,都会对立法提出新的要求。"② 立法工作永无止境,完善中国特色社会主义法律体系任务依然任重道远。另一方面,实现良法善治,需要良法。从有法可依到良法,从良法到善治,是法治中国建设的必由之路。在实现整体有法可依的背景下,法治的重心应当从有法可依转向提高法规规范的质量和立法的科学性,实现良法之治的飞跃。良法主要是从立法角度出发,要求有制定完备严密,合乎社会发展客观规律,符合公平、正义、自由、平等、民主、人权、秩序、安全等价值要求,依照法定程序制定和颁布的实在法。③ 良法是实质合理性和形式合理性的统一。其实现有赖于以下途径:一是提高立法质量。习总书记多次强调:"人民群众对立法的期待,已经不是有没有,而是好不好、管用不管用、能不能解决实际问题;不是什么法都能治国,不是什么法都能治好国;越是强调法治,越是要提高立法质量。"④ 他深刻指出:"我们在立法领域面临着一些突出问题,比如,立法质量需要进一步提高,有的法律法规全面反映客观规律和人民意愿不够,解决实际问题有效性不足,针对性、可操作性不强;立法效率需要进一步提高。"⑤ 习总书记强调:"要抓住提高立法质量这个关键,深入推进科学立法、民主立法,完善立法体制和程序,努力使每一项立法都符合宪法精神、反映人民意愿、得到人民拥护。"⑥ 提高立法质量的根本遵循是科学立法、民主

---

① 习近平:《论坚持全面依法治国》,中央文献出版社2020年版,第19页。
② 习近平:《论坚持全面依法治国》,中央文献出版社2020年版,第19页。
③ 江必新、程琥:《论良法善治原则在法治政府评估中的应用》,载《中外法学》2018年第6期。
④ 习近平:《论坚持全面依法治国》,中央文献出版社2020年版,第20页。
⑤ 习近平:《论坚持全面依法治国》,中央文献出版社2020年版,第95页。
⑥ 《习近平同志在庆祝全国人民代表大会成立六十周年大会上的讲话》(2014年9月5日),载中共中央文献研究室:《习近平关于全面依法治国论述摘编》,中央文献出版社2015年版,第47页。

立法、依法立法。习总书记提出："推进科学立法、民主立法，是提高立法质量的根本途径。科学立法的核心在于尊重和体现客观规律，民主立法的核心在于为了人民、依靠人民。要完善科学立法、民主立法机制，创新公众参与立法方式，广泛听取各方面意见和建议。"① 每一项立法，要符合宪法精神，反映人民意愿，得到人民拥护，这是高质量立法的评判标准。二是提高立法效能。首先，立法要破除地方主义、本位主义。"不要囿于自己那些所谓利益，更不要因此对立法工作形成干扰。要想明白，国家和人民整体利益再小也是大，部门、行业等局部利益再大也是小。"② 其次，立法要兼顾质量和效率。"要坚持问题导向，提高立法的针对性、及时性、系统性、可操作性，发挥立法引领和推动作用。"③ 比如，民生立法既要关注涉及人民群众切身利益的重要领域，又要关注人民群众日常生活某些事项的立法，以小切口解决大问题。三是加强重点领域立法，推进法治体系的完善。习总书记强调："加强人工智能相关法律、伦理、社会问题研究，建立健全保障人工智能发展的法律法规、制度体系、伦理道德。"④

2. 良法善治是有法可依的目的

十九大明确提出要"推进科学立法、民主立法、依法立法，以良法促进发展，保障善治"。良法是法治的本质特征，善治是法治的价值所在。良法是法治的价值标准和理性追求，善治是法治的运作模式和实现方式。良法善治的有机结合，构成了现代法治，尤其是社会主义法治的精神和骨髓。⑤ 有法可依是实现良法善治的前提，良法善治是有法可依的目的。无法可依，良法善治将成为纸上的建筑、空中的楼阁，无法落地。没有良法善治，有法可依也将成为无源之水，失去生命力。二者相辅相成，共同构成了法治中国的价值目标和根本要求。

（八）法治与经济的关系

十八大以来，习总书记关于我国经济发展的系列重要讲话，形成了完整的经济思想体系和理论架构，创立了习近平经济思想。习总书记深刻分析了法治与经济的关系，具体包括：

1. 揭示了法治与经济的本质关系

习总书记深刻指出："社会主义市场经济是信用经济、法治经济。"⑥ 他强调："市场经济必然是法治经济。市场经济的高效率就在于价值规律、竞争规律、供求规律的作用，但发挥

---

① 习近平：《论坚持全面依法治国》，中央文献出版社2020年版，第95页。
② 习近平：《论坚持全面依法治国》，中央文献出版社2020年版，第20页。
③ 《习近平同志在庆祝全国人民代表大会成立六十周年大会上的讲话》（2014年9月5日），载中共中央文献研究室：《习近平关于全面依法治国论述摘编》，中央文献出版社2015年版，第47页。
④ 中共中央党史和文献研究院：《习近平关于防范风险挑战、应对突发事件论述摘编》，中央文献出版社2020年版，第79页。
⑤ 李林：《大力弘扬"良法善治"的法治精神》，载《法制日报》2007年8月31日，第03版。
⑥ 《习近平主持召开企业家座谈会强调 激发市场主体活力弘扬企业家精神 推动企业发挥更大作用实现更大发展》，载《人民日报》2020年7月22日，第01版。

市场经济固有规律的作用和维护公平竞争、等价交换、诚实守信的市场经济基本法则,需要法治上的保障。"①

2. 阐释了法治与经济的辩证关系

法治和经济密不可分,一方面,市场经济是法治的基础。"法治的社会物质关系基础是市场经济,法治本身是经济关系变革与法律关系变革相互作用的产物。"② 法治从属于上层建筑的范畴,必然受制于经济基础,体现经济发展的要求。另一方面,法治是市场经济存续和发展不可或缺的基础性条件。市场经济对法治的需求是由市场经济自身的性质所决定的:市场经济内在地需要规则和秩序,内在地需要公平和正义,内在地需要和平和理性,内在地需要普适而明确的准则和稳定的预期,内在地需要平等、自由、公开、公正的空间和条件。③ 法治对于经济运行不仅是一种思维和理念,更是一种运行的秩序和模式,法治经济将会使经济运行变得更有效率,更加公平。法治对经济的作用具体体现在:

第一,引领作用。一是法治对防范经济社会领域的风险具有引领作用。"我们面临的风险挑战之严峻前所未有。这些风险挑战,有的来自国内,有的来自国际,有的来自经济社会领域,有的来自自然界。"④ 法治是提高国家治理体系和治理能力现代化水平、抵御风险、应对风险最有力的武器。二是法治对建设现代化经济体系具有引领作用。加快建设创新型国家,建设现代化经济体系的第一动力是创新。不管是深化科技体制改革,建立以企业为主体、市场为导向、产学研深度融合的技术创新体系,还是加强对中小企业创新的支持,促进科技成果转化,或是激发和保护企业家精神都毫无例外需要法律准确反映经济社会发展要求,更好协调利益关系。三是法治对贯彻新发展理念,实现经济从高速增长转向高质量发展具有引领作用。发展是第一要务。发展必须坚持以法治为引领。习总书记以党中央处理甘肃祁连山国家级自然保护区生态环境问题为例,有力驳斥了"发展要上、法治要让"的错误观点。

第二,保障作用。习总书记指出:"在人类文明发展史上,除了中国特色社会主义制度和国家治理体系外,没有任何一种国家制度和国家治理体系能够在这样短的历史时期内创造出我国取得的经济快速发展、社会长期稳定这样的奇迹。"⑤ 无论是经济快速发展还是社会长期稳定,都有力证明了法治是国家治理体系和治理能力的重要依托,社会主义法治是我国制度之治最基本最稳定最可靠的保障。一是法治保障社会主义基本经济制度。公有制为

---

① 习近平:《之江新语》,浙江人民出版社2007年版,第203页。
② 张盾:《马克思唯物史观视域中的法治问题》,载《中国社会科学》2021年第2期。
③ 江必新:《全面推进依法治国战略研究》,人民法院出版社、商务印书馆2017年版,第143页。
④ 习近平:《关于〈中共中央关于坚持和完善中国特色社会主义制度、推进国家治理体系和治理能力现代化若干重大问题的决定〉的说明》(2019年10月28日),载习近平:《习近平谈治国理政(第三卷)》,外文出版社2020年版,第112-113页。
⑤ 习近平:《坚持和完善中国特色社会主义制度推进国家治理体系和治理能力现代化》,载《求是》2020年第1期。

主体、多种所有制经济共同发展的基本经济制度，是中国特色社会主义制度的重要支柱，也是社会主义市场经济体制的根基。习总书记强调："我们致力于为非公有制经济发展营造良好环境和提供更多机会的方针政策没有变！我国基本经济制度写入了宪法、党章，这是不会变的，也是不能变的。"①法治不仅具有为现代经济社会的发展保驾护航的工具性作用，从现实情况和发展趋势观察看来，法治也是现代经济社会发展的内生性力量。②以《中华人民共和国民法典》（简称《民法典》）为例，《民法典》把我国多年来实行社会主义市场经济体制和加强社会主义法治建设取得的一系列重要制度成果用法典的形式确定下来，规范经济生活和经济活动赖以依托的财产关系、交易关系，对坚持和完善社会主义基本经济制度、促进社会主义市场经济繁荣发展具有十分重要的意义。二是法治是最好的营商环境。习总书记多次指出要建立市场化、法治化、国际化的营商环境。"中国将不断完善市场化、法治化、国际化的营商环境，放宽外资市场准入，继续缩减负面清单，完善投资促进和保护、信息报告等制度。中国将营造尊重知识价值的环境，完善知识产权保护法律体系，大力强化相关执法，增强知识产权民事和刑事司法保护力度。"③"各类市场主体最期盼的是平等法律保护，……要把平等保护贯彻到立法、执法、司法、守法等各个环节，依法平等保护各类市场主体产权和合法权益。"④习总书记强调："要打破各种各样的'卷帘门''玻璃门''旋转门'，在市场准入、审批许可、经营运行、招投标、军民融合等方面，为民营企业打造公平竞争环境，给民营企业法治创造充足市场空间。"综上，法治是经济发展的保护器和稳压阀，"要保持我国经济社会长期持续健康发展势头，不断开拓中国特色社会主义更加广阔的发展前景，就必须紧密结合全面深化改革工作部署，夯实党和国家长治久安的法治基础"⑤。

第三，促进作用。习总书记多次强调："要以立法高质量发展保障和促进经济持续健康发展。要适应新时代构建开放型经济新体制的需要，制定统一的外资基础性法律。对改革开放先行先试地区相关立法授权工作要及早作出安排。知识产权保护、生物安全、土地制度改革、生态文明建设等方面的立法项目要统筹考虑，立改废释并举。"⑥"地方人大及其常委会要按照党中央关于人大工作的要求，围绕地方党委贯彻落实党中央大政方针的决策部署，结合地方实际，创造性地做好立法、监督等工作，更好助力经济社会发展和改革攻坚任

---

① 习近平：《在民营企业座谈会上的讲话》，载《人民日报》2018年11月2日，第02版。
② 江必新、邵长茂：《贯彻五大发展理念的法治保障》，载《现代法学》2016年第6期。
③ 习近平：《开放合作 命运与共——在第二届中国国际进口博览会开幕式上的主旨演讲》，载《人民日报》2019年11月6日，第03版。
④ 习近平：《论坚持全面依法治国》，中央文献出版社2020年版，第254页。
⑤ 习近平：《紧密结合全面深化改革工作部署 夯实党和国家长治久安法治基础》，载《中国青年报》2014年10月25日，第01版。
⑥ 《习近平主持召开中央全面依法治国委员会第二次会议强调 完善法治建设规划提高立法工作质量效率 为推进改革发展稳定工作营造良好法治环境》，载《人民日报》2019年2月26日，第01版。

务。"① 还要加强关键领域、涉及经济社会全局的任务的立法。"要加强重点领域立法,及时反映党和国家事业发展要求、人民群众关切期待,对涉及全面深化改革、推动经济发展、完善社会治理、保障人民生活、维护国家安全的法律抓紧制订、及时修改。"②

第四,规范作用。在科学、合理厘定政府和市场关系中,法治是最重要的手段和方式。习总书记强调:"要用法治来规范政府和市场的边界,尊重市场经济规律,通过市场化手段,在法治框架内调整各类市场主体的利益关系。"③ 一是用法治优化政府职责、完善制度环境。完善政府经济调节、市场监管、社会管理、公共服务、生态环境保护等职能,实行政府权责清单制度,厘清政府和市场、政府和社会关系。二是用法治规范政府行为。深入推进简政放权、放管结合、优化服务,深化行政审批制度改革,改善营商环境,激发各类市场主体活力。落实行政执法责任制,加强执法监督,坚决排除对执法活动、经济活动的干预,防止和克服地方和部门保护主义。三是用法治规范市场主体。健全法规制度、标准体系,加强社会信用体系建设,制裁不诚信行为。"企业家要同方方面面打交道,调动人、财、物等各种资源,没有诚信寸步难行。由于种种原因,一些企业在经营活动中还存在不少不讲诚信甚至违规违法的现象。"④《民法典》不仅将诚信作为基本原则加以规定,而且还在很多条款中体现了对不诚信行为的制裁。

(九)法治与社会秩序和稳定的关系

习总书记关于法治与社会秩序和稳定的论述,要义如下:

1. 对法治与社会建设关系的重要创新

一是创新提出法治社会。习总书记提出"和谐社会本质上是法治社会"。他强调:"努力建设办事有法可依、公民知法守法、各方依法办事的法治社会。"⑤ "和谐社会本质上是法治社会"的重要论断,深刻揭示了法治和社会的根本联系。社会先于国家与政府而存在,没有社会的良好发育与自治,便没有国家与政府层面的良善治理。加强和创新社会治理,是建设法治中国,实现国家治理现代化的必然要求。加强和创新社会治理,应坚持法治理念、法治思维、法治方式全程运用,法治宣传、法治教育、法治实践联动集成,法治环境、法治氛围、法治文化协同建设。二是创新提出社会治理法治化。十八届五中全会明确提出加快建设法治经济和法治社会,把经济社会发展纳入法治轨道。社会治理法治化是习总书记提出的新

---

① 《习近平对地方人大及其常委会工作作出重要指示强调 结合地方实际创造性做好立法监督等工作 更好助力经济社会发展和改革攻坚任务》,载《人民日报》2019年7月19日,第01版。
② 习近平:《加快建设社会主义法治国家》,载《求是》2015年第1期。
③ 《习近平主持召开中央全面依法治国委员会第二次会议强调 完善法治建设规划提高立法工作质量效率 为推进改革发展稳定工作营造良好法治环境》,载《人民日报》2019年2月26日,第01版。
④ 习近平:《论坚持全面依法治国》,中央文献出版社2020年版,第29-30页。
⑤ 习近平:《干在实处 走在前列——推进浙江新发展的思考和实践》,中共中央党校出版社2006年版,第392页。

概念、新范畴。治理意味着变化、政府含义的变化,它指向新的治理过程、新的治理规则、治理社会的新方式。① 从管理到治理,一字之差,"体现的是系统治理、依法治理、源头治理、综合施策"②。三是原创性地提出了法治国家、法治政府、法治社会一体建设的观点。法治国家、法治政府、法治社会一体建设,揭示出现代法治的普遍规律,即不仅要建设一个法治国家,还要建设一个法治社会,建设法治中国。③ 这指明了法治社会建设在全面推进依法治国中的重要地位和作用,丰富和发展了马克思主义法学思想和中国特色社会主义法治理论。习总书记揭示了三者的关系:"法治国家是法治建设的目标,法治政府是建设法治国家的主体,法治社会是构筑法治国家的基础。"④

2. 正确处理活力与秩序、维稳与维权的关系

活力和秩序二者的关系是新时代改革、发展与稳定关系的集中体现。⑤ 活力和秩序的问题,究其实质是改革和发展中,社会关系、社会利益的交织和博弈。习总书记用卓越的治国理政智慧、高超的辩证思维,阐述了二者的关系。他指出:"社会治理是一门科学,管得太死,一潭死水不行;管得太松,波涛汹涌也不行。"⑥ 如何处理好活力与秩序的关系?习总书记指出,要讲究辩证法,既要社会生机勃勃又要井然有序,"既充分发挥市场在资源配置中的决定性作用,又更好发挥政府作用"⑦,避免"一管就死、一放就乱"的现象,实现活力和秩序共存,达成活力和秩序互动。

习总书记指出:"要处理好活力和秩序的关系,坚持系统治理、依法治理、综合治理、源头治理,发动全社会一起来做好维护社会稳定工作。"⑧ "系统治理、综合治理、依法治理、源头治理",这是处理活力和秩序的十六字方针。十六字方针中,重点是依法治理。"和谐社会在本质上就是法治社会,依法化解矛盾,对于维护社会稳定,极为重要。要坚持在法治轨道上统筹社会力量、平衡社会利益、调节社会关系、规范社会行为,依靠法治解决各种社会矛盾和问题。"⑨

---

① "治理"(governance)一词源自希腊语中的"掌舵"(kybernan)。1979年,著名经济学家威廉姆森撰写了名著《交易成本经济学:契约关系的治理》,之后公司治理的法律经济学研究者开始关注治理。治理包括治理结构、治理过程、治理机制。治理结构是指正式和非正式的制度,是由规则组成的体系,是多层次、非科层、一系列的规章制度。
② 习近平:《推进中国上海自由贸易试验区建设 加强和创新特大城市社会治理》,载《人民日报》2014年3月6日,第1版。
③ 张文显:《习近平法治思想的理论体系》,载《法制与社会发展》2021年第1期。
④ 习近平:《加强党对全面依法治国的领导》,载《求是》2019年第4期。
⑤ 江必新:《习近平法治思想的逻辑体系与理论特征》,载《求索》2021年第2期。
⑥ 《习近平同志在中央政法工作会议上的讲话》(2014年1月7日),载中共中央文献研究室:《习近平关于社会主义社会建设论述摘编》,中央文献出版社2017年版,第125-126页。
⑦ 习近平:《坚持和完善中国特色社会主义制度 推进国家治理体系和治理能力现代化》,载《求是》2020年第1期。
⑧ 习近平:《促进社会公平正义,保障人民安居乐业》(2014年1月7日),载习近平:《习近平谈治国理政(第一卷)》,外文出版社2014年版,第148页。
⑨ 习近平:《全力推进法治中国建设——关于全面依法治国》,载《人民日报》2016年04月27日,第09版。

实现依法治理,还要处理好维稳与维权的关系。维稳与维权的关系是新时期权利、秩序与法治关系的集中体现。习总书记深刻揭示了维稳和维权的实质关系,提出了维权是根本问题,法治是根本解决方法的维稳观。

第一,维权是维稳的基础。习总书记深刻指出:"从人民内部和社会一般意义上讲,维权是维稳的基础,维稳的实质就是维权。对涉及维权的维稳问题,首先要把群众合理合法的利益诉求解决好。单纯维稳,不解决利益问题,那是本末倒置,最后也难以稳定下来。"① 维权是维稳的基础,维稳的实质就是维权,习总书记揭示了维稳和维权的根本关系和本质。我国正处在改革攻坚期、社会转型期和矛盾凸显期叠加的特殊历史阶段,利益格局深刻调整,各种关系错综复杂,群众诉求日益多样,社会治理面临许多新情况、新问题、新挑战。土地征用、房屋拆迁、劳资纠纷、治安管理、环境污染、医患纠纷及社会保障等方面问题不同程度存在,特别是出现矛盾纠纷后,有的群众往往不愿通过法律程序解决,越级上访、聚众上访甚至缠访闹访现象时有发生,成为当前社会稳定面临的突出难题。习总书记维稳就要维权的论述,指出了解决维稳问题的关键。

第二,法治是根本解决方法。一是解决维稳的根本途径是法治。习总书记指出:"不全面依法治国,国家生活和社会生活就不能有序运行,就难以实现社会和谐稳定。"② 二是解决维稳的关键是保障权益。要完善对维护群众切身利益具有重大作用的制度,强化法律在化解矛盾中的权威地位,建立健全畅通有序的诉求表达、矛盾调处、权益保障、心理干预机制,解决好人民最关心最直接最现实的利益问题,使群众由衷感到权益受到了公平对待、利益得到了有效维护。三是解决维稳的重心是机制建设。一方面,不能简单依靠打压管控、硬性维稳,还要重视疏导化解、柔性维稳,注重动员组织社会力量共同参与、发动全社会一起来做好维护社会稳定工作。另一方面,构建对维护群众利益具有重大作用的制度体系,建立健全社会矛盾预警机制、利益表达机制、协商沟通机制、救济救助机制,畅通群众利益协调、权益保障法律渠道。重点是改革、优化信访制度,实现合法、合理信访。

3. 正确处理好专项重点治理与综合治理的关系

专项重点治理与综合治理都是社会治理的重要范畴。综合治理要求政府与社会之间的共治,激活法治的潜在能量,提供完备的制度供给。综合治理下,法治社会建设主体,由单一的国家公共权力主体向党委、政府、社会组织、居民自治组织、公民的多元主体合作共治转变;法治社会建设的动力,由"计划型、政府主导型"向"国家主导、政府推动、社会参与"三方合力推进转变;法治社会建设的手段,由单一向多元转变,强调道德约束,运用多种方式

---

① 慎海雄:《习近平改革开放思想研究》,人民出版社2018年版,第241页。
② 习近平:《论坚持全面依法治国》,中央文献出版社2020年版,第144页。

解决利益冲突,强调通过沟通、协商、调解等方式化解社会矛盾。

专项重点治理侧重于专门治理。习总书记对专项重点治理,有颇多论述。一是对重点行业、重点区域的重点治理。习总书记指出:"环境保护和治理要以解决损害群众健康突出环境问题为重点,坚持预防为主、综合治理,强化水、大气、土壤等污染防治,着力推进重点流域和区域水污染防治,着力推进重点行业和重点区域大气污染治理。"① "对危害食品药品安全、环境污染等重大问题……对枪支弹药、易燃易爆等重点物品,要强化治理和管理。"② 习总书记一直关注农业、农村、农民。他强调:"要依法严厉打击危害农村稳定、破坏农业生产和侵害农民利益的违法犯罪活动。"③ 二是对人民群众意见比较集中的问题的重点治理。习总书记指出,人民群众对执法乱作为、不作为以及司法不公的意见比较集中,这要成为我们厉行法治的聚焦点和发力点。"执法不作为、乱作为等问题仍时有发生,有的甚至办关系案、当'保护伞',社会影响恶劣。"④ 对这些问题,要下大力气集中整治。三是对黑恶势力、保护伞的重点治理。习总书记深刻指出:"黑恶势力是社会毒瘤,严重破坏经济社会秩序,侵蚀党的执政基础。要咬定三年为期目标不放松,分阶段、分领域地完善策略方法、调整主攻方向,保持强大攻势。要紧盯涉黑涉恶重大案件、黑恶势力经济基础、背后'关系网''保护伞'不放,在打防并举、标本兼治上下功夫、细功夫,确保取得实效、长效。"⑤ 特别是对农村黑恶势力,要集中整治、重拳出击。他强调:"要推动扫黑除恶常态化,坚决打击黑恶势力及其'保护伞',让城乡更安宁、群众更欢乐。"⑥ 专项重点治理和综合治理是辩证统一的。专项重点治理是重点行业、重点区域、重点问题的集中治理,和综合治理是特殊与普遍,重点和一般的关系,二者同属于社会治理,都是社会治理的重要方面。

综上,要整体谋划、系统推进法治社会建设,正确处理好活力与秩序的关系、维稳与维权的关系、专项重点治理与综合治理的关系,做到宏观调控有度,微观主体有活力,综合治理有效。

(十)法治与国家治理现代化的关系

十八届四中全会《中共中央关于全面推进依法治国若干重大问题的决定》明确,全面推进依法治国的总目标是"建设中国特色社会主义法治体系,建设社会主义法治国家"。这两

---

① 习近平:《努力走向社会主义生态文明新时代》(2013年5月24日),载习近平:《习近平谈治国理政(第一卷)》,外文出版社2014年版,第209-210页。
② 中共中央党史和文献研究院:《习近平关于总体国家安全观论述摘编》,中央文献出版社2018年版,第135页。
③ 习近平:《论坚持全面依法治国》,中央文献出版社2020年版,第192页。
④ 习近平:《论坚持全面依法治国》,中央文献出版社2020年版,第259页。
⑤ 习近平:《论坚持全面依法治国》,中央文献出版社2020年版,第248页。
⑥ 习近平:《论坚持全面依法治国》,中央文献出版社2020年版,第5页。

个"总目标"间的关系就是法治与现代化的关系。① 习总书记精辟地指出了法治的精髓和要旨,对于各国国家治理和社会治理具有普遍意义。习总书记揭示了法治现代化和国家治理现代化的关系,具体包括:

1. 法治体系是国家治理体系的骨干工程

习总书记指出,国家治理体系是在党领导下管理国家的制度体系,包括经济、政治、文化、社会、生态文明和党的建设等各领域体制机制、法律法规安排,也就是一整套紧密相连、相互协调的国家制度。中国特色社会主义法治体系是推进全面依法治国的总抓手。"中国特色社会主义法治体系是中国特色社会主义制度的法律表现形式"②,因此,法治体系是国家治理体系的重要组成部分,是"国家治理体系的骨干工程"③。习总书记进而指出:"建设中国特色社会主义法治体系、建设社会主义法治国家是实现国家治理体系和治理能力现代化的必然要求,也是全面深化改革的必然要求,有利于在法治轨道上推进国家治理体系和治理能力现代化,有利于在全面深化改革总体框架内全面推进依法治国各项工作,有利于在法治轨道上不断深化改革。"④ 习总书记的论述,深刻揭示了法治体系和国家治理体系的内在联系,二者是一个有机整体。

2. 在法治轨道上推进国家治理体系和治理能力现代化

法治和国家治理现代化密不可分,法治现代化是国家治理现代化的核心。在法治轨道上推进国家治理体系和治理能力现代化是国家治理现代化的必然要求。

一是坚持全面依法治国,是中国特色社会主义国家制度和国家治理体系的显著优势。中国特色社会主义实践向前推进一步,法治建设就要跟进一步。"我国社会主义法治凝聚着我们党治国理政的理论成果和实践经验,是制度之治最基本最稳定最可靠的保障。"⑤ 法治支撑中国之治,法治和国家治理现代化密不可分,因此,习总书记强调:"推进国家治理体系和治理能力现代化,当然要高度重视法治问题,采取有力措施全面推进依法治国,建设社会主义法治国家,建设法治中国。在这点上,我们不会动摇。"⑥ 国家治理现代化是以国家制度和法律制度建设为核心的规范化、民主化、法治化的过程。⑦ 所以,要坚持在法治轨道上推

---

① 参见江国华:《习近平全面依法治国新理念新思想新战略的学理阐释》,载《武汉大学学报(哲学社会科学版)》2021年第1期。
② 习近平:《论坚持全面依法治国》,中央文献出版社2020年版,第229页。
③ 习近平:《加快建设社会主义法治国家》,载《求是》2015年第1期。
④ 习近平:《关于〈中共中央关于全面推进依法治国若干重大问题的决定〉的说明》,载本书编写组:《〈中共中央关于全面推进依法治国若干重大问题的决定〉辅导读本》,人民出版社2014年版,第52页。
⑤ 习近平:《论坚持全面依法治国》,中央文献出版社2020年版,第272页。
⑥ 《习近平同志在省部级主要领导干部学习贯彻十八届三中全会精神全面深化改革专题研讨班上的讲话》(2014年2月17日),载中共中央文献研究室:《习近平关于全面依法治国论述摘编》,中央文献出版社2015年版,第3页。
⑦ 公丕祥:《习近平的法治与国家治理现代化思想》,载《法商研究》2021年第2期。

进国家治理体系和治理能力现代化。只有全面依法治国,充分发挥法治的优势,才能有效保障国家治理体系的系统性、规范性、协调性,才能最大限度凝聚社会共识。

二是法治是实现国家治理现代化的保障。习总书记提出:"法律是治国之重器,法治是国家治理体系和治理能力的重要依托。"① 这一论断深刻揭示了法治对于推动国家治理现代化的重要保障作用。法治要服务于国家治理现代化。法治建设的中长期目标,要统筹考虑国际国内形势、法治建设进程和人民群众法治需求,同推进国家治理体系和治理能力现代化的要求相协同。"全面推进依法治国,必须从我国实际出发,同推进国家治理体系和治理能力现代化相适应,既不能罔顾国情、超越阶段,也不能因循守旧、墨守成规。"② 以宪法修改为例,宪法的修改契合了推进国家治理体系和治理能力现代化的要求,"党中央决定对宪法进行适当修改是经过反复考虑、综合方方面面情况作出的,目的是在保持宪法连续性、稳定性、权威性的前提下,通过修改使我国宪法更好体现人民意志……推进全面依法治国、推进国家治理体系和治理能力现代化的要求,为新时代坚持和发展中国特色社会主义提供宪法保障"③。每一次修宪都是对宪法本身的重大完善,亦是对国家治理制度的法制化和定型化。"实践证明,通过宪法法律确认和巩固国家根本制度、基本制度、重要制度,并运用国家强制力保证实施,保障了国家治理体系的系统性、规范性、协调性、稳定性。"④

三是法治是提升国家治理体系和治理能力现代化效能的重要方式。习总书记强调:"随着时代发展和改革推进,国家治理现代化对科学完备的法律规范体系的要求越来越迫切。我们要在坚持好、完善好已经建立起来并经过实践检验有效的根本制度、基本制度、重要制度的前提下,聚焦法律制度的空白点和冲突点,统筹谋划和整体推进立改废释各项工作。"⑤ 国家治理现代化的最高境界是良法善治。从这个意义而言,法治每向前一步,国家治理现代化就前进了一步。例如,习总书记高度评价了《民法典》的重大意义:"民法典对推进全面依法治国、加快建设社会主义法治国家,对发展社会主义市场经济、巩固社会主义基本经济制度,对坚持以人民为中心的发展思想、依法维护人民权益、推动我国人权事业发展,对推进国家治理体系和治理能力现代化,都具有重大意义。"⑥

(十一)发展与安全的关系

"风险""发展""安全"是习总书记的高频词汇。习总书记深刻阐述发展与安全的辩证

---

① 习近平:《论坚持全面依法治国》,中央文献出版社2020年版,第85页。
② 习近平:《加快建设社会主义法治国家》,载《求是》2015年第1期。
③ 《深刻认识宪法修改的重大意义》(2018年1月19日),载习近平:《论坚持全面深化改革》,中央文献出版社2018年版,第419页。
④ 习近平:《推进全面依法治国,发挥法治在国家治理体系和治理能力现代化中的积极作用》,载《求是》2020年第22期。
⑤ 习近平:《论坚持全面依法治国》,中央文献出版社2020年版,第275页。
⑥ 习近平:《论坚持全面依法治国》,中央文献出版社2020年版,第278-279页。

关系,是我们正确处理发展与安全关系的根本遵循。具体包括:

1. 安全是发展的保障,发展是安全的目的

安全和发展不可分,习总书记指出:"树牢安全发展理念,绝不能只重发展不顾安全,更不能将其视作无关痛痒的事,搞形式主义、官僚主义。"① 他强调:"安全和发展是一体之两翼、驱动之双轮。安全是发展的保障,发展是安全的目的。"② 一方面,安全是发展的保障。习总书记指出:"这 100 多年来全人类的共同愿望,就是和平和发展。"③ 安全是发展的前提和保障,一个战祸频仍的国家,是难以实现人心安定、经济发展的。习总书记多次强调要坚持总体国家安全观,居安思危,主动求变,应对各种风险和挑战。2013 年、2014 年,习总书记多次批示,要求建立"平安中国","全力推进平安中国、法治中国、过硬队伍建设,……保证中国特色社会主义事业在和谐稳定的社会环境中顺利推进"④。只有聚精会神搞建设,一心一意图发展,将发展建立在安全的基石上,才能实现高质量、连续发展,才能有实力应对国内外各种风险挑战。从这个意义而言,平安也是竞争力。国家主权、经济安全是实现真正发展的必要条件。另一方面,发展是安全的目的。习总书记多次强调,发展是解决我国现阶段所有问题的关键。始终不渝地坚持高质量发展道路,才能筑牢国家繁荣富强、人民幸福安康、社会和谐稳定的物质基础,才能实现发展依靠人民、发展成果惠及人民。

2. 要统筹发展和安全,同步推进

十八大报告提出,要坚持总体国家安全观。统筹发展和安全,增强忧患意识,做到居安思危,是我们党治国理政的一个重大原则。第十九届中央委员会第五次全体会议再次提出,统筹发展和安全,建设更高水平的平安中国。习总书记指出:"我们必须坚持统筹发展和安全,增强机遇意识和风险意识,树立底线思维,把困难估计得更充分一些,把风险思考得更深入一些,注重堵漏洞、强弱项,下好先手棋、打好主动仗,有效防范化解各类风险挑战,确保社会主义现代化事业顺利推进。"⑤ 把安全发展贯穿国家发展各领域和全过程,防范和化解影响我国现代化进程的各种风险,筑牢国家安全屏障。

---

① 《习近平对安全生产作出重要指示强调 树牢安全发展理念 加强安全生产监管 切实维护人民群众生命财产安全》,载《人民日报》2020 年 4 月 11 日,第 01 版。
② 习近平:《建立多边、民主、透明的全球互联网治理体系》(2015 年 12 月 16 日),载习近平:《习近平谈治国理政(第二卷)》,外文出版社 2017 年版,第 535 页。
③ 习近平:《共同构建人类命运共同体》(2017 年 1 月 18 日),载习近平:《习近平谈治国理政(第二卷)》,外文出版社 2017 年版,第 538 页。
④ 习近平:《顺应人民对公共安全司法公正权益保障的新期待 全力推进平安中国法治中国过硬队伍建设》,载《人民日报》2013 年 1 月 8 日,第 01 版。
⑤ 《中共中央关于制定国民经济和社会发展第十四个五年规划和二〇三五年远景目标的建议》,人民出版社 2020 年版,第 55 页。

3. 法治是统筹安全和发展的重要途径

法治对促进发展、保障平安都具有不可替代的作用。一是用法治保障国家安全。健全国家安全法治体系、战略体系、政策体系、人才体系和运行机制，完善重要领域国家安全立法、制度、政策。健全国家安全审查和监管制度。二是用法治保障人民安全。把保护人民生命安全摆在首位，全面提高公共安全保障能力。完善和落实安全生产责任制，加强安全生产监管执法，有效遏制危险化学品、矿山、建筑施工、交通等重特大安全事故，保障人民生命安全。三是用法治保障社会安全。坚持和发展新时代"枫桥经验"，深化诉源治理，畅通和规范群众诉求表达、利益协调、权益保障通道，完善信访制度，完善各类调解联动工作体系，构建源头防控、排查梳理、纠纷化解、应急处置的社会矛盾综合治理机制。坚持专群结合、群防群治，加强社会治安防控体系建设，坚决防范和打击暴力恐怖、黑恶势力、新型网络犯罪和跨国犯罪，保持社会和谐稳定。

（十二）法理情（法理事理情理）的关系

传统中国的法观念是一个复合的、多元的观念体系。一说到法，不少古代中国人很自然地就把天理、礼看成是"法上之法""法中之法"或者"法外之法"。"法不外乎人情""人情大于王法"等观念，折射的正是法理情的关系。习总书记汲取了传统中华法文化的精髓，对法理情的关系予以了新时代的阐释和发展。习总书记关于法理情关系的要义，可以概括为"三结合、三统一"。

1. "三结合"即法理情相结合

一是法理情有机统一。法理情有机统一，是中华法系的鲜明特色和精髓所在，"我国传统法文化作为千百年锤炼的结晶，自有其灿烂价值。那种富于人情味的和谐功能、那种防微杜渐的自省模式、那种因事制宜的情节理论，其实或多或少含有超时代的意义"①。法理情相统一，成为我们判断人们行为的最基本根据，从而实现实质法治，达成法理情"三位一体"。

二是法的主导地位和情理的补充地位相统一。法理情的顺序排列在一定程度上，反映出人们对三者轻重关系的不同认识。在有些人看来，"合情"是最重要的，"合理"次之，"合法"更次。② 习总书记将"法"置于法理情之首，明确了以法为据是法理情有机统一的基石。他指出："法律要发生作用，需要全社会信仰法律……我国是个人情社会，人们的社会关系广泛，上下级、亲戚朋友、老战友、老同事、老同学关系比较融洽，逢事喜欢讲个熟门熟道，但如果人情介入了法律和权力领域，就会带来问题，甚至带来严重问题。"③ "要深入开展法制宣传教育，弘扬社会主义法治精神，引导群众遇事找法、解决问题靠法，逐步改变社会上那种

---

① 季卫东：《中国法文化的蜕变与内在矛盾》，载李楯：《法律社会学》，中国政法大学出版社1999年版，第229页。
② 范忠信、郑定、詹学农：《情理法与中国人》，北京大学出版社2011年版，第24页。
③ 习近平：《论坚持全面依法治国》，中央文献出版社2020年版，第50页。

遇事不是找法而是找人的现象。当然,这需要一个过程,关键是要以实际行动让老百姓相信法不容情、法不阿贵,只要是合理合法的诉求,就能通过法律程序得到合理合法的结果。"① 习总书记多次强调要坚决破除各种潜规则,绝不允许法外开恩,绝不允许办关系案、人情案、金钱案。法律是情理的集中体现,但不是情理的全部。在法律和情理在具体案件中发生冲突时,应当始终坚持严格依法裁判,同时兼顾情理,尽可能做到法理情的有机统一,而绝不能法外用情、法外说理。②

2. "三统一"即法律效果、政治效果、社会效果相统一

法理情的结合统一,其实质也是法律效果、政治效果和社会效果的统一。习总书记指出:"要树立正确法治理念,把打击犯罪同保障人权、追求效率同实现公正、执法目的同执法形式有机统一起来,坚持以法为据、以理服人、以情感人,努力实现最佳的法律效果、政治效果、社会效果。"③法律效果是前提,是政治效果和社会效果的基础,即"在法律之内寻求社会效果"。在实现法律效果的基础上,兼顾情理,才能提升执法司法的效果,增强执法司法的可接受性。正如习总书记强调:"现实生活中出现的很多问题,往往同执法失之于宽、失之于松有很大关系。涉及群众的问题,要准确把握社会心态和群众情绪,充分考虑执法对象的切身感受。"④这就要求执法司法部门,将道德要求贯彻到法治实践中,兼顾国法天理人情,增进社会和谐,实现法律效果、政治效果、社会效果有机统一。

(十三)确保全面履职与监督制约权力的关系

一个社会不能没有秩序,因此需要公权力。但如何驾驭公权力,确保它不侵犯公民的私权利,这是法治所要面对的核心命题。如何确保公权力机关全面履职和有效控制公权力,是公法的一个基本矛盾和核心问题。习总书记关于二者关系的论述,具体如下:

1. 确保全面履行职能

一是依法履行职能。习总书记认为,能不能做到依法治国,"关键在于党能不能坚持依法执政,各级政府能不能依法行政。"⑤他指出:"各级政府一定要严格依法行政,切实履行职责,该管的事一定要管好、管到位。"⑥依法履行职能的核心是坚持职权法定。习总书记强调:"各级政府必须依法全面履行职能,坚持法定职责必须为、法无授权不可为,勇于负责、敢于担当,坚决纠正不作为、乱作为,坚决克服懒政、怠政,坚决惩处失职、渎职。"⑦法治政府的要

---

① 习近平:《论坚持全面依法治国》,中央文献出版社2020年版,第51页。
② 江必新:《坚持法理情的统一 切实让人民群众感受到公平正义》,载《人民司法》2019年第19期。
③ 习近平:《论坚持全面依法治国》,中央文献出版社2020年版,第260页。
④ 习近平:《论坚持全面依法治国》,中央文献出版社2020年版,第52页。
⑤ 习近平:《加快建设社会主义法治国家》,载《求是》2015年第1期。
⑥ 习近平:《"看不见的手"和"看得见的手"都要用好》(2014年5月26日),载习近平:《习近平谈治国理政(第一卷)》,外文出版社2014年版,第118页。
⑦ 《中共中央关于全面推进依法治国若干重大问题的决定》,人民出版社2014年版,第15-16页。

求是职能科学、权责法定、执法严明、公开公正、廉洁高效、守法诚信。政府机关应当在党的领导下,在法治轨道上开展工作,依法行政。二是全面履行职能。十八届四中全会提出,推进政府机构、职能、权限、程序、责任法定化,推进各级政府事权规范化、法律化。在政府的职能模块中,既有经济调节、市场监管、生态保护,也有社会公共服务。政府应坚持全面的而不是片面的,系统的而不是孤立的原则,积极、全面履行职能,不能只重视管理职能,忽视服务职能。

2. 对行政权力予以监督和制约

对公权力的规范和制约,是如今各国面临的共同课题。① 强调对公权力的监督制约,是指在中国特色社会主义制度体系内,在党的集中统一领导下,不断健全完善符合中国实际、体现中国特色的权力制约和监督体系,给权力运行"划红线""布雷区",让权力在安全线内运行,促进实现依法用权、规范用权,确保权为民所用。② 习总书记对权力监督和制约作出了一系列精辟论述。一是权力要受制约和监督。依法治国的要害是依法治权。习总书记深刻指出:"公权力姓公,也必须为公。只要公权力存在,就必须有制约和监督。"③ 他进而强调:"权力不论大小,只要不受制约和监督,都可能被滥用。要强化制约,合理分解权力,科学配置权力,不同性质的权力由不同部门、单位、个人行使,形成科学的权力结构和运行机制。"④ 要"把权力关进制度的笼子里"⑤。二是强调有效制约和监督。习总书记提出了"依法设定权力、规范权力、制约权力、监督权力"⑥ 四个要求。他还指出,要强化监督,改进对领导干部特别是一把手行使权力的监督;加强领导班子内部监督、行政监察、审计监督、巡视监督;强化公开,依法公开权力运行流程,保证权力正确行使。习总书记强调各种监督要"努力形成科学有效的权力运行和监督体系,增强监督合力和实效"⑦。三是强调严格问责。要严格文明公正执法,对违法行为一定要严格尺度,依法处理。⑧ 做到"有权必有责、用权受监督、违法必

---

① 袁曙宏、杨伟东:《我国法治建设三十年回顾与前瞻——关于中国法治历程、作用和发展趋势的思考》,载《中国法学》2009年第1期。
② 江必新:《习近平法治思想的逻辑体系与理论特征》,载《求索》2021年第2期。
③ 习近平:《论坚持全面依法治国》,中央文献出版社2020年版,第240页。
④ 《习近平同志在第十八届中央纪律检查委员会第三次全体会议上的讲话》(2014年1月14日),载中共中央文献研究室:《习近平关于全面依法治国论述摘编》,中央文献出版社2015年版,第59页。
⑤ 习近平:《论坚持全面依法治国》,中央文献出版社2020年版,第75页。
⑥ 《习近平同志在省部级主要领导干部学习贯彻党的十八届四中全会精神全面推进依法治国专题研讨班上的讲话》(2015年2月2日),载中共中央文献研究室:《习近平关于全面依法治国论述摘编》,中央文献出版社2015年版,第128页。
⑦ 习近平:《加快建设社会主义法治国家》,载《求是》2015年第1期。
⑧ 习近平:《严格执法,公正司法》(2014年1月7日),载中共中央文献研究室:《十八大以来重要文献选编(上)》,中央文献出版社2014年版,第722-723页。

追究"①。四是要加强对关键少数的监督。关键少数是各级领导干部。治国必须治党,治党必先治吏。实现中华民族的伟大复兴,建设法治中国,关键在党,关键在各级领导干部。所以,习总书记多次强调:"领导干部责任越重大、岗位越重要,就越要加强监督。"②

确保全面履职和权力监督制约是同一事物的两个方面,在二者的关系中,作为公权力机关,既要全面履职,又要防止权力滥用。积极履职是第一位的。现代政府的存在,首要目的是要为国民提供服务和保障。习总书记强调,一方面公权力主体要全面履职,另一方面要加强对权力的监督和制约。这一论述,是积极、能动的,反对懒政、怠政,切合了现代行政的基本立场和趋势,有利于全面实现国家和政府的职能。

(十四)严格执法与规范公正文明执法的关系

"科学立法、严格执法、公正司法、全民守法"是新时代法治建设的"新十六字方针"。这一方针涵盖了立法、执法、司法、守法四个主要环节。其中,严格执法是关键环节。习总书记对执法非常重视,其"执法观"具体包括:

1. 执法地位观

习总书记指出:"行政机关是实施法律法规的重要主体。"③习总书记对执法的重要性作了充分论述:"执法是把纸面上的法律变为现实生活中活的法律的关键环节。"④"行政执法同基层和百姓联系最紧密,直接体现我们的执政水平。"⑤

2. 执法者必须严格执法

在中央全面依法治国工作会议上,习总书记指出:"全面推进依法治国,必须坚持严格执法。"⑥他强调,行政机关要带头严格执法,维护公共利益、人民权益和社会秩序。执法者必须忠实于法律,既不能以权压法、以身试法,也不能法外开恩、徇情枉法。"各级国家行政机关、审判机关、检察机关是法律实施的重要主体,必须担负法律实施的法定职责,坚决纠正有法不依、执法不严、违法不究现象。"⑦习总书记对执法司法中的问题深恶痛绝,他多次指出:"如果不严格执法,执法司法公信力也难以建立起来。现实生活中出现的很多问题,往往同执法失之于宽、失之于松有很大关系。"⑧第一,习总书记指出了严格执法的关键。"我

---

① 《习近平同志在十八届中央政治局第四次集体学习时的讲话》(2013年2月23日),载中共中央文献研究室:《习近平关于全面依法治国论述摘编》,中央文献出版社2015年版,第58页。
② 习近平:《在第十八届中央纪律检查委员会第六次全体会议上的讲话》,载《人民日报》2016年5月3日,第02版。
③ 习近平:《论坚持全面依法治国》,中央文献出版社2020年版,第21页。
④ 习近平:《论坚持全面依法治国》,中央文献出版社2020年版,第116页。
⑤ 习近平:《论坚持全面依法治国》,中央文献出版社2020年版,第221页。
⑥ 习近平:《论坚持全面依法治国》,中央文献出版社2020年版,第20页。
⑦ 习近平:《在庆祝全国人民代表大会成立60周年大会上的讲话》,载《人民日报》2014年9月6日,第02版。
⑧ 习近平:《论坚持全面依法治国》,中央文献出版社2020年版,第52页。

们的工作重点应该是保证法律实施,做到有法必依、执法必严、违法必究。"①"各级行政机关必须依法履行职责,坚持法定职责必须为、法无授权不可为,决不允许任何组织或者个人有超越法律的特权。"②依法履职,保证法律实施,表现在"必须为"和"不可为"两个方面。第二,习总书记为解决执法方面存在的问题开出了药方。习总书记多次指出,要解决当前执法中的突出问题,必须建立权责统一、权威高效的依法行政体制。③依法行政体制改革是解决执法问题症结的"良方",对依法行政体制改革,习总书记强调要加大力度、加快进度,推动落实到位。第三,习总书记指明了严格执法的保障。习总书记强调:建立行政机关内部重大决策合法性审查机制,推行政府法律顾问制度;推进政务公开;建立执法部门和业务主管部门的联动机制,提高执法能力。

3. 在强调严格执法的同时,必须同时强调规范公正文明执法

相较于严格执法,规范公正文明执法是执法的另一个重要方面。习总书记在论述严格执法时,经常提及规范公正文明执法。习总书记指出:"推进严格规范公正文明执法,努力提升执法司法的质量、效率、公信力,更好把社会主义法治优势转化为国家治理效能。"④他强调:"严格规范公正文明执法是一个整体,要准确把握、全面贯彻,不能畸轻畸重、顾此失彼。执法的最好效果就是让人心服口服。"⑤严格执法与规范公正文明执法是辩证统一的。一是二者不可或缺。如果说严格执法侧重于执法的力度,规范公正文明执法则侧重于执法的温度,执法要既有力度,又有温度,实现刚性和温情的内在统一。严格执法和规范公正文明执法结合起来,才是依法执法。二是严格执法和规范公正文明执法的目的是一致的。"要树立正确法治理念,把打击犯罪同保障人权、追求效率同实现公正、执法目的同执法形式有机统一起来,坚持以法为据、以理服人、以情感人,努力实现最佳的法律效果、政治效果、社会效果。"⑥严格执法和规范公正文明执法的目的,都是要达到最好的执法效果,让当事人心服口服,达成法律效果和社会效果的统一。以最常见的行政处罚为例,处罚的目的绝不是"为罚而罚"。行政处罚既要发挥严格执法,处罚违法当事人的功能,也要发挥教育警示作用,预防潜在的违反行为,从根本上预防、减少违反行为。刚性执法和柔性执法要相互结合,相得益彰,才能发挥最大的作用,也是执法的根本目的和本质要求。2021年1月22日,新修订的《中华人民共和国行政处罚法》通过。新修订的行政处罚法,坚持为行政处罚权的行使定

---

① 习近平:《论坚持全面依法治国》,中央文献出版社2020年版,第45页。
② 习近平:《论坚持全面依法治国》,中央文献出版社2020年版,第74页。
③ 相关论述,参见习近平:《论坚持全面依法治国》,中央文献出版社2020年版,第114页、第220页。
④ 习近平:《推进全面依法治国,发挥法治在国家治理体系和治理能力现代化中的积极作用》,载《求是》2020年第22期。
⑤ 习近平:《论坚持全面依法治国》,中央文献出版社2020年版,第259-260页。
⑥ 习近平:《论坚持全面依法治国》,中央文献出版社2020年版,第260页。

规矩、划界限，推进严格规范公正文明执法、保障行政执法既有力度又有温度。这正是习总书记执法观的具体落实和体现。

（十五）全民守法与抓住关键少数、建设高素质法治工作队伍的关系

全民守法对于全面推进依法治国具有基础性意义，法律的权威源自人民的内心拥护和真诚信仰，法律的实现体现为人民的自觉遵守和积极运用。① 习总书记对全民守法作了拓展深化：第一，明确了全民守法之内涵。"全民守法，就是任何组织或者个人都必须在宪法和法律范围内活动，任何公民、社会组织和国家机关都要以宪法和法律为行为准则，依照宪法和法律行使权利或权力、履行义务或职责。"② 全民守法，无法外之人，无法外之地。第二，明确了全民守法之地位。习总书记指出，全民守法是全面依法治国的重点任务，③ 是全面依法治国的关键环节，是依法治国的长期基础性工作。④

与全民守法相关联的是"关键少数"和法治工作队伍。"关键少数"指的是各级领导干部。习总书记特别强调抓关键少数、强调法治工作队伍建设。在中央全面依法治国工作会议上，习总书记提出了十一个重点工作，第十个是坚持建设德才兼备的高素质法治工作队伍，最后一个就是坚持抓住领导干部这个"关键少数"。全民守法与抓住关键少数是内在统一的。一方面，全民守法是对全社会的共同要求，关键少数也不能例外。一是党带头守法是依法治国的内在要求。习总书记指出："党领导人民制定宪法和法律，党领导人民执行宪法和法律，党自身必须在宪法和法律范围内活动，真正做到党领导立法、保证执法、带头守法。"⑤ 他强调："我们党是执政党，能不能坚持依法执政，能不能正确领导立法、带头守法、保证执法，对全面推进依法治国具有重大作用。"⑥ 二是关键少数守法是权力监督的必然要求。习总书记强调："各级党政组织、各级领导干部手中的权力是党和人民赋予的，是上下左右有界受控的，不是可以为所欲为、随心所欲的……谁把法律当儿戏，谁就必然要受到法律的惩罚。"⑦ 三是全民守法，人人平等。习总书记指出："法治之下，任何人都不能心存侥幸，都不能指望法外施恩，没有免罪的'丹书铁券'，也没有'铁帽子王'。"⑧ 他强调："任何组织和个

---

① 江必新：《习近平全面依法治国新理念新思想新战略对法治理论的发展》，载《法学杂志》2020年第5期。
② 习近平：《论坚持全面依法治国》，中央文献出版社2020年版，第23-24页。
③ 习总书记指出"准确把握全面推进依法治国重点任务，着力推进科学立法、严格执法、公正司法、全民守法"，参见习近平：《论坚持全面依法治国》，中央文献出版社2020年版，第113页。
④ 习总书记指出"要坚持把全民普法和守法作为依法治国的长期基础性工作"，参见习近平：《加快建设社会主义法治国家》，载《求是》2015年第1期。
⑤ 习近平：《论坚持全面依法治国》，中央文献出版社2020年版，第86页。
⑥ 习近平：《论坚持全面依法治国》，中央文献出版社2020年版，第25页。
⑦ 《习近平同志在省部级主要领导干部学习贯彻党的十八届四中全会精神全面推进依法治国专题研讨班上的讲话》（2015年2月2日），载中共中央文献研究室：《习近平关于全面依法治国论述摘编》，中央文献出版社2015年版，第128页。
⑧ 习近平：《论坚持全面依法治国》，中央文献出版社2020年版，第141页。

人都必须尊重宪法法律权威,都必须在宪法法律范围内活动,都必须依照宪法法律行使权力或权利、履行职责或义务,都不得有超越宪法法律的特权。"① 四是增强法治观念,是对全民守法和关键少数的共同要求。习总书记强调要增强全民规则意识,"推进全民守法,必须着力增强全民法治观念"。② 对关键少数,习总书记强调要牢固树立"法律面前人人平等、权由法定、权依法使等基本法治观念",指出"各级领导干部要坚决贯彻落实党中央关于全面依法治国的重大决策部署,带头尊崇法治、敬畏法律,了解法律、掌握法律,不断提高运用法治思维和法治方式深化改革、推动发展、化解矛盾、维护稳定、应对风险的能力"③,做尊法学法守法用法的模范④,并提出了"守法律、重程序;法定职责必须为、法无授权不可为;保护人民权益;受监督"⑤ 等具体要求。

另一方面,关键少数守法在全民守法中具有重要作用。一是领导干部带头守法,是全民守法的关键。首先,领导干部是"执行人"。"各级领导干部作为具体行使党的执政权和国家立法权、行政权、司法权的人,在很大程度上决定着全面依法治国的方向、道路、进度。党领导立法、保证执法、支持司法、带头守法,主要是通过各级领导干部的具体行动和工作来体现、来实现。"⑥ 其次,领导干部是"第一责任人"。党政主要负责人有推进法治建设第一责任人的职责,"要统筹推进科学立法、严格执法、公正司法、全面守法"⑦,具体落实全面守法等工作。因此,习总书记强调:"高级干部作尊法学法守法用法的模范,是实现全面推进依法治国目标和任务的关键所在。"⑧ 二是关键少数带头守法,增进全民守法。我们有民"以吏为师"的传统,领导干部带头尊法学法守法用法,人民群众会看在眼里、记在心上,并且会加以效仿。习总书记指出:"各级领导干部要带头依法办事,带头遵守法律,……如果领导干部都不遵守法律,怎么叫群众遵守法律?上行下效嘛!"⑨ 所以,领导干部作为"关键少数",带头自觉守法是实现全民守法,建设法治中国的关键。

治国安邦,人才为要。在法治建设中,除了抓住领导干部这个关键少数,习总书记还特别强调高素质法治工作队伍建设。党的十七大提出,要"加强政法队伍建设",在此基础上,习总书记提出要加强"法治队伍"建设。从"政法队伍"到"法治队伍",不仅是内涵的扩展,更是标准的提升。习总书记进一步明确了法治工作队伍的主要构成,"主要包括在人大和

---

① 习近平:《论坚持全面依法治国》,中央文献出版社2020年版,第108页。
② 习近平:《加快建设社会主义法治国家》,载《求是》2015年第1期。
③ 习近平:《论坚持全面依法治国》,中央文献出版社2020年版,第5-6页。
④ 习近平:《论坚持全面依法治国》,中央文献出版社2020年版,第179页。
⑤ 习近平:《论坚持全面依法治国》,中央文献出版社2020年版,第141页。
⑥ 习近平:《论坚持全面依法治国》,中央文献出版社2020年版,第135页。
⑦ 习近平:《论坚持全面依法治国》,中央文献出版社2020年版,第142页。
⑧ 习近平:《论坚持全面依法治国》,中央文献出版社2020年版,第135页。
⑨ 习近平:《论坚持全面依法治国》,中央文献出版社2020年版,第25页。

政法从事立法工作的人员,在行政机关从事执法工作的人员,在司法机关从事司法工作的人员。全面推进依法治国,首先要把这几支队伍建设好"①。习总书记还提出加强律师队伍、法学教育工作队伍、涉外法治人才等队伍的建设。

全民守法与建设高素质法治工作队伍是辩证统一的。一是推进全民守法,离不开高素质法治工作队伍的建设。习总书记指出:"建设法治国家、法治政府、法治社会,实现科学立法、严格执法、公正司法、全民守法,都离不开一支高素质的法治工作队伍。法治人才培养上不去,法治领域不能人才辈出,全面依法治国就不可能做好。"②所以,习总书记强调,全面推进依法治国,首先要把专门队伍建设好。二是高素质法治工作队伍是全民守法的保障。习总书记强调:"全面推进依法治国,必须着力建设一支忠于党、忠于国家、忠于人民、忠于法律的社会主义法治工作队伍,……要坚持立德树人,德法兼修,创新法治人才培养机制,努力培养造就一大批高素质法治人才及后备力量。"③全民守法是一项系统工程,信仰法律、明法笃行的高素质法治工作队伍必能引领、推动、保障全民守法的实现。因此,对法治工作队伍的要求更为严格。首先,要加强专门队伍的理想信念教育。习总书记提出了德才兼备的基本要求,并提出了"五个过硬"(信念过硬、政治过硬、责任过硬、能力过硬、作风过硬)、"四个忠于"(忠于党、忠于国家、忠于人民、忠于法律)、"四化"(革命化、正规化、专业化、职业化)的具体要求。其次,要重点加强政法队伍建设。对法治专门队伍的管理要坚持更严标准、更高要求,要深查司法腐败,巩固和扩大政法系统队伍教育整顿试点工作成果。

(十六)尊重国情与借鉴域外经验的关系

习近平法治思想深深植根于中国土壤,也汲取人类法治精华的成果。习总书记深刻阐释了尊重国情与借鉴域外经验的辩证关系,具体包括:

尊重国情是根本。走什么样的法治道路、建设什么样的法治体系,是由一个国家的基本国情决定的。"只有扎根本国土壤、汲取充沛养分的制度,才最可靠、也最管用。"④习总书记深刻指出,坚持从实际出发,就是要突出中国特色、实践特色、时代特色。中国国情、中国实际是我们立足之本。上下五千年,我们形成了独树一帜的中华法系。这一法系,凝聚了中华民族的精髓和智慧,具有丰富的法律文化资源。中国特色社会主义国家制度和法律制度是在长期实践探索中形成的,是人类制度文明史上的伟大创造。这是一套行得通、真管用、有效率的制度体系。⑤这些都是我们的实际,也是我们的优势,我们要有自信和底气。只有尊

---

① 习近平:《加快建设社会主义法治国家》,载《求是》2015年第1期。
② 习近平:《论坚持全面依法治国》,中央文献出版2020年版,第174页。
③ 习近平:《论坚持全面依法治国》,中央文献出版2020年版,第231页。
④ 习近平:《论坚持全面依法治国》,中央文献出版2020年版,第78页。
⑤ 习近平:《论坚持全面依法治国》,中央文献出版社2020年版,第265页。

重本国国情、深植于本国土壤、传承本国优秀文化,不断在经济社会发展中改进、升华的制度,才具有强大的生命力。

借鉴域外经验是必要补充。尊重国情并不等同于闭门造车。习总书记指出:"坚持从我国实际出发,不等于关起门来搞法治。法治是人类文明的重要成果之一,法治的精髓和要旨对于各国国家治理和社会治理具有普遍意义,我们要学习借鉴世界上优秀的法治文明成果。"①习总书记在总结历史和现实经验教训的基础上,深刻指出:"只有传承中华优秀传统法律文化,从我国革命、建设、改革的实践中探索适合自己的法治道路,同时借鉴国外法治有益成果,才能为全面建设社会主义现代化国家、实现中华民族伟大复兴夯实法治基础。"②我们既要继承传统,也要文明互鉴,吸收借鉴人类法治文明有益成果,贡献中国智慧和中国方案。同时,学习借鉴不等同于照搬照抄,"不等于是简单的拿来主义,必须坚持以我为主、为我所用,认真鉴别、合理吸收,不能搞'全盘西化',不能搞'全面移植',不能照搬照抄"③。

在处理尊重国情与借鉴域外经验的关系中,需要注意的是,不能动摇或放弃我国制度的根基。习总书记指出:"我们需要借鉴国外政治文明有益成果,但绝不能放弃中国政治制度的根本。"④他强调:"走中国特色社会主义法治道路是一个重大课题,有许多东西需要深入探索,但基本的东西必须长期坚持。"⑤这"基本的东西"就是习近平同志在党的十八届四中全会上提出的三个"核心要义"和五个必须长期坚持的"基本原则"。三个"核心要义",即坚持党的领导、坚持中国特色社会主义制度、贯彻中国特色社会主义法治理论。五个"基本原则"是:坚持人民主体地位,坚持法律面前人人平等,坚持依法治国和以德治国相结合,坚持依法治国和依规治党有机统一,坚持从中国国情和实际出发。⑥核心要义、基本原则正是习总书记在汲取中国革命、建设的经验教训,承继中华传统法治的基础上,总结、提炼、升华的宝贵财富。

三、习近平法治建设重大关系理论的价值与贡献

习近平法治建设重大关系理论阐明了推进全面依法治国、推动法治中国建设中的一系列重大关系,回答了如何系统、整体、协同推进全面依法治国、建设法治中国的重大问题。这一理论不仅具有重大的理论创新意义,而且具有重大的实践价值。

---

① 习近平:《论坚持全面依法治国》,中央文献出版社2020年版,第111页。
② 习近平:《坚定不移走中国特色社会主义法治道路 为全面建设社会主义现代化国家提供有力法治保障》,载《求是》2021年第5期。
③ 习近平:《论坚持全面依法治国》,中央文献出版社2020年版,第111页。
④ 习近平:《论坚持全面依法治国》,中央文献出版社2020年版,第78页。
⑤ 习近平:《论坚持全面依法治国》,中央文献出版社2020年版,第106页。
⑥ 张文显:《习近平法治思想的基本精神和核心要义》,载《东方法学》2021年第1期。

（一）习近平法治建设重大关系理论具有重大理论创新意义

习近平法治建设重大关系理论坚持、深化了法治一般理论。习近平法治建设重大关系理论精准把握了法治的内在发展规律，创造性地发展了法治一般原理和理论。

第一，对良法善治理论的深化发展。习总书记通过论述有法可依与良法善治的关系，极大地充实、深化了良法善治的一般理论。一是明确了有法可依和良法的关系。有法可依指法律规范要完备，处理所有问题都有既定规定可供遵循。① 良法，指的是有法好依，强调法律规范要具备科学性、正当性、针对性、可操作性。有法可依是法治建设最基本的要求，良法是法治建设的深层次需求。在有法可依与良法的关系上，习总书记强调要在有法可依的基础上，提高立法质量，推动良法供给，要重点制定满足人民日益增长的美好生活需要必备的法律制度。从有法可依到实现良法善治，充分体现了从形式法治到实质法治的跨越。二是明确了良法和善治的关系。习总书记原创性地提出"法律是治国之重器，良法是善治之前提"，用良法促进发展，保障善治。三是明确了良法的评判标准。习总书记将法律是否体现人民利益、反映人民愿望、维护人民权益、推进人民福祉作为判定良法的根本尺度，将人民性、公正性作为良法的根本属性。

第二，对权力监督理论的深化发展。对权力的监督制约是法治的基本命题，传统的法治理论单纯强调对权力的控制。习总书记关于确保全面履职与监督制约权力的关系论述，为监督和制约权力提供了新理念，赋予了新内容。习总书记认为，履职和监督制约权力并非完全对立，二者相辅相成、相互促进。通过法律促进政府全面积极履行职责，可以抑制其消极作用，实现政府权力的规范、有效行使。因此，促进积极履职也是权力监督的重要方面。习总书记强调公权力机关既要全面履职，又要防止权力滥用，加强对权力的监督制约。在法治的框架下，权力既要能得到有效控制，也能在积极层面有所作为。②

第三，对党法关系理论的深化发展。习总书记从三个方面深化发展了党法关系理论：一是在党的地位上，习总书记深刻指出党的领导是中国特色社会主义之魂，是推进全面依法治国的根本保证。二是在党法关系上，习总书记强调党和法、党的领导和依法治国高度统一。三是在领导方式上，习总书记创造性地提出了"三统一、四善于"的执政理念，在"三统一、四善于"中落实和改善党的领导。

上述内容都是习总书记守正创新、继承发展法治一般理论的范例。此外，习总书记在继承、坚持法治一般理论的基础上，还对法治经济、科学立法、严格执法、公正司法、全民守法、改革与法治关系等方面进行了拓展和深化。③

---

① 江必新：《贯彻习近平法治思想 提升法治建设效能》，载《学习时报》2021年5月14日，第01版。
② 江必新、张雨：《习近平法治思想中的法治监督理论》，载《法学研究》2021年第2期。
③ 参见江必新：《习近平全面依法治国新理念新思想新战略对法治理论的发展》，载《法学杂志》2020年第5期。

习近平法治建设重大关系理论创新、发展了马克思主义法治理论。习近平法治建设重大关系理论是马克思主义法治理论中国化的最新成果,开辟了马克思主义法治理论中国化的新境界。

第一,对马克思主义国家与法理论的创新发展。按照马克思主义国家与法的学说,一定社会历史条件下的国家治理活动,乃是社会基本矛盾运动的历史产物,反映了一定社会发展的客观需要,凝结着社会发展的价值准则,因而成为社会共同体赖以存在与发展的一种能动性的社会实践。在文明社会发展的每一个历史阶段,社会主体按照一定的方向和目标,创设正式的与非正式的行为规则体系,以便把人们的行为纳入一定的轨道和秩序之中。[①] 这种规则和秩序,必不可少。失去规则和秩序,社会和国家将会陷于混乱和无序。习总书记在继承马克思主义国家与法理论的基础上,阐述了法治与国家治理现代化的关系,作出了原创性贡献。一是发展了法治和国家治理的关系论。习总书记指出了法治在国家治理中的基础性地位("法治是国家治理体系和治理能力的重要依托"[②]);强调法治对国家治理的重要作用(法治是"中国之治"最基本最稳定最可靠的制度保障,法治引领国家治理现代化);揭示了法治化和国家治理现代化的本质联系(国家治理现代化最根本的是国家治理法治化,治国理政最重要的是治国理政现代化)。二是发展了法治和国家治理方式论。习总书记提出了在法治轨道上推进国家治理体系和治理能力现代化这一核心要义,作出了"坚持顶层设计和法治实践相结合,提升法治促进国家治理体系和治理能力现代化的效能"的重要论断[③]。这些重要论述,是将马克思主义国家与法理论同中国实际情况相结合而形成的重大成果,是推动国家治理体系和治理能力现代化的理论指南。

第二,对马克思主义社会与法理论的创新发展。马克思、恩格斯第一次深刻揭示了法与社会物质生活条件的因果联系:"生产关系总和起来就构成所谓社会关系,构成所谓社会,并且构成一个处于一定历史发展阶段上的社会,具有独特的特征的社会。"[④] 马克思指出:"但社会不是以法律为基础。那是法学家们的幻想。相反地,法律应该以社会为基础。法律应该是社会共同的、由一定物质生产方式所产生的利益和需要的表现,而不是单个的个人恣意横行。"[⑤] 习总书记在2001年4月,就提出了"法治社会"概念。他还运用马克思主义观点和方法论,深刻阐述了法治与社会秩序和稳定的关系:一是揭示了和谐社会的本质是法治社会,形成了社会治理法治化理论。二是原创性提出"法治国家、法治政府、法治社会一

---

① 公丕祥:《习近平的法治与国家治理现代化思想》,载《法商研究》2021年第2期。
② 习近平:《论坚持全面依法治国》,中央文献出版社2020年,第3-4页。
③ 习近平:《论坚持全面依法治国》,中央文献出版社2020年,第275页。
④ 《马克思恩格斯选集:第一卷》,人民出版社1995年版,第345页。
⑤ 《马克思恩格斯全集:第六卷》,人民出版社1961年版,第292页。

体建设"的工作布局。三是对社会治理的性质、社会治理的原则、社会治理的主体等作出了深刻、系统的论述。这些重要论述与马克思主义社会与法理论不仅一脉相承,更创造性地发展了马克思主义社会与法理论。

习近平法治建设重大关系理论对马克思主义法治理论的创新发展是全方位的,除国家与法理论、社会与法理论外,习近平法治建设重大关系理论在马克思主义政党理论、民主与专政理论等诸多方面都实现了创新和发展。

习近平法治建设重大关系理论丰富、升华了中国特色社会主义法治理论。正确处理好全面依法治国的辩证关系,是习近平法治思想的重要内容。从这个意义而言,习近平法治建设重大关系理论,是习近平法治思想的"重大关系篇"。

从理论领域看,习近平法治建设重大关系理论涵盖政治与法治关系理论、党法关系理论、法治改革理论、德法共治理论、良法善治理论、社会治理法治化理论、法治经济建设理论、法治与国家治理理论、统筹发展和安全理论、严格规范公正文明执法理论、法治工作队伍建设理论等诸多内容,极大拓展了中国特色社会主义法治理论的内涵。

从内容性质看,习近平法治建设重大关系理论是中国特色社会主义法治理论的重要内容。中国特色社会主义法治理论是对中国法治目标、道路、方法等一系列重大问题的系统学理阐述。[①] 中国特色社会主义法治理论的基本价值是良法善治;重要特征是依法治国和以德治国相结合,依法治国和依规治党相结合;实质是履职和限制权力,尊重和保障人权;基本路径是立足国情,既传承中华民族优秀法律文化,又汲取国外法治成果。这些关乎中国特色社会主义法治性质、价值、特征的重要内容,正是习近平法治建设重大关系理论的核心部分。习近平法治建设重大关系理论体现了中国特色社会主义法治理论的根本属性,丰富了中国特色社会主义法治理论。

从具体规定看,习近平法治建设重大关系理论极大升华了中国特色社会主义法治理论。以习总书记关于依法治国与以德治国的关系论述为例,习总书记吸收了中华传统法治文化中德主刑辅、以德化人的主张,发展了党的十五大以来依法治国和以德治国相结合等重要理念,创新升华了"法德观"。其提出的法德并重、法德共治,法治与德治相辅相成、相得益彰等观点,阐明了现代法治和新型德治相结合的治国新理念,揭示出"融德于法"的法治之理和"法德共治"的实践之道[②],强调了依法治国和以德治国相结合是社会主义法治的鲜明特点。这些都是习近平法治建设重大关系理论对中国特色社会主义法治理论的深化、升华。

[①] 钱弘道:《中国特色社会主义法治理论的四个渊源》,载《法治现代化研究》2021年第2期。
[②] 参见张文显:《习近平法治思想的理论体系》,载《法制与社会发展》2021年第1期。

（二）习近平法治建设重大关系理论具有重大实践价值

习总书记强调，科学理论是推动工作、解决问题的"金钥匙"。习近平法治建设重大关系理论正是这样一把"金钥匙"。这一理论，深刻阐明了"有哪些重大关系""如何理解这些重大关系""如何正确运用这些重大关系"，提供了认识和处理这些重大关系的基本立场，有力推动了法治中国建设。

第一，澄清了模糊观点。中国特色社会主义法治道路是前人没有走过的路，在上下求索、艰难探索的历史进程中，面对着一些必须正确把握的重大关系，面临着各种不同观点的分歧和纷争。习近平法治建设重大关系理论辩证阐释了法治中国建设中的核心问题（党法关系）、基本问题（法治与德治的关系）、关键问题（依法治国与依规治党的关系）、根本制度问题（民主与专政的关系）、组织和人才保障问题（全民守法与抓住"关键少数"、建设高素质法治工作队伍的关系）等诸多根本性、基础性问题，明确了基本观点，驱散了模糊、错误认识的迷雾。以党法关系的重要论述为例，习总书记深刻阐明了全面依法治国由谁领导、如何领导等大是大非问题，驳斥了'党大还是法大'的伪命题，有力澄清了关于党法关系的模糊观点，回击了党法关系上的谬论和阴谋。习总书记在论述各个重大关系时，经常从现实问题出发，通过剖析各种认识、批驳错误观点，进而得出正确结论。这也体现了习总书记破立结合的方法论。

第二，增强了法治自信。历史已经雄辩地证明，中国的法治道路，照搬西方政治制度、法律体系行不通，移植苏联模式也会水土不服。习近平法治建设重大关系理论指明了法治建设的"中国道路"，提供了法治建设的"中国方案"，贡献了法治建设的"中国智慧"。在法治中国如何建设的问题上，习总书记深刻阐明了尊重国情与借鉴域外经验的关系，提出法治中国建设"要从中国国情和实践出发，走适合自己的法治道路，决不能照搬别国模式和做法，决不能走西方'宪政'、'三权分立'、'司法独立'的路子"①。同时，要吸收、借鉴国外法治有益成果，实现以我为主、为我所用。尊重国情，充分吸纳本国传统优秀文化，汲取世界法治文明的重要成果，这是法治中国建设的正确路径，也是我们有信心为世界法治建设作出中国贡献的底气之一。总之，习近平法治建设重大关系理论深植于新中国成立特别是党的十八大以来的法治实践沃土，指导了法治中国的实践，增强了我们走社会主义法治道路的定力。

第三，统一了思想认识。习近平法治建设重大关系理论通过深刻、辩证分析重大关系，明确了法治中国建设的主要问题，廓清了思想困惑，统一了思想认识。一是在改革与法治的关系上，一直存在着将二者对立起来的错误观点，存在"改革要发展，法治要让路"等不当认识。习近平法治建设重大关系理论给出的答案是：凡属重大改革都要于法有据。法治和改革相辅相成，相伴而生。要坚持以法治为依托，用法治思维和法治方式来深化改革、推动发

---

① 习近平：《论坚持全面依法治国》，中央文献出版社2020年版，第229页。

展。二是在法治与经济的关系上,习总书记驳斥了"经济要上、法治要让"的错误认识,提出"市场经济就是法治经济",经济和法治密不可分,法治对经济具有引领、保障、促进和规范的巨大作用。三是在发展与安全的关系上,习总书记阐释了二者的辩证统一关系,指出"安全是发展的保障,发展是安全的目的",批驳了将安全和发展对立起来,只重发展不顾安全的片面认识。四是,在政策与法律的关系上,针对社会上存在的试图否定党的政策等的作用的错误观点,习总书记精辟地指出,政策和法律都是重要的社会调整手段。二者本质一致,功能互补,汇合于社会主义法治建设。

第四,矫正了法治中国建设航向。对法治中国建设中的重大关系的正确认识和处理,事关法治道路、法治效能和法治成败。[①] 习近平法治建设重大关系理论把握住"事物的根本",说明了法治中国建设的重要事项和推进方式方法,保障了法治中国始终沿着正确的方向前行。一是明确了法治中国的政治方向。这一理论回答了法治中国建设的领导问题。在政治与法治的关系、党法关系的论述中,习总书记强调,党的领导是我们的法治同西方资本主义国家的法治最大的区别。党的领导是法治中国沿着正确方向前行的"定海神针"。二是明确了法治中国的战略布局。这一理论提出以良法善治作为目标,坚持"依法治国和以德治国相结合""依法治国与依规治党有机统一",提出"依法治国、依法执政、依法行政共同推进,法治国家、法治政府、法治社会一体建设",注重"在法治轨道上推进国家治理体系和治理能力现代化",从而实现法治中国统筹推进、协同并进、重点突破。三是明确了法治中国建设的任务所在。这一理论明确了全面依法治国、建设法治中国的重要任务是"科学立法、严格执法、公正司法、全民守法"。建设法治中国是科学立法、严格执法、公正司法、全民守法的良法善治状态。习总书记在论述有法可依与良法善治的关系、严格执法与规范公正文明执法的关系、法治与社会秩序和稳定的关系中,对立法、执法、司法、守法四个重点环节,指出了关键问题之所在,提出了要求,明确了目标。四是明确了法治中国的组织和人才保障。在论述全民守法和建设高素质法治工作队伍、抓住"关键少数"的关系时,习总书记强调:建设法治中国的保障是抓住领导干部这个"关键少数"和建设德才兼备的高素质法治工作队伍。要推动领导干部当好"带头人",推动法治工作队伍当好"排头兵"。

---

① 王晨:《习近平法治思想是马克思主义法治理论中国化的新发展新飞跃》,载《中国法学》2021年第2期。

· 科技法学专题 ·

相对人参与算法行政的困境与出路[*]

程关松　苗运卫[**]

摘　要：算法与行政的互动促成"算法行政"的诞生。算法行政旨在促进政府决策模式的优化，其以海量数据和完善的算法为基石，以自动化决策为中心，需要纳入代码规则与法律规则的双重规制。算法在逐渐超越工具角色，成为执行资源配置的基本法则，但这种定位并未与传统行政的运作规律协同一致。算法法则在嵌入行政活动中改写了程序性要求，算法黑箱、算法自主和算法外包对相对人参与中知情权、听证权和监督权的行使造成困难。为保障相对人有效参与算法行政过程，充分行使程序权利，需要行政机关遵循法定程序，将行政公开程序、说明理由程序、听取意见程序、程序责任制度的法定要求内化为算法透明、算法解释、算法责任的技术规范要求，实现算法技术规范的法律化，通过法律化的算法技术规范保障相对人的程序权利。

关键词：算法行政　程序权利　行政程序　技术规范　法律化

自冯·诺依曼发明计算机引起信息数字化浪潮以来，基于互联网协议的数字技术正在改变社会生活中的一切，不仅带来数字化与虚拟化的发展红利，一些生活方式和行为规范也

---

[*] **基金项目**：国家社科基金项目"法治中国的主体性建构研究"（项目号：19FFB030）；广州市社科基金项目"广州市社会治理创新的行政行为法机制研究"（项目号：2019GZYB17）；中央高校专项资金资助项目"社会治理智能化的法律问题研究"（项目号：ZDPY202034）；"双一流"建设项目"数字技术提升公共卫生治理能力的法律保障"（项目号：K5200890）。

[**] **作者简介**：程关松，华南理工大学法学院教授、研究员，党内法规与监察法治中心负责人；苗运卫，华南理工大学法学院硕士研究生。

需要作出相应调整。① 而数字技术本质上所带来的是"一场管理革命","不仅是技术变革,更意味着社会变革,且伴随与呼唤着公共管理和公共服务领域的变革"②。从政府信息公开的制度安排到网络问政的平台搭建,从电子政务的实践探索到数字政府的顶层设计③,表明以治理体系和治理能力现代化为目标与追求的现代行政积极拥抱这场技术革命中的机遇,以数字技术优化政府治理模式。

在"算法时代即将来临"④的时代背景下,算法与行政的互动促成"算法行政"的诞生。算法行政并不属于规范意义上的法律概念范畴,其仅作为描述性用语以形容通过算法进行的自动化行政活动。对其理解需从福柯的治理理论出发,福柯所提出的"治理术"范畴并非通俗或普遍理解的治理概念,而是探究"治理的艺术",这是对可能是最好治理方式的反思⑤,其中体现着从关注治理对象向关注治理方式的转变。鲁夫罗伊将治理术引入数字技术领域形成"算法治理术"⑥,国内学者将其转译为"算法行政",意指在数字化时代行政主体不满足于以政治经济学作为其运作手段,通过算法进行自动化操作而形成的一种全新决策模式⑦。区别于外生技术在政府治理中移植应用的电子政务时期,算法行政是在数字技术与政府体系深层次适应与融合的数字政府时期中技术应用的进一步发展,算法在逐渐超越工具角色,成为执行资源配置的基本法则。然而,算法行政所带来的转变并未与传统行政的运作规律协同一致,进而给相对人在参与行政过程时知情权、听证权和监督权的行使造成困难。因此,在坚持保障相对人程序权利和规范政府行政活动的目标下寻求破局之道,成为完善算法行政和应对相对人参与困境的必然要求。

一、算法行政的内部构造

（一）算法行政以数据和算法为基石

随着互联网架构的建立和终端普及,以及数据储存能力的提高与成本的下降,行政机关构建起电子政务的硬件系统平台,而推动传统行政向算法行政迈进的是数据的丰富和算法的完善。在履行公共管理职责和提供公共服务过程中,行政机关转变其在扁平式的互联网

---

① 参见[美]安德鲁·V.爱德华:《数字法则:机器人、大数据和算法如何重塑未来》,鲜于静、宋长来译,机械工业出版社2016年版,第Ⅷ-2页。
② 徐继化、冯启娜、陈贞汝等:《智慧政府——大数据治国时代的来临》,中信出版集团2014年版,第17页。
③ 参见秦梅玉:《自动化行政的兴起及其法律挑战》,载《社会科学动态》2021年第2期。
④ [以]尤瓦尔·赫拉利:《未来简史:从智人到智神》,林俊宏译,中信出版集团2017年版,第356页。
⑤ 参见崔月琴、王嘉渊:《以治理为名:福柯治理理论的社会转向及当代启示》,载《南开学报(哲学社会科学版)》2016年第2期。
⑥ See A. Rouvroy. The End(s) of Critique: Data-Behaviourism vs. Due-Process, in M. Hildebrandt, K. D. Vries. Privacy, Due Process and the Computational Turn: The Philosophy of Law Meets the Philosophy of Technology. Routledge, 2013.
⑦ 参见虞青松:《算法行政:社会信用体系治理范式及其法治化》,载《法学论坛》2020年第2期。

环境中的架构和样态,由中心化与单一化的治理支点演变为平台化与分布式的多元治理网络,实现信息收集、加工和反馈的及时、精准与高效①,因此获取了海量的数据资源。同时,这些数据收集活动与政府行政行为高度粘合并持续运行,极大地增强了政府权力运行的广度、深度和效率。②作为公共数据的收集者和管理者,行政机关具有无法比拟的数据优势。围绕这些公共数据,行政机关持续深耕并打造数据的"聚、通、用"特征:打破地域和职能因素导致的政府信息孤岛将公共数据汇聚到统一平台,制定公共数据开放和共享的标准,形成并扩大公共数据的公用、商用和民用。通过数据互联的硬件架构和公共数据的"聚、通、用"特征,行政机关构建起公共数据协同共享机制。

将收集的公共数据进行汇聚、共享和应用,以实现"无序数据向关联化、隐性数据向显性化、静态数据向动态化、海量数据向智能化的转化"③,行政机关促使数据价值在算法行政中走向实然。在此数据挖掘分析过程中,通过模式构建描述数据以建立关联,算法的运作发挥着对非结构化数据进行结构化处理的功能。在技术意义上,算法是定义良好的计算过程,它取一个或一组值作为输入,并产生一个或一组值作为输出,即算法就是一系列的计算步骤,用来将输入数据转化成输出结果。④这种本质上基于计算机程序以解决问题的方法得以应用与推广根源于计算时间和储存空间等有限资源需要被有效利用的现实需求,政府在电子政务时期以工具定位将其引入行政系统中,算法本身并不附着政治与权力色彩,但当其从网络代码层面渗入公共权力系统运作中,即具有影响社会运行的规则属性⑤,这使算法不再限定于狭义的计算机语言意义,而被界定为人类和机器交互的决策机制⑥。在此进程中,随着算法演变出自主性和认知性特征,甚至具备了自我学习的能力,算法将不再是纯粹的工具性角色,而能代替某些行政主体独立完成特定的行政任务。⑦通过海量可靠的数据喂养和高效准确的算法支撑,"自动分析、自动决策、自动执行"的算法行政模式得以形成。⑧

(二)算法行政以自动化决策为中心

对于行政机关而言,变革是行政效能的内在要求,政府工作者和学者不断寻找促进政府更好运作的新方法,以发现理想的治理形态。⑨在当前社会数字化和智能化的趋势与"以科

---

① 参见张欣:《算法行政的架构原理、本质特征与法治化路径:兼论〈个人信息保护法(草案)〉》,载《经贸法律评论》2021年第1期。
② 参见张凌寒:《算法权力的兴起、异化及法律规制》,载《法商研究》2019年第4期。
③ 参见刘叶婷、唐斯斯:《大数据对政府治理的影响及挑战》,载《电子政务》2014年第6期。
④ 参见科尔曼等:《算法导论(原书第3版)》,殷建平译,机械工业出版社2013年版,第5页。
⑤ 参见孙清白:《人工智能算法的"公共性"应用风险及其二元规制》,载《行政法学研究》2020年第4期。
⑥ 参见丁晓东:《论算法的法律规制》,载《中国社会科学》2020年第12期。
⑦ 参见肖冬梅:《"后真相"背后的算法权力及其公法规制路径》,载《行政法学研究》2020年第4期。
⑧ 参见张欣:《算法行政的架构原理、本质特征与法治化路径:兼论〈个人信息保护法(草案)〉》,载《经贸法律评论》2021年第1期。
⑨ 参见[美]B.盖伊·彼得斯:《政府未来的治理模式》,吴爱明、夏宏图译,中国人民大学出版社2001年版,第3-5页。

层组织为载体的公共权力资源的衰微和技术治理强制性阐释泛滥的契机下"①,算法引入行政成为对人工智能时代"如何进行治理"问题的回应。在传统行政活动中,政府行政决策的作出是一个选择理性方案、行使公共权力和表达利益偏好的博弈过程,需要满足形式合法性、民主正当性和流程合理性的要求②,这是为了达到决策程序公正、决策结果科学和决策更好操作等效果。而在通过数据处理、代码运行与机器判断以形成行政决策的算法行政中,算法的技术架构及其运作逻辑决定了行政决策的方向和维度,构成算法行政相较于传统行政与数字政府最本质的区别。算法法则主导的自动化决策机制区别于关注政策前提、民主治理与公众参与的传统决策机制③,以"后现代治理工具"④的演化角色采用基于算法的控制规则和连接方式取代传统决策进程中的协商对话与意志表达,改变行政机关、专家顾问和行政相对人在行政决策中的地位,重塑行政决策的主体格局。

自动化决策是从海量数据中提取信息,由算法进行分析与决定适用规范和法律结果并最终付诸行动的判断过程。应用算法来解决问题是因为需要将行政活动负担控制在行政资源和执行能力允许的范围内⑤,因此自动化决策的运行由于自身网络架构模式和学习能力而具有强烈的效率主导逻辑⑥,其所追求的行政效率植根于行政活动之中,是嵌入公正结构中的通过理性程序内化为高效公正的重要标准⑦。算法行政内部功能根据人机职能分工的差异分为不同类型,包括部分自动化的辅助功能与完全自动化的自主功能。算法自动化决策追求的是在决策环节脱离人工干预的完全自动化功能,其中算法能够取代人的决策而独立分析与决定是形成自动化决策的核心要素。⑧在此过程中,自动化决策表现出数据化、智能化、精准化和便利化等特征,它成为行政资源限制和治理需求扩张导向下构建算法行政的中心环节。

(三)算法行政以代码与法律为规则

以自动化决策为中心的算法行政有其自身的运行规则,即代码规则——以设计的代码为基础,通过对数据的获取和分析并基于算法来进行决策,其本质是计算机代码的组合和程序的运作,在机制和效果上不同于传统意义上行政权力所必须依据的法律规则。在算法技术嵌入行政活动的进程中,代码规则的拥趸者认为算法的作用增强并塑造了新的秩序规则,

---

① 朱婉菁:《算法维度下人工智能嵌入治理的风险研判及政策因应》,载《天津行政学院学报》2020年第6期。
② 参见谷志军:《重大决策责任追究的三重逻辑——基于行政决策要素的案例分析》,载《新视野》2021年第2期。
③ See Mark Bevir. Governance: Politics and Power, Encyclopedia Britannica, https://www.britannica.com/topic/governance, 最后访问日期: 2020年12月7日。
④ 参见虞青松:《算法行政:社会信用体系治理范式及其法治化》,载《法学论坛》2020年第2期。
⑤ 参见蒋舸:《作为算法的法律》,载《清华法学》2019年第1期。
⑥ 参见郑智航:《人工智能算法的伦理危机与法律规制》,载《法律科学(西北政法大学学报)》2021年第1期。
⑦ 参见程关松:《司法效率的逻辑基础与实现方式》,载《江西社会科学》2015年第8期。
⑧ 参见马颜昕:《自动化行政的分级与法律控制变革》,载《行政法学研究》2019年第1期。

代码规则出现取代法律规则的趋势。这种超出当前权力系统和法律框架的行政权力行使规则的观点形成有如下原因：其一是在互联网发展勾勒的网络空间中，其与物理世界之间存在的技术鸿沟使得代码规则取代法律规则在网络中获得基础地位，代码通过建立自身语言系统设定算法运行规则。人工智能加持下的算法让输入数据与规则从而得出结果的传统模式转化为输入数据和结果从而构建规则的智能模式，甚至形成规则创制、规则执行和规则司法三位一体的代码功能①，不断巩固"代码即法律"②的格局。其二是围绕代码和法律在体系架构、逻辑运作和规制目的等方面的共通之处，法律规则与秩序出现数字化转型态势，尽管不认同"代码即法律"的观点，但在智能互联网时代需要通过代码这一转介平台将法律规制转换成与之对应的法律技术化规制，从而使法律呈现代码形态，实现"法律的代码化"。③

代码形成算法的运行方式，描述的是网络空间中的"自然规律"，但法律属于某种社会事实，是民意机制下承载着社会价值的产物，代码和法律并非同一性质，因此，无论是"代码即法律"还是"法律即代码"都不是代码规则与法律规则相互关系的科学命题。"法律的代码化"命题建立在认同代码优于法律或算法是法律的目标的基础上，然而，代码规则下的算法存在算法歧视、算法黑箱等问题，这些问题表明不能妥当地认为算法优于法律。④代码的存在是为了辅助法律任务的实现，其能补充法律规则滞后性等因素导致的不足，但即便是在网络空间，代码也只能是法律所针对的对象而非目标。⑤依法行政要求对行政尽可能地"司法化"，即行政依照司法的紧密约束的规律形式进行⑥，这一被理论和制度层面明确的行政法基本原则意味着一个稳定的、可以预测的行政法律秩序。算法行政由于存在技术和法律双重成分而区别于传统行政，算法技术"造就了新的权力形态，也呼唤着新的权利保护模式"⑦，因此，需要同时运用代码规则与法律规则加以规范。这有赖于代码规则的规制，通过代码深入算法对数据进行分析学习的核心内部，在算法内部发挥"稳定规范性预期"的功能⑧；同时，需要用法律规则增强代码规则的强制力和合法性⑨，通过算法技术规范的法律化将行政法定程序内化为算法公开、算法解释和算法责任等内容，以实现算法行政可预测与可控制的基本要求，在法治已成为治理现代化的必然逻辑的背景下，将算法纳入依法行政的轨道。

---

① 参见余盛峰：《全球信息化秩序下的法律革命》，载《环球法律评论》2013年第5期。
② ［美］劳伦斯·莱斯格：《代码2.0：网络空间中的法律》，李旭、沈伟伟译，清华大学出版社2018年版，第6页。
③ 参见马长山：《智能互联网时代的法律变革》，载《法学研究》2018年第4期。
④ 参见陈景辉：《人工智能的法律挑战：应该从哪里开始？》，载《比较法研究》2018年第5期。
⑤ 参见陈景辉：《算法的法律性质：言论、商业秘密还是正当程序？》，载《比较法研究》2020年第2期。
⑥ 参见［德］奥托·迈耶：《德国行政法》，刘飞译，商务印书馆2013年版，第61-66页。
⑦ 参见郑戈：《算法的法律与法律的算法》，载《中国法律评论》2018年第2期。
⑧ 参见余盛峰：《法律的"死亡"：人工智能时代的法律功能危机》，载《华东政法大学学报》2018年第2期。
⑨ 参见崔靖梓：《算法歧视挑战下平等权保护的危机与应对》，载《法律科学（西北政法大学学报）》2019年第3期。

二、相对人在算法行政中行使程序权利的困境

相对人参与行政活动是指相对人通过表达意见与诉求的方式参与并影响行政权力的运行过程与结果,这是现代民主政治的一种表现形式,也是行政程序正当的具体原则。① 其在权力与权利的力量对比格局中发挥着平衡作用,相对人参与扩展的正当程序制度确保了行政主体对相对人利益的考虑,有利于形成在总体上能够更好地服务社会的行政决策。② 算法行政以其技术性功能为政府治理提供模式优化的路径,其基于海量数据与运算优势提高了政府的行政效能。但算法并非完美无缺,其存在的弊端将对既有的行政程序产生影响,既影响行政机关的决策程序,也影响相对人的知情权、听证权和监督权等程序权利的行使,打破了行政权力与相对人权利的平衡状态,形成权力增强与权利式微的失衡格局,产生相对人在算法行政中行使程序权利的现实困境。

(一)算法黑箱对相对人知情权的侵蚀

知情是相对人得以参与行政过程的前提条件,如果相对人对于行政活动的情况不够了解,就不能正确选择和有效参与。因此,如果说参与是让相对人实现"为"的需求,那么知情则是满足相对人"知"的权利,并且这种"知"的权利应当被认为是相对人可以直接向政府要求的基本权利。③ 相对人知情权的基本内涵是可以在法律许可的范围内知晓行政机关进行行政活动的依据、程序、内容和方法等,表现为对行政主体与行政行为、行政过程与行政决定、行政程序与行政实体的全方位了解。这项权利来源于相对人在行政信息涉己利益时的诉求,以打破其与行政主体之间的信息不对称状态,在客观上起到强化正当程序和防止行政专断的功效,一方面可以增加相对人保护自己权利的机会,另一方面可以增强相对人参与行政的热情并提高行政活动的效能。从现实需求和立法发展来看,保障相对人的知情权利已经成为现代政府的基本职责,通过散见于众多法律法规中的信息公开要求和行政机关的通知义务,相对人知情权得以具体落实。

然而,算法行政中的算法黑箱与相对人知情权所渴望的行政透明化诉求格格不入。"黑箱"在网络语境中表示"虽然可以获得输入和输出数据,但无法弄清输入数据如何变成输出数据"④ 的秘密运作机制。算法之所以会被视为黑箱,是因为其架构难以被"拆解"以便人们观察与了解,源于秘密保护需要、算法本身的复杂性或技术知悉程度等,算法在人的视角下呈现出不透明与无法解释的特征。这种特征和机器学习技术发展密切相关,并可根据发展

---

① 参见周佑勇:《行政法的正当程序原则》,载《中国社会科学》2004年第4期。
② 参见[美]理查德·B.斯图尔特:《美国行政法的重构》,沈岿译,商务印书馆2011年版,第141页。
③ 参见周佑勇:《行政法基本原则研究(第二版)》,法律出版社2019年,第233页。
④ 参见[美]弗兰克·帕斯奎尔:《黑箱社会:控制金钱和信息的数据法则》,赵亚男译,中信出版集团2015年版,第5页。

程度分为三个阶段:一是监督式机器学习技术对应的算法黑箱初级阶段,黑箱存在于数据输入和结果输出的中间环节;二是半监督式机器学习技术对应的算法黑箱进阶阶段,相较于初级阶段,这一阶段的数据输入环节也不受人为干预;三是无监督式机器学习技术对应的算法黑箱终极阶段,算法的运作形成无人工参与的程序闭环,数据输入、算法运算和结果输出环节皆由机器主导。[①] 随着智能技术的迭代发展,算法黑箱逐渐向更高阶段演进,但目前而言算法黑箱的发展还主要停留在进阶阶段,这意味着人的介入和监督依然是有效且必要的。

在算法行政中存在着不愿公开或公开不能导致的算法黑箱,"黑箱"这一隐喻足以表达相对人对算法控制下的行政活动的担忧,在算法行政的数据输入、算法运算和结果输出步骤中,数据收集活动由于公共利益豁免而不公开,算法分析程序由于秘密保护而不揭晓,决策结果来源由于机理难以释明而不公布。[②] 在专业性和嵌入性的算法所营造的隐秘空间内,相对人缺乏关于算法的认知能力与知识体系,逐渐丧失原有的知情权所要求的心理能力,难以判断行政主体是否仍在遵循普遍已知的和通常理解的行政权力行使规范,是否仍在正当程序要求的范围之内依法行政,知情权的缺失继而也影响着相对人对行政活动的参与和对行政决策的支持。

(二)算法自主对相对人听证权的消解

听证权的行使是相对人参与行政活动的核心内容,其是指相对人和具有利害关系的人参与行政程序,就相关问题发表意见、陈述辩解的权利,相对应的行政主体负有听取意见和说明的义务。在此,相对人的听证权为广义理解上的"被听取意见与接受申辩的权利",而不局限于我国相关立法所明确的行政机关主持下的行政听证制度范围内。[③] 在国家不断将原本排除出统治权力的领域变为行政权的客体从而带来行政权范围扩张的背景下[④],基于行政效能提升的需求和政府行政观念的变革,政府职能发生转变,公权力不再仅有强制属性,而更在意履行职责和为公众提供服务的实力或影响力。[⑤] 因此,行政权力的对立面由"服从"向"合作"转变,更加注重相对人在行政活动中的实质参与和有效参与,相对人的听证权也从"非合作性的'介绍—回应'模式"[⑥]中挣脱出来,要求陈述和申辩公开、及时和充分,从而形成行政主体与相对人二者意志得以沟通与交流的良性互动关系[⑦]。同时,听证权发展成

[①] 参见谭九生、范晓韵:《算法"黑箱"的成因、风险及其治理》,载《湖南科技大学学报(社会科学版)》2020年第6期。
[②] 参见张凌寒:《算法自动化决策与行政正当程序制度的冲突与调和》,载《东方法学》2020年第6期。
[③] 参见周佑勇:《行政法基本原则研究》(第二版),法律出版社2019年版,第230页。
[④] 参见[德]格奥格·耶利内克:《主观公法权利体系》,曾韬、赵天书译,中国政法大学出版社2012年版,第78页。
[⑤] 狄骥:《宪法论:第一卷:法律规则和国家问题》,钱克新译,商务印书馆1959年版,第482页。
[⑥] 吴明熠:《从听证走向协商:公众参与行政决策的实践反思与程序嬗变》,载《甘肃行政学院学报》2020年第2期。
[⑦] 参见程关松、王国良:《对行政互动关系的法律回应》,载《华东政法大学学报》2007年第3期。

为用来制约行政权力的程序权利①，通过相对人在行政主体作出决策，尤其是作出不利决策时的意见表达，形成约束行政权力滥用可能性的外在力量，从而提升行政决策的透明度、公正性和接受度。

在传统行政模式中设置相对人参与程序并未改变行政权力归属行政主体的属性，即行政决策的作出仍由行政主体主导与决定，但其中存在着有重要利害关系的相对人的权利主张。而在智能技术介入的算法行政中这种意志表达被算法的自主决策所消解。自主性本是人作为主体的根本属性之一，植根于人的自由意志之中，但作为现代机器体系代表的算法技术正在获取自主性②，并向自动处理、自主学习和自我进化的方向演进。算法的自主决策来源于"大数据，小定律"的技术范式③，通过海量数据的投喂，经由机器学习产生认知能力，从而反馈为具体行为结果。在算法的控制模式中，算法逐渐接管行政主体的决策权力，权威从人转向由算法构成的网络④，人的独立思考能力、意志表达自由和异议权的基本批判功能逐渐被剥夺⑤，需要法律进行规制。

随着算法时代的到来，智能技术与社会生活的融合程度加深，高效便捷的技术优势让人们难以避免算法化的生活方式。算法在行政活动中的应用也历经从决策主体争议到人机交互配合，即从主体性认知到实用性认知的演进过程：初期围绕算法引入行政的拒绝权和选择权等展开，要求"尊严性治理"，目的是在算法行政中维护人的主体性地位；如今则是讨论算法适用的程序与方式等内容，要求"正当性治理"，目的是使其符合程序正当的要求。⑥技术的运行逻辑和效率追求将行政活动的流程糅合到封闭的算法空间中，让原有的行政程序不可避免地出现内容调整甚至简化的特殊规则，但这些变化需要通过其他方面加以补强，避免架空相对人参与行政活动的既有权利。⑦然而，在算法行政中，算法的自主运作并未给相对人的参与权利留有作用余地，相对人无从得知算法决策结果的作出理由和过程，其意见难以在自动化决策中完成从自然语言向计算机语言转化的过程，或通过有效程序设计得以陈述申辩并对结果产生实质性影响，以至于最终呈现出技术对相对人听证权排挤的现象。

（三）算法外包对相对人监督权的削弱

近代以来，人民意志转化为国家意志的必然性和全民自治愿景的实际操行性难题让国

---

① 参见章剑生：《行政听证制度研究》，浙江大学出版社2010年版，第1页。
② 参见李河：《从"代理"到"替代"的技术与正在"过时"的人类？》，载《中国社会科学》2020年第10期。
③ 参见王飞跃：《人工智能：第三轴心时代的来临》，载《文化纵横》2017年第6期。
④ 参见［以］尤瓦尔·赫拉利：《未来简史：从智人到智神》，林俊宏译，中信出版集团2017年版，第296页。
⑤ ［美］赫伯特·马尔库塞：《单向度的人——发达工业社会意识形态研究》，刘继译，上海译文出版社2006年版，第3页。
⑥ See Margot E. Kaminski. Binary Governance: Lessons from the GDPR's Approach to Algorithmic Accountability. Southern California Law Review, Vol.92, 2019, p.1529.
⑦ 参见［德］毛雷尔：《行政法学总论》，高家伟译，法律出版社2000年版，第445页。

家采取代议制政府掌握权力,公民监督是反映自身意志和利益的政府权力的妥协方案。[1]其中,公民的监督类型包括通过选举国家代表机关代为监督和直接行使公民监督权。从政治权利到宪法权利,再具体到行政法领域的程序权利,公民监督权在以程序权利和义务为内容的行政决策机制中具体化为相对人的监督权,即相对人有权对行政机关及其公务员的活动提出批评、建议、控告和检举的权利。[2]相较于其他类型的监督,相对人监督权的行使是凭借相对人的身份和亲历性的认知视角进入行政程序,其本质是以利益尤其是个人利益为驱动力,这表明监督主体即相对人与监督对象即行政主体之间存在利益上的利害关系,相对人以此为动力采取积极方式对行政权力施加影响,并在客观上形成对行政活动的持续压力状态,发挥相对人监督权对行政权力正确行使的保障功能和对行政权力偏离法律轨道的调整功能[3],有效监督行政主体依法行政和合理行政,防范行政权力的专横与腐败。

如同相对人对算法知识的缺乏一样,行政权力系统内部关于数据和算法方面的技术手段和技术人才也难以满足算法行政的实际需求。[4]相对而言,市场需求和经济利益驱动下的企业在算法技术研发设计上投入了大量成本,形成了丰富的人才资源和雄厚的技术实力。因此,由于企业所掌握的知识与技术,通过行政委托或行政协议达成的算法外包成为行政权力系统应对技术不足的优先选择。行政机关和企业在围绕算法技术的供求关系中实现各自的目标:行政机关借助企业提供的算法技术在履行行政职能的过程中缓解行政压力与提升行政效能;企业则通过算法优势在公共生活领域巩固技术优势地位,获取更多话语权。[5]基于算法技术的供求互动,企业完成从行政机关的监管者到合作者的身份转变,其所提供的形式意义上的算法技术支持容易异化为实质意义上对公权力的干预[6],并且"算法的设计与特定的价值立场相关,有些算法中含有歧视与不公,而有的算法则隐藏着利益集团的控制"[7],这种控制最终形成私主体侵占公权力的现象,影响现有民主体制框架下的权力分配以及权力与权利的平衡格局。

算法外包可能导致的"权力分化"引起公民对算法行政的担忧,这也给相对人的监督造成困难。在传统意义上,相对人监督权利的配置与行使是针对公共权力和行政主体的决策而言,法律赋予相对人监督权的内容也明确了监督所指向的对象即行政机关及其工作人员。但在算法外包条件下,行政机关只负责算法技术的政府采购和外部操作,而算法的机制设

---

[1] 参见汤唯、孙季萍:《法律监督论纲》,北京大学出版社2001年版,第453页。
[2] 参见周佑勇:《行政法原论(第三版)》,北京大学出版社2018年版,第36页。
[3] 参见陈党:《公民监督的功能及其实现途径探讨》,载《政治与法律》2008年第7期。
[4] 参见徐骏:《智慧法院的法理审思》,载《法学》2017年第3期。
[5] 参见郭哲:《反思算法权力》,载《法学评论》2020年第6期。
[6] 参见李文静、栾群:《人工智能时代算法的法律规制:现实、理论与进路》,载《福建师范大学学报(哲学社会科学版)》2020年第4期。
[7] 参见丁晓东:《算法与歧视——从美国教育平权案看算法伦理与法律解释》,载《中外法学》2017年第6期。

计、内部运行与后期维护等内容属于提供算法的企业。在利益关联等因素驱动下,企业在算法运行中的操控能力足以影响相对人的正当权益。在此情形下,基于对算法程序的实际影响力考量,相对人监督权的对象出现分化与转移。算法黑箱使相对人对行政决策过程无从知晓,算法自主使相对人缺乏参与,针对算法本身的监督更是因为技术问题而出现障碍。而算法行政中的相对人与提供算法技术的企业之间的法律关系模糊不清,难以满足对企业行使监督权的合法性和可操作性要求。

三、通过技术规范的法律化保障相对人的程序权利

相对人参与行政活动所形成的行政互动关系具有克服行政权运行中理性不足的局限、防范行政权滥用和改善行政法律关系主体间紧张关系的功能[①],但算法行政的技术要素打破了传统行政系统面向相对人的开放性与包容性。算法的黑箱特征使行政活动处于不可知的隐秘空间,算法的自主运行使相对人无法表达意见与申述辩解,算法的技术外包使企业影响并分化行政权力。算法法则在嵌入行政活动中改写了程序性要求,造成相对人参与算法行政时行使知情权、听证权和监督权的困境。在行政活动过程中,相对人程序权利的行使并非单向的意思表达,而是需要行政程序作为制度装置在行政系统的开放性和相对人的参与性之间建立有机联系,促成行政权力和相对人参与权利的规范性互动。[②] 因此,为保障相对人有效参与算法行政过程,充分行使程序权利,需要行政机关遵循法定程序,并结合算法的技术特征,将行政公开程序、说明理由程序、听取意见程序、程序责任制度的法定要求内化为算法透明、算法解释、算法责任的技术规范要求,通过算法技术规范的法律化保障相对人程序权利的行使。

(一)算法行政透明规则

在法治政府构建视域中,行政权力运行有其内部约束和外部监督机制,而公开透明是规范行政机关进行行政活动的一项原则性要求,在学理和实践中也多被认为是行之有效的措施。在算法的应用背景下,引入透明性要求成为算法行政中保障相对人程序权利的事前规制方式。欧盟《通用数据保护条例》(以下简称"GDPR")第5条将透明性原则引入个人数据处理环节中,第13条明确在算法自动化决策中数据控制者需要向数据主体提供自动化决策机制的分析过程、逻辑程序、使用意义和设想结果,从而有助于数据主体行使拒绝权和获得解释权。目前对于算法行政模型所应披露的内容尚未形成统一观点,但基本上包括算法

---

① 参见程关松:《宪法失序与对行政权剩余的规制——以执行权的变迁为视角》,载《法律科学(西北政法大学学报)》2009年第4期。

② 参见程关松:《宪法失序与对行政权剩余的规制——以执行权的变迁为视角》,载《法律科学(西北政法大学学报)》2009年第4期。

主体、算法要素、算法原理和算法结果等要素,寄希望以此揭开认知困难、系统复杂或人为保密导致的算法黑箱的神秘面纱,既赋予算法行政下相对人对算法法则的知情权,弥补行政法律关系主体间因技术带来的信息不对称差距,有助于相对人参与行政活动,又实现向行政主体的责任维度进发,为责任划分与追责机制提供前提性条件。

然而,算法的神秘并不能让公众轻易跨越这道认知鸿沟,对算法决策机制和要素的形式性知晓让相对人依然难以理解与把握其中的关键节点,因为算法有其独特的表达语言,并且这种"复杂而又专业的语言带有某种社会意义,它可以增强语言使用者的权力和权威"[①],形成特定群体对语言理解和解释的垄断地位。因此需要在算法行政中将算法的形式性公开转化为"实质性知情"[②]或"有意义的算法透明"[③]。在自然语言描述法、流程图描述法、伪代码描述法等算法描述方式中[④],算法行政模型公开的内容不应局限于代码层的编程语言堆砌,这仅能消解算法决策的神秘色彩,但并不能解决相对人的认知难题。同时,源代码的公开对相对人而言只是"无意义的数据废墟",甚至引起"透明度悖论",即更高水平的能见度却降低了算法透明度,从而对相对人的程序权利产生适得其反的效果。[⑤]因此,需要从建构相对人对算法行政的理解和信任的目的出发,选择在自然语言下对算法设计主体、种类、功能、逻辑、风险和变化等必要内容作出说明[⑥],让相对人在算法行政中真正知悉算法决策的适用和运行,实现从可知情向可理解的转化。

对于系统复杂导致的算法黑箱,必须明确的是其本质上归属于技术黑箱。作为人为制作品,算法黑箱表现为算法运行下的技术因素致使部分主体无法了解,但依旧有掌握核心技术的主体能够明晰算法的运行机理。因此,系统复杂导致的算法黑箱问题只是从复杂到简明的解释性问题而非技术性问题。同样面临解释性问题的还有人为保密导致的算法黑箱。商业利益驱动使得从事算法技术开发的多为私营企业,一味追求算法公开或将侵害其对于算法技术的知识产权,因此,算法的知识产权保护成为拒绝算法透明的正当理由。但这种理由适用于算法的商业化应用场景,基于劳动创造财产权的理论,企业在算法开发中投入成本,其应获取算法技术所带来的利益,一旦向社会公开算法法则,则可能出现"搭便车"现象,不利于算法技术和应用市场的发展。然而,在公权力行使场景中,算法的私密化保护需求被公权力具有的权力垄断、公共利益和正当程序等特征否认,因此,公权力机关所使用的

---

① [美]约翰·吉本斯:《法律语言学导论》,程朝阳、毛凤凡、秦明译,法律出版社2007年版,第246页。
② 参见郭春镇:《对"数据治理"的治理——从"文明码"治理现象谈起》,载《法律科学(西北政法大学学报)》2021年第1期。
③ 参见谭九生、范晓韵:《算法"黑箱"的成因、风险及其治理》,载《湖南科技大学学报(社会科学版)》2020年第6期。
④ 参见徐子珊:《从算法到程序》,清华大学出版社2015年版,第2-3页。
⑤ See Cynthia Stohl, Michael Stohl, M. Paul Leonardi, Managing Opacity: Information Visibility and the Paradox of Transparency in the Digital Age, International Journal of Communication Systems, Vol.10, 2016, pp.123-137.
⑥ 参见徐凤:《人工智能算法黑箱的法律规制——以智能投顾为例展开》,载《东方法学》2019年第6期。

算法应以公开为原则,以不公开为例外①,在应用算法的行政机关与提供算法的企业进行算法技术交接时完成算法模型公开的合意,并将合意用行政协议固定下来。

(二)算法行政解释规则

如同为使法律意志得以遵守而要对法律进行解释一样,算法法则在行政活动中的运行也需要适当解释以衡平工具理性与价值理性的互动关系。算法解释权应时而生,这是具有利害关系的相对人要求对算法决策予以解释的权利。GDPR 在序言第 71 条规定了在自动化决策中的"人为干预""表达观点""获得解释"和"提出挑战"等价值,即便序言效力待定,但配合正文部分的具体内容进行解释②,仍然可以作为算法解释权的授权依据和规范指引,这也为我国算法解释权的配置提供了域外参考。但 GDPR 所涉及的算法治理机制嵌合于数据治理框架之中③,对算法解释权的行使仅局限于自动化决策的事前阶段,而对于自动化决策的事中和事后解释,GDPR 并未作出明确规定④。赋权算法解释是从增强相对人权利而言缩小信息差距的制衡方式,是对算法内容从被动接受到积极主张的行政参与表现。算法解释权围绕算法自主化决策的全过程展开,不仅具有知情权的面向,还具有向算法主体主张权利的功能。关于算法解释权的正当性与合法性,一方面表现为相对人行使程序权利的方式,被视为"算法时代中对抗公民的主体性和自治性沦陷与丧失的内在之善"⑤,另一方面也表现为遵循以权利制约权力的控权逻辑⑥,并在客观上起到规制算法决策风险和保证算法决策可信的作用。

为保障相对人算法解释权的实现,需要构造行政主体解释算法行政运行的程序内容,并将说明理由和听取意见的法定程序内化其中,达到算法行政的可解释性要求。解释算法行政运行的程序内容可根据算法决策的不同环节划分为决策前的算法数据说明、决策中的算法逻辑解释和决策后的算法错误更正三个部分。算法数据说明要求行政机关就算法决策所依据的数据类型、来源、权重等作出说明,既为决策结果确认数据依据合理性,又排查涉及个人信息时的可能风险。⑦算法逻辑解释要求行政机关就算法决策的运行过程、关键因素、预期结果等必要内容作出实质解释,以便在数据合理基础上给相对人提供再次评价的机会。算法错误更正则是为相对人提供变更渠道,当相对人发现算法决策确有错误、瑕疵或存在不合理因素时,能够向行政主体提出更正请求,行政机关应当根据合法请求履行查明核实义

---

① 参见丁晓东:《论算法的法律规制》,载《中国社会科学》2020 年第 12 期。
② 相关内容包括《通用数据保护条例》(GDPR)第 13、14、15、22 条。
③ 参见张欣:《从算法危机到算法信任:算法治理的多元方案和本土化路径》,载《华东政法大学学报》2019 年第 6 期。
④ 参见唐林垚:《"脱离算法自动化决策权"的虚幻承诺》,载《东方法学》2020 年第 6 期。
⑤ 参见张欣:《算法解释权与算法治理路径研究》,载《中外法学》2019 年第 6 期。
⑥ 参见张恩典:《大数据时代的算法解释权:背景、逻辑与构造》,载《法学论坛》2019 年第 4 期。
⑦ 参见许可:《健康码的法律之维》,载《探索与争鸣》2020 年第 9 期。

务①,重开行政程序,修正决策数据,更新决策系统,重新作出测评。

算法解释的既有模式包括"以算法功能为中心"和"以具体决策为中心"(或"以模型为中心"和"以主体为中心")两种模式②,前者从宏观视角着眼于算法模型全局,后者则从微观视角着眼于具体决策部署。然而,在算法行政中,"以模型为中心"的算法解释类型与公开算法行政模型的要求一致,应当作为政府主动公开的职责范围,而非作为围绕相对人算法解释权的程序。因此,解释算法行政运行所针对的是具体的算法决策,一般由具有利害关系尤其是受到不利影响的相对人在算法行政过程中提出。当相对人认为算法决策导出结果与合理预期不符,有权提出异议,要求行政主体对算法决策的相关内容进行解释。当然,基于算法决策应用范围和运行成本等因素的衡量,仅仅依据算法决策的存在而要求算法解释并不符合制度预设③,因此,需要将相对人的利益受损作为算法解释程序启动的限制因素。同时,解释算法的义务应当由通过算法进行决策的主体承担,对于技术外包导致的算法应用主体和算法开发主体分离的现象,算法设计主体的企业需要在技术层面履行相应的协助解释义务。④企业的协助解释义务可以通过法定方式或者约定方式设定。

(三)算法行政责任规则

当相对人参与算法决策成为算法行政中必不可少的正当化程序要求,行政主体需要承担保障相对人有效参与的义务,但当自我约束难以支撑义务履行,配置行政责任就成为实现对行政主体所承担义务进行规范、监督和纠正的必然方式。行政法律责任的逻辑意义是一种救济权关系,它的产生依赖于客观行政法律秩序中某个原权利遭到侵犯,在相对人参与算法行政中,行政主体承担责任的前提是其行政行为侵犯了相对人的知情、听证或监督的原权利。而这种救济权的另一端与公法上的诉愿权与诉权紧密相连,使得相对人可以借助诉愿权和诉权将主导行政复议和行政诉讼的公权力引入救济原权利的作业领域。⑤沿袭美国外部治理而非个体赋权的算法治理或其他涉及隐私问题的规制方式,2017年纽约市通过了《算法问责法案》。作为美国立法史上第一个对公用事业领域算法进行问责的法案,《算法问责法案》明确了算法问责制的规制对象、适用主体、实施主体、实施程序等相关内容,为算法使用者提供了探索降低算法风险和负面影响的激励制度。⑥我国通过现有的网络立法体

---

① 参见贾章范:《法经济学视角下算法解释请求权的制度构建》,载《黑龙江省政法管理干部学院学报》2018年第4期。
② See Lilian Edwards, Michael Veale. Slave to the Algorithm? Why a "Right to an Explanation" Is Probably Not the Remedy You Are Looking for. Duke Law & Technology Review, Vol.16, 2017, pp.55-58; Andrew D. Selbst, Julia Powles. Meaningful Information and the Right to Explanation. International Data Privacy Law, Vol.7, 2017.
③ 参见魏远山:《算法解释请求权及其权利范畴研究》,载《甘肃政法学院学报》2020年第1期。
④ 参见解正山:《算法决策规制——以算法"解释权"为中心》,载《现代法学》2020年第1期。
⑤ 参见应松年:《当代中国行政法(第七卷)》,人民出版社2018年版,第2669-2670页。
⑥ 参见张欣:《从算法危机到算法信任:算法治理的多元方案和本土化路径》,载《华东政法大学学报》2019年第6期。

系为算法技术的商业化利用构建起治理体制①,但对于算法行政中责任的配置还需在现有行政法律责任制度框架内探索责任主体、构成要件和责任形式等内容。

算法技术逐渐演化出的自主性让其在行政决策中的功能发生了显著变化,但人工智能在当前法秩序中并未获得法律主体地位②,算法也不能成为适格的责任主体,当然,这并不意味着算法自主导致的问题无法进行问责。算法行政中的责任配置需要落实到可追责的真实主体,这是问责的意义所在,但算法黑箱等问题的存在,可能导致责任主体的缺失与竞合。广义上的算法行政责任主体泛指所有需要承担算法决策相关责任事项的主体,包括行政主体、企业和行政相对人。③但在保障相对人程序权利得以在算法行政中实现的目的下,在要求相对人履行义务和承担责任的同时,更应强调治理算法的主体对其义务的履行和其违反义务的责任承担。④由于技术外包的存在,除了行政主体,企业也负有与算法设计相关的义务,因此,对于治理算法的主体需要区分使用责任主体和设计责任主体。在"技术和科学都是具有意识形态"⑤的论断下,算法难以从人的影响中独立出去,算法因素也不应成为责任逃逸的理由,其中,行政主体应当承担不履行公开、说理、告知义务的责任,而在属于知识盲区的代码程序领域,行政主体和相对人同属信息弱势一方,合作企业应履行依法合理设计算法模型和运作逻辑的义务,承担相应的行政法律责任。

一般认为,行政法律责任的构成要件包括行政违法行为、行政违法后果及二者间的因果关系,而主观过错要件并不必然成为承担行政法律责任的要件之一。⑥在算法行政责任的构成要件中同样如此,这是因为算法自身的责任主体地位缺失和算法致使相对人程序权利受损之间存在矛盾,在这一矛盾中,行政机关和企业可能并无主观过错,但相对人权利受损应得到救济,因此,需要明确算法行政责任的构成要件,确定无过错责任原则作为算法行政的"弥补体系"⑦,将主观过错的判断从算法行政责任的评价机制中排除出去,通过算法决策所形成的结果并结合算法行政责任主体类别来评判算法行政责任的归责原则与责任分配方式。对于不同的责任主体,算法行政责任的承担形式也不相同。在算法行政中承担算法使用责任的行政主体,因为其是传统行政法律关系的一方主体,对相对人参与算法行政的程序权利侵害,需要通过撤销、变更、确认违法与行政赔偿等方式承担停止性、恢复性或救济性的责任形式。⑧而对于承担算法设计责任的企业,其与行政主体基于行政委托或行政协议成

---

① 参见张凌寒:《〈电子商务法〉中的算法责任及其完善》,载《北京航空航天大学学报(社会科学版)》2018年第6期。
② 参见龙文懋:《人工智能法律主体地位的法哲学思考》,载《法律科学(西北政法大学学报)》2018年第5期。
③ 参见许娟:《国际突发公共卫生事件中的风险行政责任研究》,载《山东大学学报(哲学社会科学版)》2020年第4期。
④ 参见杨解君:《行政法上的义务责任体系及其阐释》,载《政法论坛》2005年第5期。
⑤ [德]尤尔根·哈贝马斯:《作为"意识形态"的技术与科学》,李黎、郭官义译,学林出版社1999年版,第38页。
⑥ 参见王连昌、马怀德:《行政法学》,中国政法大学出版社2007年版,第92-93页。
⑦ See Mark A. Lemley, Bryan Casey. Remedies for Robots. University of Chicago Law Review, Vol.86, 2019, p.1311.
⑧ 参见应松年:《当代中国行政法(第七卷)》,人民出版社2018年版,第2700-2703页。

立行政法律关系,但与相对人并无行政法意义上的直接法律关系,因此,应当由行政机关负责企业行政法律责任的落实。

四、结论

算法与行政的结合符合智能技术的发展进程与建设数字政府的要求,其所形成的算法行政旨在优化政府决策模式,需要海量可靠数据做基础和高效准确的算法支撑,在技术福利和效率逻辑导向下以自动化决策为中心,既有赖于代码规则的规制,又必须纳入依法行政轨道。但在提升行政效能的同时,需要正视算法的局限性,警惕算法导致的行政权力扩张与相对人权利式微的失衡格局,规制算法技术的弊端及其带来的风险。其中,在公开不能或公开不欲的算法所营造的隐秘空间中,相对人缺乏算法的认知能力与知识体系,算法黑箱侵蚀了相对人的知情权。算法的自主运作并未给相对人的程序权利留有作用余地,相对人的意见与申辩难以在自动化决策中完成从自然语言向计算机语言的转化,算法自主消解了相对人的听证权。通过行政委托或行政协议引入的算法外包方式在应对行政机关技术不足时会形成私人主体侵占公权力的现象,促使相对人监督的对象出现分化与转移,算法外包进一步削弱了相对人的监督权。

面对相对人参与算法行政的困境,为保障相对人有效参与算法行政过程,充分行使程序权利,需要行政机关遵循法定程序,并结合算法的技术特征,将行政公开程序、说明理由程序、听取意见程序、程序责任制度的法定要求内化为算法透明、算法解释、算法责任的技术规范要求,从而实现算法技术规范的法律化,通过算法技术规范的法律化保障相对人的程序权利。首先,要确立算法行政透明规则。通过自然语言对算法内容的描述将算法的形式性公开转化为实质性知情,明确以公开为常态,以不公开为例外的算法透明原则,在行政机关和企业的算法交接时完成公开合意,解决认知困难、系统复杂或人为保密导致的算法黑箱。其次,要确立算法行政解释规则。相对人算法解释权的实现,需要构造解释算法的程序内容,在算法决策流程中实现决策前的算法数据说明、决策中的算法逻辑解释和决策后的算法错误更正,以满足算法行政的可解释性要求。最后,要确立算法行政责任规则。由于算法并未获得法律主体地位,算法行政中的责任配置需要落实到可追责的真实主体,包括算法使用责任主体和算法设计责任主体。为了弥补算法自身的责任主体地位缺失和相对人程序权利损害,需要将主观过错排除出算法责任的构成要件,应用算法的行政主体承担对相对人权利侵害的停止性、恢复性或救济性的责任形式,而提供算法的企业则由行政机关落实行政法律责任。

大数据时代账号注销权的保护实践[*]

——以《个人信息保护法》"删除"处理为视角

阮晨欣[**]

摘　要：随着互联网科技发展与公民社会交流深度融合，互联网可信身份认证所带来的平台账号从注册到注销行为都与删除处理密不可分。账号注销权的行使基于个人信息权的合法化，是删除处理行为的样态体现，更是个人信息数据控制与信息删除之冲突的一种平衡。从个人信息保护中账号注销权的行使源头分析，账号注销权源于网络空间下公民对个人身份的社会化评价需求不断提升，意图获得对个人信息的实际控制，以此对抗不断公开化的用户个人画像。另外，账号注销权的权属根植于《宪法》《民法典》《个人信息保护法》等法律法规，是公民的尊严自由与对信息的合理化使用之体现。对个人信息保护中账号注销权的合理化行使，是信息自决权完整性之体现，更是作为人对个人账号信息的一种积极控制。

关键词：注销权　个人信息权　删除处理《个人信息保护法》删除权

随着网络空间活动的不断扩大和互联智能化程度的加深，大数据、人工智能、云计算等信息化技术与公民社会交流产生持续深度融合。截至2020年6月，我国网民规模为9.4亿人，

---

[*] **基金项目**：2018年度国家重点研发计划项目"面向诉讼全流程的一体化便民服务技术及装备研究"（项目号：2018YFC0830200）；江苏省高校"青蓝工程"资助成果。

[**] **作者简介**：阮晨欣，东南大学法学院博士研究生、东南大学人民法院司法大数据基地特约研究人员。

较 2020 年 3 月新增网民 3625 万人;手机网民规模为 9.32 亿人;国内市场上监测到的 App（Application,移动互联网应用）数量为 359 万款。① 人们在网络空间的活动日益频繁,这些活动在实名制规定下都离不开账号。用于各个 App 及网络平台的个人账号,也即互联网可信身份认证账号,是基于互联网安全认证系统确认的,与物理世界个人身份信息（以及公司等主体）相对应的网络空间的身份证明,并逐渐从固定静态的点对人状态发展为更为自主状态的数字身份认证。② 这些用户账号往往包含各类身份信息、号码信息、位置信息、财产信息等内容。现实表明,在网络社会,人人都离不开账号,人人也无法完全控制账号。

一、问题的提出：注销账号行为的现实困境与司法保护阙如

与用户个人的自主注册账号和使用行为相比,平台进一步扩大信息的获取范围、处理信息的行使空间与法律法规的一步步规范往往显得并不匹配,注销账号行为具有较为明显的现实难题。在《中国青年报》社会调查中心联合相关网站对 2000 多人发起的一项问卷调查结果中发现：超过七成受访者表示遭遇过 App 账号注销难；超过六成受访者担心注销难会导致信息被盗等问题。③ 关于个人信息删除权的另一份问卷调查中（见图 1）,有 43.13% 受访者曾经尝试注销过平台账号,但仅有 9.17% 受访者认为注销账号比较容易,超过九成受访者表示互联网平台注销账号存在难度,甚至较为困难。

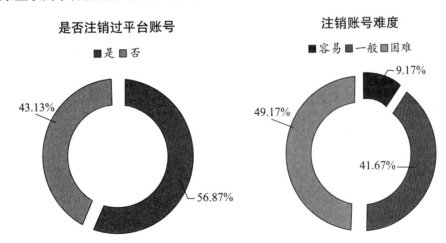

图 1　关于互联网平台用户注销账号的问卷信息 ④

---

① 参见中共中央网络安全和信息化委员会办公室、中华人民共和国国家互联网信息办公室、中国互联网络信息中心：《第 46 次〈中国互联网络发展状况统计报告〉》,2020 年 9 月发布,第 10 页、第 17 页。
② 参见阮晨欣：《法益衡量视角下互联网可信身份认证的法律限度》,载《东方法学》2020 年第 5 期。
③ 邱超奕：《不能给用户注销网络账号"使绊子"》,载《人民日报》2018 年 8 月 3 日第 18 版。
④ 参见笔者问卷调查《关于个人信息被遗忘权的问卷调查》,问卷发放于 2020 年 5 月 12 日,截止于 2021 年 8 月 31 日,共收得有效问卷 211 份。注销账户相关内容涉及问题 7 "您是否尝试注销过社交平台账号?"与问题 8 "您觉得注销账号是否容易?"。

注销账号的含义在于主动或被动地对账号进行注销操作，进而使得账号在互联网中"彻底消失"。注销账号行为的现实困难多表现为用户主动行为所经历的种种不合理限制。大多数平台或者App的注销位置与选项非常隐蔽，甚至没有注销入口，即使有注销入口，方式也非常复杂。用户被要求提供各类身份认证信息到指定客服或邮箱，或与"机器人"进行重复死循环式对话。即便如此，也无法确保能够成功注销。还有App无法提供注销账号的途径，注销账号后个人信息的及时删除或匿名化处理不明确；对撤回已同意授权、申诉方式等用户操作方法未做说明，对外共享、转让、公开披露个人信息的规则不明确，用户个人信息安全难以得到有效保护。① 更为严峻的是，在用户行使账号注销后，其绑定的手机、邮箱或社交账号等没有解绑，互联网身份认证账号所蕴含的个人信息数据并没有被删除，其所包含的财产信息等依然存在。

2020年5月28日第十三届全国人民代表大会三次会议表决通过了《中华人民共和国民法典》（简称《民法典》）。《民法典》在第四编第六章"隐私权和个人信息保护"中第一千零三十四条第一款规定，自然人的个人信息受法律保护。在第一千零三十七条第二款规定自然人发现信息处理者违反法律、行政法规的规定或者双方的约定处理其个人信息的，有权请求信息处理者及时删除。这里"双方的约定"就可以理解为注销账号的合同约定到期。2021年8月20日第十三届全国人民代表大会常务委员会第三十次会议表决通过《中华人民共和国个人信息保护法》（简称《个人信息保护法》），并已于2021年11月1日开始施行。与《民法典》关于个人信息保护和隐私权保护的有关内容相衔接，《个人信息保护法》对个人信息的处理活动中的各项权利进行了明确，其中就包括了删除权，并要求个人信息处理者处理信息时符合个人信息处理规则，并且个人信息权受法律保护。其中，第十三条、第二十二条、第四十七条、第四十九条都规定了删除行为的相关内容。第四十七条中更是采取列举方式规定了5种个人信息处理者应当主动或者根据个人的请求删除个人信息的情形。与我国目前的立法实践相比，在其他国家注销账号多属于个人信息被遗忘权（个人信息删除权）的内容。例如欧盟《通用数据保护条例》（下文简称"GDPR"）第十七条规定了删除权（被遗忘权）6种行为与5种例外情形。而我国虽然没有法律明文规定被遗忘权，但在我国司法中对允许用户注销账号已有初步规定，只是内容较少，也缺少行政监管和足够的责任承担。② 注销账号行为的现实困境与司法保护阙如的问题，需要结合注销账号行为的样态找到删除行为之实质，从个人信息权的延伸出发，进而为账号注销权找到行为定位和权利保护的合理化依据，维护网络空间良好生态。

---

① 林中明、张敏：《上海：采用公证形式固定App违法证据》，载《检察日报》2019年12月9日第5版。
② 参见赵占领：《用户注销账号权必须尊重》，载《法制日报》2017年11月19日第3版。

二、账号注销权的属性：个人信息权的延伸

公民个人信息保护一直是大数据时代发展的时代产物和亟待进一步发展的命题。账号注销权的行使实质与权属认定，是个人信息权的延伸，也是对删除处理行为的法律规定和法律评价。账号注销权的需求源于网络空间下用户个人画像不断公开化与信息实际控制水平之交错冲突，公民对个人身份的社会化评价需求不端提升。另外，根植于现实需求，账号注销权的价值基础是公民的尊严自由与对信息的合理化使用。对个人信息保护中账号注销权的合理化行使，是信息自决权完整性之体现，更是作为人对个人账号信息的一种积极控制。

（一）账号注销权的网络现实：个人身份的社会化评价

在2015年5月27日，一封名为《网民是否有权要求网站注销个人账号？》的信件被发送给网信办公室请求答复。该用户因为许久未登录某网站，想要注销其个人账户，却被告知不可注销。公民是否拥有账号注销权并受法律法规保护，成为网络时代用户的迫切需求。当时依据《电信和互联网用户个人信息保护规定》[①]第九条第四款的规定，电信业务经营者、互联网信息服务提供者在用户终止相关电信服务、互联网信息服务后，应当停止收集与使用个人信息，用户是拥有注销号码或账号的权利的。此外，全国人民代表大会常务委员会2012年12月28日发布的《全国代表大会常务委员会关于加强网络信息保护的决定》规定，在遭遇信息泄露时，个人有权要求网络服务提供者删除个人信息。但是其前提是"遭遇信息泄露"之情形，其实这是一种侵权行为，并不是用户主动所享有的积极权利，保护范围与形式还处于较为粗糙的阶段。与中国的相关实际案例相类似，在2013年4月英国《卫报》发表了关于"我能删帖吗？"的争论文章，文章描述了欧洲围绕"个人删帖行为"掀起的网络数据保护运动。文章称，有越来越多的网络用户要求博客服务商和网站删除内容，比如有损害或过时的个人信息，还有让人难堪的照片。删帖运动可被看作个体为确保自主性，对数字空间中权力的凝视进行抵抗的表征。[②]

账号注销权的网络现实需求，在于公民在网络空间利用互联网身份所塑造的完整的信息画像，这已经是个人身份的一种社会化表征。用户根据账号，能够全面地看到一个人的很多信息，并能够基于这些信息对该用户做出一个社会化的评价。首先，账号注销权解决的主要问题并不是信息是否存在，而是个人账号能够被自己掌握。现实世界中，公民会因为遗忘某一商场的会员卡或储值卡而很久不去某一商场、某一理发店等场所活动，在想起来去处理相关卡的内容时会遇到一些阻碍，但大多能够通过身份证或银行卡、票据等信息解决。网络

[①] 2013年7月16日中华人民共和国工业和信息化部第24号令公布，自2013年9月1日起施行。
[②] 吴飞、傅正科：《大数据与"被遗忘权"》，载《浙江大学学报（人文社会科学版）》2015年第2期。

世界亦是如此,有时情况更加糟糕。以某些 App 注销为例,用户注册该 App 或程序已经很久,但是注销账号时却遇到了层层阻碍,除了要提供互联网身份信息还需要提供"曾用一句话介绍""我最爱的旅行地"等信息。注销条件显得过于苛刻,这些精准信息恐怕只有后台储存的计算机程序记得。账号注销权解决的正是公民的这些迫切需求,包括个人账号由公民个人注册,但在注销时却无法被公民掌控的情况。其次,账号注销权的行使多产生于公民对个人信息尤其是负面信息的评价删除,这也是公民对个人网络身份的保护。公民拥有保持个人身份特质的自主权利与需求。这种包含网络身份的个人身份特质需求与传统人格特质权不能重合,因为其还关注对过去身份信息与形象的评价。因此,账号注销权所保护的内容"不仅是展现自己(to be oneself)的权利,更是展现现时自己(to be present self)的权利"[①]。如果公民能够顺畅地行使账号注销权,那么公民的那些网络负面社会评价,就能够在与其他信息的博弈与平衡后,得到一定程度的减免与重塑。任某与北京百度网讯科技有限公司名誉权纠纷上诉案作为中国第一被遗忘权案件,就是这一情形的体现任某不想要过往负面信息存在,但网络查询中仍能展现这些负面信息。[②] 这一冲突会随着网络信息的日趋透明化而得到加剧,随之而来的删帖行为、洗白行为更是受到司法解释非法经营罪等的关注。最后,账号注销权所体现的最重要特征,是公民对个人账号所体现的个人信息权的一种控制权利。以华某某校友录案件为例[③],在百度搜索引擎中仍能够搜索到其十年前上传至某校友录网站的一张头像证件照。搜索引擎并未在华某某要求删除之请求后采取行动,进而华某某认为其隐私权与个人信息权受到侵犯。十年前的个人身份形象与十年后显然存在很大区别,如果账号得以顺利注销,甚至该校友录网站已经发生倒闭或其他不利于注销的情形,公民的个人身份形象势必受到影响。公民对个人账号所享有的注销权,是个人信息权的一种体现。尽管时间作为个人信息存在或消失的一个重要因素存在,但其并非唯一因素。如果账号注销权对个人信息的保护,仅停留在个人信息受到侵犯后请求删除的后续行为,会影响公民"无拘束的个人表达"[④],也不利于公民对个人信息的完整控制。

(二)账号注销权的价值基础:尊严自由与合理主义

在我国,公民的个人信息主要靠隐私权和信息删除权进行规范保护。但隐私权属于一次性权利,若隐私权人自行或允许他人披露了隐私信息,那么曾经的隐私就成了"公开的秘

[①] 满洪杰:《被遗忘权的解析与构建:作为网络时代信息价值纠偏机制的研究》,载《法制与社会发展》2018年第2期。
[②] 参见北京市海淀区人民法院(2015)海民初字第17417号民事判决书,北京市第一中级人民法院(2015)一中民终字第09558号民事判决书。
[③] 参见慈溪市人民法院华某与北京千橡网景科技发展有限公司肖像权纠纷案(2018)浙0282民初5828号民事判决书。
[④] 温昱:《搜索引擎数据痕迹处理中权利义务关系之反思——以两起百度涉诉案例为切入点》,载《东方法学》2020年第6期。

密"，不再受到隐私权的保护；传统的信息删除权的控制范围又过于狭窄，并且在互联网空间中无限复制传播的条件下，想要彻底删除数据信息几乎是不可能的。因此，单纯的隐私权和传统删除权尚不足以保护公民的个人信息，此时，扩大解释意义上的删除权更具有实践价值。这种"删除"兼具删除处理和隐私保护的双重功能。它并非记忆上的删除，而是数据上的"删除"；并非当事人的删除，而是不特定的第三人"删除"；并非客观事实上的删除，而是社会和法律层面的"删除"。

账号注销权的价值基础源于合理合法与尊严自由，"尊严与自由是人类发展的动力，也是各国法律孜孜以求的公共利益所在"[①]。它所属的个人信息权，作为一种新型权利，包括了属于"自由"的内容，所表征和代表的也是具有一个类别概念的一系列权利合集。[②]在这一系列具有相同类别概念的权利束中，账号注销权就属于个人信息权的重要内容之一，它所体现的对个人信息的控制内容，是基于公民对个人账号信息的一种主动注销与删除权利，是对个人隐私与人格尊严的维护。域外对账号信息的保护立法与实践中，美国一般以言论自由为基本价值基点，更关注对隐私权的保护。而欧盟则从人性尊严的角度出发，重视个人信息自决权的实践应用。我国与二者既有类似也有不同之处。我国个人信息权的价值基础在于《中华人民共和国宪法》（简称《宪法》）对人格尊严与人权的保护。《民法典》《个人信息保护法》《中华人民共和国数据安全法》等法律法规基于《宪法》精神，对个人信息的保护侧重有所不同。美国这一法理根基与美国宪法中的人权保护密不可分；欧盟倡导人格尊严和人格自由，强调更全面的个人信息保护范围，但对我国并不能完全适用，因为我国个人信息保护的历程是与我国的互联网发展密不可分的，更源自我国立法模式的不同。《民法典》中将个人信息保护与隐私权保护分立讨论，从法律层面倾向于对二者权利的区分；而《个人信息保护法》虽然信息保护内容涵盖面更广，但采取的是较为谨慎的态度，这与我国个人信息保护的程度也密切相关。如何做到互联网信息自由流通发展进而推动我国经济在这方面的迅速崛起和发展，与公民个人信息保护的细致化方面，二者需要结合利益平衡的立场，区分价值基础的层次，并在不同场景中加以利用和衡量。在这些背景下，公民对于自身在网络上的信息关注度越来越高，尤其对个人信息的掌控程度不断提升，最直接的表征在于公民对个人账户的控制权利。人们更希望能够自主控制信息的存在与消失，在单纯的隐私权无法满足保护个人信息的要求的情况下，个人信息权能够更多地涵盖网络信息与数据存在的流程化节点。账号注销权的行使不应超出维护个人尊严的范畴，"这是平衡个人信息保护与数据流动的关键"[③]。合理合法与尊严自由存在于法律法规的体系范围内，由于个人信息等人格

---

① [德]卡尔·施米特：《合法性与正当性》，冯克利、李秋零、朱雁冰译，上海人民出版社2015年版，第63页。
② 参见姚建宗等：《新兴权利研究》，中国人民大学出版社2011年版，第7页。
③ 姬蕾蕾：《大数据时代个人信息财产权保护研究》，载《河南社会科学》2020第11期。

利益具有极高的利用价值,所以法律有必要鼓励对个人信息的利用,以促进数据产业的发展。① 账号注销权的存在,更是维护了公民个人信息权消极自由与积极自由双重自由的功能所在。合理主义的立场也是利益平衡中价值判断的实践标准。在权利合法化的基础上,公民需要消极地维护个人信息之领域不受侵犯,尤其体现在隐私信息领域,更需要积极行使对个人信息的控制。双重保护模式更符合对信息流通自由的保护。

(三)账号注销权的积极控制论:法理根基的完善

账号注销权的主动行使,是对信息自决权完整性的补充和延伸。从理论渊源来看,将个人信息权利视为一种消极性的防范性权利,这继承了沃伦与布兰代斯等学者所提出的隐私权理论。个人信息保护制度不仅包含对公民消极性信息权利的保护,而且也包含对积极性信息权利的保护。② 另外,赋予账号注销权的合法化概念,能够维护"普遍的、事先规定的规范化所创造的合法性的尊严"③。

这也是公民行使账号注销权所体现的积极控制立场。首先,网络账号对个人来说已经具备了权利属性,尤其是信息社会中,上述信息本身已经成为有价值的财产。④ 更甚者一些更换了手机号码的用户,本来想注销原来的账号而重新注册新账号并绑定新的手机号码,但是因为注销难,不得不继续给旧手机号码充值,以保证那些关系到日常生活的 App 能够正常使用。在注销难的相关案例中,互联网平台给公众行使账号注销权设置的障碍还包括注销满足条件之一的账户中资产必须清空。但是很多情况下,账号内的虚拟财产因为各种各样的要求而无法清空。更有甚者是要求注销的账号曾经至少充值过一笔交易,但注销时该账号内财产必须清零,这似乎形成了一个死循环。套路之多让人目不暇接。那么,互联网平台是否有权利设置这些障碍阻碍公民行使账号注销权呢?显然不可如此烦琐。虚拟财产的认定尽管存在一些争议,尤其是对无法转换的余额代产品之处理,会加剧互联网平台的成本支出,但公民要求注销账户、删除个人信息,就是对账号所体现的个人信息权的一种积极处理态势。这一权利本身并不是单一的隐私权或超个人法益权利,而是包含人格保护、财产保护在内的一种个人信息之复合保护权利。其次,账号注销权不同于隐私权的保护内容。传统的隐私权所体现的是一种防御性权利,其法益保护的起点在于公民的隐私空间之宁静与不被侵犯之状态。但是这一隐私信息是一次性的,一旦受到侵犯或者被公之于众,就不再是隐私之概念了。账号注销权所保护的法益还包含对账号所体现的个人信息的一种完整控制。它一方面是公民自主行使的积极权利,能够主动对个人账号进行注销,使其消失;另一方面

---

① 王利明:《民法典人格权编的亮点与创新》,载《中国法学》2020年第4期。
② 丁晓东:《个人信息的双重属性与行为主义规制》,载《法学家》2020年第1期。
③ [德]卡尔·施米特:《合法性与正当性》,冯克利、李秋零、朱雁冰译,上海人民出版社2015年版,第103页。
④ 史洪举:《不妨强制提供账号注销功能》,载《长江日报》2018年3月22日第11版。

则是个人信息处理者的控制行为,能够在合法合理事由下采取措施实现公民注销行为,又能依据法定情形推动互联网信息流通。尤其是后者的主动行为,在互联网平台"隐私协议""隐私保护条款"中赋予公民这一权利,以免信息的收集越过边界,能够在不法侵害发生前做出应对。"即使隐私协议中个人信息保护过度依赖事前同意",但并不代表公民的账号注销权是可以舍弃的。①最后,账号注销权是个人信息保护全流程的体现。个人信息的保护不仅是事后受到侵犯时法律法规应对不法侵害之保护,更强调了主动发起的事前保护。账号注销权就包含主动发起、被动处罚之义。这种全流程保护的体现,更强调对个人信息的主动控制,且其权利行使的先决条件已不再局限于"权利受到侵害",尽管信息控制者的行为目前来看不必然带来真实损害,但只需构成抽象危险,个人就可以行使相关权利,具有预防作用。②总之,账号注销权的积极控制立场,不仅是对公民个人账号信息的人格尊严、财产所有的保护,更是一种积极主义下的对个人信息全方面全流程、事前事后的保护。

三、个人信息保护中账号注销权的保护实践

注销账号行为一般分为主动注销、被动注销。主动注销账号行为在于用户通过行使账号注销权,结束与互联网平台的账号使用关系,用户无法再次使用该账号,与此同时互联网平台删除与之相关联的系列账号数据信息。被动注销则是用户发表违背公共安全、公序良俗或进行违法犯罪活动等违反互联网公约的具体内容,互联网平台主动注销用户个人信息;被动注销也包括由于其他因素导致的误删除、误判定行为等。结合《个人信息保护法》的内容,第四十七条至第四十九条规定了包含公民删除行为在内的个人信息处理活动的相关权利。账号注销权的行使,本质是一种"删除"处理行为,更是对个人信息权的维护。个人信息保护中所带来的数据控制强势主体与公民维护个人信息权利之冲突平衡,是实践中要解决的问题。

(一)账号注销权之行为:"删除"处理

用户在行使账号注销权时,期待获得删除账号信息,进而达到账号数据消失于互联网的效果。通过调研发现,从深层原因分析,账号注销权行使困难,在于平台似乎不愿提供注销选项,或通过设置烦琐的注销流程,层层阻碍权利行使。此外,一些网络服务没有给用户提供更正、删除其个人信息的途径,不给用户提供撤回授权、关闭权限、注销账户的方式。因此,有的网络服务用户一旦注册了,再也无法注销。③在国外,用户账号注销权与删除权(被遗

---

① 参见李鑫:《大数据时代隐私协议中个人信息的保护进路——以互联网分层为视角》,载《苏州大学学报(哲学社会科学版)》2020年第3期。
② 周冲:《〈民法典〉个人信息保护条款解读及其对新闻报道的影响》,载《新闻记者》2020年第10期。
③ 李亚红、王思北:《我的信息谁做主——透视网络产品和服务隐私条款里的"猫腻"》,载《科技日报》2017年9月26日第5版。

忘权)紧密相关,它迫使运营商从在线数据库中删除个人数据,进而保护公民的个人信息安全。从账号注销权的行为样态分析,"删除"处理若存在较大瑕疵或阻却,则会带来众多个人信息安全风险。第一,一般平台用户的行为手段受限较多,较难及时发现互联网身份账号所引发的信息和数据泄露风险。删除权的行使,有赖于公民的行权意识。[①] 行权意识薄弱使得很多人并未意识到个人信息已经泄露或处于危险状态。第二,网络平台信息处理者作为接收注销账号申请方,由于申请方数量较多,删除义务行使困难。与此相对应用的是,户无法个人自行自主注销账号,需要向平台提出申请,由平台技术人员单独处理。第三,账号注销权行使所带来的行为样态最重要的是"删除"处理。删除处理的内容和边界以及后续使用的限度问题,一直以来是平台企业与互联网用户博弈交错的冲突与平衡所在。

互联网可信身份认证后所形成的网络账号,通常包括用户注册时填写的个人信息,不限于手机号、身份证号、银行卡号、出生地址、地理位置等信息。如果不允许用户注销账号,这些信息仍然保存在网络服务商的服务器上,一旦遭遇大规模泄露或违法交易,后果非常严重。[②]那么删除处理的内容具体是哪些呢?用户注销账号后,互联网平台可能仍会保存用户注册信息,如用户名、密码、身份证号、手机号、邮箱等基本信息,还有用户的历史操作信息,比用户的访问信息、消费信息及支付信息等。具体而言,信息既可能被保存在平台运营商自己的数据中心或私有云中,也可能被保存在公有云中。此外,平台还可能将这些信息进行备份。当前,云计算服务一般有三种模式,即 SaaS、PaaS 和 IaaS。SaaS(Software as a Service)意为软件即服务,PaaS(Platform as a Service)意为平台即服务,IaaS(Infrastructure as a Service)意为基础设施即服务。"在上述三种服务模式中,云服务提供提供商和 App 平台运营商对云计算资源的控制范围是不同的。"这就决定了双方承担的责任是不同的,云服务商因完全控制云计算的设施层(物理环境)、硬件层(物理设备)和控制层,因而应对此承担完全的安全责任。应用软件层、软件平台层、虚拟化计算资源层的安全责任则由云服务提供商和互联网平台运营商共同承担。互联网平台运营商有无动力和意愿去删除这些信息,对于普通用户来说,他们几乎没有渠道和能力来控制。[③] 在网络空间安全中,个人信息的数据提取使用与隐私保护具有突出矛盾。如何对账号注销后的信息进行删除处理,需要妥善解决。

"删除"可以解释为"个人信息加工使用"的具体内容之一,为《民法典》第一千零三十四条"自然人的个人信息受法律保护"所涵摄,继而将删除权纳入个人信息权的权利内

---

① 万方:《终将被遗忘的权利——我国引入被遗忘权的思考》,载《法学评论》2016年第6期。
② 参见陈树琛:《注册容易注销难 账号"任性"为哪般》,载《安徽日报》2017年12月12日第10版。
③ 付丽丽:《删得掉的App 删不掉的注册信息》,载《科技日报》2018年1月24日第8版。

容中。① 显然，用户要求行使账号注销权，是请求信息控制者或信息处理者删除相关信息，因为其已经丧失保留合法的理由，双方的使用条款终止。行使账号注销权，及时清理长期不使用的或选择离开该互联网平台的账号，是另一种保护公民个人信息的方式。依据国家互联网信息办公室、工业和信息化部、公安部、市场监管总局于 2019 年 11 月 28 日联合发布的《App 违法违规收集使用个人信息行为认定方法》，"未按法律规定提供删除或更正个人信息功能"或"未公布投诉、举报方式等信息"行为包括：(1)未提供有效的更正、删除个人信息及注销用户账号功能；(2)为更正、删除个人信息或注销用户账号设置不必要或不合理条件；(3)虽提供了更正、删除个人信息及注销用户账号功能，但未及时响应用户相应操作，需人工处理的，未在承诺时限内（承诺时限不得超过 15 个工作日，无承诺时限的，以 15 个工作日为限）完成核查和处理；(4)更正、删除个人信息或注销用户账号等用户操作已执行完毕，但 App 后台并未完成的；(5)未建立并公布个人信息安全投诉、举报渠道，或未在承诺时限内（承诺时限不得超过 15 个工作日，无承诺时限的，以 15 个工作日为限）受理并处理的。账号注销权之行为样态主要表现为"删除"处理行为，应是用户主动行使权利与平台承担注销义务、删除个人信息共同作用的结果。

（二）账号注销权之核心：个人信息权合法化

账号注销权实质是对个人信息的保护，它也是个人信息权合法化的重要内容之一。个人信息权的合法化体现在隐私保护、个人信息权保护、刑法保护等方面。在大数据时代，作为数字化主体存在的人们已然置身于大数据所精心构筑的"数字化圆形监狱"之中，处在数据收集、挖掘技术的即时的、持续的跟踪、记录和监视之下，无处遁逃。② 德国是世界上最早对于个人信息（个人数据）予以保护的国家，其创立的信息自决权等概念推动了世界范围个人信息的保护进程。③ 有学者提出，GDPR 中"被遗忘权"这样的标志性术语仅存在于条文的标题，其具体内容更多表现为以往法律条文中个人信息删除权的内容，由此认为被遗忘权的性质无异于个人信息删除权。④ 基于隐私权与个人信息概念的界定，互联网平台账号注销和使用过程中所包含的内容，都属于《民法典》第一千零三十四条规定之范围。第一千零三十七条对公民个人信息主体权利的规定表明，用户基于双方约定终止之理由，有权请求信息处理者及时删除相关信息。

我国最早的账号注销权保护更多地体现于对权利受到侵害后的一种事后保护措施。《全

---

① 参见杨立新、杜泽夏：《被遗忘权的权利归属与保护标准——任甲玉诉百度公司被遗忘权案裁判理由评述》，载《法律适用（司法案例）》2017 年第 16 期。
② 张恩典：《大数据时代的被遗忘权之争》，载《学习与探索》2016 年第 4 期。
③ 皮勇、王肃之：《智慧社会环境下个人信息的刑法保护》，人民出版社 2018 年版，第 52 页。
④ 刘学涛、李月：《大数据时代被遗忘权本土化的考量——兼以与个人信息删除权的比较为视角》，载《科技与法律》2020 年第 2 期。

国人民代表大会常务委员会关于加强网络信息保护的决定》第八条规定，个人信息泄露后，或者受到商业性电子信息侵扰的，有权要求网络服务提供者删除有关信息或者采取其他必要措施予以制止。这是对公民个人信息泄露所进行的事后删除与补救措施。《电信和互联网用户个人信息保护规定》第九条则规定，在公民终止互联网服务之后，互联网信息提供者必须停止收集和使用个人信息，并为用户提供注销服务。《民法典》颁布后，个人信息相关的权利保护获得了更多的法律法规依据。用户享有注册账号的权利，与之对应的，也享有对个人信息全部的注销权利。《民法典》对于个人信息侵权行为也有所规定，但不能体现账号注销权所含有的主动保护之自由。根据第一千一百九十五条所规定的侵权行为之补救，权利人有权通知网络服务提供者采取删除、屏蔽、断开链接等必要措施。通知应当包括构成侵权的初步证据及权利人的真实身份信息。2016 年 11 月 7 日发布的《中华人民共和国网络安全法》第四十三条也与上述法律法规有所衔接，但并不是主动行使之前提。在违反法律法规或约定之事由发生后，公民有权要求网络运营者采取删除、更正等措施。第四十五条从有关监管部门及其工作人员主体角度切入，规定他们"必须严格遵守保密义务，这既表明了单纯获取个人隐私行为尚不构成对个人隐私权的侵犯，又暗含了禁止非法传播个人隐私信息的基本立场"[①]。《个人信息保护法》则是账号注销权最重要的法律依据。第十三条是个人信息处理者处理个人信息所符合的情形，但其中有 6 项情形为例外，不需要经过公民同意。这与欧盟 GDPR 的规定有一些不同。GDPR 第 17 条删除权规定的例外情形共有 5 项，涉及言论信息自由、法定义务、公共利益、科研目的等方面。[②] 我国《个人信息保护法》[③] 还包含合同约定、不同的公共利益定义以及合理范围的使用等限制。这可能出于更好地与我国包含《民法典》在内的其他法律法规相衔接的考虑，也是法秩序统一原理的可视化体现。《个人信息保护法》第四十七条对个人信息处理活动中的删除权利进行了明确，包括具体的 5 种情形。其中，"个人信息处理者停止提供产品或者服务，或者保存期限已届满""个人撤回同

[①] 刘艳红：《公共空间运用大规模监控的法理逻辑及限度——基于个人信息有序共享之视角》，载《法学论坛》2020年第2期。

[②] GDPR第17条第3款规定的例外情形：(a)为了行使言论自由和信息自由的权利；(b)控制者执行或者为了执行基于公共利益的某项任务，或者基于被授予的官方权威而履行某项任务，欧盟或成员国的法律要求进行处理，以便履行其法律职责；(c)根据第9条第2款(h)、(i)项以及第9条第3款，为了公共卫生领域的公共利益的原因；(d)根据第89条第1款，为了公共利益的存档目的、科学或历史研究目的或统计目的，只要第1款所述的权利很可能表现为不可能的或者很可能严重损害该处理目标的实现；(e)为了设立、行使或捍卫合法权利。

[③] 《个人信息保护法》第十三条："符合下列情形之一的，个人信息处理者方可处理个人信息：(一)取得个人的同意；(二)为订立、履行个人作为一方当事人的合同所必需，或者按照依法制定的劳动规章制度和依法签订的集体合同实施人力资源管理所必需；(三)为履行法定职责或者法定义务所必需；(四)为应对突发公共卫生事件，或者紧急情况下为保护自然人的生命健康和财产安全所必需；(五)为公共利益实施新闻报道、舆论监督等行为，在合理的范围内处理个人信息；(六)依照本法规定在合理的范围内处理个人自行公开或者其他已经合法公开的个人信息；(七)法律、行政法规规定的其他情形。"

意"就是公民主动积极行使账号删除权的直接体现。

网络时代,注销权之所以能成为用户权利中的核心权利,主要原因之一就是注销权能够最大限度地减少个人信息泄露风险,是用户对自身个人信息的自我决定权体现方式。被删除的只是应用,被采集的个人信息却永远留存在平台中。[①]账号注销之依据还体现在《互联网用户公众账号信息服务管理规定》《电信和互联网用户个人信息保护规定》《互联网用户账号名称管理规定》《电信和互联网用户个人信息保护规定》等文件或规定中。

(三)数据控制与删除之平衡:利益冲突的选择

欧盟法院于2014年审判的"谷歌西班牙诉冈萨雷斯案"[②]决定,在考虑"有关资料的性质及其对资料当事人私生活的敏感性"和公众对资料的兴趣的情况下,必须在个案的基础上作出权衡。这种对个人信息数据的控制与用户行使删除权或注销权之冲突,是个人信息权的一种延伸。

删除权法益冲突风险内部的平衡,与信息主体的角色、信息类型与来源、时间与空间密不可分。冲突对新规范和制度的建立具有激发功能。科塞认为:冲突可能导致法律的修改和新条款的制定;新规则的应用会导致围绕这种新规则和法的实施而产生新的制度结构的增长;冲突还可能导致竞争对手们和整个社区对本已潜伏着的规范和规则的自觉意识。[③]利益的冲突与平衡不是唯一的对立关系,应基于合理保护理念,达到一种赋权与保护的和谐。比例原则是现代实质主义法治的典范,通过比例原则的适用,达到既实现公共利益又保护公民合法权益的目的。[④]删除行为代表了进一步"扩张个人数据权利的倾向",使得公民对个人信息的控制程度更深,体现了"个人自治的法治精神"。[⑤]在处理各类利益冲突风险时,法律所代表的价值立场和基本理念,就是冲突解决价值观。社会的不断变化和新生事物的出现,利益冲突风险之间关系的上升和下降,会导致既有司法价值平衡发生一定的变化。[⑥]在李某网盘被清空案件中[⑦],李某因为网盘账号没有绑定新的手机号码,但原手机号码已被注销,网络账号中的资料被原手机号码新用户清空的情况下,要求网络运营者恢复原数据并赔偿相关损失,最终法院判决驳回李某诉讼请求。当时认为,账号信息及存储数据均属于李某的隐私,但因互联网公司对用户在存储空间传输的内容不做修改和删除数据,其隐私权并未受到侵犯。这一案件存在账号个人信息的虚拟财产认定、互联网信息流通与公民

---

① 朱巍:《账号注销权是网络用户基本权利》,载《检察日报》2020年6月17日第7版。
② 参见蔡培如:《被遗忘权制度的反思与再建构》,载《清华法学》2019年第5期。
③ 张卫:《当代西方社会冲突理论的形成及发展》,载《世界经济与政治论坛》2007年第5期。
④ 参见周佑勇:《行政法基本原则研究》(第二版),法律出版社2019年版,第193页。
⑤ 参见刘文杰:《被遗忘权:传统元素、新语境与利益衡量》,载《法学研究》2018年第2期。
⑥ 吴姗姗:《论被遗忘权法律保护的必然性及其法理依据》,载《江苏社会科学》2020年第1期。
⑦ 刘刚:《网络空间个人隐私需用户与平台共同维护 网盘资源被他人清空 用户诉请运营商恢复并赔偿被驳回》,载《人民法院报》2020年10月30日第3版。

隐私权保护、互联网用户之间的信息保护边界等问题。《民法典》与《个人信息保护法》颁布后,对公民账号信息权会了有更多的保护,其诉求也会有法可依。因为个人信息保护的空间不仅包括网络公共空间,还包括私人支配的空间场所;私人支配的空间场所也应包含虚拟空间。网络信息处理者也应在源头上有效阻断他人对网络用户隐私权的侵犯。

《个人信息保护法》正是针对公民个人信息权益受到侵犯的法律,这与刑法中侵犯公民个人信息罪的立法诉求相一致,从这个角度而言,侵犯公民个人信息罪的保护法益显然应该是个人法益,而不是超个人法益[①],在判断时也应从形式构成要件入手,进一步从实质层面解释[②]。该罪的保护法益不是作为传统个人权利的隐私权,而是作为新型权利的个人信息权。注销账号权的提出代表了进一步扩张个人数据权利的倾向,这一倾向是在互联网尤其是社交网络急剧发展的背景下出现的,增加数据主体撤回同意时的删除权,尤其是针对社交网络服务而强调网络用户移除已发布个人信息的权利,体现了个人自治的法治精神。总之,网络账号不能注销,不仅是用户不被尊重的问题,在现有规定之下,也明显触碰了制度底线。网络账号可注册却不能注销,也是对互联网开放精神的一种伤害。

四、结语

用户数据信息是衡量平台价值和市场竞争力的关键指标,互联网平台设置注销障碍的目的在于稳定用户数量、控制成本支出。这也就导致了用户经常只有注册的权利而无注销的权利的问题。网络技术飞速发展的时代,注销权之所以能成为用户权利中的核心权利,主要原因之一就是注销权是用户主动自由控制个人信息流动的方式之一,是用户对自身个人信息的自我决定权体现方式。基于《个人信息保护法》对个人信息处理活动的进一步明确,需要结合注销账号行为的样态找到删除行为之实质,从个人信息权的延伸出发,进而为账号注销权找到行为定位和权利保护的合理化依据,维护网络空间良好生态。此外,对公法与私法的融合,刑民交叉等问题也应重视,应当"自理念和制度的交互作用下,推动形成更加完善切实可行的自然人刑民一体化保护机制"[③]。网络平台对个人信息的行使权限扩大化,也要关注公民个人信息保护刑民、刑行对接差距的现象与问题。

---

① 刘艳红:《侵犯公民个人信息罪法益:个人法益及新型权利之确证——以〈个人信息保护法(草案)〉为视角之分析》,载《中国刑事法杂志》2019年第5期。

② 参见刘艳红:《网络爬虫行为的刑事规制研究——以侵犯公民个人信息犯罪为视角》,载《政治与法律》2019年第11期。

③ 刘艳红:《刑法理论因应时代发展需处理好五种关系》,载《东方法学》2020年第2期。

·理论前沿·

什么是"宪法渊源"？*
——基于一般理论与中国语境的分析

雷 磊**

摘 要：宪法渊源是宪法的法律化适用过程中合宪性判断依据的来源，它在合宪性审查和合宪性解释两种场合中"出场"。它要回答的问题是：当进行合宪性判断时，判断的依据来自哪里？"宪法渊源"是一个与权威和形式有关的制度范畴，既有别于与实质和内容有关的"宪法部门"的范畴，也不同于作为学理范畴的"宪法学研究对象"。依据这一标准进行鉴别，中国宪法效力渊源的表现形式只有宪法典及其修正案，而可以成为宪法认知渊源的表现形式则包括宪法解释（文件）、民族风俗习惯、合宪性审查成例、国际条约、国家政策与党的政策、部分党内法规（党的领导法规制度）。其余所谓的"渊源"，要么压根与宪法渊源无关，要么至多能成为宪法适用过程中运用到的实质理由。

关键词：宪法渊源 宪法的法律化适用 合宪性判断依据 效力渊源 认知渊源

一、导言

"宪法渊源"（sources of constitution）是一个在大多数宪法学教科书中都会写到，却未引起充分理论关注的范畴。之所以说"未引起充分理论关注"，一方面表现在，21世纪以来中

---

* **基金项目**：本文受国家"万人计划"青年拔尖人才支持计划、北京市社会科学重大项目"数据科技时代法学基本范畴的体系重构"（项目号：20ZDA02）资助。

** **作者简介**：雷磊，中国政法大学教授、"钱端升学者"。

国宪法学界的历次重要会议基本都没有将这一范畴作为重要主题来对待,而专门的研究论文也寥寥无几;另一方面则表现在,尽管存在不同声音,但宪法学界的主流观点——宪法渊源就是宪法的"表现形式"①——并不曾动摇。只是,绝大部分教科书都缺乏对"表现形式说"的理论证成(这种理解的理论基础何在?),遑论进行理论反思(这种理解会带来哪些问题?有何实益?)。缺乏反思的一个有趣表现就是,在宪法渊源的定义上持"表现形式说"的诸学者,在列举当代中国宪法渊源的范围时却不尽相同:从最宽泛的列举(宪法典及宪法修正案、宪法性法律、宪法惯例、宪法判例、宪法解释、国际条约等)②,到最严格的限定(仅宪法典及宪法修正案)③都有支持者。这或许反映出,很多学者并没有保持定义标准与类型分析之间的内在一致。或者更准确地说,是因为他们尽管赞同"表现形式说",但在具体分析宪法渊源类型时却又搁置了这一标准,而下意识地采纳了其他未言明的(或许也没有自我统一的)标准。

从某种意义上讲,对"宪法渊源"概念的反思不足与对其上位概念,即"法的渊源"(sources of law)的反思不足和理解混乱相关。长期以来,法理学界的主流观点同样将法的渊源界定为"法的表现形式"④。尽管近二十年来也出现了效力渊源说、内容渊源说、司法渊源说及其各种变体和组合,但最近仍有学者试图"拨乱反正",重新回归到"法的渊源=法的形式"这一等式上去。⑤对于法理学界的各种代表性主张,笔者曾进行过详细的讨论和定位,并对于"法的渊源"进行了重新界定。在笔者看来,在法理论层面,法的渊源理论以法的适用为视角,致力于寻找和证成对司法裁判具有法律拘束力的规范基础。相应地,法的渊源就是司法裁判过程中裁判依据的来源,在法律论证中发挥着权威理由的功能。它包括两种类型:一是效力渊源,即鉴别裁判依据法律效力的事实或来源;二是认知渊源,即鉴别裁判依据内容的事实或来源。效力渊源在司法裁判活动中具有主导地位,认知渊源须获得效力渊源的认可并与之相结合才能起作用。⑥下文将基于这一观点,对于宪法渊源的内涵与外延进行分析。其基本思路为:首先阐明"宪法渊源"的含义(第二部分),接着澄清宪法渊源与

---

① 例如参见肖蔚云、魏定仁、宝音胡日雅克琪:《宪法学概论(第二版)》,北京大学出版社2005年版,第44页;张庆福:《宪法学基本理论(上、下)》,社会科学文献出版社2015年版,第104页;许崇德、胡锦光:《宪法(第六版)》,中国人民大学出版社2018年版,第21页;胡锦光、韩大元:《中国宪法(第四版)》,法律出版社2018年版,第89页;董和平:《宪法学》(第四版),法律出版社2018年版,第105页。区分宪法渊源与宪法(表现)形式的观点,例如王广辉:《宪法》,中国政法大学出版社2010年版,第24-25页。

② 例如参见周伟:《论宪法的渊源》,载《西南民族学院学报(人文社会科学版)》1997年第1期。

③ 例如参见童之伟:《宪法学》,清华大学出版社2008年版,第18页;上官丕亮、陆永胜、朱中一:《宪法学:原理与应用》,苏州大学出版社2018年版,第20页。

④ 例如参见王勇飞:《法学基础理论参考资料(下)》,北京大学出版社1985年版,第1135页;孙国华、朱景文:《法理学》,中国人民大学出版社1999年版,第257页。

⑤ 参见刘作翔:《回归常识:对法理学若干重要概念和命题的反思》,载《比较法研究》2020年第2期,第112-113页。

⑥ 参见雷磊:《重构"法的渊源"范畴》,载《中国社会科学》2021年第6期。

相关范畴,即宪法部门与宪法学的研究对象之间的区别(第三部分),再进入中国语境,对当代中国宪法诸"渊源"的真实法源地位依次进行剖析,厘定当代中国宪法渊源的外延(第四部分),最后予以总结。

二、宪法渊源的含义:定位与出场

依循上述法理论视角对于法的渊源理论的理解,宪法渊源理论就是一种以宪法适用为视角的宏观理论,旨在划定宪法适用或论证活动之依据的"适格"来源的范围及相应的表现形式,以及确定这些不同表现形式的适用顺序。相应地,可以暂时不精确地认为,宪法渊源指的就是宪法适用过程中适用依据的来源。但是,与普通法律及其适用相比,宪法及其适用有自己的特征:一方面,宪法及其适用具有"政治"与"法律"的双重面向,而宪法渊源的概念展现的是其法律面向;另一方面,宪法的法律化适用方式具有多样性,因而宪法渊源不能限于"司法裁判"的语境。

(一)宪法渊源的定位:宪法的法律化适用

不同于普通法律,宪法是共同体的基本法秩序,具有(建构)政治统一体与(创制)法秩序的双重任务。它确定了政治统一体应如何建构以及国家任务应如何得以完成的指导原则,规定了如何解决统一体内部矛盾冲突及其程序等内容。同时,它也约束着构成政治统一体与国家行动的机关及程序,创立了法秩序的基础与根本特征。这种法秩序对致力于共同体建构的共同行动的成果与完成国家任务提供了保障,并杜绝了滥用为完成这一国家任务而被授予的与被尊重的权限。[①]站在系统论的立场上,宪法是政治系统与法律系统的耦合,它承载着双重功能:抵御政治、经济等系统的直接侵入,将系统外的价值引入法律系统并辐射至整个法律领域[②],从而使法律系统既能与其他社会系统保持界分,又能适度保持对社会系统变化的回应。具体言之,在法律系统内部,实在宪法成为"超越法律之法",通过宪法,法律系统能够抵御议会政治的直接渗透;在法律系统外部,社会系统的变化可以通过宪法传递到法律系统内部。简单地说,宪法的功能在于价值的输入(与外部环境的关系)以及价值的辐射(法律体系内部的统一性)。[③]

宪法的双重面向也影响到其适用或实施的双重面向。如果说在很多西方国家,经由专责机关和制度的确立,宪法的法律化实施面向展现得较为充分的话,那么在中国,宪法更像一个政治纲领式的宣言,长久以来更多依靠政治化方式实施。如果说宪法的法律化实施主要体现为违宪审查和合宪性解释等司法途径的话,那么宪法的政治化实施主要依靠的是依

---

① 参见[德]康拉德·黑塞:《联邦德国宪法纲要》,李辉译,商务印书馆2007年版,第8、16、18页。
② 参见李忠夏:《宪法教义学反思:一个社会系统理论的视角》,载《法学研究》2015年第6期,第3页。
③ 参见李忠夏:《宪法变迁与宪法教义学》,法律出版社2018年版,第214页。

据宪法的授权进行的政治立法。① 当然，在中国，还包括，甚至更重要的是体现为执政党进行的与宪法有关的广泛政治动员，表现为各种会议、通知、决议等具体形式。但伴随着法治的进程，中国的宪法实施逐渐由单一依靠政治化实施，过渡到政治化实施与法律化实施同步推进、相互影响的双轨制格局。② 尤其是改革开放以来，从"宪法监督"到"合宪性审查"的制度演进，以及建构"合宪性法秩序"的学理预备，为以"合宪性审查时代"为表征的法律化实施时代的到来确立了条件。③

这又涉及宪法适用与普通法律适用的不同之处。普通法律适用的典型场合是司法裁判。在司法裁判中，普通法律规范作为裁判依据起作用，它们被法官直接适用于个案事实，从而得出裁判结论。但无论是否通过司法的方式来进行，宪法都不直接适用于个案事实，它直接涉及的是宪法与普通法律规范之间的关系，它的基本法律功能在于控制普通法律规范，促使它以符合法秩序整体价值的方式来运行。所以，从宪法的法律化适用的角度而言，它主要发挥控制性规范的作用，要确保普通法律的制定和适用符合法秩序的整体价值（法秩序的统一性）。宪法的法律化适用其实就是一种对普通法律及其适用的合宪性判断活动，当然也是一种消极性的宪法实施活动。④ 甚至有些吊诡的是，宪法的法律化适用甚至说明的正是法律对于政治的控制。因为合宪性判断其实是作为法律的宪法对于作为政治活动产物的普通法律的调控。在这里，宪法更多展现出"法律"的色彩，而普通法律的立法活动则成了政治的体现。宪法的法律化适用或对普通法律的合宪性判断活动，反映的是政治法治化的趋势：不容许存在任何法外政治的空间。当然，这并不是要求宪法秩序必须对所有政治及社会生活领域，进行巨细靡遗的完全规范，也不意味着所有政治活动或决定都必须被视为法规范的一环，而是在于确保在法的标准与政治的标准并存的场合，必须以前者为优先。⑤ 说得更透彻点，合宪性判断活动只是要求，将已被作为最高规范固定下来的政治价值与判断（呈现为宪法规范），当作对政治决定及其程序进行规制的标准，进而成为政治行为所必须依据与遵守的标准。它要将这种稳固的价值判断贯彻到包括普通立法活动在内的一切政治活动之中，作为其控制边界，尽可能地减少政治的肆意性与随机性。所以，宪法本身所蕴含的政治性，

---

① 张翔曾将宪法与普通法律的关系概括为三个方面：法律对宪法的具体化、法律的合宪性解释和法律的合宪性审查（参见张翔：《宪法与部门法的三重关系》，《中国法律评论》2019年第1期，第26页及以下）。其中，"法律对宪法的具体化"就属于宪法的政治化实施，而后两个方面则属于宪法的法律化实施。

② 参见翟国强：《中国宪法实施的双轨制》，载《法学研究》2014年第3期，第82页。

③ 参见张翔：《"合宪性审查时代"的宪法学：基础与前瞻》，载《环球法律评论》2019年第2期，第5页。

④ 相较而言，立法机关依据宪法制定普通法律的过程某种程度上也可以被视为实施宪法的活动，即积极性的宪法实施活动（参见翟国强：《中国宪法实施的双轨制》，载《法学研究》2014年第3期，第88-91页）。但与作者将这种实施方式归为宪法的法律化实施不同，笔者认为其亦属于宪法的政治化实施的一种，因为立法机关主要是政治机关，立法活动主要是政治活动。

⑤ Vgl. Konrad Hesse. Der Rechtsstaat im Verfassungssystem des Grundgesetzes (1962). in Mehdi Tohidipur (Hrsg.). Der Bürgerliche Rechtsstaat, Bd.1, Frankfurt a. M.: Suhrkamp, 1978, S.293.

并没有削弱它作为"法"的本质,更不妨碍它拘束政治、控制政治的功能。①

从法理论的角度出发,宪法渊源的概念更多展现的是宪法的法律面向及其法律化适用的层面,而非其政治面向及其政治化适用的层面。②王叔文教授早在四十年前就已点明这一面向的基本理论前提:"宪法也是法律,它和其他法律一样,具有法律效力,即具有拘束力和强制力……同时,宪法和一般法律又有所不同,它是一个国家最根本的法律,具有最高的法律效力。"③宪法的这种法律面向首先就体现为作为文本和规范的宪法。宪法渊源理论所应秉持的,既非宪法的性质(本质)的视角,也非宪法创制的视角,而是宪法适用(法律化适用)的视角。所以,它所讨论的既不是法哲学意义上的宪法的本质④,也不是法社会学的宪法形成或创制的质料或素材来源,而是宪法作为(具有最高效力之)实在法适用的过程中,在对普通法律进行合宪性判断时的依据包括哪些,它们的适用关系如何。当然,这不是说宪法及其适用的政治面向不重要,或者在国家公共生活中不具有实践意义,也不是说法哲学对于宪法本质的研究和法社会学对宪法形成质料的研究与法源理论的研究毫无关系,宪法渊源只是在特殊的场景和视角,即宪法的法律化适用或合宪性判断活动视角下所使用的一个概念。法理论是关于实在法的一般理论,所以法理论视角下的宪法渊源只是关于实在宪法的或者与实在宪法有关的一个概念。超脱这一范畴之外的任何其他范畴都不属于"宪法渊源",即便我们不否认这些范畴的重要性,甚至也可以赞同它们在某些时候会比作为文本和规范的宪法重要。因为"宪法渊源"是法学的而非政治学的或社会学的基本概念,它有自己独特的功能承载和实践意义。

(二)宪法渊源的出场:合宪性审查与合宪性解释

宪法的法律化适用的主体和形式是多样的,既可以由专门或普通的司法机关来进行,也可以由非司法机关来进行,既可以是通过裁判来对普通法律进行的具体的合宪性判断活动,也可以是通过立法程序的专门环节或专门的审查程序来进行的对普通法律的抽象的合宪性

---

① 参见黄舒芃:《什么是法释义学?:以二次战后德国宪法释义学的发展为借镜》,台湾大学出版中心2020年版,第56页。

② 夏勇曾明确指出:"必须明确,宪法的主体部分,应当是可以在法院适用的严格意义上的法律规范。"(夏勇:《中国宪法改革的几个基本理论问题》,载《中国社会科学》2003年第2期,第12页)强世功曾正确地区分了"政治宪法"和"法院宪法",却将关于宪法渊源的论述重心放在了政治宪法上(强世功:《中国宪法中的不成文宪法——理解中国宪法的新视角》,载《开放时代》2009年第12期,第18页及以下)。这就误识了这一概念的运用场合。

③ 王叔文:《论宪法的最高法律效力》,载《法学研究》1981年第1期,第1页。

④ 核心问题在于:"真正的宪法"是从实质意义上来理解的"政制",还是从形式意义上来理解的"宪法律"?由此引发了颇有中国特色的关于成文宪法语境下的不成文宪法之争(参见强世功:《中国宪法中的不成文宪法——理解中国宪法的新视角》,载《开放时代》2009年第12期,第10-39页;姚岳绒:《中国宪法语境中不宜使用"不成文宪法"——评周永坤教授的相关论述》,载《法学》2011年第6期,第141-148页;屠振宇:《中国不成文宪法的争论与反思》,载《政治与法律》2015年第6期,第65-71页)。对此,周永坤一语中的:"不成文宪法本是个'宪法文化类型'的概念,不是宪法渊源的概念。"(周永坤:《不成文宪法研究的几个问题》,载《法学》2011年第3期,第26页)

判断活动。例如在大部分普通法国家,宪法的法律化适用(违宪审查)就是通过法院的案件裁判活动来附带进行的,属于司法活动。法国由专门机构宪法委员会来进行抽象的事先审查,此宪法的法律化适用被认为不属于司法活动。而德国在二战后设立了专门负责司法审查的联邦宪法法院,但就规范性审查的类型而言,联邦宪法法院同时拥有抽象规范审查和具体规范审查的权力。所谓抽象规范审查,指的是得在法律公布以前或是实施以后,在没有具体适用案例的条件下,由申请人提请宪法法院进行司法审查。而具体规范审查则是当法律公布,且因为该法的实施而有了争议案例时,宪法法院才得在申请人提请审查的状况下进行司法审查。① 反观中国,并没有在形式上建立宪法的"司法"审查机制,合宪性审查是由立法机关来负责的。因此,总的来说,不能将宪法的法律化适用方式仅限于司法裁判的场合。

具体而言,根据中国现行的制度设计和法律实践,宪法渊源可以通过两种方式"出场":一种是显性的方式,即立法过程中的合宪性审查;另一种是隐性的方式,即司法过程中的合宪性解释。其中,前者适用于法律字面违宪,即法律在普遍情形下与宪法相冲突的场合;而后者适用于法律的适用违宪,即法律在适用于个案时不能达到合宪的结果的情形。②

1. 合宪性审查

我国宪法将监督宪法实施的职权明确授予了全国人大及其常委会。2018年修宪将全国人大专门委员会之一的"法律委员会"更名为"宪法和法律委员会",使之成为全国人大及其常委会监督宪法实施的专门机构。"推动宪法实施、开展宪法解释、推进合宪性审查、加强宪法监督、配合宪法宣传"被列为其增设的职能。就现有的体制和程序而言,全国人大及其常委会的合宪性审查可分为"前端"和"后端"两个层次。所谓合宪性审查的"前端",是指全国人大及其常委会在固有的立法权行使中,在对法律草案的审议中进行合宪性审查;所谓合宪性审查的"后端",是指全国人大及其常委会备案审查工作中的合宪性审查。前者是对法律草案在通过前的合宪性控制,而后者是对其他规范性文件的备案审查。③ "前端"的合宪性审查,与原来就由法律委员会承担的统一审议法律草案的职能密切相关,但既有的法律草案审议中的所谓合宪性审查,是不普遍、不充分和不够显明的。就"后端"的合宪性审查而言,除了《中华人民共和国立法法》(简称《立法法》)第五章的相关规定外,全国人大常委会于2019年通过的《法规、司法解释备案审查工作办法》针对报送全国人大常委会进行备案审查之规范性文件的审查职责、程序、标准等作了细化规定。④ 但是,无论是"前端"

---

① 参见 Christian Tomuschat:《作为其他国家宪法法院比较对象的联邦宪法法院》,吴志光译,载《德国联邦宪法法院五十周年纪念论文集》,苏永钦等译注,联经出版事业股份有限公司2010年版,第275-277页。
② 这一区分参见杜强强:《法律违宪的类型区分与合宪性解释的功能分配》,载《法学家》2021年第1期,第68-76页。
③ 参见张翔:《"合宪性审查时代"的宪法学:基础与前瞻》,载《环球法律评论》2019年第2期,第14页。
④ 参见朱宁宁:《全力建构中国特色社会主义备案审查理论体系》,载《法制日报》2018年10月8日第10版。

还是"后端",一个重要问题在于,全国人大常委会对法律草案或规范性文件进行审查时,合宪性审查和合法性审查的具体界限尚不明确。从宪法渊源的角度而论,要启动立法过程中的合宪性审查,一个前提要件就在于明确审查依据,而只有"适格的"宪法渊源才能为合宪性审查提供有效审查依据。王锴曾将合宪性审查的内容分为两类,即形式合宪性审查和实质合宪性审查,认为前者包括是否超越立法权限、是否违反立法程序,后者包括立法是否侵犯了公民的基本权利,以及立法是否有助于宪法序言和总纲中的国家目标、国家任务的实现,是否有助于保护国家象征。① 在这里,宪法渊源问题就直接涉及合宪性审查和合法性审查的界分。例如,如果法律起草程序违背了《立法法》的规定,这属于合宪性审查还是合法性审查?如果混淆了宪法渊源和宪法部门这两个范畴,认为《立法法》同样是宪法渊源的表现形式,那么合宪性审查和合法性审查的界限就会变得模糊不清。② 再如,如果某项地方性法规的规定公然违背了该地少数民族的风俗习惯,这是不是属于违宪?它的审查依据(可被证明的风俗习惯)是否属于合宪性判断的依据?只有明确了这些前提问题,才能进行后续充分而显明的合宪性审查。

2. 合宪性解释

与合宪性审查相比,合宪性解释的情形可能会引发更大的争议。这里的问题不在于"合宪性解释"是否是宪法影响司法的重要途径③,也不在于在司法裁判中援引宪法的现象和合宪性实践是否存在,或其普遍性程度如何④,而在于在合宪性解释的情形中,宪法规范究竟是作为裁判依据,还是仅作为裁判理由出场。因为只有当宪法规范在合宪性解释的情形中能作为"合宪性判断依据"的来源时,才会与宪法渊源发生关联。如果宪法规范在合宪性解释的情形中只是扮演着裁判理由的角色,那么合宪性解释就不是"宪法渊源"出场的场合。

首先必须要承认的是,在发生合宪性解释的案件中,就如同在未发生合宪性解释的案件中一样,直接的裁判依据无疑是普通法律规范。合宪性解释也是一种解释方法,所以其基本功能在于澄清作为直接裁判依据的普通法律规范的含义。所以从这个角度看,宪法规范并不直接担当案件裁判依据的角色,而仅是要求作为裁判依据的普通法律规范在精神和原则上合乎宪法价值。正因为如此,有民法学者指出:"可将宪法规范作为裁判理由,以'间接效

---

① 参见王锴:《合宪性、合法性、适当性审查的区别与联系》,载《中国法学》2019年第1期,第14-15页。
② 当然,也有可能一边将《立法法》视为宪法渊源,另一方面又认为它不是合宪性审查的依据,但这样一来就使得"宪法渊源"的概念虚置和无甚用处了。
③ 至少从2008年以后,这一点得到学界普遍认可。对此例如参见张翔:《两种宪法案件:从合宪性解释看宪法对司法的可能影响》,载《中国法学》2008年第3期;上官丕亮:《当下中国宪法司法化的路径与方法》,载《现代法学》2008年第2期。
④ 尽管最高人民法院多次表态认为法院裁判不宜援引宪法,但法院援引宪法的实践却从未中断。参见冯建鹏:《我国司法判决中的宪法援引及其功能——基于已公开判决文书的实证研究》,载《法学研究》2017年第3期;邢斌文:《法院如何援用宪法——以齐案批复废止后的司法实践为中心》,载《中国法律评论》2015年第1期。

力说'的方式,通过民法方法论中的'合宪性解释'的法律解释方法,对现行规范的适用产生影响,一定程度上成了实质理由的一种。"① 这种观点甚至得到了宪法学者的认可。② 同时,这种观点看起来也得到了体制内的支持。例如早在1955年,《最高人民法院关于在刑事判决中不宜援引宪法作论罪科刑的依据的复函》中就规定,"对刑事方面,它(宪法——笔者注)并不规定如何论罪科刑的问题,据此,我们同意你院的意见,在刑事判决中,宪法不宜引为论罪科刑的依据"。而2016年最高人民法院《人民法院民事裁判文书制作规范》也规定,裁判文书不得引用宪法作为裁判依据,但其体现的原则和精神可以在说理部分予以阐述。

但笔者认为,上述观点误识了合宪性解释的地位与功能。因为合宪性解释虽然往往被与其他解释方法并列为法律解释的方法之一,甚至其在方法体系中的定位和独立性依然存疑③,但这种方法并非像文义解释、体系解释、历史解释、目的解释等纯粹属于学理上的主张,而是来自法秩序本身的统一性要求。因为合宪性解释的基本原则植根于法秩序整体性的原则之上:为了保证法秩序的整体性,所有根据基本法被制定出的法律,都必须与宪法协调一致地加以解释④,以便宪法与普通法律一起构成统一的客观价值秩序。正因为如此,在效力位阶上低于宪法的法律规范,不仅不能与宪法的文义发生冲突,而且在解释时必须在价值上取向于宪法的精神和原则。对于审理案件的法官而言,这种要求已是他的法律义务。换言之,宪法已构成其在司法裁判中解释普通法律规范时的权威理由,而不仅是可供他选择的实质理由。如果有两种法律解释,法官没有选择那种更符合宪法价值的解释,则违背了维护法秩序统一的义务,而不仅仅是削弱了裁判文书本身的说服力的问题。因此,它反映的是一种尊重宪法位阶的法伦理原则,特别是宪法基本权利部分的原则和价值决定。⑤ 于此,基本权利之间接第三人效力与合宪性解释就发生了嵌套。⑥

因此,合宪性解释其实是另一种形式的"合宪性审查",一种不那么显明却更"润物细无声"的控制形式。进而,在合宪性解释的框架中,宪法规范也不仅停留在作为一种"审查性规范",更作为确立普通法律内容的"事实性规范"而存在。正如杜强强所言:"通过将个案正义的判断问题,转换为法律在适用过程中是否与宪法相冲突的问题,合宪性解释既能为司

---

① 汪洋:《私法多元法源的观念、历史与中国实践:《民法总则》第10条的理论构造及司法适用》,载《中外法学》2018年第1期,第139页。
② 例如参见张翔:《"合宪性审查时代"的宪法学:基础与前瞻》,载《环球法律评论》2019年第2期,第16页。
③ 例如,从纯方法学理的角度,有学者将宪法解释视为体系解释的特殊类型,也有学者认为它是体系解释和目的解释的混合体。(参见张翔:《宪法释义学:原理·技术·实践》,法律出版社2013年版,第90页;笔者也曾持这一观点,参见雷磊:《法律方法、法的安定性与法治》,载《法学家》2015年第4期,第13页)
④ 参见[德]康拉德·黑塞:《联邦德国宪法纲要》,李辉译,商务印书馆2007年版,第56页。
⑤ 参见[德]卡尔·拉伦茨:《法学方法论》(全本·第六版),黄家镇译,商务印书馆2020年版,第427页。
⑥ 黄茂荣将"基本权利之直接或间接的第三人效力"明列为民事法之法源之一(参见黄茂荣:《法学方法与现代民法》(增订七版),纮基印刷有限公司2020年版,第23-28页),可认为已肯认民法合宪性解释情形中宪法的裁判依据地位。当然,我国(大陆)司法实践中,尚无发生直接以宪法规范为裁判依据(基本权利之直接第三人效力)的情形。

法造法提供宪法上的正当依据,也能对其予以宪法上的控制,有助于裁判的规范化。"[1]李海平则进一步将合宪性解释的功能归纳为三个方面:规范功能,体现为法律规范的合宪性控制和效力维护,二者包含于同一过程之中,是在宪法框架下通过"依法就宪"和"以宪就法"的反复循环而实现的宪法和法律的协调一致[2];裁判功能,体现为对裁判结果的间接控制,遵循从规范控制到结果控制的一般逻辑;组织功能,体现为法院在运用合宪性解释过程中对合宪性审查权的行使,且这种行使在宪法上具有规范依据。他明确提出,在以合宪性解释形式援引宪法的司法裁判中,宪法实质上发挥了裁判依据功能,将其和法律规范共同作为裁判依据具有合理性。[3]

当然,此间可能面临这样一种反对意见:过多强调合宪性解释会导致法秩序的全面宪法化。这背后隐含的其实是对宪法作为根本法对其他法律层级之过度干预,从而不当压缩,甚至消灭其他法律层级之形成空间的担忧。但这种担忧是没有必要的。因为合宪性解释只是要求,法院"在对个案裁判所适用的法律进行解释时,当将宪法原则和精神纳入考量范围,在多数可能的解释中,应始终优先选择最能符合宪法原则者"[4]。因此,一方面,合宪性解释只是一种比较式的优选方法,而不会也不可能取代其他解释方法。它并不是一种独立运用的解释方法,而是当其他解释方法给出不同解释结论时,要求给予那种符合宪法原则,因此能够持续采用的规范解释以优先地位。另一方面,合宪性解释应首先采纳"合宪性推定"的原则[5],尊重立法者的判断。基于司法谦抑的精神,在宪法性原则的具体化有多种可能性的场合,从事合宪性解释的法官应当尊重立法者享有的具体化宪法性原则的优先权。如果宪法性原则的具体化容许有多种方案,只要立法者选择的方案处于立法者被容许的具体化操作空间之内,那么法官就应受该选择的约束。[6]在功能法的意义上,这就体现为法官对立法者的退让以及在宪法具体化过程中立法者优先的原则。民主立法者的意志与行为享有合宪性推定,对于调整生活关系的法律而言,他是第一位的承载者。[7]相反,司法权其实是宪法的第二解释者,在程序上,立法机关扮演"先手"的角色。[8]在合宪性解释的语境中,这意

---

[1] 杜强强:《合宪性解释在我国法院的实践》,载《法学研究》2016年第6期,第107页。
[2] 这一层意思也可参见杜强强:《论宪法规范与刑法规范之诠释循环——以入户抢劫与住宅自由概念为例》,载《法学家》2015年第2期,第26-27页。他称之为"宪法与普通法律的相互动态调适"。
[3] 参见李海平:《合宪性解释的功能》,载《法律科学(西北政法大学学报)》2021年第2期,第1-13页。
[4] 黄卉:《合宪性解释及其理论检讨》,载《中国法学》2014年第1期,第285-286页。
[5] 对此参见王书成:《合宪性推定的正当性》,载《法学研究》2010年第2期;柳建龙:《合宪性推定原则:一个被误解的概念》,载《浙江社会科学》2009年第10期。
[6] 参见[德]卡尔·拉伦茨:《法学方法论》(全本·第六版),黄家镇译,商务印书馆2020年版,第434页。
[7] 参见[德]康拉德·黑塞:《联邦德国宪法纲要》,李辉译,商务印书馆2007年版,第57页。
[8] 奥森比尔在论及德国联邦宪法法院与立法机关的关系时说明了这一点(参见Fritz Ossenbühl:《联邦宪法法院与立法》,吴信华译,载《德国联邦宪法法院五十周年纪念论文集》,苏永钦等译注,联经出版事业股份有限公司2010年版,第39页),但这同样适用于合宪性解释情形中的法院与立法机关的关系。

味着要尽可能地尊重立法者之法律文本的文义、脉络与立法目的,尽可能地不判断其违背宪法。合宪性解释并不要求法律规范在逻辑上与宪法规范保持一致,只能要求其在价值评价上保持相符即可。所以,有论者不无洞见地指出:"合宪性解释旨在寻求解释者对于立法自由权的尊重义务与对于宪法基本价值的尊重义务之间的调和与妥协,确保立法者的意愿在宪法允许的可能范围内得到最大程度的实现。"①

至于我国司法文件中规定的不得援引宪法作为裁判依据,宜理解为一种形式要求,即强调"直接意义上的"裁判依据是普通法律规范,而非宪法规范。但这并不妨碍在发生合宪性解释的案件中,将宪法规范视为"间接意义上的"裁判依据,或隐身于普通法律规范背后的二阶裁判依据。即便它在裁判文书中不出现在"裁判依据"部分,而出现在"理由"部分,亦不相妨碍。所以,宪法是普通法律的解释依据,也是适用普通法律规范之案件的"隐性"裁判依据。而作为合宪性解释依据的宪法规范,亦要由宪法渊源来识别和提供。

综上,"宪法渊源"不宜像"法的渊源"那样被表述为"裁判依据的来源"。由于无论是否要通过司法裁判的途径来适用,宪法的主要法律功能就是作为对普通法律进行合宪性判断的依据,所以我们可以笼统地将宪法渊源界定为"合宪性判断依据的来源"。也就是说,在法理论上,宪法渊源指的就是宪法的法律化适用过程中合宪性判断依据的来源。

三、宪法渊源、宪法部门与宪法学的研究对象

法的渊源不单纯是一个学理问题,而更多属于制度实践问题。法官对裁判依据的选择范围有多大,不取决于某种材料在纯学理上的重要性,而取决于他所身处的制度环境,取决于制度性权威和被制度性权威所认可之范围。法学界关于法的渊源的认识之所以比较模糊而充满分歧,一个重要原因就在于没有很好地区分权威与实质、形式与内容、制度与学理这些范畴,使得法源的外延被不当扩大,无法与近似概念清晰区分,从而使其丧失实践功用。这一问题在宪法学界的突出体现,就是没有很好地区分"作为根本法的宪法"②、"宪法部门"与"宪法学的研究对象"这三个范畴。而在笔者看来,区分这三个范畴是拨开"宪法渊源"迷雾的关键。当然,要准确界分它们,首先就需要在法理论的层面上界分"规范性法律文件""法律部门"和"部门法学"。

规范性法律文件是法的载体或者形式,它的基本构成单位是法律条文(法条),在结构上一般具有编、章、节、条、款、项、目的层次。前文所说的制定法的诸表现形式,如宪法、法律、行政法规、地方性法规等等,其实分别都是特定主体所制定的规范性法律文件的总称。如行

---

① 刘召成:《法律规范合宪性解释的方法论构造》,载《法学研究》2020年第6期,第80页。
② 为了简化表述起见,本部分提到的"宪法",专指作为根本法的宪法。

政法规就是国务院制定的规范性法律文件的总称。不同规范性法律文件间的关系与一国的立法体制联系紧密。因为在一国的立法体制中,不同的立法主体享有不同的立法权限,因而它们所制定的规范性法律文件也就具有不同的效力位阶,由此就形成了以效力位阶高低为序的规范性法律文件体系。与此不同,法律部门,又称部门法,是指根据一定的标准对一国现行的全部法律规范进行划分所形成的同类法律规范的总称。因此,法律部门的基本构成单位是法律规范。目前通行的法律部门划分标准是调整对象加调整方法,即调整同一类社会关系的法律规范一般被归为同一法律部门,同时兼顾是否对该类社会关系采取相同或相近调整或保护手段。例如,调整平等主体间的人身关系和财产关系的法律规范组成民商法部门,调整行政管理活动中产生的行政关系的法律规范组成行政法部门等。根据一定的标准或原则将一国现行有效的全部法律规范划分为若干法律部门所形成的有机联系的整体,就是部门法体系,也即法律体系。① 由此就呈现出两个序列,它们从微观、中观到宏观层面依次是:法律条文—规范性法律文件—立法体系;法律规范—法律部门—法律体系。两者的区别在于,前一个序列都属于法的形式的范畴,而后一个序列都属于法的内容的范畴。例如,法律规范是内容,而法律条文是表述法律规范的形式,两者未必有一一对应关系。② 再比如,法律规范归属于哪个法律部门,不取决于它被规定在哪部规范性法律文件之中,而是要看其内容(即调整对象与方法)。就像《中华人民共和国民法典》这部规范性法律文件,虽然其中大部分都属于民法规范,但也有相当多内容涉及行政法规范。例如突发事件应急处置中民政部门要为居民提供必要生活照料措施、物权登记过程中政府履行的登记职责、政府实施征收征用措施、行政机关对高空抛物的调查职责等。③

由此,我们就可以发现宪法与宪法部门的区别:作为根本法的宪法指的是在一国的规范性法律文件体系中具有最高法律效力的那部规范性法律文件,在我国指的就是《中华人民共和国宪法》(简称《宪法》)这部法典;而宪法部门指的则是调整一国具有根本重要性之社会关系的法律规范的总和。这些规范包括:(1)涉及国家机构的规范,如《中华人民共和国国务院组织法》、《中华人民共和国全国人民代表大会组织法》、《中华人民共和国人民代表大会和地方各级人民代表大会代表法》、《中华人民共和国法院组织法》(简称《法院组织法》)、《中华人民共和国检察院组织法》(简称《检察院组织法》)等规范性文件中的规范。(2)涉及地方自治的规范,如《中华人民共和国民族区域自治法》《中华人民共和国香港特别行政区基本法》等规范性文件中的规范。(3)涉及公民政治权利与基层民主权利的规范,

---

① 参见雷磊:《法理学》,中国政法大学出版社2019年版,第51-54页。
② 法律条文与法律规范之间的复杂关系,具体参见舒国滢、王夏昊、雷磊:《法学方法论》,中国政法大学出版社2018年版,第119-121页。
③ 参见马怀德:《民法典时代行政法的发展与完善》,载《光明日报》2020年6月3日第11版。

如《中华人民共和国人民代表大会和地方各级人民代表大会选举法》《中华人民共和国村民委员会组织法》《中华人民共和国城市居民委员会组织法》等规范性文件中的规范。(4)涉及立法方面的规范,如《立法法》《中华人民共和国全国人民代表大会议事规则》《行政法规制定程序条例》等规范性文件中的规范。(5)涉及国家主权、国家象征与外交方面的规范,如《中华人民共和国国籍法》《中华人民共和国国徽法》《领海及毗连区法》《中华人民共和国专属经济区和大陆架法》等规范性文件中的规范。①

宪法部门在整个法律体系中具有主导地位。但要注意的是,这里的"主导"指的是宪法部门法律规范在内容上的重要性要高于其他法律部门的规范,而不是指宪法部门之法律规范的效力要高于其他法律部门的法律规范。因为法律部门主要是按照调整对象来划分的,涉及的是内容;而效力的高低主要看制定主体在立法体系中地位的高低。所以法律部门的划分与效力无关。我们只能说《中华人民共和国宪法》这部文件的效力要高于其他法律文件,而不能说整个宪法部门中所有法律规范的效力要高于其他法律部门的法律规范。比如,《行政法规制定程序条例》中的法律规范属于宪法部门,但它们的效力显然要低于《中华人民共和国行政处罚法》(简称《行政处罚法》)中的规范,后者是属于行政法部门的。因为《行政法规制定程序条例》是国务院制定的,而《行政处罚法》则是由全国人大制定的。②

在我国官方语境中,经常使用"宪法相关法"的称呼。③中国人大网上关于"现行有效法律目录"清单,就将截止到2021年1月22日第十三届全国人大常委会第二十五次会议闭幕的275件法律,分为"宪法""宪法相关法""民法商法""行政法""经济法""社会法""刑法""诉讼与非诉讼程序法"八个门类,并明确标注"按法律部门分类"。④但很显然,第一个门类"宪法"指的就是《中华人民共和国宪法》这部文件(及其历次修正案),而第二个门类中"宪法相关法"却是就实质意义,也即宪法部门而言的。它意味着,在这一门类下所列的46件法律所包含的法律规范从内容看都涉及国家根本制度、公民基本权利和义务、国家政权组织、国家主权与外交、民族自治和基层自治等方面。否则,如果将这里的"宪法"也理解为作为根本法的宪法这部文件,就没法说明,为什么只有这46件法律与之相关,而其余六个门类中的法律就与其不相关。作为一国法秩序中效力最高的法律,宪法要求将自己的价值

---

① 也有学者将其划分为十个方面,具体参见杨海坤、上官丕亮:《论宪法法部门》,载《政治与法律》2000年第4期,第16-17页。

② 参见雷磊:《法理学》,中国政法大学出版社2019年版,第55-56页。

③ 2011年3月10日,第十一届全国人大第四次会议的《全国人民代表大会常务委员会工作报告》指出,一个立足中国国情和实际、适应改革开放和社会主义现代化建设需要、集中体现党和人民意志的,以宪法为统帅,以宪法相关法、民法、商法等多个法律部门的法律为主干,由法律、行政法规、地方性法规等多个层次的法律规范构成的中国特色社会主义法律体系已经形成。

④ 参见《现行有效法律目录(286件)》,http://www.npc.gov.cn/npc/c30834/202101/170eaa5d4a994214aaf88e5dfac97665.shtml,最近访问时间2021年12月10日。

要求落实于任何其他法律之中,任何其他法律都不得与之相抵触。在此意义上,任何法律都与宪法相关。如果要完全按照法律部门来划分,那么第一个门类就应当与第二个门类合并,称为"宪法部门"即可。如果要按照规范性法律文件体系来划分,那么这些文件就应当只被划分为两组,即宪法与法律。除了宪法外的法律,无论是"宪法相关法"还是"其他法律"("宪法不相关法"?)与宪法的关系都没有分别。因此,正如莫纪宏所指出的:"提出'宪法相关法'的分类概念在逻辑上是不通的。所以,在考察宪法与法律的关系时,不能从法律的内容与宪法的相似性来作出判断,而应当从制定或修改宪法以及法律的程序和效力来判断两者的关系。"①

因此,混淆了宪法与宪法部门就混淆了宪法的形式与内容、权威与实质这两对范畴。而这种混淆正是造成对宪法渊源认识混乱的重要原因。在宪法学界,这种混淆主要表现为:其一,将很多应归属于宪法部门的内容归为宪法渊源,如宪法性法律("宪法相关法")。典型的主张就是:"从实质意义上说,某一法律只要在内容上具有宪法的性质,就不应否认其宪法的实质。宪法性法律是实施宪法的法律,即实施宪法规定的国家基本制度和公民基本权利义务的法律,其内容又是以对宪法条文进行解释为主,因此应当作为宪法的渊源之一。"②甚至将涉及国家机关组织和公民权利自由保障的行政法规、地方性规章、民族自治法规也作为我国的宪法渊源。③其二,将宪法规范作为宪法渊源的立足点,而又从实质意义(调整宪法关系之规范)上来理解宪法规范。如有教材一方面认为宪法的渊源与形式密切相关,另一方面又将"宪法条款与宪法规范"与宪法典、宪法判例、宪法惯例等并列为宪法的渊源与形式的一种。④

但前已述及,宪法渊源是宪法的法律化适用过程中合宪性判断依据的来源。在对普通法律进行合宪性判断时,其效力依据只能是作为根本法的宪法这部文件本身,其效力依据的来源只能是立宪行为。如果我们将这里的宪法理解为"宪法部门"或者"所有属于宪法部门的法律规范",那么就会产生悖谬的结果:例如,我们就可以用《行政法规制定程序条例》中的法律规范去审查《行政处罚法》了。宪法部门和宪法规范都属于法的内容的范畴,而宪法(效力)渊源的表现形式则属于法的形式的范畴。宪法渊源的权威理由地位来自制宪权及立宪行为的至高性,而非来自宪法规范内容的重要性。宪法(效力)渊源的任务的确在于为合宪性判断提供依据,也即宪法规范,但是它只为之提供具有宪法层级效力(根本法效力)

---

① 参见莫纪宏:《宪法学原理》,中国社会科学出版社2008年版,第122页。
② 参见周伟:《论宪法的渊源》,载《西南民族学院学报(哲学社会科学版)》1997年第1期,第133页。
③ 参见张庆福:《宪法学基本理论(上、下)》,社会科学文献出版社2015年版,第116-117页;陶涛:《论宪法渊源》,载《社会科学研究》2002年第3期,第80、83页。
④ 参见秦前红:《宪法》,武汉大学出版社2018年版,第11、13页。

的规范。而在成文宪法国家中,这种效力的最根本的识别依据,就是看这些规范能否在宪法典中被找到。所以,尽管我们可以将组成宪法部门的所有规范在不精确的意义上称为"宪法规范",但这只是从这些规范的调整对象是一国具有根本重要性的社会关系这种实质意义而言的。而作为宪法(效力)渊源之对象的宪法规范,必须也只能是具有根本法效力的规范,或者说存在于作为根本法的宪法中的规范。① 此外,宪法部门只限于本国法律体系,而宪法渊源则可能超越本国法之外。例如,假如本国宪法认可相关国际条约和惯例的域内使用,则这些国际条约和惯例亦可成为宪法的组成部分,从而成为合宪性判断的依据。所以,宪法渊源与宪法部门有着根本不同。

与将宪法渊源与宪法部门相混淆并存的,是将宪法部门与宪法学研究的对象相混淆。这其实反映了在法理论的层面上将"部门法学"与"法律部门"进一步混淆的一个特例。首先要指明的是,部门法学只是法学体系的一个部分,法学体系除了部门法学,还包括理论法学(法理学和法史学)、国际法学等。除此不论,部门法学的研究对象与法律部门(部门法)的确有很大重合之处,原因在于:今日之部门法学以研究本部门现行法的法教义学为主体。例如在中国,民法学主要研究的就是中国现行民法制度,围绕相关法律规范的解释、建构和体系化来展开。同样的道理,宪法学主要研究的就是中国现行宪法制度,围绕相关法律规范的解释、建构和体系化来展开。在此意义上,宪法教义学的研究对象并不仅限于《中华人民共和国宪法》中的规范,也包括上面提到的宪法部门涉及的所有法律规范。由于这种高度重合性,进而由于宪法渊源与宪法部门的混淆,就反过来产生了一个直觉:凡是宪法学要研究的对象都与宪法渊源相关,或者说,宪法渊源要提供的就是作为宪法学研究对象的一切法律规范。例如,一本很有典型性的教材就认为,"在我国,如果按照法律部门的传统,那么宪法典和宪法性法律(在此指的即是所谓"宪法相关法"——译者注)都属于宪法这个法律部门之内……在整体上都是宪法学这门学科的研究对象"②,而这一观点就是在"宪法的渊源与形式"这一节中表明的,它将宪法典和宪法性法律都列为宪法的渊源。但是,宪法学的研究对象不仅不限于宪法渊源,也不限于宪法部门。除了宪法部门外,宪法学的研究分支至少还包括宪法哲学、宪法史、外国宪法和比较宪法等。在部门法中的宪法问题越来越受重视的今天③,甚至民法制度、刑法制度、行政法制度等同样可以成为宪法学的研究对象。可以说,只要能从中发现宪法问题,宪法学的研究对象就是不受限制的。而这些对象不可能为宪法

---

① 莫纪宏也主张,不通过宪法的形式渊源(主要是宪法典及其修正案)表现出来的法律规范就不能被称为"宪法规范",尽管它们本身可能非常重要。(参见莫纪宏:《宪法学原理》,中国社会科学出版社2008年版,第114页)
② 秦前红:《宪法》,武汉大学出版社2018年版,第13页。
③ 对这一倾向的概括参见张翔:《"合宪性审查时代"的宪法学:基础与前瞻》,载《环球法律评论》2019年第2期,第12-13页。

部门所穷尽，更不可能为宪法渊源所穷尽。如果说混淆宪法渊源与宪法部门是混淆了法的形式与内容的范畴的话，那么混淆这两者与宪法学就是混淆了制度的范畴与学理的范畴。

总之，宪法渊源是一个与权威和形式有关的制度范畴，而不是一个与实质和内容有关的制度范畴，更不是一个单纯的学理范畴。

四、当代中国的宪法渊源

依照法理论上关于法源的分类（参见"导言"部分），宪法渊源同样可分为效力渊源与认知渊源。其中，宪法的效力渊源指的就是制宪权及其行使（立宪行为），而宪法的认知渊源则是指得到制度性权威（即宪法本身）直接或间接认可且与之相结合发挥作用的宪法内容来源。事实上，莫纪宏教授早已就此给出过一个总体性的判断标准：在成文宪法国家中，只要不是通过制定或修改宪法的特定法律程序制定出来的，无论其内容与宪法典是否存在大量的直接的关联，都不得视为宪法的形式渊源。宪法解释、宪法判例、宪法惯例等如果已经"制度化"，一般可以被视为宪法的形式渊源的一部分，如果没有则不可。[①] 当然，这里所说的"形式渊源"，就是笔者所说的"效力渊源"。另外，在笔者看来，即便宪法解释、宪法判例、宪法惯例等得到宪法制度性权威的认可（"制度化"），也不会转变为宪法的效力渊源，而只是与宪法的效力渊源（指示性条款）相结合成为合宪性判断依据的来源，即成为宪法的认知渊源而已。但大体方向是不错的。至于其余的所谓宪法"渊源"类型，至多只能在宪法的法律化适用活动中扮演实质理由的角色，从而增强合宪性审查和合宪性解释结论的说服力。基于以上判断标准，以下对宪法学界已列出或可能列出的当代中国宪法"渊源"诸类型逐一分析。

（一）宪法典

宪法典是最为典型的宪法效力渊源的表现形式，这是最没有争议的。在中国，它指的就是《中华人民共和国宪法》这部具备最高法律效力的规范性文件。只是要注意的是，宪法典虽然与普通法律一起构成了统一的法秩序，但是其效力来源与普通法律毕竟不同。它来自立宪行为，而立宪行为是制宪权的行使行为。制宪权并不像普通立法权那样是一种实定的法律权力，而是一种外在于实在法秩序本身的政治权力。也可以说，制宪权是一种政治意志，凭借其权力或权威，制宪权主体能够对自身政治存在的类型和形式作出具体的总决断。一切其他的宪法法规的效力均来源于这种政治意志的决断。[②] 简言之，制宪权是创造法秩序的权力，是确定法秩序的各个原则、确立各种制度的权力——从而也立于政治与法的交汇

---

① 参见莫纪宏：《宪法学原理》，中国社会科学出版社2008年版，第115页。
② 参见[德]卡尔·施米特：《宪法学说》，刘锋译，世纪出版集团2005年版，第84-85页。

之处。① 宪法典,就是制宪权及立宪行为的产物。

(二)宪法修正案

大多数学者都肯认宪法修正案属于宪法渊源,只是有的学者将它与宪法典并列为宪法渊源,而有的学者(也是大部分学者)都将其作为宪法典的一部分,视为一种宪法渊源。这背后涉及的问题是:宪法修正案是否拥有一种独立的宪法效力渊源?如果是,那么它就应当被列为单独的宪法渊源;如果不是,那就意味着它可能只是同一种效力渊源的不同表现形式而已,在效力本质上与宪法典没有差别。宪法典的效力来源于制宪权及立宪行为。所以问题就在于:修改宪法的权力(修宪权)与制宪权、修宪行为与立宪行为的关系是什么?

宪法学界一般认为,制宪权行使的结果是产生了作为其他一切法律之"母法"的宪法,因而制宪权被认为是一种原创性权力。实在法上的一切权力都直接或间接源自制宪权,都要受制于制宪权。修宪权也是源自制宪权的权力,因而其行使自然也不可侵犯制宪权的作用范围。② 这种观点将"修宪权"理解为"实在法上的权力"。例如,《中华人民共和国宪法》第六十二条规定:"全国人民代表大会行使下列职权:(一)修改宪法……"同法第六十四条第一款对宪法修改的程序作了规定。这似乎说明,在中国,修宪权就是《宪法》这部实在法赋予全国人大的权力。笔者认可"制宪权是原始权力,修宪权是派生权力"的说法,但不赞同将制宪权与修宪权视作两种性质迥异的权力,即前者是政治权力,而后者是实在法上的权力。在笔者看来,修宪权与制宪权一样源自政治决断性权力,而非实在法。享有制宪权的主体理所当然享有修宪权,这其实是同一个政治过程的自我更新而已。在法理上,全国人大的制宪权与修宪权都来自人民的权力,制宪与修宪都是人民政治意志的行使。宪法修正案对宪法典旧有规定的修正,本质上就是在此范围内用一种新的政治意志去取代旧的政治意志。从这个意义上说,即便修宪权派生于制宪权,也与后者具有"同源性",可以径直被视为制宪权的一部分。正如德国学者黑塞(Hesse)指出的:"当立宪被理解为制宪权的一次性的意志表达行为时,即把它理解为一种原生性的权力,所有建构性权力都从它那里派生出来并且都要服从它的禁止或者命令时,那么,这就把'立宪是什么'的问题同'它创制出了什么'的问题混淆了"。③ 无论是制宪权在历史上的那一次性行使(如1954年或1982年),还是嗣后的多次修宪活动,都属于立宪活动的组成部分。至于实在宪法上关于宪法修改的职权和程序的规定,与其说是对全国人大修宪的"授权",不如说是,一方面将修宪权(也是制宪权的一部分)"保留"给了全国人大自己,从而排除了其他主体在法理上代表人民意志的可能性,另一方面,则是对修宪权的"行使"作了程序性限制。这属于制宪权的自我拘束,或者说人民

---

① 参见[日]芦部信喜:《制宪权》,王贵松译,中国政法大学出版社2012年版,第3页。
② 参见韩大元、张翔:《试论宪法解释的界限》,载《法学评论》2001年第1期,第28页。
③ [德]康拉德·黑塞:《联邦德国宪法纲要》,李辉译,商务印书馆2007年版,第29页。引用时翻译有所调整。

意志的自我约束。所以，从这个角度看，宪法修正案与宪法典一样都属于宪法效力渊源（制宪权及立宪行为）的表现形式，前者并不拥有独立的效力来源。

当然，除了程序性限制外，宪法典还可能会对宪法修改施加实体性的限制，这是制宪权自我拘束的另一种表现。例如，《德意志联邦共和国基本法》第79条第3款就为宪法修改划定了实质界限。即使联邦议院和联邦参议院以三分之二多数也不得修改人的尊严和基本法第20条的原则——民主、法治国、联邦国、社会国或共和国，以防止在政治上悄悄掏空基本法的原则。[①]联邦宪法法院也认为，"违宪的宪法"至少在理论上是可能存在的。[②]故而有学者据此认为，宪法修正案并不必然具有与宪法典同等之法律效力，其自身亦必须接受违宪审查机构的合宪性审查。因此，言"宪法修正案是违宪审查依据之一"（也即"宪法修正案是宪法渊源的表现形式之一"——笔者注）是一个可在一定范围内成立的命题，而不具有普世性。[③]但这一推论是不能成立的。成为合宪性审查的依据或者说宪法渊源，并不就意味着它本身不可能再次受到审查。就像行政法规无疑属于一般意义上的法的渊源（制定法）的表现形式，即意味着它可以成为司法裁判依据的来源，但这并不意味着它就不受审查。至少它要经受备案审查程序，它不得与作为上位法的法律和宪法相违背。假如宪法典对宪法修改作出实体性限制，那么当然只有当宪法修正案不违反这些限制时才是有效的，也才能成为合宪性审查和合宪性解释的依据。但这并不妨碍我们将宪法修正案称为宪法效力渊源的表现形式之一，就像我们大可以将行政法规视为制定法的形式之一，即便它只有不违背上位法时才有效。当然，与行政法规的例子仍有所不同的是，行政法规与宪法和法律具有等级关系，其无效是因为违背了上位法；而违反实体性限制的宪法修正案之所以无效，不是因为宪法典是其上位法，而是宪法典对修宪权的预先约束，或者说是制宪权的自我拘束。[④]

宪法修正案与宪法典的关系有两种形式：一种是宪法修正案自身是独立的宪法条文，可以独立完整地引用；另一种是宪法修正案不是独立的，必须结合宪法典正文才具有实体

---

① 参见[德]克里斯托夫·默勒斯：《德国基本法：历史与内容》，赵真译，中国法制出版社2014年版，第64页。
② [德]克劳斯·施莱希、斯特凡·科里奥特：《德国联邦宪法法院：地位、程序与裁判》，刘飞译，法律出版社2007年版，第140页。
③ 参见饶龙飞：《论违宪审查依据的范围——以宪法渊源为参照》，载《贵州警官职业学院学报》2015年第1期，第74页。
④ 当然，是否可能存在源于制宪权自身，而非由实在宪法本身表明的实体性限制，是另一个问题。如，芦部信喜就认为，制宪权主要表现为国民主权原则（民主的原理）和人权原则（自由的原理）。制宪权被宣告为一种国民主权原则，而修宪权的母体乃是制宪权，如修宪权将作为自身存立之基础的制宪权之所在（国民主权）加以变更，就属于所谓的自杀行为。而近代宪法本来就是将"人生而自由平等"的自然权利思想，基于国民具有"制定宪法之力量"的理念而加以了成文化的法。这一人权与国民主权共同立足于"人的尊严"的原理之上，结合而为不可分割的共存关系，成为近代宪法的本质与理念。因此，宪法修正权改变这种应被称为是宪法之"根本规范"的人权宣言的基本规则，也是不被容许的。参见[日]芦部信喜著[日]高桥和之补订：《宪法（第六版）》，林来梵、凌维慈、龙绚丽译，清华大学出版社2018年版，第311-312页。本文对这个问题保持开放的态度。

的宪法规范内容。我国现行宪法的五个修正案采取的是第二种形式,虽然宪法修正案分条设立,但内容都是针对宪法典正文的,因此,宪法修正案的实体意义必须结合被宪法修正案修正后的宪法典正文才能判断出来。① 因此相比于前一种形式,后一种形式中宪法修正案与宪法典的关系更为密切。在我国引用宪法时,一般也不独立引用宪法修正案,而是直接引用修正后的宪法典条款。这也进一步体现了我国宪法典与宪法修正案作为宪法效力渊源之表现形式的同源性。我们可以径直将宪法典及其修正案合称为"宪法文本"。

(三)宪法解释(文件)

首先要区分"宪法解释"的两种所指。② 一种宪法解释指的是围绕宪法文本的含义所展开的解释"活动"。这种解释活动的主体和场合是多元化的。③ 甚至可以说,只要有理解宪法文本的需要,就要进行宪法解释活动。前面提到的宪法渊源出场的两个场合,即合宪性审查和合宪性解释,都涉及宪法解释活动。于前者而言,只有澄清宪法文本的含义,才能明确法律是否合宪。于后者而言,也只有澄清宪法文本的含义,才能明确哪种法律解释是合宪的。④ 另一种宪法解释指的是由特定主体围绕宪法文本的含义所作的决定或制作的文件,所以也可称为"宪法解释文件"。在我国的语境中,"宪法解释"一般在第二种意义上来使用,它指的是全国人大常委会制定的宪法解释文件。

宪法解释(文件)是否属于宪法渊源?如果是,属于何种宪法渊源?有学者否认宪法解释属于宪法渊源,主要理由有二:其一,宪法解释一般不具有独立的宪法规范的特征,必须依附于某个具体的宪法规范而存在。⑤ 但这一理由并不充分,虽然宪法解释在内容上必然以被解释之宪法规范为基础,但不代表它在形式上不具有独立性(可以表现为一部独立的宪法解释文件)。并且,宪法解释文件同样是由法条或者说法条所表述的法律规范构成的。其二,有学者指出,我国的宪法解释机关全国人大常委会从未对宪法做过专门的解释。⑥ 但这可能不符合事实。宪法学界主流观点认为,1983年9月2日全国人大常委会通过的《全国代表大会常务委员会关于国家安全机关行使公安机关的侦查、拘留、预审和执行逮捕的职权的决定》就属于宪法解释。⑦ 并且,即便事实论据成立,也并不足以构成对概念性观点的

---

① 参见莫纪宏:《宪法学原理》,中国社会科学出版社2008年版,第120页。
② 有的学者就没有清晰区分这两者(例如参见王广辉:《宪法》,中国政法大学出版社2010年版,第22-23页)。
③ 有学者将宪法解释分为四类,即立宪解释、行宪解释、违宪司法审查解释和监督解释,参见李步云:《宪法比较研究》,法律出版社1998年版,第255页。
④ 因此,合宪性解释是一种法律解释,而不是宪法解释,但它需要以宪法解释为前提。
⑤ 参见上官丕亮、陆永胜、朱中一:《宪法学:原理与应用》,苏州大学出版社2018年版,第20页;相同主张也可参见莫纪宏:《宪法学原理》,中国社会科学出版社2008年版,第123页。
⑥ 参见上官丕亮、陆永胜、朱中一:《宪法学:原理与应用》,苏州大学出版社2018年版,第20页;秦前红:《宪法》,武汉大学出版社2018年版,第14页。
⑦ 例如参见肖蔚云、魏定仁、宝音胡日雅克琪:《宪法学概论(第二版)》,北京大学出版社2005年版,第46页;胡锦光、韩大元:《中国宪法(第四版)》,法律出版社2018年版,第94页。

反驳：即便中国当前不存在发布宪法解释（文件）的实践，也不能在理论上否认宪法解释作为我国宪法渊源的地位，因为并不排除未来有践行这一实践的可能。

在笔者看来，宪法解释（文本）应被定位为宪法的认知渊源的表现形式。一方面，宪法解释并没有自己独立的效力来源。与修宪权一样，释宪权也是源自制宪权的权力。[①] 道理很简单，如果没有制宪权及立宪行为的存在，就根本不会存在释宪权与释宪行为。但另一方面，释宪权与制宪权的关系，不同于修宪权与制宪权的关系。修宪权是由制宪权派生的，也是后者的一部分，在性质上与后者相同。但释宪权却不是制宪权的一部分，说它是由制宪权"派生出"只是一种不准确的说法，它想要表明的是：在逻辑上，没有制宪权的行使以及实在宪法的诞生，就不会有宪法解释的必要。这并不代表释宪权的性质与制宪权相同：制宪权的法理基础在于人民的意志[②]，制宪权更多是一种非实定的政治权力，是人民通过宪法创造了国家，而不是国家创造了宪法；相反，释宪权的法理基础则在于它是因应宪法适用的需要而产生的一种国家活动，释宪权是一种实在法上的权力。所以，作为人民意志代表机关，全国人大的制宪权是非实定的[③]；而全国人大常委会只是单纯的法律机关，它的释宪权来自宪法本身的授权（《宪法》第六十七条）。因此，《宪法》第六十二条和第六十七条虽然表述没有差别，但含义是不同的：全国人大行使的修改宪法的职权是一种既有的非实定权力的"保留"，而全国人大常委会的解释宪法的职权是对一种实在法权力的"授予"。因此，宪法修正案和宪法解释与宪法典在优先适用关系上也是不同的：原则上，只要不违反修宪的权限、程序性限制（或许还有实体性限制），宪法修正案就优先于被修订的宪法典得到适用（取代被修订的宪法典正文）；但宪法解释绝对不能与宪法文本相抵触。因为前文说过，效力渊源可以直接或间接限制认知渊源的使用，所以一旦当宪法解释与宪法文本的相关内容发生冲突，通常后者将优先适用。两者有些类似于"子法"与"母法"的关系：被授权者（衍生于他物者）不得违背授权者（衍生出他物者）自身。因此，宪法解释完全符合认知渊源的界定标准：(1)它获得了制度性权威的间接认可，即《宪法》第六十七条明确授予了全国人大常委会解释宪法的权力。(2)它本身也具备"异质性来源特征"，对于合宪性判断活动而言，它既具有来源性，构成合宪性判断的权威理由，这种来源又具有异质性，因为全国人大常委会的释宪权在性质上不同于全国人大的制宪权。

将宪法解释定位为认知渊源的表现形式，也可以较好地解决关于宪法解释效力的争议。

---

① 参见韩大元、张翔：《试论宪法解释的界限》，载《法学评论》2001年第1期，第28页。
② 西耶士认为，"唯有国民拥有制宪权"，参见[法]西耶士：《论特权·第三等级是什么》，商务印书馆1991年版，第56页。
③ 当然，全国人大同时也是立法机关，因而它对基本法律的制定权是一种实在法上的权力[《宪法》第六十二条第（三）项]。

这一争议实际上是关于宪法解释法源地位之争的一个变体。我国宪法或法律并没有就宪法解释的效力作出规定。对此，宪法学界主要有三种观点：① 第一种观点认为，宪法解释的效力与宪法具有同等效力，也是宪法的组成部分。② 第二种观点认为，宪法解释的效力低于宪法，与普通法律效力相同。③ 第三种观点认为，宪法解释既不能与宪法规范具有同等的法律效力，也不能等同于普通法律的效力，它应处于特殊位阶，即低于宪法而高于普通法律的层次。④ 之所以会产生不同见解，大概是因为徘徊于两个直觉之间：一个直觉是，宪法解释不同于普通法律；另一个直觉是，宪法解释不同于宪法文本本身。偏重于第一个直觉的倾向于第一种观点，偏重于第二个直觉的倾向于第二种观点，试图调和两个直觉的则持第三种观点。但这三种观点共同偏颇之处在于，试图一体用"效力"来解决宪法文本、宪法解释和普通法律之间的适用关系。效力的确能解决冲突时的优先适用关系，但优先适用关系未必只能用"效力"来解决。因为"效力"涉及的是位阶或等级结构，但是效力渊源与认知渊源间的优先适用关系却不存在位阶或等级结构。宪法解释本身并没有独立的效力，它的效力依附于宪法文本，它通过宪法文本的指示性条款（经由《宪法》第六十七条）被纳入了宪法的等级序列。在不准确的意义上，也可以说宪法解释（经由《宪法》第六十七条）与宪法具有相同的效力。但这并不妨碍在适用上，一旦发生冲突，宪法规范要优先于宪法解释得以适用。这就好比《立法法》第五十条规定，全国人民代表大会常务委员会的法律解释同法律具有同等效力。但我们都知道，一旦法律解释与法律发生冲突，后者就优先于前者适用。这来自衍生关系的理所必然。所以，当宪法解释与宪法文本发生冲突时，后者优先适用，这是基于与效力等级无关的优先适用原则；而当宪法解释与普通法律发生冲突时，前者优先适用，这是因为宪法解释经由宪法取得了高于普通法律的效力位阶。

宪法解释（文件）本身并不是宪法，就像宪法典和宪法修正案那样，但它是我国宪法认知渊源的表现形式。

（四）宪法性法律

一般认为，宪法性法律有两种不同的含义：一是指不成文宪法国家的立法机关制定的成文宪法国家一般规定为宪法内容的法律；二是指在成文宪法国家有关调整宪法关系的普

---

① 三种观点及理由详见韩大元：《比较宪法学》，高等教育出版社2003年版，第117-119页。
② 例如参见焦洪昌：《宪法学（第六版）》，北京大学出版社2020年版，第11页；胡锦光、韩大元：《中国宪法（第四版）》，法律出版社2018年版，第92页。
③ 例如参见林来梵：《宪法学讲义》（第三版），清华大学出版社2018年版，第76页。当然，林来梵教授的原话是："宪法解释最多仅仅与宪法性法律具有同等效力。"但由于"宪法性法律"也只是具有法律的效力位阶，所以可以推断他认为宪法解释的效力与法律相同。
④ 例如参见韩大元：《试论宪法解释的效力》，载《山东社会科学》2005年第6期。

通法律。① 我国语境中的"宪法性法律"主要在第二种意义上使用,是指由普通立法机关按照普通立法程序制定或认可的、以宪法规范为内容的规范性文件。进一步说,其是"涉及国家根本政治制度和基本原则以及公民基本权利和义务等内容的法律"②,有学者称之为"宪法附属法"③。也有学者认为,只有在不成文宪法制度下,"宪法性法律"才能作为内涵清晰的术语加以使用④,在研究我国宪法时不宜使用宪法性法律概念⑤。

无论如何,可以暂且接受"宪法性法律"("宪法相关法")这样的称呼。即便如此,也可以发现,它就是前文说的部门法意义上的宪法,或者说宪法部门的意义上来使用的。当然,严格说来,宪法性法律与宪法部门还不相同。因为宪法部门除了"法律"这个层级的规范外,还包括宪法典中的规范以及比"法律"层级更低的规范,只要它们涉及宪法性内容。这里的一个典型困惑就是,《中华人民共和国全国人民代表大会议事规则》和《中华人民共和国全国人民代表大会常务委员会议事规则》是否也属于这里所说的宪法性法律?⑥ 其实不管这两部文件是否属于宪法性"法律",将它们中的规范归属于宪法部门毫无疑义。不仅如此,2018年6月25日印发的《国务院工作规则》中的规范也应当被纳入宪法部门。但是,这一切都与"宪法渊源"无关。宪法渊源与宪法部门(也包括宪法性法律)是两回事。正如马岭教授所说的:"宪法性法律是法律而不是宪法,它们与其他法律一样都是对宪法的'规则化'。"⑦ 所以,宪法性法律显然不是宪法的效力渊源的表现形式。那么,它是否是宪法的认知渊源的表现形式?并非如此。从表面看,《宪法》第六十二条和第六十七条分别授权全国人大和全国人大常委会制定基本法律和非基本法律的权力,那么按照上文关于解读宪法解释的逻辑,宪法性法律似乎也可以被视为宪法的认知渊源。但要看到的是,这种立法权与制宪权形成了权力等级结构,前者创制出的宪法性法律也与后者创制出的宪法典形成了效力等级结构,这一点与宪法解释有着根本不同。宪法性法律是法的效力渊源(制定法)的表现形式,而不是宪法的效力渊源的表现形式。在合宪性审查和合宪性解释活动中,它们只有可能

---

① 参见许崇德:《宪法学:中国部分》,高等教育出版社2005年版,第62页;许崇德、胡锦光:《宪法(第六版)》,中国人民大学出版社2018年版,第22页。也有极个别学者认为,在成文宪法下,宪法性法律指的就是宪法典及其修正案(莫纪宏:《宪法学原理》,中国社会科学出版社2008年版,第113页)。但这种用法过于独特,在此不予考虑。
② 肖蔚云等:《宪法学概论》,北京大学出版社2002年版,第44页。
③ 林来梵:《宪法学讲义》(第三版),清华大学出版社2018年版,第73页。
④ 参见徐秀义、韩大元:《现代宪法学基本原理》,中国人民公安大学2001年版,第87页。
⑤ 参见姚岳绒:《关于中国宪法渊源的再认识》,载《法学》2010年第9期,第130页。
⑥ 对此,学界有不同意见。有学者明确将其归为宪法性法律(周伟:《论宪法的渊源》,载《西南民族学院学报(哲学社会科学版)》1997年第1期,第134页);有学者虽未将其归为法律,但认为它们"是直接补充宪法和法律关于国家机关行使国家权力的规定的,也应视为宪法的渊源"(张庆福:《宪法学基本理论(上、下)》,社会科学文献出版社2015年版,第106页);但也有学者主张把《中华人民共和国全国人民代表大会常务委员会议事规则》视为立法机关的内部规范(林彦:《〈全国人大常委会议事规则〉修改建议论要》,载《中国法律评论》2019年第6期,第38页)。
⑦ 马岭:《宪法性法律的性质界定》,载《法律科学(西北政法学院学报)》2005年第1期,第28页。

成为审查和解释的对象,而无法成为合宪性判断的依据。所以,宪法性法律不属于我国宪法渊源的表现形式。

（五）宪法性文件

宪法性文件也在不同的意义上使用。有时候宪法性文件与宪法性法律会被并称,尤其是在不成文法的语境中。有的时候,学者会更多赋予"宪法性文件"特定的含义。例如周伟教授用这个概念来指称宪法典之前颁布的、事实上起到宪法作用的文件。宪法性文件通常是在宪法没有被制定出来的情况下形成的。由于历史的原因,后来制定的宪法又直接确认或者吸收宪法性文件中关于国家基本制度的主要原则和制度,因此,宪法性文件成为解释宪法的历史文献之一。① 例如,1949年9月通过的《中国人民政治协商会议共同纲领》(简称"共同纲领"),就是一部起临时宪法作用的宪法性文件,在宪法没有制定的期间,即1949年9月到1954年宪法通过的期间,起到了宪法的作用。此后1954年宪法、1975年宪法、1978年宪法和1982年宪法都吸收了共同纲领中关于国家基本制度的主要原则。但是很显然,这是从历史渊源或法的创制视角而言的,而非从法的适用视角而言的。在我国《宪法》颁布之后,"共同纲领"即因完成历史使命而告失效,后者的部分内容被纳入了前者之中,则当然成为前者的组成部分,作为《宪法》而发挥效力。所以,无论如何,这种意义上的宪法性文件都只具有宪法研究的意义,而无法成为当下现实的合宪性判断的依据。并且,我国的现行宪法也未直接或间接对"共同纲领"作出(哪怕是特定范围内的)宪法效力的认可。所以,宪法性文件不属于我国宪法渊源的表现形式。

（六）宪法惯例

一直以来,宪法惯例在不成文宪法国家中较受重视。英国宪法学者戴雪(Dicey)较早对此进行了阐述。在他看来,英国宪法包括两种不同的规则:第一套规则是严格意义上的"法律",是由法院实施的规则(无论来自制定法的规定,源于习惯、传统,或法官创制的准则),它们构成真正的"宪法";第二套规则则由惯例、默契、习惯或常规组成,尽管它们也可以规制主权权力各组成部分的行为、内阁的行为,或其他官员的行为,但因为不是由法院实施的规则,所以根本不是法律。宪法的这部分被称为"宪法惯例",或者宪法道德。② 可见,即便在英国,宪法惯例也被排除于司法意义上的宪法法源之外。当然,对此还要作进一步分析。宪法惯例是否属于宪法渊源,关键要看它是否能成为宪法层面的习惯法或习惯。如果宪法惯例成了习惯法,也就意味着它具有了不同于宪法文本的独立效力来源,它必须要符合习惯法的构成要件,即长时间持续不断、稳定、均质和普遍的政治实践(客观要素)和必要的确信(主

---

① 参见周伟:《论宪法的渊源》,载《西南民族学院学报(哲学社会科学版)》1997年第1期,第134-135页。
② 参见[英]戴雪:《英国宪法研究导论》,何永红译,商务印书馆2020年版,第106页。

观要素)。此时宪法惯例就是宪法的效力渊源。从理论上讲,如果宪法惯例成为宪法层面的习惯法,那就意味着它可以与成文法(宪法典)并驾齐驱,甚至可能废止宪法典的规定。这就是习惯法对于成文法的"毁损"。也即由于事实上之相反习惯法的存在,法律规范因长久未被适用或遵守——通过所谓的"废弃"(desuetudo)——丧失其效力。① 在某些国家,有一些宪法惯例已经近乎取得了习惯法的地位。例如,在许多君主立宪制国家,君主依法有否决或者拒绝同意议会通过之法案之权,但在政治实践中,宪法惯例会使此种权力不能运作。②

中国的宪法惯例是否取得宪法效力渊源意义上的习惯法的地位?答案是否定的。原因在于:其一,我们或许首先要区分"宪法惯例"与"政治惯例"这两个范畴。尽管宪法及其适用具有政治面向,但大体上还是有一条分界线的,那就是,"那些超出宪法调整范围的最高国家权力,在其实践中所形成的惯例就一定不是现代宪法意义上的宪法惯例"③。简言之,谈论宪法惯例不应偏离宪法基准。④ 如果按照这一标准,那么许多中国学者识别出的所谓宪法惯例其实就只是政治惯例,例如我国党、政、军"三位一体"的领导体制。⑤ 这不是说这一惯例不重要,或者说在国家政治生活中不扮演重要角色,而是说它超出了宪法的调整范围。

其二,即便主张宪法惯例与政治惯例并非那么清晰可分,也要看到宪法惯例无法作为合宪性判断的依据。正如有论者指出的,宪法惯例是一种不成文的政治行为规范,它的作用基础或者约束力是政治道德和政治伦理,违反政治惯例的行为将受到人们的谴责并可能招致一定的政治后果,但它不具有司法上的可适用性,违反宪法惯例并不构成违宪,也就不可能引起违宪审查。⑥ 换言之,宪法惯例并不构成合宪性审查(以及合宪性解释)的依据,违反宪法惯例只会引发政治和社会性的回应。例如,美国宪法一开始对于总统的连任问题没有限定,第一任总统华盛顿开创了只能连任一次的惯例,而1940年罗斯福总统连续三次担任总统,就打破了华盛顿形成的宪法惯例。但罗斯福总统的做法在当时并没有违反美国宪法,也没有引起联邦最高法院的司法审查,尽管可能带来负面的政治影响。后来美国通过1951年的宪法修正案明确规定,总统连续任职不得超过两届。此时宪法惯例已上升为宪法典规范,自然得以构成违宪审查的依据。但它的效力渊源来自修宪权及其修宪行为,而非宪法惯例

---

① Vgl. Hans Kelsen. Reine Rechtlehre (Studienausgabe der 2. Auflage 1960),hrsg.v. Matthias Jestaedt,Tübingen:Mohr Siebeck,2017,S.385.
② 参见李明:《略论宪法惯例》,载《法学家》1992年第5期,第74页。
③ 何永红:《中国宪法惯例问题辨析》,载《现代法学》2013年第1期,第23页。
④ 强调政治惯例本身合宪性才能演化为宪法惯例的观点,参见梁忠前:《论宪法惯例》,载《法律科学(西北政法学院学报)》1994年第2期,第4页。
⑤ 参见强世功:《中国宪法中的不成文宪法——理解中国宪法的新视角》,载《开放时代》2009年第12期,第25-28页。上官丕亮等人也认为,我国的宪法传统和习惯只是政治习惯,参见上官丕亮、陆永胜、朱中一:《宪法学:原理与应用》,苏州大学出版社2018年版,第22页。
⑥ 参见胡锦光、韩大元:《中国宪法(第四版)》,法律出版社2018年版,第90页。

本身。所以,从法理论的角度看,宪法惯例并不构成宪法效力渊源的表现形式。当然,要强调的是,这绝非否认宪法惯例在国家政治和宪法生活中的重要意义,宪法惯例虽然没有法律强制力,却有政治或道德上的拘束力。一些重要的宪法惯例,已凝结为国家的政治传统,一旦违反,虽不会招致法律的制裁,却可引起政治上的震荡,影响整个国家机器的有效运转。①例如,在我国实践中,每次修改宪法都是由中共中央向全国人大常委会或1/5以上的全国人大代表提出议案,由后者接受后再向全国人大提出宪法修正案草案。再如,在全国人大举行会议时,全国政协的会议也会同时举行,并且政协全国委员会的委员全体列席全国人大的有关会议。这些政治惯例都非常重要,在实践中也被现实地遵行。但从法理论的角度看,它们并不是宪法渊源,不构成合宪性判断的依据。因为它们更多展现出的是宪法实践的政治面向,可能在宪法的政治化实施过程中举足轻重,却没有展现宪法的法律化实施的面向,没有法律意义上的效力或规范性。

其三,在当代中国的宪法实践中,是否形成了长时间持续不断、稳定、均质和普遍的政治实践也备受质疑。习惯法要以长时间持续不断、稳定、均质和普遍的政治实践为客观基础,还要具备"必要的确信"这一主观要素。暂且不论中国民众在宪法惯例上是否已形成主观确信,或者通过何种渠道去知晓这种确信(由于不存在宪法司法化的制度,因而显然不能像西方国家那样奉行"法官知法"的准则),即便就客观要素而言也是存疑的。新中国成立只有七十余年的历史,现行宪法(1982年宪法)施行更只有约四十年的历史,在这相对较短的历史期间内形成的一些政治做法,能否被认为是宪法惯例,是否构成了长时间持续不断、稳定、均质和普遍的政治实践,尚需更多的观察。例如,针对上面提到的"三位一体"的领导体制,十余年前就有论者指出:"从50多年的历史来看,'三位一体'的国家主席制经历了肯定、否定再到肯定的过程。某种程度而言,至今,这样的国家主席体制至多构成中国政治运行中的一个先例,但不足以就此认定已构成宪法惯例。仅仅凭着对一些历史现象的描述,就猜测性地将一项先例认定为我国的宪法惯例,显得过于勉强。"②这样做会最终"迷失于对历史片段的片面理解"③。此外,由于长久以来的成文法传统,再加上近代以来习惯法的"空心化"趋势,包括宪法在内的法的制度化倾向越来越强,习惯法的生存空间越来越小。凡此种种表明,即便我们可以将一些政治实践笼统地称为"宪法惯例",它们也不具备习惯法的地位。

其四,反对将宪法惯例作为宪法的效力渊源还有一个规范性理由。上述这一点也说明,究竟什么时候只存在单纯的政治实践或一种事实,什么时候已形成具有规范性的宪法惯例,

---

① 参见王广辉:《宪法》,中国政法大学出版社2010年版,第18页。郭春涛也指出,宪法惯例的效力表现为"政治确认和制裁效力",参见郭春涛:《试论宪法惯例的效力》,载《法律科学(西北政法学院学报)》2000年第3期,第42页。
② 姚岳绒:《关于中国宪法渊源的再认识》,载《法学》2010年第9期,第126页。
③ 屠振宇:《中国不成文宪法的争论与反思》,载《政治与法律》2015年第6期,第70页。

并不容易弄清楚。而宪法渊源的任务在于提供合宪性审查和合宪性解释的依据，也就是提供能够对事实进行审查和判断的规范性标准。如果将宪法惯例作为这样的标准，很大程度上或许无法满足其任务。正如德国学者默勒斯（Möllers）所言："规范不一定由封闭的文本构成，至少没有成文宪法的政治秩序是存在的（如英国），但是，没有宪法文本会限制宪法的规范性（如英国的政治实践积累的传统）。因为，宪法未实体化为文本，而是参考传统和习惯，那么，它在划分规范与事实的边界时就不如成文宪法那样明确。换句话说，宪法文本使我们能够以某种标准反对社会现实和政治现实。"①

退一步讲，宪法惯例是否构成了我国宪法的认知渊源？换句话说，它是否构成法源意义上的习惯？要构成宪法认知渊源意义上的习惯，就一方面要存在长时间持续不断、稳定、均质和普遍的政治实践，另一方面要得到制度性权威（宪法文本）的认可。前一方面前已述及，后一方面在中国也不具备。当下中国的宪法文本中，并无任何关于宪法惯例（或政治惯例）的直接或间接的认可。②但是，对于另一类习惯，即民族习惯，我国宪法则有明确认可。《宪法》第四条第四款规定："各民族都有使用和发展自己的语言文字的自由，都有保持或者改革自己的风俗习惯的自由。"所以，在进行合宪性判断的时候，审查者或解释者就可以将相关的具体民族风俗习惯作为审查或解释的依据。在该种情形下，民族的"风俗习惯"就成了宪法的认知渊源，它的效力来源于《宪法》第四条第四款，内容则来源于具体的民族风俗习惯。但在目前宪法学界的讨论中，"宪法惯例"并不包括这种民族风俗习惯。所以，总的来说，宪法惯例不是中国宪法的渊源，既不是效力渊源，也不是认知渊源。

（七）宪法判例（合宪性审查成例）

基于遵循先例的传统，英美法系国家法院所作的宪法判例具有法律拘束力，因而宪法判例属于宪法效力渊源的表现形式。③在德国，联邦宪法法院的判例具有制定法的效力。依照德国基本法的规定，联邦宪法法院的所有判决对于所有的联邦与州的宪法组织、法院与机构都有拘束力。④而其他法院的都没有法律效力，即便是其他联邦最高法院的判例，也只具有事实上的拘束力。中国不是判例法国家，亦没有建立专门的超越其他宪法机构的、作为

---

① ［德］克里斯托夫·默勒斯：《德国基本法：历史与内容》，赵真译，中国法制出版社2014年版，第3页。
② 有论者指出："宪法有关全国人大及其常委会监督宪法实施的职权则是宪法惯例认可制度建构的主要宪法依据之一"（刘亮：《试论宪法惯例认可制度的构建》，载《时代法学》2016年第4期，第25页）即便如此，也与宪法惯例的法源地位无关。当然，全国人大及其常委会有可能在合宪性审查成例中对宪法惯例进行确认，但此时宪法惯例本身在审查活动中只扮演论证理由的角色。而对于之后的合宪性判断活动而言，可成为认知渊源的是合宪性审查成例本身，而非宪法惯例。
③ 当然，正如论者所指明的，"并不是法院所作的每一个涉及宪法问题的判决都可以作为宪法判例，也不是所有的法院都可以产生宪法判例"，参见莫纪宏：《宪法学原理》，中国社会科学出版社2008年版，第135页。
④ See Robert Alexy, Ralf Dreier. Precedent in the Federal Republic of Germany. in D. Neil MacCormick, Robert S. Summers(ed.). Interpreting Precedents: A Comparative Study. Dartmouth, 1997, p.26.

"宪法守护者"的专门法院。所以通说认为,中国宪法的渊源并不包括宪法判例。

但对这一问题还是要作具体分析。诚然,中国没有建立宪法司法化的制度,也即不存在将宪法作为审理案件的直接裁判依据的制度性实践。但前已述及,我国宪法作为合宪性判断的依据,可以出现在两种场合,即合宪性审查和合宪性解释。我国合宪性审查的宪法规范基础是《宪法》第六十二条、六十七条赋予全国人大和全国人大常委会的"监督宪法的实施"的权力以及第一百条、第一百一十六条规定的关于相关法规报送全国人大常委会备案或批准的规定。法律草案的审议中的合宪性审查和备案审查工作中的合宪性审查均可以被视为"宪法实施监督权"的体现。在实践中,已有相应的法律草案和规范性文件的审查实践,并产生了相应的合宪性审查成例。① 因此,这些合宪性审查成例可以被视为中国宪法的认知渊源,因为它们具有宪法文本的基础——上述宪法的条款可被视作对其认知渊源地位的间接认可。换言之,在今后的合宪性审查实践中,先前的合宪性审查成例可以被当作对类似情形进行审查之依据的内容来源,其效力则来源于上述宪法条款。②

至于合宪性解释,的确发生于司法裁判的场合,但中国任何一家法院的判决都不具有法律拘束力。唯有疑义的是指导性案例。指导性案例属于当代中国法的认知渊源。虽然目前最高人民法院和最高人民检察院颁布的指导性案例中,尚无明显涉及合宪性解释的案例,但这并不排除未来两高有可能发布涉及这方面的指导性案例。因而指导性案例是有可能成为合宪性解释的载体的。如此一来,涉及合宪性解释的指导性案例是否就成了中国宪法的认知渊源?答案是否定的。构成认知渊源的基础是获得制度性权威的认可,而构成宪法认知渊源的基础是获得宪法文本的认可。而目前指导性案例的认知渊源地位虽然已获得《法院组织法》第十八条第二款和《检察院组织法》第二十三条第二款的间接认可,但这只是普通法律层级的认可,而非宪法认可。在目前的宪法文本中,并无任何关于指导性案例之授权和认可的规范。也就是说,指导性案例(无论是否涉及合宪性解释)只是法律的认知渊源,而非宪法的认知渊源。从另一个角度说,合宪性解释必然以对宪法的理解(宪法解释)为前提,然而我国的司法机关(包括最高人民法院和最高人民检察院)并无法定的宪法解释权。无论是1981年《全国人民代表大会常务委员会关于加强法律解释工作的决议》《立法法》第一百零四条,还是《法院组织法》第十八条、《检察院组织法》第二十三条,赋予两高的,都只是针对普通法律的解释权。所以,两高对于宪法的解释亦不能借由指导性案例对下级法院

---

① 参见全国人大常委会法制工作委员会法规备案审查室:《规范性文件备案审查案例选编》,中国民主法制出版社2020年版。尤其是第1和第2个法律案例。至于法律草案审查的合宪性审查成例,可查找"中国人大网"的"权威发布"栏目。当然,当前无论是在哪种审查形式中,合宪性审查和合法性审查是同时进行的,有时区分度也不明显。

② 另一个有意思的问题是:全国人大常委会的合宪性审查成例能否成为法院的合宪性解释活动的依据(认知渊源)?从理论上讲,这似乎可以成立:全国人大常委会对于宪法的理解与解释,应当拘束法院。另外,这也是《宪法》第六十七条赋予全国人大常委会监督最高人民法院工作之职权的一个体现。当然,这里还涉及许多细节问题,对此不再深究。

发生拘束力。职是之故，涉及合宪性解释的指导性案例（或更准确地说，指导性案例中涉及合宪性解释的部分）并不构成宪法的认知渊源，不能成为今后法官的相关合宪性解释活动的依据。它们最多能起到释法（宪法）说理时的裁判理由的作用。至于指导性案例以外的涉及合宪性解释的案例，则更是如此。

所以，合宪性审查成例是中国宪法的认知渊源，而涉及合宪性解释的案例则只可能成为裁判理由。

（八）国际条约

如前所述，国际条约在国内因并入或转化而发生效力。"转化"使得国际条约具备了国内法的形式，因而是作为国内法而生效的，与"国际条约作为法的渊源"的情况无关。"并入"则要看相关国内法有没有对国际条约的地位进行直接或间接的认可，如果认可，则国际条约就成了法的认知渊源。因此，国际条约在国内不可能作为宪法的效力渊源起作用，而只可能作为宪法的认知渊源起作用，关键要看国内宪法对此有无认可。有的国家对于相关国际条约予以了直接认可，典型的如1975年《巴布亚新几内亚独立国宪法》第39条规定："为了确定任一法律、事项或事物在尊重人类权利和尊严的社会中是否合乎情理，法院可以参阅《世界人权宣言》以及联合国大会关于人权和基本自由的其他宣言、建议或决议"。海地、北马其顿、厄瓜多尔等国的宪法中也作了类似的规定。[①] 中国宪法中虽然没有对国际条约直接予以认可，但第六十七条授权全国人大常委会"决定同外国缔结的条约和重要协定的批准和废除"，第八十九条授权国务院"管理对外事务，同外国缔结条约和协定"。同时，我国的《中华人民共和国缔结条约程序法》第七条规定，条约和重要协定的批准由全国人民代表大会常务委员会决定。第八条规定，条约和重要协定以外的国务院规定须经核准或者缔约各方议定须经核准的协定和其他具有条约性质的文件签署后，报请国务院核准。所以，这相当于已经间接认可了全国人大批准的条约和重要协定、国务院核准的协定和其他具有条约性质的文件具有宪法认知渊源的地位。换言之，在我国加入条约和协定的相关领域内，可以将这些条约和协定作为合宪性判断的依据（内容来源）。当然，此时合宪性判断的效力基础依然在于《宪法》第六十七条和八十九条本身。

这里值得考虑的一个问题是：当我国加入的条约或协定与宪法自身的规范不一致时该怎么办？这里首先要区分的是"效力优位"与"适用优位"。宪法作为效力渊源和国际条约作为认知渊源的定位已然说明，宪法在效力上永远优于国际条约，国际条约只有借助于宪法的认可才能获得适用。但这并不代表，宪法的任何具体规范在适用上都优先于国际条约。事实上，当国际条约与本国宪法的规定不一致时该如何处理，各国宪法采取的原则并不

---

① 参见莫纪宏：《宪法学原理》，中国社会科学出版社2008年版，第117-118页。

相同,包括条约优于宪法、宪法优于条约和折中制度。其中,折中制度指的是,当本国签订或参加的国际条约同国家的宪法发生冲突时,为了宪法的最高权威得到保障,又能维护国际条约的效力,采取修改宪法使之符合国际条约的办法来解决两者间的冲突。如《奥地利联邦宪法》就采取了这一做法。① 但这其实是通过修宪来提前化解掉了两者的冲突,而真正的问题是:当在宪法适用过程中发现国际条约与本国宪法的规定不一致时该如何处理。对此,我国宪法并没有作出相应的规定。在普通法律的层面上,我国《中华人民共和国票据法》第九十五条、《中华人民共和国海商法》第二百六十八条、《中华人民共和国民用航空法》第一百八十四条都规定,当我国缔结或者参加的国际条约同本法有不同规定的,适用国际条约的规定,除非有法律保留的情形。这就肯认了国际条约通常优先于相关法律适用的地位(但不要忘记,这种适用优位也是由法律本身赋予的),但这说明不了国际条约优先于宪法适用的地位。对此,学界一般主张国际条约与协定不得与宪法相抵触②,理由主要是"宪法具有最高法律效力"的地位③。但问题是,如果将国际条约视为宪法的认知渊源,那么它与宪法就没有效力位阶关系,同时,宪法本身可以规定国际条约优先于自己得到适用,也可以作相反规定,这都不影响其"具有最高法律效力"的地位。

在此,德国的宪法实践可以作为一个参考。首先,德国基本法对于国际法与欧盟法作了区分对待。《德意志联邦共和国基本法》第25条规定,国际法之一般规则构成联邦法律之一部分。此等规定之效力在法律之上,并对联邦领土内居民直接发生权利义务。所以,国际法的一般规则享有对于普通法律的优先性,但这条规定却不适用于宪法,因为国际法一般规则作为联邦法律的内国法效力,是建立在宪法的基础上的。④ 但根据《德意志联邦共和国基本法》第23条(所谓"欧洲整合特别条款"),欧盟法相对于基本法具有"适用上的优先性"。尽管如此,联邦宪法法院依然借助2009年的"里斯本判决"提出了"宪法同一性"(Verfassungsidentität)思想。所谓宪法同一性,是指认为本国宪法蕴含了许多特定且固定的实质内容,这些原本就存在的实质内容,不能因为任何蕴含另一套实质内容的外来法秩序的介入而改变,否则无异于任凭本国主权遭受外来法规范的干扰。⑤ 因此,法院认为,基本法秩序固然抱持对欧洲法友善的态度,但并不容许欧洲整合导致基本法秩序的同一性被动摇,

---

① 参见张德瑞:《论我国宪法部门和国际法的冲突与协调》,载《郑州大学学报(哲学社会科学版)》2005年第6期,第118-119页。
② 例如赵建文指出:"国际条约在中国的法律体系中具有低于宪法而高于法律的地位。"赵建文:《国际条约在中国法律体系中的地位》,载《法学研究》2010年第6期,第190页。
③ 例如参见舒国滢:《法理学导论:第三版》,北京大学出版社2019年版,第78页。
④ 参见[德]康拉德·黑塞:《联邦德国宪法纲要》,李辉译,商务印书馆2007年版,第79-80页。
⑤ 参见黄舒芃:《什么是法释义学?:以二次战后德国宪法释义学的发展为借镜》,台湾大学出版中心2020年版,第157页。

甚至改变的结果。① 这一思路也可以为我国宪法实践所借鉴,它一方面可以确保中国宪法的核心价值不被国际条约稀释和动摇,另一方面又保持相当的灵活性,可以在某些一般条款方面向国际法让步。由此,形成"构成宪法同一性的宪法核心内容"优于"国际条约",后者又优于"宪法其他条款"适用的格局。

（九）宪法原则与学说

宪法原则本身属于法的内容的范畴,因而能否成为宪法渊源、成为何种宪法渊源取决于它的载体。如果宪法原则已被规定进宪法文本(如关于基本权利规范),那么它自然就成为宪法效力渊源的表现形式。如果宪法原则停留于宪法惯例的层面,那么其地位在不同国家有所不同。在中国,它并不属于任何宪法渊源。当然,学者们更多关注的可能是没有任何实在载体的宪法原则,即作为一般法伦理原则的宪法原则,或者说宪法法理和宪法学说提出的宪法原则。在中国,尤其指涉马克思主义宪法理论与学说,包括中国特色社会主义法治思想中包含的宪法原则。当一些宪法学者在使用"一般宪法原则"或"马列学说"等称谓时,所指的就是这类宪法原则与学说。这类宪法原则与学说对于中国的宪法实践具有重要的思想和政治指导意义。但是,正如前文在分析"法理"的地位时所说的,宪法原则与学说在宪法的法律化适用过程中只能扮演论证(实质)理由的角色,也即在论证普通法律是否合宪、如何理解才合宪的活动中增强合宪性判断的说服力,但本身并非合宪性判断的依据。

（十）国家政策与党的政策

有学者将国家与党的政策列为宪法渊源之一,但背后的原因是将"宪法渊源"理解为"支撑宪法内容的内在根据",即从宪法创制的视角将政策视为其内容的来源。② 例如宪法总纲中的所谓"国家任务条款",在内容上涉及的大多是政治、经济、文化、社会等方面的基本国策。再如《宪法》序言中规定,"国家的根本任务是,沿着中国特色社会主义道路,集中力量进行社会主义现代化建设。中国各族人民将继续在中国共产党领导下……坚持社会主义道路,坚持改革开放,不断完善社会主义的各项制度……推动物质文明、政治文明、精神文明、社会文明、生态文明协调发展,把我国建设成为富强民主文明和谐美丽的社会主义现代化强国,实现中华民族伟大复兴""中国坚持独立自主的对外政策……推动构建人类命运共同体"等等③,都首先是执政党基于对社会发展目标的判断确立的总路线和总方针,后被写入宪法。但从宪法适用的角度来看,如果国家与党的政策已被宪法文本吸纳,那么此时

---

① BVerGE 123,267(340ff).

② 参见王广辉：《宪法》,中国政法大学出版社2010年版,第26-27页；张庆福：《宪法学基本理论(上、下)》,社会科学文献出版社2015年版,第111页。

③ 当然,这里可能涉及宪法序言的效力问题。在中国语境中,笔者大体认可宪法序言亦可成为合宪性判断的依据,但不拟就此深入。

能作为宪法效力渊源的就是宪法典本身了。

所以,有意义的是尚未被写入宪法文本的国家与党的政策,拥有何种法源地位。这里要区别分析。就国家政策而言,宪法中涉及"国家政策"的只有一处,即《宪法》第一百一十五条。该条规定,民族自治地方的自治机关依照宪法、民族区域自治法和其他法律规定的权限行使自治权,根据本地方实际情况贯彻执行国家的法律、政策。如果对自治州和自治县的自治条例和单行条例进行合宪性备案审查,此时就会涉及这些条例是否处于宪法规定的对国家政策进行变通处理权的范围之内的问题。这就需要知晓相关的国家政策是什么,换言之,国家政策此时已成为合宪性审查依据的内容来源之一。从这一意义上看,至少在对民族自治法规进行合宪性审查和合宪性解释时,国家政策的确可能成为宪法的认知渊源。就党的政策而言,虽然宪法没有对此进行直接规定,但宪法序言已多次确立了"中国共产党领导"的宪法地位,2018年的《中华人民共和国宪法修正案》则明确将"中国共产党领导是中国特色社会主义最本质的特征"加入了《宪法典》第一条第二款之中。党章总纲规定,党的领导主要是政治、思想和组织的领导。其中,党的政治领导的重要方面就是通过党中央制定的路线方针政策对于国家社会发展全局的领导。所以,从宪法层面对党的政策之地位的认可是坚持党的领导的应有之义。因此,党的政策已被宪法文本间接认可,它可以成为中国宪法的认知渊源。事实上,《法规、司法解释备案审查工作办法》第三十七条的规定也佐证了这一点。该条规定,对法规、司法解释进行审查研究,发现法规、司法解释存在与党中央的重大决策部署不相符或者与国家的重大改革方向不一致问题的,应当提出意见。这就意味着,党的政策已成为合宪性判断的内容来源之一,审查法规和司法解释是否与党的政策相符已成为合宪性审查的一部分。

(十一)党内法规

根据《中国共产党党内法规制定条例》第三条规定,党内法规是党的中央组织、中央纪律检查委员会以及党中央工作机关和省、自治区、直辖市党委制定的体现党的统一意志、规范党的领导和党的建设活动、依靠党的纪律保证实施的专门规章制度。作为"体现党的统一意志、规范党的领导和党的建设活动、依靠党的纪律保证实施的专门规章制度",党内法规从逻辑上并不直接调整普通公民与国家的关系。但由于中国共产党的领导党和执政党地位,所以部分党内法规有可能涉及党对宪法中规定的国家事务、经济文化事业、社会事务的领导关系,以及党与各国家机构的关系、国家体制等方面,从而涉及宪法关系。按照中共中央《关于加强党内法规制度建设的意见》,目前党内法规体系已形成"四大板块",即在党章之下形成党的组织法规制度、党的领导法规制度、党的自身建设法规制度、党的监督保障法规制度。

在这四大板块中,最有可能与合宪性判断发生关联的无疑是党的领导法规制度。①

党的领导法规制度是党章第九、十章,以及序言部分内容的延伸。党章序言强调了党对若干重要方面的领导工作,包括"市场经济""民主政治""先进文化""和谐社会""生态文明"等。党章第十八条则专门提及"宣传工作、教育工作、组织工作、纪律检查工作、群众工作、统一战线工作"等具体领域。党章第九章用章节的形式规定了党组在中央和地方国家机关、人民团体、经济组织、文化组织和其他非党组织的领导机关中的领导核心作用。此外,例如《党政领导干部选拔任用工作条例》明确"适用于选拔任用中共中央、全国人大常委会、国务院、全国政协、中央纪律检查委员会工作部门领导成员或者机关内设机构担任领导职务的人员,国家监察委员会、最高人民法院、最高人民检察院领导成员(不含正职)和内设机构担任领导职务的人员;县级以上地方各级党委、人大常委会、政府、政协、纪委、法院、检察院及其工作部门领导成员或者机关内设机构担任领导职务的人员;上列工作部门内设机构担任领导职务的人员"。中共中央、中央军委批准修订的《中国人民解放军政治工作条例》对中国人民解放军的政治工作作出全面规定,等等。②这些领导法规制度同样属于党的政治领导、思想领导和组织领导的重要载体。③因此,《宪法》第一条第二款同样可被认为对党的领导法规制度的宪法认知渊源地位作了间接认可,这些法规制度可以成为合宪性判断的内容来源。④

综上所述,中国宪法的效力渊源的表现形式只有宪法典及其修正案,而可以成为宪法认知渊源表现形式的则包括宪法解释(文件)、民族风俗习惯、合宪性审查成例、国际条约、国家政策与党的政策、部分党内法规(党的领导法规制度)。换言之,只有宪法典及其修正案才是宪法的法律化适用过程中合宪性判断的效力依据,而只有它们以及属于宪法认知渊源的材料才可能为合宪性判断提供内容来源。其余所谓的"渊源",要么压根与宪法渊源无关,要么至多能成为宪法适用过程中运用到的实质理由。

---

① 郑贤君教授曾提出,在执政党的文件中,属于事关国家政治制度、社会制度、经济制度、文化制度和外交政策的"应该有效",而涉及对党的活动原则的规范、拘束共产党员行为的规范不应有拘束力(参见郑贤君:《试论执政党文件在宪法解释中的作用》,载《武汉科技大学学报(哲学社会科学版)》2019年第4期,第359页)。虽然该文是在"宪法解释"的语境中来谈这一点的,但也应当适用于宪法渊源的场合。

② 参见屠凯:《论党内法规制度体系的主要部门及其设置标准》,载《中共中央党校学报》2018年第1期,第41页。

③ 准确地说,或许不限于领导法规制度。涉及纪检监察体制(如党的纪律检查委员会、监察委员会合署办公)的党的文件一般被归为党的监督保障法规制度,但无疑也涉及国家体制问题。但是,这也可以被认为属于党的领导法规制度中关于纪检监察工作的规范。

④ 有学者将党章定位为"宪法性法律"(参见韩秀义、闫明明:《宪法性法律:党章之规范定位》,载《辽宁大学学报(哲学社会科学版)》2019年第3期,第95页),但这依然是从内容("宪法性")的角度而言的,因而与本文所关切的对于党内法规的法源定位无关。

五、结语

"宪法渊源"是一个解释性概念。但这并不代表我们只能放任众声喧哗或者纷乱杂陈的局面继续。宪法适用是一种理性实践活动。一种关于某个解释性概念的有效的理论，必须要能对这个概念在其中发挥功能的实践提供有意义的解释，能够帮助我们更好地理解和推进相关的实践。根据本文的界定，从法理论的角度看，宪法渊源就是宪法的法律化适用过程中合宪性判断依据的来源。这种界定较好地凸显出了宪法实践中法律化适用的面向，以及宪法渊源在此一过程中作为合宪性判断依据的角色。它要回答的问题是：当合宪性审查的审查者与合宪性解释的解释者进行合宪性论证时，判断的依据来自哪里。这种来源判断是一个与权威和形式有关的范畴，而非与实质和内容有关的范畴，因而有别于宪法部门。它是一个制度的范畴，而非学理的范畴，因而不同于一切宪法学研究的对象。依据这一标准进行鉴别，中国宪法的效力渊源的表现形式只有宪法典及其修正案，而可以成为宪法认知渊源表现形式的则包括宪法解释（文件）、民族风俗习惯、合宪性审查成例、国际条约、国家政策与党的政策、部分党内法规（党的领导法规制度）。总之，在特定国家中宪法渊源所指为何，并不是一个纯粹的学理问题，而更多取决于该国宪法的规定及其制度性实践。

谁是宪法实施主体？
——以宪法文本为中心的分析

刘怡达 **

摘　要：宪法实施作为一项具体的事业，有赖于实实在在的主体去推进。在制宪和行宪的历史中，有关宪法实施主体的规定经历了较大变迁，最终发展成现行宪法中的模样。八二修宪者基于宪法实施的客观环境和主观需要，设计了主次有别的宪法实施主体。表现为不同主体皆在概括意义上负有保证宪法实施的职责，但主要由公法性质的主体来承担，且各主体的具体职责有所不同。由此形成宪法文本上不同的概念表述，分别是全国人大及其常委会"监督宪法的实施"，全国人大代表"协助宪法的实施"，以及地方各级人大"保证宪法的遵守和执行"。由于宪法对宪法实施主体的规定存在盲区和模糊性，立法者为此通过立法发展了宪法，扩大了宪法实施主体的范围。除此之外，在宪法实施的关键环节和重点领域，中国共产党的作用也是必不可少的。

关键词：宪法实施主体　宪法文本　规范分析　主次有别

一、问题的提出

在宪法颁行之后，制宪者通常会对宪法实施寄予极大的期望。不过，宪法并不会因其颁

---

* **基金项目**：本文系中央高校基本科研业务费资助项目"我国宪法文本上的关键词研究"的研究成果。
** **作者简介**：刘怡达，湖南大学法学院副教授，法学博士。

布便自然得到实施,就宪法实施进行一系列的制度设计乃是必不可少的。否则,"宪法实施"将只具有概念表达意义,而无法作为制度进行操作。中共十八届四中全会提出"健全宪法实施和监督制度"以来,中国宪法学研究就此展开了诸多有益探讨,其中便包括宪法实施主体的问题,即应当由谁来实施宪法。这是因为宪法实施主体的确定与否,关涉到甚至在很大程度上决定了宪法实施的状况。概而言之,宪法实施作为一项宏大且具体的事业,有赖于实实在在的主体去推进,假若该主体在规范意义上并不存在,或者在现实中难以承担实施宪法的职责,那么很难想象宪法能够得到较好的实施。这在新中国制宪和行宪的历史上是有教训的,恰如有论者指出的那般,"五四宪法"之所以未能得到良好实施,欠缺专门监督宪法实施的机构是主要原因之一。[①]

其实在"八二宪法"制定过程中,宪法实施主体的问题既已得到广泛探讨,特别是"要不要设立专门的机构来保障宪法实施,是讨论最热烈的问题"[②]。虽然提出的数套方案皆未能体现在宪法文本上,但相关讨论依然热度不减并持续发酵,以至于有论者认为这是"宪法实施研究中的'机关崇拜'"[③]。当然,尽管设立专门宪法实施机构的方案未获采纳,但八二修宪者已然意识到宪法实施主体的重要性,并在"八二宪法"中进行了一番设计,大致包括以下两个方面:一是保证宪法实施主体的多元化,即根据现行宪法序言最后一个自然段的规定,几乎所有的组织和个人均负有保证宪法实施的职责;二是监督宪法实施主体的常设化,即"监督宪法的实施"的职权不再专属于全国人大,作为其常设机关的全国人大常委会亦享有此项职权。相较于前三部宪法而言,"八二宪法"的上述设计有着巨大的进步,不过也衍生出一系列的实践难题,集中表现为"谁是宪法实施主体"的问题变得不甚明朗。

因为在现行宪法文本中,虽然序言载明所有组织和个人皆属保证宪法实施的主体,但具体条文针对不同主体使用了差异化的表述,比如全国人大和全国人大常委会的"监督宪法的实施",全国人大代表的"协助宪法实施",以及地方各级人大的"保证宪法的遵守和执行"等。[④]那么,究竟谁才是宪法实施主体呢?特别是那些未在条文中明示的组织和个人是否为宪法实施主体,以及差异化表述对不同主体的宪法实施职责有何影响?再者,全国人大常委会相较于全国人大来说,在经常性监督宪法实施方面有其优势,但同样受到会期和议程等因素的限制,于是,全国人大及其常委会需要将具体工作交由专门委员会等来完成,此时,后者是否属于宪法实施主体便成疑问。例如,全国人大常委会于2018年6月作出决定,规定全

---

① 参见韩大元:《"五四宪法"的历史地位与时代精神》,载《中国法学》2014年第4期,第44页。
② 王汉斌:《王汉斌访谈录——亲历新时期社会主义民主法制建设》,中国民主法制出版社2012年版,第125页。
③ 王旭:《我国宪法实施中的商谈机制:去蔽与建构》,载《中外法学》2011年第3期,第500页。
④ 参见上官丕亮:《宪法文本中的"宪法实施"及其相关概念辨析》,载《国家检察官学院学报》2012年第1期,第64-65页。

国人大宪法和法律委员会承担"开展宪法解释、推进合宪性审查、加强宪法监督、配合宪法宣传"等职责。此举对于推动宪法实施的重大意义不可否认，但根据现行宪法的规定，"监督宪法的实施"及"解释宪法，监督宪法的实施"分别是全国人大和全国人大常委会的专属职权，这种表述上的相似乃至混同，使得全国人大宪法和法律委员会承担上述职责面临"是否于宪有据"的诘问。

有鉴于此，以我国宪法文本为中心对"谁是宪法实施主体"的问题作出回答，并揭示出不同主体在实施宪法时的具体职责，是一个值得认真研究的课题。为此，下文首先从宪法史的视角，考察宪法实施主体的变迁脉络，这有助于认识和理解现行宪法对宪法实施主体的规定。继而对八二修宪者的设计和现行宪法的规定进行阐释，由此明晰"八二宪法"中有关宪法实施主体的规定是如何形成的，以及现行宪法构建的是何种类型的宪法实施主体制度。同时，考虑到立法是发展宪法的重要方式，全国人大及其常委会通过制定法律，发展了宪法文本对宪法实施主体的规定，宪法实施主体的范围在此过程中呈现出扩大的趋势。需要说明的是，宪法实施的内涵对宪法实施主体的判断有很大影响，本文按照通常的理解，将宪法实施区分为积极的执行和消极的遵守，宪法实施主体相应地存在两大类。但恰如有论者指出的那般，"宪法只能由宪定机关来实施，其他国家机关、社会组织和个人无权实施，要区分'遵守宪法的义务'与'实施宪法的权力'"[①]，为此本文侧重于讨论积极执行宪法的实施主体。

二、宪法史的视角：宪法实施主体的变迁脉络

现行宪法中有关宪法实施主体的规定，在很大程度上是一个历史的产物，既受制于"八二宪法"制定时所处的历史环境，亦深刻汲取了制宪和行宪的经验教训，比如宪法委员会的设计之所以未能如愿，便与当时的政治历史背景紧密相关。[②] 于此层面而言，对宪法实施主体的认知，首先应当从宪法史的视角来展开，观察宪法实施主体在历部宪法文本中的变迁脉络，以至于最终形成"八二宪法"中的模样。

（一）"五四宪法"：全国人大和国家机关工作人员

作为新中国第一部宪法的"五四宪法"，其就宪法实施主体作出的设计，对此后三部宪法有着相当大的影响。大抵而言，"五四宪法"规定的宪法实施主体有两类，分别对应着宪法实施的积极形态和消极形态：一是第二十七条第（三）项将"监督宪法的实施"的职权赋予全国人大；二是第十八条规定国家机关工作人员必须"服从宪法"，以及第一百条规定公

---

① 王旭：《我国宪法实施中的商谈机制：去蔽与建构》，载《中外法学》2011年第3期，第503页。
② 参见刘松山：《1981年：胎动而未形的宪法委员会设计》，载《政法论坛》2010年第5期，第103-104页。

民必须"遵守宪法"。那么,"五四宪法"为何在宪法实施主体问题上作出此般安排,其对宪法实施的效果有何影响?

其一,"五四宪法"在宪法实施主体设计上的重大特色,便是规定全国人大独享"监督宪法的实施"的职权。但在"五四宪法"制定过程中,该职权并非自始就被认为应当属于全国人大。中共中央1954年3月向宪法起草委员会提出的《中华人民共和国宪法草案(初稿)》,并没有在全国人大的"职权清单"中列举"监督宪法的实施"的职权,反而在第三十六条规定全国人大常委会行使"监督宪法和法律的实施"的职权。① 不过,在中央人民政府委员会1954年6月通过的《中华人民共和国宪法草案》和一届全国人大一次会议同年9月表决通过的"五四宪法"中,"监督宪法和法律的实施"从全国人大常委会的"职权清单"中删去。由此,"监督宪法的实施"成为专属于全国人大的一项职权,这与"五四宪法"体现的"强全国人大、弱全国人大常委会"的整体逻辑是一致的,比如规定全国人大是行使国家立法权的唯一机关,全国人大常委会只能制定法令。至于原本规定全国人大常委会"监督法律的实施"的职权,则认为已体现在"改变或撤销国务院及下级人民代表大会同国家法律相抵触的决议、条例和命令"的规定中,因而不必重复规定。②

其二,"五四宪法"对国家工作人员"服从宪法"义务的强调,凸显其消极形态宪法实施的主体地位。在规定公民必须"遵守宪法"的同时,"五四宪法"还在总纲中要求国家机关工作人员必须服从宪法,可以据此将公民和国家机关工作人员视为消极形态的宪法实施主体。但相较于"遵守宪法"而言,"服从宪法"在表述上显然具有更加明显的强制意味。"五四宪法"主持起草者的言论亦表明了这一点:毛泽东在谈及"五四宪法"草案时便要求,"特别是国家机关工作人员要带头实行"③。刘少奇在"五四宪法"草案的报告中同样指出,人大代表和国家机关工作人员"在遵守宪法和保障宪法的实施方面负有特别的责任"。④ 制宪者的考量其实不难理解,既缘于行使公权力的国家机关工作人员更易违背宪法,也是希望国家机关工作人员在实施宪法时发挥所谓的模范带头作用。

诚如上述,宪法实施主体之于宪法实施效果的影响甚巨,在"五四宪法"的制度安排之下,全国人大和国家机关工作人员是宪法实施的两大主体,前者的职责主要是"监督宪法的实施",后者则是消极形态的"服从宪法"。"五四宪法"未能得到有效实施,虽不能完全归咎于宪法实施主体选取的不善,恰如作为宪法起草委员会的法律顾问和第一届全国人大代表

---

① 参见韩大元:《1954年宪法制定过程》,法律出版社2014年版,第495-497页。
② 参见许崇德:《中华人民共和国宪法史(上卷)》,福建人民出版社2005年版,第200页。
③ 毛泽东:《关于中华人民共和国宪法草案》,载中共中央文献研究室:《毛泽东文集(第六卷)》,人民出版社1999年版,第328页。
④ 刘少奇:《关于中华人民共和国宪法草案的报告》,载《中华人民共和国第一届全国人民代表大会第一次会议文件》,人民出版社1955年版,第45页。

的周鲠生所言,"五四宪法"草案"在实施宪法部分的条文上显然尚欠缺某些条件,是不必讳言的"①。但是,在众多致使"五四宪法"实施不畅的原因中,宪法实施主体的选取失当乃是不可否认的。一方面,将"监督宪法的实施"作为全国人大的一项专属职权,自然与其最高国家权力机关的地位相匹配,然而,非常设的全国人大并不具备行使该职权的现实条件。另一方面,虽然"五四宪法"要求国家机关工作人员"服从宪法",但这其实是"一套以主动守宪为核心的宪法实施机制"②。加之实践中欠缺常在的监督宪法实施的主体,此时,"服从宪法"作为国家机关工作人员实施宪法的方式,更多地表现为一种自觉而非出于强制的义务。

(二)"七五宪法":没有宪法实施主体的宪法实施

虽然制定于"文化大革命"时期的"七五宪法"素来遭受批判,但其制定者在名义上仍是希望该部宪法得到实施的,张春桥在宪法修改草案报告中即指出,"一定会认真地执行这个宪法,勇敢地捍卫这个宪法"③。不过在宪法实施主体的问题上,"七五宪法"除了规定公民有"服从宪法"的义务之外,即公民属于消极形态宪法实施的主体,并未确立任何其他的宪法实施主体。即便是"五四宪法"将非常设的全国人大作为宪法实施主体,赋予其"监督宪法的实施"职权的做法,在"七五宪法"中也不复存在。在这个意义上来说,"七五宪法"所为之的乃是没有宪法实施主体的宪法实施。那么,"七五宪法"为何未将全国人大确立为宪法实施主体?一是因为宪法于其而言只是篡夺权力的"幌子",而非应当实施的规则,所以宪法实施主体的有无并不重要;二是因为当时的全国人大已沦为"不起作用的招牌"④,在实践中并不具备履行职责的可能。

(三)"七八宪法":对"五四宪法"的回归和发展

按照通常的观点,"七八宪法"恢复了"五四宪法"中的正确规定,但也保留了"七五宪法"中的某些错误⑤,这是对"七八宪法"的总体评价。不过,若就宪法实施主体这一特定问题而言,"七八宪法"除了回归"五四宪法"中的某些设计之外,更多的是一种具有前瞻性的发展。这缘于当时的修宪者主观上是希望宪法得到实施的,叶剑英所作的《关于修改宪法的报告》即指出,"从宪法的原则精神到具体条文,都要保证全部实施"⑥。具体来说,"七八宪法"在宪法实施主体问题上对"五四宪法"的回归,主要有两处体现:一是重新赋予全国人大监督宪法实施的职权,只不过在表述上略有差异,即"五四宪法"规定的是"监督宪法的实

---

① 参见《代表们关于宪法草案和报告的发言》,载《人民日报》1954年9月18日第03版。
② 于文豪:《"五四宪法"基本权利的国家建构功能》,载《环球法律评论》2015年第2期,第29页。
③ 张春桥:《关于修改宪法的报告》,载《中华人民共和国第四届全国人民代表大会第一次会议文件》,人民出版社1975年版,第26页。
④ 蔡定剑:《中国人民代表大会制度》,法律出版社2003年版,第66页。
⑤ 参见张晋藩:《中国宪法史》,中国法制出版社2016年版,第376-377页。
⑥ 叶剑英:《关于修改宪法的报告》,载《中华人民共和国第五届全国人民代表大会第一次会议文件》,人民出版社1978年版,第131页。

施",而"七八宪法"则是"监督宪法和法律的实施"。对此有论者认为,"这个改动并不妥当",理由是监督法律实施的职权并非专属于全国人大,作为法律监督机关的检察机关亦有权为之。① 二是重新规定国家机关工作人员必须"模范地遵守宪法",且"模范地"三字与公民必须"遵守宪法"的义务相区分,这与"五四宪法"区别"服从宪法"和"遵守宪法"的考量是一致的。至于"七八宪法"对"五四宪法"的发展,大致有以下三方面:

其一,规定全国人大常委会有权解释宪法。"五四宪法"赋予了全国人大常委会解释法律的职权,但并未明确"解释宪法"职权的归属问题,"七五宪法"亦是如此。而根据"七八宪法"第二十五条第(三)项的规定,全国人大常委会行使"解释宪法和法律"的职权,这是宪法首次对释宪权作出规定,也是全国人大常委会首次获得此项职权。鉴于宪法解释对于宪法实施的重大意义,宪法解释更是宪法实施的重要内容之一。如此一来,虽然"七八宪法"在全国人大常委会的"职权清单"中并无"宪法实施"之类的表述,但其将"解释宪法"的职权赋予全国人大常委会,便可认为全国人大常委会同样属于宪法实施主体,即其实施宪法的方式表现为对宪法进行解释。

其二,规定地方各级人大在本行政区域内"保证宪法的遵守和执行"。在"五四宪法"当中,监督宪法实施的职权是全国人大专属的,地方各级人大所能为之的只是"保证法律、法令的遵守和执行"。"七五宪法"未对全国人大监督宪法实施的职权作出规定,但仍规定地方各级人大"保证法律、法令的执行"。待到"七八宪法"制定时,地方各级人大在这方面的职权有所扩大,这被认为是在汲取特殊时期"恣意践踏宪法和法律"的教训。② 根据"七八宪法"第三十六条的规定,地方各级人大除了在本行政区域内"保证法律、法令的遵守和执行"之外,还应当"保证宪法的遵守和执行",这也使得地方各级人大成为宪法实施主体。

其三,规定最高人民检察院对"国务院所属各部门、地方各级国家机关、国家机关工作人员和公民是否遵守宪法"行使检察权。通常认为,"七八宪法"恢复了"五四宪法"对检察机关一般监督权的规定③,但在监督宪法的问题上略有不同。详言之,在新中国成立之初,检察机关的职权便是按照一般监督权的原理来设计的,特别是在《中国人民政治协商会议共同纲领》(简称《共同纲领》)时期,作为最高检察机关的最高人民检察署甚至享有宪法监督方面的职权,即根据《中央人民政府最高人民检察署暂行组织条例》第三条的规定,最高人民检察署负责检察政府机关、公务人员和国民是否遵守《共同纲领》和法律法令。④ 而在

---

① 参见吴家麟:《论设立宪法监督机构的必要性和可行性——为现行宪法颁布8周年而作》,载《法学评论》1991年第2期,第4页。
② 参见中国社会科学院法学研究所宪法组:《学习新宪法讲话》,群众出版社1978年版,第74页。
③ 参见王建国:《列宁一般监督理论的制度实践与借鉴价值》,载《法学评论》2013年第2期,第61页。
④ 参见刘志刚:《我国宪法监督体制的回顾与前瞻》,载《法治现代化研究》2018年第3期,第101页。

"五四宪法"当中,虽然检察机关的职权仍属一般监督权,但具体监督对象限于"是否遵守法律"而不包括宪法。待到"七八宪法"制定时,检察机关的一般监督权有所扩大,特别是根据第四十三条的规定,最高人民检察院有权对"是否遵守宪法和法律"行使检察权,这被认为是对"检察机关宪法监督权"的规定。① 由此观之,"五四宪法"下的检察机关虽享有一般监督权,却无法对是否遵守宪法进行监督;而"七八宪法"在恢复一般监督权规定的同时,还将检察机关的监督范围扩大至违宪行为。② 于此层面而言,"七八宪法"中的最高人民检察院也属于宪法实施主体,其实施宪法的职权表现为对是否遵守宪法行使检察权。

三、八二修宪者的设计:主次有别的宪法实施主体

与此前三部宪法不同的是,"八二宪法"制定时处在一个革旧图新的现实环境。由于"无法无天"的时代方才结束,因此,对宪法实施的担忧可谓是普遍存在的,比如在将"八二宪法"草案交由全民讨论的过程中,便有相当多的意见是关于保障宪法实施的。③ 为此,八二修宪者基于宪法实施的客观环境和主观需要,围绕宪法实施的问题进行了一系列制度设计,其中就包括主次有别的宪法实施主体。此种"主次有别"的特征集中表现为,虽然宪法序言载明了颇为广泛和多元的宪法实施主体,但是,公法性质主体承担的宪法实施职责要多于非公法性质主体,特别是前者负有的保证宪法实施的职责,既包括消极层面的遵守宪法,亦包括积极层面的执行宪法,而后者更多的是消极地遵守宪法。

这不仅体现在"八二宪法"的具体规定中,也与八二修宪者的认识相契合。例如,第六十二条规定全国人大行使"修改宪法"和"监督宪法的实施"的职责;第六十七条赋予全国人大常委会"解释宪法"和"监督宪法的实施",以及撤销同宪法相抵触的行政法规、地方性法规的职责;第七十六条规定全国人大代表应当协助宪法的实施;第九十九条规定地方各级人大在本行政区域内保证宪法的遵守和执行。此类规定中的全国人大、全国人大常委会、全国人大代表和地方各级人大,均属于公法性质的保证宪法实施的主体。至于公民等非公法性质的主体,其保证宪法实施的职责主要表现为遵守宪法,比如第三十三条规定公民必须履行宪法规定的义务,以及第五十三条规定公民必须遵守宪法和法律等。同时,在八二修宪者看来,保证宪法实施的职责也主要是由公法性质的主体来承担的,例如,彭真在就"八二宪法"颁行一周年向新华社记者发表谈话时指出,"宪法的许多规定主要是依靠国家机关去贯彻执行的"④。这其实表明,八二修宪者倾向于认为宪法实施主要依靠国家机关及

---

① 魏晓娜:《依法治国语境下检察机关的性质与职权》,载《中国法学》2018年第1期,第297页。
② 孙谦:《中国特色社会主义检察制度》,中国检察出版社2015年版,第153页。
③ 参见《彭真传》编写组:《彭真传(第四卷)》,中央文献出版社2012年版,第1470-1471页。
④ 彭真:《进一步实施宪法,严格按照宪法办事》,载中共中央文献编辑委员会:《彭真文选(一九四一——一九九〇年)》,人民出版社1991年版,第489页。

其工作人员。有鉴于此,本文对"八二宪法"中宪法实施主体的讨论,将侧重于全国人大及其常委会、全国人大代表和地方各级人大等公法性质的主体。

(一)如何理解序言中"保证宪法实施"的主体

根据现行宪法序言最后一个自然段的规定,负有保证宪法实施之职责的主体包括"全国各族人民、一切国家机关和武装力量、各政党和各社会团体、各企业事业组织"。由此可见,在"八二宪法"的体制之下,保证宪法实施的主体是非常广泛的,几乎所有的组织和个人皆可参与其中。如此一来,便有论者提出疑问:"具有公法性质的组织和个人与不具有公法性质的组织和个人,在保证宪法实施的职责上有何不同?"[①] 对此疑问,已有一些论者提出了相应的观点。例如,有论者根据不同主体享有权力(权利)的性质差异,将此处"保证宪法实施"的主体分为"国家公权力组织""社会公权力组织"以及"公民和一般社会组织"。[②] 还有观点将宪法实施的主体区分为广义和狭义两个层面,其中广义的宪法实施主体非常广泛,包括国家机关、政党、社会团体、企事业组织和公民,而狭义的宪法实施主体则限于国家机关;并认为在实际生活中,实施宪法的职责主要是由国家机关来承担的。[③]

在很大程度上而言,序言最后一个自然段对"保证宪法实施"之主体的列举,体现更多的乃是一种政治宣示意味,是对宪法实施的政治性保障而非法律性保障。[④] 因为假若所有主体皆有保证宪法实施的职责,那么极有可能出现事与愿违的局面,即所有主体均无法保证宪法实施的尴尬境地。换言之,如果希望宪法得到较好的实施,专门的宪法实施主体无疑是必不可少的。"八二宪法"深刻汲取了新中国制宪和行宪的经验教训,构建了主次有别的宪法实施主体,表现出广泛性、多元化、有差异的特征。其中,"广泛性"和"多元化"指的是,序言最后一个自然段规定所有主体皆负有保证宪法实施的职责,且此类主体既有个人亦有组织,既有公法性质的主体亦有非公法性质的主体,呈现出明显的多元化特征。而"有差异"则是指,虽然不同主体皆在概括意义上负有保证宪法实施的职责,但是具体的职责却有所不同。因为除了序言最后一个自然段中"保证宪法实施"的概念表述之外,现行宪法中还存在着"监督宪法的实施""协助宪法的实施""保证宪法的遵守和执行"和"遵守宪法"等相关概念。此类概念皆可纳入"保证宪法实施"的范围,只是鉴于不同主体在机构和职权上的差异,才有针对性地形成不同的概念表述。

(二)全国人大及其常委会:监督宪法的实施

虽然现行宪法序言载明的"保证宪法实施"的主体相当广泛,但是在人民代表大会制度

[①] 陈玉山:《中国宪法序言研究》,清华大学出版社2016年版,第47页。
[②] 参见朱学磊:《论我国宪法实施主体的多元化》,载《江汉学术》2017年第1期,第31-33页。
[③] 参见《宪法学》编写组:《宪法学》,高等教育出版社2011年版,第296-297页。
[④] 参见蔡定剑:《宪法精解》,法律出版社2006年版,第156页。

之下,国家权力机关居于权力配置架构的中心,所以保证宪法实施往往依赖于国家权力机关对其他国家机关进行监督。①为此,现行宪法第六十二条和第六十七条分别规定了全国人大和全国人大常委会"监督宪法的实施"的职权,全国人大及其常委会也因此成为极其重要的宪法实施主体,其实施宪法的方式主要表现为监督宪法实施。通常来说,监督宪法实施的内容概言之有三:一是对法律法规是否符合宪法进行审查处理,二是对公民、国家机关和其他组织的行为是否符合宪法进行审查处理,三是对国家机关之间的权限争议进行处理。②当然,"监督宪法的实施"绝非全国人大及其常委会实施宪法的唯一方式,制定法律、选举任免国家机关工作人员同样属于宪法实施的重要内容。

与全国人大不同的是,全国人大常委会有权监督宪法实施的历史并不久远,其自"八二宪法"始才获得该项职权。在此前的三部宪法中,"五四宪法"和"七八宪法"只规定全国人大有权监督宪法的实施,而"七五宪法"对全国人大监督宪法实施的职权也未曾提及。那么,八二修宪者为何赋予全国人大常委会"监督宪法的实施"的职权呢?这在很大程度上缘于全国人大"非常设机关"的地位③,由此使得全国人大在经常性监督宪法实施时缺乏必要的行动能力。相较而言,全国人大常委会作为全国人大的常设机关,便可以担负起那些全国人大无力行使的职权。为此,八二修宪者其实是有意将全国人大常委会做强的,彭真在就宪法修改草案作说明时即指出,"由于全国人大代表人数较多,不便经常进行工作、行使职权。因此,草案将原来属于全国人大的一部分职权交由它的常委会行使"④,其中就包括"监督宪法的实施"的职权。

值得注意的是,不同于全国人大和全国人大常委会共享"监督宪法的实施"的职权,在1982年4月交付全国人民讨论的《中华人民共和国宪法修改草案》当中,仅对全国人大常委会"监督宪法的实施"的职权作出明确列举,全国人大监督宪法实施的职权并没有规定。⑤当时也有论者认为,将"监督宪法的实施"列入全国人大常委会的"职权清单","要比列入全国人大或分散列入这两个机关都要更好、更有力"⑥。不过,最终表决通过的"八二宪法"规定全国人大和全国人大常委会皆享有"监督宪法的实施"的职权。此般调整背后的考量可能是,做强全国人大常委会并不意味着要做弱甚至做空全国人大,毕竟全国人大具有最高国家权力机关的宪法地位,而全国人大常委会只是其常设机关。加之全国人大常委会亦有可能

---

① 参见强世功:《立法者的法理学》,生活·读书·新知三联书店2007年版,第164页。
② 参见何华辉:《比较宪法学》,武汉大学出版社2013年版,第101-102页。
③ 参见黄明涛:《"最高国家权力机关"的权力边界》,载《中国法学》2019年第1期,第116-118页。
④ 彭真:《关于中华人民共和国宪法修改草案的说明》,载中共中央文献研究室:《三中全会以来重要文献选编(下)》,人民出版社1982年版,第1271-1272页。
⑤ 参见《中华人民共和国宪法修改草案》,载《人民日报》1982年4月28日第03版。
⑥ 肖蔚云:《论宪法实施保障》,载张友渔等:《宪法论文集》,群众出版社1982年版,第275页。

违宪,此时,自然需要赋予地位更高的全国人大以监督宪法实施的职权,以便能够纠正全国人大常委会的违宪行为。当然,考虑到全国人大无法经常性监督宪法实施的现实,现行宪法虽然同时赋予全国人大和全国人大常委会"监督宪法的实施"的职权,但倾向于将更多职权配置给更具行动能力的全国人大常委会。例如,撤销同宪法相抵触的行政法规和地方性法规等的职权,以及与监督宪法实施密切相关的解释宪法的职权,在现行宪法中均被赋予全国人大常委会。即便认为全国人大亦可行使此类职权,但仍应以全国人大常委会"应当处理而没有处理,或处理不当"为前提。①

(三)全国人大代表:协助宪法的实施

诚如上述,在实施宪法的具体职责上,非公法性质主体通常只需遵守宪法即可,而公法性质主体还应积极地执行宪法。全国人大代表首先表现为单个的公民,所以必须履行"遵守宪法和法律"的公民基本义务。除此之外,根据现行宪法第七十六条第一款的规定,全国人大代表还必须"协助宪法和法律的实施"。相较于"遵守宪法"而言,"协助宪法实施"更多的是一种积极主动的作为。如此一来,可以将全国人大代表视作一类宪法实施主体,其实施宪法的方式表现为一种协助行为。其实,规定全国人大代表协助宪法实施并非始于现行宪法,早在一届全国人大一次会议1954年9月制定的《中华人民共和国全国人民代表大会组织法》当中,第三十二条即明确规定全国人大代表"主动地协助宪法、法律和国家政策的实施",现行宪法制定时亦参考了该规定。②不过,这次会议通过的"五四宪法"并未对此作出明确规定,只是在刘少奇所作的宪法草案报告中稍有提及,即全国人大代表和地方各级人大代表"都是人民的勤务员,因此在保障宪法的实施方面负有特别的责任"③。在这个意义上来说,"协助宪法实施"即属于全国人大代表负有的一种"特别责任"。

将全国人大代表确定为协助宪法实施的主体,很大程度上缘于其最高国家权力机关组成人员的身份。一方面,全国人大及其常委会可谓是最重要的宪法实施主体,行使着"解释宪法"和"监督宪法的实施"等职权,但其并非一种抽象的存在,而是由两千余名全国人大代表和百余名常委会委员具体构成的。因此,全国人大及其常委会实施宪法的行为,便可被视为一定数量全国人大代表的集体行为。另一方面,人大及其常委会是集体行使职权、集体决定问题,而全国人大代表只是全国人大的组成分子,所以其实施宪法的职责之前须冠以"协助"一词。张友渔对此解释道,"协助"不等于直接干预和处理。有些事情关系重大,非管不

---

① 张友渔:《关于人民代表大会代表的任务、地位、职权和活动方式的问题》,载张友渔:《张友渔文选(下卷)》,法律出版社1997年版,第405页。
② 参见蔡定剑:《宪法精解》,法律出版社2006年版,第358页。
③ 刘少奇:《关于中华人民共和国宪法草案的报告》,载《中华人民共和国第一届全国人民代表大会第一次会议文件》,人民出版社1955年版,第45页。

可的,可以依法向人民代表大会或它的常务委员会提出议案和建议,通过人大常委会去干预和解决。①

结合现行宪法第七十六条的表述方式,可从以下两方面来理解全国人大代表协助宪法实施的职责:其一,全国人大代表从事的与宪法实施相关的行为,并非皆属于此处规定的"协助宪法的实施"。因为该条在规定全国人大代表协助宪法实施的同时,也将场域限定在"自己参加的生产、工作和社会活动中"。比如全国人大根据宪法第六十二条的规定,撤销了全国人大常委会制定的同宪法相抵触的决定,该行为虽然是全国人大代表通过表决等方式作出的,但却不能被视作其"协助宪法实施"的行为,而是全国人大"监督宪法实施"职责的体现。其二,该条并未对全国人大代表的协助对象作出规定,这与宪法文本中的其他"协助"有所不同。例如,宪法第八十二条规定国家副主席"协助主席工作",第八十八条规定国务院副总理和国务委员"协助总理工作",均指明了具体的协助对象。为此有论者认为,宪法序言最后一个自然段载明的"保证宪法实施"的主体,都属于全国人大代表的协助对象。②这其实缘于宪法实施主体具有广泛性和多元化的特征,因此凡是负有保证宪法实施职责的主体,全国人大代表皆应予以协助。

（四）地方各级人大:保证宪法的遵守和执行

现行宪法第九十九条第一款对地方各级人大的职权作出了规定,其中包括"保证宪法、法律、行政法规的遵守和执行"。据此可将地方各级人大视为一类重要的宪法实施主体,在本行政区域内保证宪法的遵守和执行,是其实施宪法的主要方式。这与"五四宪法"中地方各级人大的职权不同,该部宪法仅在第五十八条规定"保证法律、法令的遵守和执行",而没有指明宪法。尽管在一届全国人大一次会议期间,曾有全国人大代表建议将上述规定修改为"保证宪法、法律和法令"③,但该建议并未被采纳。这缘于当时过度倚重全国人大的宪法实施职责,以致全国人大常委会都未被赋予"监督宪法实施"的职权,更遑论层级更低的地方各级人大了。直至"七八宪法"制定时,"保证宪法的遵守和执行"才成为地方各级人大的一项职权,即第三十六条规定的"保证宪法、法律、法令的遵守和执行",这也被此后制定的"八二宪法"所继受。在"八二宪法"颁行之初,便有不少地方人大在本行政区域内开展宪法遵守和执行的动员活动。重庆市人大常委会1982年12月通过决议,动员全市人民学习、遵守和执行宪法,该决议甚至载明"本会负有在本行政区域内保证宪法实施的职责"。④这

---

① 张友渔:《宪政论丛(下册)》,群众出版社1986年版,第538页。
② 参见朱学磊:《论我国宪法实施主体的多元化》,载《江汉学术》2017年第1期,第31页。
③ 参见韩大元:《1954年宪法与新中国宪政》,湖南人民出版社2004年版,第374页。
④ 参见《重庆市人大常委会关于动员全市人民认真学习、遵守和执行新宪法的决议》,载重庆市人大常委会办公厅、重庆市人大常委会研究室:《重庆民主法治30年》,西南师范大学出版社2008年版,第122页。

其实就是地方人大行使"保证宪法的遵守和执行"职权的体现。

在全国人大和地方人大之间合理配置宪法实施职责,是"八二宪法"规定地方各级人大保证宪法遵守和执行的重要原因。虽然全国人大是最高国家权力机关,但如果由其承担所有与宪法实施相关的职权,极有可能的结果是此类职权未能得到充分行使。如此一来,倒不如基于一定的原则和标准,将宪法实施职权在不同国家机关之间进行分配,以使权力的行使达到最优效果。例如,彭真根据违宪行为的严重程度,尝试在不同层级人大之间进行职权划分,即"违宪行为有各种各样,有大违、中违,也有小违。所有违宪都提到全国人大常委会来管,怎么管得了?有些违宪行为,县、省可以处理,只是重大的违宪行为,由全国人大处理"。① 张友渔则按照违宪行为所涉区域,认为"全国性的由全国人大常委会来管,地方性的,由地方人大常委会来管"。② 此种划分体现了一种不同于既往的权力配置原则,转向了更为科学的"功能主义的权力配置观",这在"八二宪法"当中是一以贯之的。③ 在既往形式主义的权力配置原则下,考虑到宪法具有的最高法地位,所以应由最高国家权力机关监督其实施,即便是作为常设机关的全国人大常委会也不能染指。"八二宪法"则将权力下放给全国人大常委会和地方各级人大,以此发挥各自所具有的常设性和地方性的功能优势。

尚需注意的是,虽然全国人大和地方各级人大皆有实施宪法之职责,但二者的具体职权在宪法文本上却有所不同。根据现行宪法第六十二条和第九十九条的规定,前者行使"监督宪法的实施"的职权,后者则是"保证宪法的遵守和执行"。此种差异化的表述,使得地方人大实施宪法的职权存在一些不同理解:比如有论者认为,"只有全国人大及其常委会才有权监督宪法实施"④;不过亦有论者以宪法第九十九条为依据,认为"不排除地方人大有监督宪法实施的权力",只是全国人大及其常委会的监督具有最终意义⑤。此种争论并非毫无意义,因为这涉及地方人大是否有权作出违宪判断并纠正违宪行为。从宪法规定地方各级人大"保证宪法的遵守和执行"的初衷来看,应当对该问题给出肯定回答,否则所谓的"保证"将无法真正发挥作用,因为此种"保证"既包括确保各主体的行为合宪,亦应有权对违宪行为予以纠正。当前规范性文件备案审查的实践,也倾向于认为省级人大及其常委会可以进行合宪性判断。⑥ 当然,由于全国人大及其常委会有权监督宪法的实施,全国人大常委会还享有解释宪法的职权,因此地方人大所有与宪法实施相关的活动均应接受全国人大及其常

---

① 《彭真传》编写组:《彭真年谱(1979—1997)》(第五卷),中央文献出版社2012年版,第191页。
② 张友渔:《新宪法是我国最好的一部宪法(下)》,载张友渔:《张友渔文选(下卷)》,法律出版社1997年版,第276页。
③ 参见张翔:《我国国家权力配置原则的功能主义解释》,载《中外法学》2018年第2期,第293-298页。
④ 乔晓阳:《学习宪法加强宪法实施》,载《人民日报》2015年12月4日第11版。
⑤ 参见蔡定剑:《宪法精解》,法律出版社2006年版,第407-408页。
⑥ 参见全国人大常委会法制工作委员会法规备案审查室:《规范性文件备案审查理论与实务》,中国民主法制出版社2020年版,第113-114页。

委会的监督,且如若涉及宪法解释问题,地方人大应当提请全国人大常委会进行。

四、立法者发展宪法：宪法实施主体的扩大

诚如上述,现行宪法规定的宪法实施主体虽然具有广泛性的特征,但积极执行宪法的主要是公法性质主体。不过,对于相当多的公法性质主体而言,宪法文本只在序言最后一个自然段有"政治宣言色彩"的规定。[①] 能够由宪法序言进入到宪法条文,特别是还对其实施宪法的职权作出规定的毕竟是少数。于此层面而言,现行宪法对宪法实施主体的规定存在一定盲区,对各主体实施宪法职权的规定则具有模糊性。此种盲区和模糊性自然可以通过修宪或释宪的方式来解决,但更多时候需要仰仗立法者通过立法来发展宪法,从而扩大宪法实施主体的范围,并明确其应当承担何种实施宪法的职权。例如,2018年3月通过的《中华人民共和国宪法修正案》将全国人民代表大会法律委员会更名为全国代表大会宪法和法律委员会,全国人大宪法和法律委员会由此成为宪法实施主体,但其职权乃是借由"有关法律问题的决定"来明确的。

（一）宪法文本无以容纳所有的宪法实施主体

除却那些消极形态的宪法实施主体,现行宪法明确规定的积极执行宪法的主体相对有限,主要是全国人大、全国人大常委会、全国人大代表和地方各级人大。不过,限定宪法实施主体的范围也并非制宪者刻意追求的,彭真1983年4月在与胡绳、王汉斌等人谈宪法实施问题时,认为国家机关及其工作人员能否遵守宪法是"宪法能不能执行的关键所在",并将人民视为"执行宪法最伟大的力量和最根本的保证",同时还提及"工会、妇联、共青团、村民委员会、居民委员会、报纸、刊物、广播、电视等宣传部门"等在宪法实施中的作用。[②] 由此观之,"八二宪法"制定者希望动员尽可能多的力量促使宪法得到实施,这与宪法序言最后一个自然段规定所有组织与个人皆须"保证宪法实施",在叙事逻辑上其实是相通的。然而在为数众多的主体当中,能够从宪法序言进入宪法条文,并在实施宪法的职责方面有所规定的无疑是少数,而此类主体很大程度上便是彭真所谓的"关键所在",宪法赋予其"监督宪法实施"和"解释宪法"等重要职权同样表明了这一点。

那么,规定在条文中的宪法实施主体为何相对有限?除了不同主体在实施宪法时的作用有别之外,还有一个重要原因是宪法文本无以容纳所有的宪法实施主体。既包括客观上的"无以容纳",因为宪法文本的篇幅毕竟有限,加之现行宪法并未就"宪法实施"作出专门章节的规定,因此,对所有与宪法实施相关的主体皆予以规定,这在客观上显然是不可能的。

---

① 参见林来梵:《转型期宪法的实施形态》,载《比较法研究》2014年第4期,第33页。
② 参见《彭真传》编写组:《彭真年谱(1979—1997)》(第五卷),中央文献出版社2012年版,第193页。

宪法此时所能为之的，只能是对宪法实施举足轻重的主体予以适当规定，例如，承担监督宪法实施之责的全国人大及其常委会，以及解释宪法的全国人大常委会等。当然，主观上的"无以容纳"可能更具决定意义，即制宪者和修宪者基于多种因素的考量，从而决定不将某些主体规定在宪法中。比如在"八二宪法"制定过程中，曾有考虑设立宪法委员会用以保障宪法实施，宪法修改委员会秘书处甚至拟出过一个条文，规定全国人大设立宪法委员会，协助全国人大及其常委会监督宪法的实施，并对重大违宪行为提出报告。①但八二修宪者最终还是放弃这一想法，使得宪法委员会这一潜在的宪法实施主体未能载入宪法文本。

（二）立法者通过发展宪法增加宪法实施主体

由于宪法文本无以容纳所有宪法实施主体，不过，如果实施宪法的环境和要求发生改变，宪法实施主体及其职权也要相应调整。特别是对于那些主观上的"无以容纳"来说，当社会现实已有异于制宪之时，自然要求适当增加宪法实施主体，这便需要通过发展宪法以使宪法实施主体得以增加。就宪法发展的方式而言，大体上包括修宪、释宪和立法，但因修改宪法受到诸多限制，而宪法解释程序亦不易启动，相较而言立法有其独特优势，以至于立法成为实践中运用得最多的方式。②宪法实施主体的增加同样是运用了立法这一方式，这也是制宪者和修宪者的倾向使然。比如彭真在"八二宪法"草案的报告中指出，"有一些意见虽然是好的，但实施条件不具备，或者宜于写进其他法律中，不需写进根本大法"③，当时未设立宪法委员会即可从中获得解释。而在1993年修改宪法时，中共中央对"全国人大设立宪法监督委员会"的建议作出回应，认为根据宪法第七十条的规定，"全国人大可以设立专门委员会性质的宪法监督委员会，宪法可以不再作规定"。④此处"宪法不再规定"的言外之意便是，即便需要设立宪法委员会，直接通过立法等方式就可以实现。

立法者通过制定法律发展宪法，进而使宪法实施主体得到增加，这在既往的实践中主要有四：一是地方各级人大常委会。因为按照宪法第九十九条的文义，保证宪法遵守和执行的主体是地方各级人大，并不包括地方各级人大常委会。待到1986年12月修改《中华人民共和国地方各级人民代表大会和地方各级人民政府组织法》时，在县级以下地方人大常委会的职权中增加了"保证宪法的遵守和执行"的内容。二是地方各级人大代表。宪法仅在第七十六条规定全国人大代表协助宪法实施，但1992年4月制定的《中华人民共和国全国人民代表大会和地方各级人民代表大会代表法》，在第三条规定代表必须协助宪法的实

---

① 参见《彭真传》编写组：《彭真传（第四卷）》，中央文献出版社2012年版，第1437页。
② 参见林彦：《通过立法发展宪法——兼论宪法发展程序间的制度竞争》，载《清华法学》2013年第2期，第52-60页。
③ 彭真：《关于中华人民共和国宪法修改草案的报告》，载全国人民代表大会常务委员会办公厅：《中华人民共和国第五届全国人民代表大会第五次会议文件》，人民出版社1983年版，第3页。
④ 参见《中国共产党中央委员会关于修改宪法部分内容的补充建议》，载全国人民代表大会常务委员会办公厅：《中华人民共和国第八届全国人民代表大会第一次会议文件汇编》，人民出版社1993年版，第117页。

施,地方各级人大代表亦据此负有"协助宪法实施"的职责。三是民族地方的自治机关。根据1984年5月制定的《中华人民共和国民族区域自治法》第五条的规定,民族自治地方的自治机关保证宪法在本地方的遵守和执行,而自治机关包括自治地方的人大和政府。四是法官和检察官。1995年2月制定的《中华人民共和国法官法》和《中华人民共和国检察官法》,均在第三条规定法官和检察官"必须忠实执行宪法"。相较于这两部法律分别于第七条和第八条规定的"严格遵守宪法"的义务来说,"执行宪法"无疑是一种积极形态的实施宪法,有论者据此认为法官和检察官亦属于实施宪法的主体。[1]加之《中华人民共和国公务员法》中并未有类似规定,更可谓是法官和检察官所独有的。

通过上述梳理可以发现,宪法实施主体的增加具有三方面的特征:首先,新增的宪法实施主体大多是公法性质的主体,比如地方各级人大常委会、地方各级人大代表和民族地方的自治机关等。其次,立法者新增某些主体为宪法实施主体,本意或许只是一种单纯的宣示,未必是赋予其实施宪法的具体职权,比如从立法者的说明可以看出,之所以规定法官"必须忠实执行宪法",考虑的主要是"法官不仅要精通法律,熟悉业务,而且必须政治坚定,清正廉洁"[2]。最后,增加宪法实施主体的立法,很大程度上因应现实的需要。例如,地方人大常委会虽然1986年始才在法律上获得"保证宪法遵守和执行"的职权,但其自设立以来便已承担了相关的职责。[3]根据立法者的说明,在法律中规定地方人大代表"协助宪法的实施",同样是因为"他们在协助宪法的实施等方面,创造了不少行之有效的做法,为制定代表法提供了实践经验"[4]。因此可以说,立法者只是基于实践进行回应式立法。

五、余论:中国共产党保证宪法实施的职责

五届全国人大五次会议制定了"八二宪法",而在此次大会的主席团会议上,宪法工作小组组长胡绳就"八二宪法"草案作说明时指出,保证宪法的实施"依靠整个国家机构,首先是人大、人大常委会,然后是司法机关、检察机关、行政机关,再加上全国人民,这才是保证宪法实施的一套完整的体系"[5]。此类主体均系宪法文本内的宪法实施主体,特别是各级人大及其常委会,宪法和法律对其"监督宪法实施"和"保证宪法遵守和执行"的职权作出了相对具体的规定。在理想的宪治状态之下,这套相对健全的体系有能力促使宪法得以良好实

---

[1] 参见上官丕亮:《法官负有实施宪法之责》,载《人民法治》2015年第Z1期,第33页。
[2] 任建新:《关于〈中华人民共和国法官法(草案)〉的说明——1994年5月5日在第八届全国人民代表大会常务委员会第七次会议上》,载《中华人民共和国全国人民代表大会常务委员会公报》1995年第1期,第72页。
[3] 参见朱应平:《地方人大常委会保证宪法遵守和执行的四十年》,载《人大研究》2019年第11期,第5页。
[4] 曹志:《关于〈中华人民共和国全国人民代表大会和地方各级人民代表大会代表法(草案)〉的说明》,载全国人民代表大会常务委员会办公厅:《中华人民共和国第七届全国人民代表大会第五次会议文件汇编》,人民出版社1992年版,第111页。
[5] 刘政:《人民代表大会制度的历史足迹》,中国民主法制出版社2014年版,第256页。

施。不过,该体系中实施宪法的主体乃是宪法确定的各国家机关,其通常存在于法律系统当中,彰显的是宪法的法律属性。除此之外,宪法还具有政治的属性,实施宪法离不开政治因素,特别是政治权威的推动,因而政治系统中的宪法实施主体亦是不可或缺的。恰如有论者指出的那般,我国存在着政治化实施和法律化实施的双轨制宪法实施路径,其中,政治化实施构成法律化实施的推动力,并为法律化实施提供政治权威保障。[①]

不可否认,过分夸大宪法实施中政治因素的作用,极易致使宪法沦为政治的"附庸"。但是,对于中国共产党领导下的宪法实施而言,单纯依靠国家机关等法律系统内的主体,宪法的实施未必能够收获预期的效果。彭真在五届全国人大五次会议主席团会议上重点阐述了保障宪法实施的问题,对于是否需要"搞一个有权威的机构来监督宪法的实施"这个人们普遍关心的话题,他发表了自己的看法,认为在"文化大革命"那种"无法无天"的非常时期,"无论搞什么样的组织"来监督宪法实施,都不见得能够避免"五四宪法"被弃而不用,所以在"八二宪法"中,"恐怕很难再搞一个比全国人大常委会权力更大、威望更高的组织来管这件事"。[②] 此般论述在一定程度上表明,"八二宪法"的制定者已经意识到,有效实施宪法并非单一的国家机关所能为之的,还应注重发挥国家机关以外的其他政治主体,特别是中国共产党的作用。因为国家机关固然在宪法实施中扮演着尤为重要的角色,但在宪法实施的关键环节和重点领域,中国共产党的作用乃是必不可少的。那么,中国共产党在宪法实施中究竟发挥何种作用,或者说中国共产党作为法律系统外的宪法实施主体,其保证宪法实施的职责体现在哪些方面呢?

根据宪法序言第13自然段的规定,包括中国共产党在内的各政党"必须以宪法为根本的活动准则",且"负有维护宪法尊严、保证宪法实施的职责"。此规定课以中国共产党实施宪法的双重义务,分别是消极层面的遵守宪法,以及积极层面的保障宪法实施。详言之,中国共产党要发挥其领导地位,除了应当模范地遵守宪法以外,还应承担积极保证宪法实施的重大职责,特别是在其他宪法实施主体间发挥领导和协调的作用,通过政治决断推进宪法实施。事实上,近些年来合宪性审查工作得以有效推进,中国共产党的政治决断发挥了至关重要的作用。甚至有论者认为,如果没有借助中国共产党特定时期政策上的强力推动,期待现行审查制度凭借自身意愿与内部动力推进合宪性审查工作,是颇富理想主义色彩的遐想。[③] 与此同时,根据宪法的规定,负有维护宪法尊严、保证宪法实施义务的主体还有全国各族人民、一切国家机关和武装力量、各政党和各社会团体、各企业事业组织。这是因为宪法实施是一项宏大的系统工程,涉及相当多的领域和事项,不同主体需要根据应有的角色分工参与

---

① 翟国强:《中国宪法实施的双轨制》,载《法学研究》2014年第3期,第91页。
② 参见《彭真传》编写组:《彭真传(第四卷)》,中央文献出版社2012年版,第1484-1487页。
③ 参见林来梵:《合宪性审查的宪法政策论思考》,载《法律科学(西北政法大学学报)》2018年第2期,第41页。

其中。为了在诸多主体之间形成实施宪法的合力,必须由中国共产党发挥总揽全局、协调各方的领导作用,从而优化各主体在宪法实施过程中的角色分工。于是,中国共产党保证宪法实施的职责不仅表现为遵守宪法,更应体现为协调各方资源,以便为宪法实施提供各种政治和法律资源。[①]

[①] 参见秦前红、刘怡达:《中国现行宪法中的"党的领导"规范》,载《法学研究》2019年第6期,第26页。

行政协议第三人原告资格认定标准

王红建*

摘　要：行政协议因以实现公共利益和行政目的为内容而具有公共性，导致其订立和履行当中可能影响到第三人的权利。是否具备原告资格是行政协议第三人能否获得司法救济的敲门砖。传统行政协议第三人原告认定理论聚焦利害关系标准，却无法兼顾到行政协议这一双方行为的特殊性质，导致了认定范围与应然不符的现象。对于行政协议第三人原告资格的认定应考量行政协议在民事和行政上的双重属性以及其对合同相对性的突破，对传统利害关系进行修正。同时参照第三人的诉讼请求这一关键要素，形成"利害关系—诉求标准"的两阶行政协议第三人原告资格认定标准，增强其在实践当中的可操作性，进而完善对行政协议第三人的权利保障。

关键词：行政协议　第三人原告资格　协议相对性　利害关系　诉求标准

一、问题的提出

政府权力范围是当代行政法的永恒话题。当文明社会挣脱了专制与独裁，开始限制行政机关的行为，有限政府理论已然成为公理。曾经人们期待政府对公民的干预越小越好，但是历史已经证明，"守夜人"并不能提供"从摇篮到坟墓"的呵护，政府需要及时适当地干预社会事务才能让社会保持健康发展。在社会公共事务呈现爆发式增长的今日，仅靠公权力

---

* 作者简介：王红建，郑州大学法学院教授。

主体难以满足所有的社会发展所需的优质公共服务需要。出现了越来越多公权力主体同私主体通过协议共同实现公共服务等行政目的的行政协议[①]现象。

行政协议在我国不断发展的同时也产生了很多亟待解决的法律问题。2014年修订,并于2015年生效的《中华人民共和国行政诉讼法》(简称《行政诉讼法》)将行政协议纳入行政诉讼的受案范围。其中第二十五条第一款规定"行政行为的相对人以及其他与行政行为有利害关系的公民、法人或者其他组织,有权提起诉讼"。由此,行政协议第三人原告资格问题核心似乎就落在利害关系的认定上。但在实践中仅凭此标准并不能解决每一类行政协议第三人的原告资格认定问题。需要有一个适应行政协议第三人性质且清晰明确、便于操作的尺度标准,才能使权利不失于救济的同时又能兼顾提高司法效率,节约司法资源,避免滥诉。

二、行政协议第三人原告的基础理论

(一)行政协议对合同相对性原则的突破

1. 合同相对性原则的基本理论

合同相对性的渊源最早可以追溯至罗马法的"任何人不得为他人缔约",后经发展被很多国家采用。作为传统民法学合同理论[②]当中的基本原则之一,其含义是合同法律关系只发生于合同当事人之间。

具体而言,合同相对性原则的内容包括主体的相对性、内容的相对性和责任的相对性三个方面。[③]其中主体的相对性是指合同法律关系的效力范围只及于缔约当事人之间而不及于当事人之外的人。当协议内容设定的权益受到侵害之时,受侵害方仅能向订立协议的另一方提出损害赔偿请求,即使有损合同利益的情况是由无合同权利义务的第三人所直接造成的,受损一方也只得向协议中的另一方提出诉求而不得向该协议之外的第三人提请求[④];内容的相对性指缔结协议的权利义务只能涉及当事人双方,不得对当事人之外的第三人设定义务;责任的相对性是指对于协议纠纷,只能由一方当事人对其他当事人主张权利,由一方当事人对其他当事人承担责任。不能由协议之外的第三人承担责任,协议之外的第三人也不得主张协议当事人承担责任。

但是随着社会关系的复杂化和合同关系的不断发展,合同相对性原则亦存在突破的现象。合同相对性原则并不意味着合同之义务主体绝对特定,其适用范围应以旨在实现履行

---

① 行政协议在理论界亦被称作行政合同、行政契约,为行文方便,以下都称行政协议。
② 为了便于区分行政协议与民事合同(或称民事协议、民事契约),本文将民法理论部分称作民事合同、合同相对性原则。
③ 参见冯林静:《合同相对性原则的例外情形研究》,福州大学法学院2017年硕士学位论文,第4页。
④ 参见冀诚:《合同法:规则与原理》,北京大学出版社2014年版,第132页。

利益之权利义务为限。① 传统契约理论中缔约主体、缔约内容以及责任范围都限定在了合同当事人之间,缔约者不能擅自影响他人的权利义务,第三人亦无权干预缔约者之间的契约。这使得合同的效力范围和救济范围变得明确,有利于法律秩序的建立与维护,充分体现意思自治原则。

随着社会的演进,合同行为所依赖的社会环境相比于传统契约理论被塑造的时代大不相同。现代社会人与人之间的联系更加紧密,与此同时合同的种类理论也进一步发展,很多影响协议当事人之外第三人的合同得到了立法及司法的认可。由于第三人的权利义务被加入当事人缔结的协议当中,为保障协议第三人及当事人之权利,客观上需要对合同相对性原则作出突破,形成第三人参与到合同法律关系当中的情况。

实践表明,在某些情形下,如果恪守严格的合同相对性理论,将会损害合同第三人的利益,也不利于社会经济活动的正常进行。② 因此,一些情况下合同相对性的突破可以平衡合同当事人和第三人间的利益,体现鼓励交易的现代合同法理念。

2. 行政协议对合同相对性的突破

行政协议是合同制度的新发展,其特点在于缔约主体并非平等主体而是行政机关和行政相对人之间订立协议,协议的内容是实现行政目的和公共利益,如此特点决定了行政协议势必会在某些方面突破合同相对性原则。

行政协议具备民事性与行政性的双重因素,其在外观上符合合同的形式要件。同时由于协议一方是行政主体,协议内容涉及公共利益,在不违背《中华人民共和国民法典》(简称《民法典》)以及民法基本原则的前提下,同时依据法律法规、规章对行政协议进行规范和约束。③ 在行政协议的缔结上,应当满足合同理论的要求,行政主体与行政相对人在意思自治基础上设定双方的权利义务,并不能直接为协议之外的第三人增设义务,为他人订立合同,这些在合同制度的基本框架内进行的行为符合合同相对性原则。

行政协议突破合同相对性的最主要原因在于行政协议的行政性。其一,就缔约主体而言,当行政机关为实现行政目和公共利益而与相对人缔结行政协议时,行政机关代表公共利益而非私人利益,在这一点上突破了协议主体的相对性;其二,在内容上,行政协议的缔约内容是公共事务,这导致其内容必然会超越缔约主体之间而影响到第三人的权利义务,对协议相对性理论产生突破。其三,无救济即无权利,当行政协议的内容或缔结协议的行为损害

---

① 参见杨蒲:《论合同相对性原则的适用边界》,载《交大法学》2020年第3期。
② 参见姚晟琦:《合同相对性例外之原因分析》,载《法律适用》2012年第3期。
③ 参见张敏:《从行政性、合同性双重视角审视行政合同的延展与规范》,载《政法论丛》2018年8月第4期。《中华人民共和国民法典》自2021年1月1日起实施,因此本文将引注的《民法典》颁布前的民法规范名称改为《民法典》当中的相关名称。

第三人的权利时,缔约方应当为此承担责任。当第三方对协议的内容主张权利时,就形成了对协议责任相对性的突破。

3. 合同相对性的突破对原告资格的影响

原告资格是指符合法定的条件,能够向人民法院提起行政诉讼的资格。享有原告资格的原告,只要认为其合法权益受具体行政行为的侵害即可提起行政诉讼,并不要求真正侵害其合法权益的事实。原告资格实质上是对适格主体能够就特定标的提起诉讼的可能性的保护。在合同相对性原则被突破的情况下,当事人之外的第三人参与到协议关系当中,对协议的缔结与履行具备请求权,为了保护第三人之权利之实现,法律赋予突破合同相对性参与到协议关系当中的第三人原告资格。

就行政协议而言,当行政协议涉及缔约方之外的第三人的权利义务,第三人即具备了享有请求权的可能性。从权利救济的角度出发,应当赋予行政协议所涉及的行政协议第三人原告资格,以保障权利不失于救济。由于行政协议的内容涉及公共事务,合同的缔结与履行可能影响多人的权利义务,行政协议第三人的认定以及原告资格的赋予问题尤为关键。实践当中存在应当被赋予原告资格的协议第三人未能获得原告资格,致使其受到损害的权利未能得到救济的情形。但如若不加区分地赋予所有对行政协议主张权利的人以原告资格,则会造成滥诉和诉讼资源浪费的情形,亦不利于实现权利的有效救济。

(二)行政协议第三人的类型

依据最高人民法院 2019 年 11 月发布的《最高人民法院关于审理行政协议案件若干问题的规定》[①],为方便分析赋予行政协议第三人原告资格的正当性,本文从行政协议过程的角度将行政协议第三人分为如下三种。

其一,协议缔结过程中的行政协议第三人,包括公平竞争权人和因缔约相对人错误而产生的行政协议第三人。如刘莘教授曾指出:"在传统计划经济体制下,国家不必为订货发愁,行政命令、下达指令性计划都可以达到国家的目的。但在市场经济条件下……国家要得到需要的物资,大量地依赖于订货合同。"[②] 此外,政府欲进行的大型公共设施建设招标、政府举办的具备公共性质的拍卖活动、自然资源特许开发权的授权等,都可能形成多数人都想要成为缔约相对人的竞争局面。如果行政机关不能公正选择缔约相对人,就可能对缔约竞争权人的权益造成损害。同样的,如果行政机关在征收补偿协议当中与错误的权利人缔约或者只与部分的权利人缔约,就会损害第三人的权利,产生共有人型、债权人型和抵押权人型

---

① 该解释的第二条列举了五种有名行政合同,第五条列举了三种典型利害关系。
② 参见刘莘:《行政合同刍议》,载《中国法学》1995年第5期。

的行政协议第三人。①

其二,协议履行过程中的行政协议第三人。即行政协议的内容涉及了缔约双方之外的权利义务,如果缔约双方不按照约定履行义务,即可能损害第三人的权利。根据合同法理论对合同第三人的分类,包括利他合同第三人和负担合同第三人。同时,由于行政协议目的的公共性,此类第三人当中很有可能存在集体成员型的行政协议第三人。

其三,协议行为侵权的第三人。虽然有的行政协议其内容并没有规定第三人的权利义务,但同样由于行政协议目的的公共性,缔约双方在履约过程当中的行为可能损害他人的利益。但是需要说明的是,若行政协议缔约的行政机关或者缔约相对人出于非行政协议的目的而进行的行为致使第三人权利义务受到损害,则不能认定为因履约而侵权,只能形成一种单方利害关系。②

三、实践中行政协议第三人原告资格的认定情况

(一)认定行政协议第三人原告资格的立法依据

对行政协议第三人原告资格认定的依据在于《行政诉讼法》第二十五第一款规定的"行政行为的相对人以及其他与行政行为有利害关系的公民、法人或者其他组织,有权提起诉讼"。最高人民法院2019年11月发布的《最高人民法院关于审理行政协议案件若干问题的规定》当中对行政协议可能存在的利害关系给予了比较充分的说明。其中第四条第一款规定:"因行政协议的订立、履行、变更、终止等发生纠纷,公民、法人或者其他组织作为原告,以行政机关为被告提起行政诉讼的,人民法院应当依法受理。"同时第五条规定了三类与行政协议有利害关系的认定情形,可以作为认定行政协议第三人原告资格的依据。但仅凭利害关系来判断是否具备原告资格过于抽象,且行政协议具备不同于一般行政行为的特征,若机械地套用上述规范,则会使行政协议第三人原告资格的认定范围偏离应然标准。

(二)实践认定当中存在的问题

白云锋博士将实践当中对于行政协议原告第三人的判断标准归纳为五种理由,分别是"相对人标准""法律法规特殊规定""与行政相对人存在基础纠纷""与行政机关其他行为存在关联""利害关系实体要件",进而得出对于行政协议原告资格的认定,并认为这五种理由当中的前四种理由缺乏审慎的观点。③ 据此分析,法院对于行政协议第三人原告的认定标准缺乏专门性,基本上只有裁量"利害关系"这一条标准。

---

① 参见白云锋:《论行政诉讼原告资格的审慎审查义务——基于行政协议第三人诉讼的省思》,载《西南政法大学学报》2019年第3期。
② 参见白云锋:《论行政协议第三人原告资格》,载《行政法学研究》2019年第1期。
③ 参见白云锋:《论行政诉讼原告资格的审慎审查义务——基于行政协议第三人诉讼的省思》,载《西南政法大学学报》2019年第3期。

王晶法官专门总结了协议之外的第三人提起行政诉讼的司法实践现状，发现实践当中行政协议第三人提起诉讼存在着"起诉率高""裁驳率高""服判息诉率低"这样"两高一低"的明显特征。①

本文旨在探寻行政协议第三人起诉资格标准认定问题，构建一种更加合理、统一的认定标准，以求更好地保障行政协议第三人的权利。因此，笔者聚焦于法院对于行政协议第三人是否具备起诉资格的利害关系标准运用是否统一，将其作为案例分析的切入点，通过在裁判文书网上以"行政协议""第三人""原告""资格"为关键字检索分析法院认定行政协议第三人原告资格所采用的标准，并通过检索结果分析法院在实践中对立法及解释规定的"利害关系"标准的适用情况。② 最终得出如下结论：

1. 认定范围有变宽的趋势

2014年修订的《行政诉讼法》终于将行政协议纳入行政诉讼受案范围。同时将原告资格从"法律上的利害关系"修改为"利害关系"，为行政协议第三人的原告资格打开空间。但是由于法律规定与司法解释仍相对空缺，法院仍只能通过"利害关系"进行判断。此时对于提起诉讼的行政协议第三人，法院多以非协议当事人为由不予认可其原告资格。

随着2015年颁布的《最高人民法院关于适用〈中华人民共和国行政诉讼法〉若干问题的解释》列举了若干有名行政协议并进一步解释了利害关系的范围，以及2019年最高人民法院发布的《最高人民法院关于审理行政协议案件若干问题的规定》进一步明确了行政协议因利害关系而具备原告资格的范围，法院据此确定了诸如土地房屋物上抵押权人③、半数以上具体成员对集体签订的土地出让协议的原告资格④、因合同履行而权利受损，以及因具备确认利益而具备利害关系⑤等行政协议第三人的原告资格。这一司法解释的出台拓宽了行政协议第三人原告资格的认定范围，但仍不能完全解决行政协议第三人的原告资格认定问题。

2. 利害关系判断标准不统一、不完善

在行政协议第三人原告资格认定范围渐宽的情况下，一个明显的问题就是法院对于实践当中提起诉讼的第三人是否具备利害关系的标准并不统一。其主要体现在一些案例当中，

---

① 参见王晶：《行政协议之外第三人的原告主体资格再考察——以行政诉讼类型化为研究视角》，载《法院改革与民商事审判问题研究——全国法院第29届学术讨论会获奖论文集》，2018年。

② 笔者在裁判文书网上进行检索时均选取最高人民法院的和部分高级人民法院的行政裁判或裁决作为样本。虽然我国不是判例法国家，但是级别较高的法院的判决裁决所反映的矛盾更加具有代表性，同时对下级法院客观上具备参考作用。在样本容量上，均选取符合要求的一百例案件文书作为样本。本文涉及案例均来自本次检索结果，最后检索日期为2021年1月16日。

③ 参见(2020)最高法行申8309号裁定书。

④ 参见最高人民法院2011年颁布的《最高人民法院关于审理涉及农村集体土地行政案件若干问题的规定》。

⑤ 参见(2020)最高法行再30号判决书。

法院仍然以起诉人是否为协议的签约人作为利害关系的判断标准；在一些起诉人请求撤销行政协议的案件当中，法院根据民法规范第三人撤销之诉的原告资格的判定规则来判断起诉人是否具备原告资格；在立法规范层面上具体的法律规范对利害关系的评价标准也存在不统一、不完善等情况。

例如在何德元、沈阳市浑南区人民政府二审行政裁定书①当中，二审申请人何德元作为行政协议的第三人主张撤销浑南区五三街道征收服务中心与何红艳签订的《国有土地上房屋征收补偿安置协议书》。对于其原告资格的认定，最高院援引了《中华人民共和国行政诉讼法》第四十九条第（一）项的规定"提起诉讼应当符合下列条件：（一）原告是符合本法第二十五条规定的公民、法人或者其他组织"，第二十五条第一款的规定"行政行为的相对人以及其他与行政行为有利害关系的公民、法人或者其他组织，有权提起诉讼"。但是其否定何德元原告资格的理由为"本案中，何德元非签订被诉行政协议的相对人，且在起诉状中自述：'决定将部分征收补偿分给女儿何红艳，并由何红艳办理拆迁补偿手续。'故何德元起诉该补偿协议无原告资格，原审法院裁定以此为由裁定驳回其起诉并无不当。"在本案当中法院仅以非签约人这一条因素作为判断利害关系的标准明显有失对利害关系标准的充分考量。

在方婷婷第三人撤销之诉一案中②，方婷婷作为协议第三人请求撤销宁波市海曙区旧村改造管理服务中心（原宁波市海曙区旧村改造办公室）与戴永利签订的《集体土地上住宅用房拆迁货币安置协议》。虽然这一协议具备行政协议的性质，但对于方婷婷的原告资格，再审审查法院则援用《中华人民共和国民事诉讼法》第五十六条及《最高人民法院关于适用〈中华人民共和国民事诉讼法〉的解释》第二百九十二条之规定，以民事规则来否定方婷婷的原告资格。

3. 缺乏对协议第三人诉求的考量

从诉的基本价值出发，分析行政协议第三人原告资格还应当考量其诉讼请求，即原告是否与其诉求具备确认利益或其请求是否能够救济其受到损害的权利。但实践中法院对行政协议第三人原告资格的判断基本都按照现有法律和司法解释规定的利害关系这一标准进行，极少有法院在审查行政协议第三人原告资格的过程当中考量行政协议第三人的诉讼请求对于原告资格的影响。

在石良军、两当县通力矿业开发有限公司再审审查与审判监督行政裁定一案③中，石良军作为协议第三人认为自己与嘉陵江西坡段《两当县采砂权出让协议》及其补充协议具备

---

① 参见（2019）辽行终1383号判决书。
② 参见（2020）最高法民申6308号判决书。
③ 参见（2020）最高法行申2878号裁定书。

利害关系并请求确认协议无效。在对石良军是否具备原告资格的认定过程当中,法院认为被诉协议是由两当县水务局和两当县通力矿业开发有限公司(简称"通力公司")签订的,该协议载明两当县水务局通过公开举牌竞价方式将嘉陵江西坡段采砂权有偿出让给通力公司。2017年11月7日,两当县水务局向通力公司送达《合同解除通知书》,以通力公司在协议履行过程中存在严重违约行为为由解除被诉协议。由此可见,石良军并非被诉协议的签订主体,不具有请求确认被诉协议无效的原告资格。

上述案例当中,法院认为作为行政协议第三人的石良军对行政协议不具有确认利益,因而把不具备确认利益的这一判断归诸不具备利害关系。如果起诉人的诉讼请求无法救济其受到影响的权利,其起诉自然丧失了基本价值。但利害关系是一个客观评价标准,而起诉人的诉求是一个纯粹出自起诉人主观的因素,两者并不相同,不应当将起诉人的诉求纳入利害关系考量范围。作为判断原告是否适格的因素,第三人的诉讼请求应当单独作为考量标准并予以重视。

四、现有标准及其困局

(一)认定标准的现有观点

现有的对行政协议第三人原告资格的认定理论主要还是围绕"利害关系"标准展开理论阐述,形成了实际影响说、特殊利益说、要件说、保护规范说等诸多判断基准。①

"实际影响说"主张当行政行为对公民、法人或者其他组织的权利义务已经或者将要产生实际影响时,可认定该行政行为与当事人有利害关系。②"特殊利益说"主张原告应当具备"与被诉行政行为具有别人所不具有的利害关系,或具有某种特殊利益"③。"要件说"主张判断利害关系是否存在应当满足要件化标准,只有满足各方面的要件标准,第三人方才具备原告资格得以提起行政诉讼。对于认定要件又存在四要件④、三要件⑤、两要件⑥的不同标准。

近些年来,国内有不少学者从比较法角度出发,主张借鉴德国的"保护规范说"来确定我国行政诉讼的原告资格问题。⑦"保护规范说"认为在判断原告资格时要审查行政机关"个案中所适用的法规是否存在保护私人利益的目的,如果存在,则为保护规范。私人基于这种

---

① 参见白云峰:《论行政协议第三人原告资格》,载《行政法学研究》2019年第1期。
② 参见最高人民法院行政审判庭:《最高人民法院关于执行〈中华人民共和国行政诉讼法〉若干问题的解释》,中国城市出版社,2000年版,第26-27页。
③ 参见江必新:《中华人民共和国行政诉讼法理解适用与实务指南》,中国法制出版社2015年版,第123页。
④ 参见章剑生:《论行政诉讼中原告资格的认定及其相关问题》,载《杭州大学学报(哲学社会科学版)》1998年第3期。
⑤ 参见张旭勇:《"法律上利害关系"新表述——利害关系人原告资格生成模式探析》,载《华东政法学院学报》2001年第6期。
⑥ 参见张树义:《寻求行政诉讼制度发展的良性循环》,中国政法大学出版社2000年版,第81-89页。
⑦ 参见白云峰:《论行政协议第三人原告资格》,载《行政法学研究》2019年第1期。

规范,即享有请求权"①,具备原告资格。"'保护规范理论'将认定行政诉讼原告资格审查的重心由'判断利害关系'转为'探求法规的规范目的'②"。

（二）现有认定观点存在的问题

以"利害关系"作为行政协议第三人原告资格的认定标准,源自对一般行政行为第三人原告资格的认定时所采用的标准。但是行政协议相比于一般行政行为具有兼具行政性与民事性的特殊属性,仅靠一般行政行为利害关系原理来判定行政协议第三人的原告资格则会显现出不适应性。

就"实际影响说"而言,并非把行政法律关系限缩在行政机关与行政相对人之间,其涵盖的行政法律关系相比于一般行政行为所产生的行政法律关系更加宽泛,按照"实际影响说"的标准都可以具备原告资格,这时就要根据实际影响的大小来具体判断可以被认定为利害关系的范围。"特殊利益说"的问题在于否定了同类型的行政协议第三人的起诉资格。在行政协议的场合,由于协议内容与公共利益有关,可能存在较多的行政协议第三人,不能因为某种权利受到影响的不是个人而是多个人就否定其提起诉讼的资格。"保护规范说"的不适应性在于其作为舶来理论,相较于我国法律体系显现出的不适应性：其一,在立法方面,我国目前行政立法的体系与质量仍有待进一步完善和提升,不能提供充足的规范标准。其二,在司法层面,我国对行政立法的司法审查范围不同于德国制度,审查规范是否出于保护私人利益的目的难以达到预期目的。同时,法规是否有保护私利的目的本身同我国法律规定的与第三人的利害关系本来就是两个判定标准,采取"保护规范说"一定程度上偏废了目前的利害关系理论成果。其三,"保护规范说"旨在探究行政行为所依据的行政法规之目的,但行政协议不能等同于行政立法,协议本身是双方从各自利益的角度互相设定权利义务的,无从以"保护规范说"的角度探究是否具有保护私主体权益的目的。

五、利害关系要件－诉讼请求二阶判断方法

判断起诉的第三人是否具备原告资格应同时考量利害关系以及第三人的诉讼请求这两个因素。在具备利害关系的基础之上,行政协议第三人的诉讼请求是判断其能否作为适格原告的重要影响因素。若行政协议第三人并不会受到就其所提出的诉讼请求进行判决所产生的既判力影响或者提出确认之诉的行政协议第三人与被诉行政协议没有确认利益,即使被诉行政行为本身存在瑕疵,考虑到诉讼经济性以及当事人提起诉讼的原理,亦不应赋予提

---

① 参见王贵松:《行政法上利害关系的判断基准——黄陆军等人不服金华市工商局工商登记行政复议案评析》,载《交大法学》2016年第3期。

② 参见丁雯雯:《行政诉讼中原告资格的认定——来自"保护规范理论"的启示》,载《安徽行政学院学报》2016第3期。

起诉讼的行政协议第三人以原告资格。因此应当采用利害关系要件加诉讼请求的二阶判断方法最终认定行政协议第三人是否具备原告资格。

(一)利害关系成立要件

本文以"行政协议成立—权利义务受到直接影响—具备因果关系"三个要件作为认定行政协议第三人的利害关系标准。笔者认为,在行政协议诉讼制度仍有待进一步发展的情况下,对于目前尚没有相关的行政程序法、行政协议相关制度相对不完善的我国而言,宜采取"要件说"作为第三人利害关系认定标准框架。一者,便于理解操作。要件说的认定标准是法学当中最一般的认定标准。采取要件说,司法机关可以有效地对行政协议第三人是否符合利害关系标准进行判断,进而在现有法律体系内对行政协议第三人的利害关系形成较统一的标准。二者,采要件说可以有效调和行政协议第三人利害关系标准与一般行政行为的利害关系标准的差异。

1. 行政协议的成立

行政协议的成立是判断行政协议第三人利害关系的前提性标准,没有成立的行政协议,即无从提起诉讼。基于行政协议在外观上的合同性质,应当以合同成立的判断规则来判断行政协议的成立。

行政协议的生效并不是判断利害关系的标准。虽然张青波教授认为"从法院审查行政协议的经验看,行政协议是否合法有效是解决行政协议纠纷不可逾越的前提"[①],但需要说明的是在行政协议第三人利害关系标准(即原告资格)的判断上,应当以行政协议的成立而非生效作为判断标准。其原因是就一般协议而言需要满足主体适格、表意真实、标的不违反法律法规与公序良俗且具备可实现性才能生效[②]。而就行政协议而言,在具备一般协议生效要件的基础之上,在协议标的方面,应当要求目的具有行政性、缔约具有法律法规依据,以及行政目的具有可实现性才能认定。这一认定过程相对复杂,很多行政协议的效力需要司法机关专门判断。同时也可能存在因为协议内容损害了第三人利益而本应属无效的行政协议的情况,这时若协议的缔结双方并不顾及协议是否有效而履行协议约定之内容,就有必要赋予行政协议第三人以原告资格,使其得以提出行政协议无效的主张。例如在建德市下涯镇人民政府、骆梅珍乡政府二审行政判决书当中,上诉人作为行政协议的第三人,其诉求就是确定行政协议无效。[③]这种情况下行政协议之效力仍有待司法审查,若不赋予行政协议第三人以原告资格,则协议有效性的司法审查无从发起。

由于行政协议兼具合同性与行政性,对于行政协议的成立标准,学界存在行为说和关系

---

① 参见张青波:《行政协议司法审查的思路》,载《行政法学研究》2019年第1期。
② 参见魏振瀛:《民法》,北京大学出版社2017年版,第168至171页。
③ 参见(2019)浙01行终1150号判决书。

说的争论。按照行为说的观点,其将行政协议的本质看作行政行为,认为应当以行政行为的成立标准来认定行政协议的成立生效与否。关系说则将行政协议的实质认作一种合同行为,以合同的成立生效要件来作为判断标准。①

笔者认为,行政协议是对行政机关高权行为的突破,其无论在外观上还是在订立及履行的过程上都符合合同标准,其行政性体现在协议的行政目的上。应该以双方合同关系的成立作为核心认定标准。只有协议成立,行政协议法律关系才可能存在。对于行政协议的成立标准,可以从一般合同的成立到行政协议的成立两个层面认定。对于一般合同的成立,可以采用通说,即当事人、意思表示、协议标的三要素。②在协议成立的基础上再判断该协议是否为行政协议。对于行政协议的认定,虽然仍有不同观点,但大多数论者都以协议标的为行政目的或公共利益为标准。③在满足两者的情况下即认定协议为成立的行政协议。

2. 权利义务受到直接影响

行政协议第三人具备原告资格的第二个要件为行政协议第三人的权利受到直接的影响。这一标准不同于"实际影响说"判断标准。对于"直接影响"的解释,需要明确行政协议往往就行政目的、公共事项缔结协议,这就导致行政协议可能影响到相当多数人的权利义务,产生相对多而广的第三人,但是这些主体受到的影响也可能是间接的、微弱的,并非全都值得由诉讼方式保护。例如某市同 A 公司签订了天然气供应协议,并不意味着 A 公司供气范围内所有的市民都是该行政协议的适格原告,在 A 公司履约过程当中,一户市民或一个社区的业主们就具体供气方案的细节纠纷与 A 公司同某市政府的行政协议之间的关系是间接性的关系,不应该认定上述的市民或业主具备该行政协议的原告资格。

权利义务具备直接性的标准在于其是否具备值得诉讼制度去保护的价值。诉讼是一种高成本的救济途径,其目的并非去修复所有社会关系的瑕疵,而是去保护社会当中关键的、重要的法律关系。由于行政协议的内容可能涉及数量相当多的第三人,需要在实践当中具体判断这样的影响是否具备直接性。同时在对行政协议第三人所主张的权利认定上,作为起诉资格的审查,应当认定原告是否具备相应的主观权利来判定原告资格。

3. 具备因果关系

认定行政协议第三人与行政协议之间利害关系的重要枢纽就是两者之间具备因果关系。因果关系是一种原因与结果之间引起与被引起的关系,在行政协议的场合是指行政协议第三人所受到的直接性的影响是由行政协议的缔结和履行所引起的。对于因果关系的判

---

① 参见陈天昊:《行政协议诉讼制度的构造与完善——从"行为说"和"关系说"的争论切入》,载《行政法学研究》2020年第5期。
② 参见魏振瀛:《民法》,北京大学出版社2017年版,第168-171页。
③ 参见姜明安:《行政法与行政诉讼法(第七版)》,北京大学出版社2019年版,第310页。

断标准,应当采取盖然性认定标准。就举证责任而言,虽然被告在行政诉讼当中对于行政行为的合法性负有举证责任,但是这并不意味着被告对一切事实都承担举证责任。在行政诉讼当中,原告应当证明其符合起诉的法定条件①,即具备起诉资格。而法院应当在原被告提出的证据之基础上判断原告所受之影响与被诉行政协议之间是否具备因果关系。

行政协议只是实现行政目的的方式之一,有时可能作为实现行政目的的诸多环节之一出现。实践当中很多原告资格认定存在争议的症结有时在于第三人权利义务受到的影响可能是由与某行政协议具备相同行政目的的其他行政行为所引起的。如若混淆,可能形成因果关系的割裂,权利无法得到救济的情形。故而有必要从反面认识因果关系割裂的情形:其一,原告可能由于受到与行政协议具备同一行政目的的其他行政行为的影响而对行政协议提起诉讼。其二,原告因为行政协议缔结方主体的实质上与协议无关的其他行为所带来的影响而就行政协议提起诉讼。在这两种情况之下,原告都割裂了其所受影响与行政协议之间的因果关系,因而不具备与行政协议之间的利害关系。

(二)诉讼请求标准

1. 行政协议第三人诉求范围

从诉的类型角度,原告诉求可以分为确认之诉、给付之诉、变更之诉和形成之诉。由于第三人在诉讼当中的特殊地位,行政协议第三人一般只能提起确认之诉或者变更之诉。特定情况下通过简单变更协议内容可以保障第三人权利,同时又不影响缔约目的之实现的,行政协议第三人可以提起变更之诉。受限于合同相对性原则,行政协议第三人无法提起形成之诉。

具体而言,在行政协议第三人提起确认之诉的场合,其可以主张确认的范围是确认行政协议的有效和确认行政协议的无效。对于已经成立生效的行政协议,基于信赖保护原则,缔约双方不得任意撤销行政协议。当行政协议第三人基于对已有行政协议的信赖而付出了一定的正当成本时,若缔结行政协议的双方撤销协议,或者是以其他理由否定协议效力、不履行协议,则行政协议第三人得向法院主张确认行政协议的效力。若行政协议的缔结方未经行政协议第三人之同意而缔结了内容有损第三人权利的协议,或者未经行政协议第三人之同意在协议中为其增设义务,第三人得向法院主张行政协议全部或部分无效。

对于行政协议第三人提出的行政协议无效之主张,不能仅依照关于行政行为无效的标准来进行判断,而应当同时考量行政协议的合同性质来做出判断。目前我国大陆司法实践当中主要是参照现行《行政诉讼法》第七十五条关于行政行为无效的条款的规定②,以及最

---

① 参见姜明安:《行政法与行政诉讼法(第七版)》,北京大学出版社2019年版,第461页。
② 该条款规定了"行政行为有实施主体不具有行政主体资格或者没有依据等重大且明显违法情形,原告申请确认行政行为无效的,人民法院判决确认无效"。

高人民法院 2018 年实施的《最高人民法院关于适用〈中华人民共和国行政诉讼法〉的解释》第九十九条关于重大且明显违法情形中的第四种情形①来做出对行政协议无效的判断。但将这一规范适用于对行政协议无效的判断显然没有兼顾到行政协议的合同性质。我国台湾地区参照《德国行政法》之立法经验,于我国台湾地区"《行政程序法》"第一百四十条规定了未经第三人同意订立的影响第三人之权益的行政契约无效,从关系说的角度赋予了行政协议第三人主张协议无效的权利。笔者认为这一规范值得我国大陆地区在制定具体行政协议制度时参考借鉴。

行政协议第三人提起的给付之诉一般限于请求协议缔结方按照约定进行履行给付以及对因缔约方损害了行政协议第三人的权利而主张的赔偿或补偿给付。就前者而言,其情形类似于第三人利益合同。同样依据信赖保护原则,当行政协议第三人为行政协议内容约定的有关第三人的利益而投入了成本时,行政协议第三人不仅可以主张行政协议有效,而且可以进一步主张缔约方履行合同内容以保障自己的预期利益得以实现。

如果是因为行政协议缔结方履行行政协议的行为或者是与履约有关的行为损害了第三人的权利,那么因行政协议的履行行政协议第三人就此行政协议提出赔偿或补偿其损失的诉求主张,其原理类似于侵权诉讼,但是由于诉讼标的是履行行政协议的相关行为以及行政协议,因此应当由行政庭进行审理。

由于行政协议第三人非合同当事人,其几乎没有提出变更之诉或者形成之诉的空间。这种情况是由合同相对性而决定的:行政协议的内容只能由缔约双方决定,第三人的诉求仅限于防御行政协议给自身带来的损害以及根据信赖保护原则而对预期权利的保障,无权变更协议的具体内容。同理,作为缔约人之外的第三人,亦无权提起形成之诉去主张自己与协议当事人或其他第三人之间形成某种新的法律关系。

只有一种情况可以作为行政协议第三人无权提起变更之诉的例外。当行政协议的内容出现细节或者数字上的明显错误而影响到第三方权利,而这种错误是由于缔约双方的错误导致协议内容与缔约双方的内心意思不符而造成的,且缔约双方承认这一错误并就修改同协议第三人达成一致。尽管这种情况一般都会以协商的方式解决,当行政协议第三人提起这种变更请求时,法院也应当受理其所提起的变更之诉。对于行政协议第三人不得提起形成之诉,笔者认为在这一点上并不存在例外。

2. 诉求与诉的利益对原告资格认定的影响

在德国法理论中,诉的利益被称为"权利保护利益"。②具有权利保护的价值是任何诉

---

① 其四种情形"(一)行政行为实施主体不具有行政主体资格;(二)减损权利或者增加义务的行政行为没有法律规范依据;(三)行政行为的内容客观上不可能实施;(四)其他重大且明显违法的情形。"

② 参见[德]奥特马·尧厄尼希:《民事诉讼法》,周翠译,法律出版社2003年版,第178页。

的合法要件,由于第三人对行政协议提起诉讼是在公法领域对合同相对性的突破,对诉的利益的审查更显重要。对于行政协议第三人对起诉是否具备诉的利益,则应依靠对其诉讼请求与诉的标的之间的联系进行审查。

行政协议诉讼的诉讼标的为行政机关与缔约相对人之间以及第三人与行政协议缔约方之间因行政协议产生的法律关系。只有行政协议第三人的诉讼请求能通过法院审理和裁判实现保护其利益时,对行政协议第三人原告诉求的审理才具备了诉的基本价值,行政协议第三人始具备原告资格。也就是说,行政协议第三人的诉讼请求必须与自身权利义务所受到的影响有关。

具体来说,当行政协议第三人提起给付之诉,在符合利害关系要件的基础上,需要判断其给付请求与其所受到之影响的关联性。只有第三人的给付请求具备修复行政协议第三人权利所受之影响的可能性时,才有继续审理的必要性。如若行政协议第三人所主张的诉求与其权利所受到的影响无关,或者即使对其诉求进行审理也不具备对其最终产生救济的可能性,其诉讼则属于无关诉求,不应认定其原告资格。

当行政协议第三人提起确认之诉,主张确认行政协议有效或者确认其无效时,需要考量该第三人是否对该诉讼标的享有确认利益。即行政协议第三人是否能够通过确认行政协议的生效而实现本应属于协议第三人的权利,或者其是否能够通过确认协议的无效使其正当的权利免遭损害。当行政协议第三人提起给付之诉时,需要考量协议第三人是否享有与其所提出的给付请求相关的给付利益。只有行政协议第三人所提出的履行给付的请求在行政协议的规定范围之内且能够通过这种给付实现第三人本应享有的正当利益的时候才能认可行政协议第三人的原告资格。同时需要说明的是,这种利益也应当是一种主观利益而不要求其经过审理之后客观存在。

实践中可能会出现行政协议第三人受到了轻微损害,可以通过履行协议、补偿或者赔偿来救济其权利,但第三人却坚持主张确认被诉行政行为无效的情况。在行政协议的场合,确认利益的认定标准不是具备相关性而是具备必要性,只有确认行政协议的效力是保障行政协议第三人权利的必要手段时,才能认定其确认利益。其原因在于:一者,应当遵循原告在能够提起给付之诉时不允许提出确认之诉的原理[①],在能够救济第三人的情况下,兼顾协议目的得以实现。二者,行政协议以实现公共利益为目的,其涉及的利害关系往往超越协议双方而影响到公共利益的实现。因此当第三人提起确认之诉时,应当在第三人的利益与协议所涉及的公共利益之间进行裁量,只有当第三人受到的影响具备通过确认行政协议的效力来修复的必要性时方可以认定其确认之诉的原告资格。

---

① 参见朱肖潼:《论确认利益》,南京大学法学院2019年硕士学位论文,第26页。

（三）结论

通过上述分析，认定行政协议第三人的原告资格不能仅依靠利害关系标准解决，还应当考量诉讼请求标准，最终形成先判断利害关系，再通过分析其诉讼请求与诉的利益最终判断其是否具备原告资格的"利害关系要件－诉讼请求"二阶标准。其思路如下图所示：

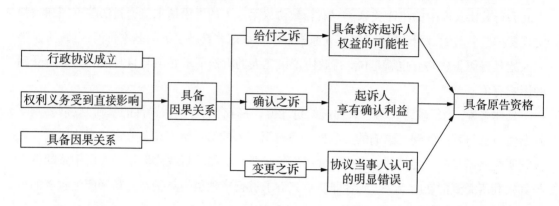

六、结语

随着经济社会的高速发展，行政协议得到越来越多的应用，也产生了很多亟待解决的问题。行政协议原告资格的认定是解决行政协议纠纷的首要问题。对于原告资格的确定决定了司法对行政协议纠纷的救济范围、当事人与第三人的权利是否能够得到有效的救济。

将行政协议作为行政行为的一种形式并适用行政行为"利害关系"原告资格认定标准的观点，并未顾及行政协议制度的合同属性。同时仅通过"利害关系"一条概念确定行政协议第三人原告资格的认定标准，在日渐复杂化的行政协议司法实践中，恐显得捉襟见肘，在实际使用上容易因规范与理论不充分而产生认定标准不统一、裁量权的滥用等问题。

于此，笔者为调和行政协议的行政性与合同性，在以一般行政行为原告资格认定标准为蓝本修正的"利害关系"标准的基础上，同时引入以民事诉讼为理论支撑的诉讼请求判断标准，形成"利害关系要件－诉讼请求"二阶标准来解决行政协议第三人原告资格认定的问题。笔者提出此相对复杂、精细的标准，并非欲将行政协议第三人拒于法院门外，而是因为行政协议的公共目的性使得利害关系人客观上存在较多，需要在认定其具备利害关系的基础上进一步根据诉讼请求进行具体的认定，因而针对行政协议的特性将传统理论进行修正，以追求权利不失于救济，司法资源不被浪费的愿景。

食品安全风险警示的法律分析

林沈节*

摘　要： 食品安全风险警示是食品监管机关预防风险发生的一种新的行政活动，它具有引导公众消费行为与预防和降低风险发生的功能。实务中，中央食品安全监管机关发布的风险警示有两类，省级食品安全监管机关发布的风险警示有三类。由于法律规定的食品安全风险警示的发布主体等级较高，决定发布风险警示的程序相对比较复杂，特别是需要在综合风险分析的基础上作出决定，因此监管机关越来越少采取风险警示这一活动方式。鉴于实务中的困境，我们需要在监管机关公布的食品安全信息种类中，将风险警示信息作为一种特殊的信息种类进行规范，给予其更多的空间。如果食品安全风险警示措施的采取侵害特定人的合法权益，该相对人可以通过复议或者诉讼的方式进行救济。

关键词： 食品安全风险警示　风险信息　不确定性　风险评估　事实行为

一、引言：问题缘起

河北省原食品药品监督管理局于 2015 年 9 月 24 日发布一起"食品销售安全警示"，该警示内容为："在辽宁辉山乳业集团生产的高钙牛奶检出硫氰酸钠，数值高达 15.2 mg/kg（最高限定值 ≤ 10.0 mg/kg）。"该警示说明"原料乳或奶粉中掺入硫氰酸钠可有效抑菌。硫氰酸钠是毒害品，少量食入就会对人体造成极大伤害，国家禁止在牛奶中人为添加硫氰酸钠"，并提示消费者可以凭购物小票和外包装向销售单位要求退货。

---

* 作者简介：林沈节，上海商学院文法学院讲师，法学博士，研究方向为行政法学、食品安全法、风险规制。

随后，2015年9月28日河北省食品药品监督管理局发布一则通告，说明在前述警示发布后，又对市场上销售的标称辉山乳业集团生产的其他7批次液态乳产品进行了应急抽样检验，7批次产品检验结果在2.7—4.2 mg/kg之间，并说明"鉴于牛乳中本身存在一定的硫氰酸钠本底值，且国际食品法典委员会（CAC）规定生乳中允许添加硫氰酸钠的限量值为14 mg/kg，结合应急抽样检验结果，经再次组织专家研判，认为此前发布的15.2 mg/kg检出值对消费者的健康风险低。考虑上述因素，我局遂决定撤销9月24日发布的该期食品销售安全警示。"[①]

该事件的发生对于食品生产者和消费者的权益都有很大的影响。虽然法律规定了有权的食品安全监管机关可以发布食品安全风险警示，但是在网络时代下政府发布的警示的传播强度非常大，对相关权利主体影响也大。在风险社会中，食品安全事关每个消费者，人们都希望获得准确的食品安全信息。因此，政府在采取食品安全风险规制措施时，最为需要的是，通过合适的方式和方法将信息传达给公众。食品安全风险警示就是监管机关将风险信息传达给公众的一种方式。北京大学公众参与研究与支持中心发布的《2014—2015年度中国食品安全监管透明度观察报告》表明，食品安全监管机关以风险警示的形式告知公众信息的情形不容乐观。虽然目前从食品安全监管机关的网站来看，情况已经有所改变，但依然有改进的空间。究其原因，主要是监管机关对风险警示的界定还不明晰。此外，监管机关还需要处理在风险不确定的情况下履行保护公众利益的同时不侵犯食品生产者的合法权益，因此食品安全机关对采取风险警示这一监管措施比较谨慎。

二、食品安全风险警示的规范来源与解释

（一）规范来源

1. 法律规范

食品安全风险警示来自《中华人民共和国食品安全法》(简称《食品安全法》)（2009年）第十七条和八十二条的规定；《食品安全法》（2021年）第二十二条和第一百一十八条[②]。《食

[①] 《辽宁辉山高钙奶被检出毒害成分 药监局：正检测》，http://news.cnr.cn/native/gd/20150927/t20150927_519991537.shtml。《河北省食品药品监督管理局刚刚在官网发布关于乳制品中硫氰酸钠风险监测情况的说明》，http://www.xinhuanet.com/politics/2015-09/29/c_128280769.htm，最后访问日期：2021年3月18日。

[②] 《食品安全法》第二十二条："国务院食品安全监督管理部门应当会同国务院有关部门，根据食品安全风险评估结果、食品安全监督管理信息，对食品安全状况进行综合分析。对经综合分析表明可能具有较高程度安全风险的食品，国务院食品安全监督管理部门应当及时提出食品安全风险警示，并向社会公布。"《食品安全法》第一百一十八条第一款："国家建立统一的食品安全信息平台，实行食品安全信息统一公布制度。国家食品安全总体情况、食品安全风险警示信息、重大食品安全事故及其调查处理信息和国务院确定需要统一公布的其他信息由国务院食品安全监督管理部门统一公布。食品安全风险警示信息和重大食品安全事故及其调查处理信息的影响限于特定区域的，也可以由有关省、自治区、直辖市人民政府食品安全监督管理部门公布。未经授权不得发布上述信息。"

品安全法》(2021年)修订的主要方面是将食品安全风险警示作出主体由国务院卫生行政部门改为国务院食品安全监督管理部门、省级卫生行政部门改为省级食品安全监督管理部门，条款其他内容没有变化。

此外《食品安全法》(2018年)第九十五条赋予国家出入境检验检疫部门在发现境外发生的可能影响我国境内的食品安全事件或者在进口食品、食品添加剂、食品相关产品中发现严重食品安全问题时应当及时采取风险预警或者控制措施。①在2018年的国家机构改革中，国家食品药品监督管理总局、国家出入境检验检疫总局被裁撤，各机构的职权职责被划归其他中央机构。因此，具体执行《中华人民共和国食品安全法》(2021年)条款的中央机构发生变化。根据《国家市场监督管理总局职能配置、内设机构和人员编制规定》②，国家层面的食品安全风险警示的作出主体变更为国家市场监督管理总局，进口食品的安全风险警示作出主体为海关总署③。

2. 行政法规

《中华人民共和国食品安全法实施条例》(2016送审稿)第十九条规定，省级以上人民政府食品药品监督管理部门会同同级有关部门根据食品安全风险评估结果、食品安全监督管理信息，对食品安全状况进行综合分析，对经综合分析可能具有较高程度安全风险的食品，省级以上人民政府食品药品监督管理部门应当及时提出食品安全风险警示，并向社会公布。该征求意见稿还规定，如境外发生的食品安全事故或者其他公共卫生事件可能对我国境内造成影响，或者在进口食品、食品添加剂、食品相关产品中发现严重食品安全问题的，国家出入境检验检疫部门应当及时发布进口食品安全风险警示信息。但是在2019年通过的《中华人民共和国食品安全法实施条例》(简称《食品安全法实施条例》)中并未出现该条款。

3. 地方性法规

在地方性法规中，《湖北省食品安全条例》(2021年)④、《上海市食品安全条例》(2017

---

① 该条规定与《食品安全法》(2009年)第六十四条规定相似，都授权国家出入境检验检疫部门对进口食品安全的风险采取风险预警措施。
② 《国家市场监督管理总局职能配置、内设机构和人员编制规定》，http://www.gov.cn/zhengce/2018-09/10/content_5320813.htm，最后访问日期：2021年3月18日。
③ 海关总署的进口食品安全风险警示在"信息服务—进出口食品安全—风险预警"栏目中发布。在该栏目中，除了特别食品的食品安全风险警示之外，还对境外国家或者地区制度的修改进行通报。根据法律对风险警示的描述，前述对制度修改的通报不属于本文所指的食品安全风险警示。
④ 《湖北省食品安全条例》第六十七条第三款规定："食品安全风险警示信息、食品安全重大事故调查信息由省人民政府食品安全监督管理部门依法统一发布。"

年）①规定了食品安全风险警示信息的公布；《广东省食品安全条例》（2019年）②、《福建省食品安全条例》（2021年）③没有规定食品安全风险警示信息的发布，但规定了监管机关可以针对食品安全事故或者情况紧急、可能引发突发事件的情形发布消费警示；《安徽省食品安全条例》（2020年）规定了食品安全风险警示的发布主体为省级食品药品监督管理部门，还规定了县级以上人民政府食品药品监督管理部门可以发布消费警示④。

4. 部门规章

《中华人民共和国进出口食品安全管理办法》（2011年发布，2016年、2018年、2021年被修改）第四章对进出口的风险预警作出了具体的规定，并明确原国家质检总局和直属检验检疫局应当根据食品安全风险信息的级别发布风险预警通报、原国家质检总局视情况可以发布风险预警通告并采取相应的措施。根据机构改革，此部分职权应该被移交给海关总署。海关总署在2021年修正了《中华人民共和国进出口食品安全管理办法》，该办法自2022年1月1日起开始实施。该办法第五十九条规定了海关总署发布风险警示的具体情形，即境内外发生食品安全事件或者疫情疫病可能影响到进出口食品安全的，或者在进出口食品中发现严重食品安全问题的，海关总署根据情况进行风险预警，在海关系统内发布风险警示通报，并向国务院食品安全监督管理、卫生行政、农业行政部门通报，必要时向消费者发布风险警示通告。

5. 行政规范性文件

（1）中央层面的行政规范性文件。原卫生部等六个部委在2010年发布了《食品安全信息公布管理办法》，该办法中具体列举了风险警示的情形，即卫生部公布的食品安全风险警示包括对食品存在或潜在的有毒有害因素进行预警的信息和具有较高程度食品安全风险食品的风险警示信息；省级卫生行政部门公布的食品安全风险警示信息仅限于本区域内，除了包括前列两种具体情形外，还包括针对该风险的相应监管措施和有关建议。而在2017年

---

① 《上海市食品安全条例》第八十七条规定："本市建立食品安全信息统一公布制度，通过统一的信息平台，公布下列食品安全信息：……（二）本市食品安全风险评估信息和食品安全风险警示信息；……"

② 《广东省食品安全条例》第五十一条规定："县级以上食品安全监督管理部门和其他有关部门对发生影响重大的食品安全事故或者情况紧急、可能引发突发事件的，应当采取责令暂停生产、销售、购进相关食品及原料，发布消费警示，告知消费者停止购买或者食用相关食品等控制措施，同时向上一级部门报告。必要时，经省人民政府食品安全监督管理等部门批准，可以对相关企业、区域生产的同类食品采取相应的临时控制措施。食品安全风险消除后应当解除控制措施并向社会公布。"

③ 《福建省食品安全条例》第七十四条第二款规定："食品安全综合分析结论表明存在食品安全风险的，省人民政府食品安全监督管理等相关行政部门应采取措施预防和控制风险，对可能具有较高安全风险的食品，应当发布食品安全消费警示。"

④ 《安徽省食品安全条例》第六十六条规定："发生食品安全事故，或者存在可能引发食品安全突发事件的紧急情形的，县级以上人民政府食品安全监督管理部门应当立即采取下列控制措施：……（二）发布消费警示，告知消费者停止购买、食用相关食品；……"第七十三条第二款规定："本省食品安全总体情况、食品安全风险警示信息、重大食品安全事故及其调查处理信息，由省人民政府食品安全监督管理部门依法统一公布。"

12月22日原国家食品药品监督管理总局发布的《食品药品安全监管信息公开管理办法》中没有规定风险警示信息的发布情形。从该文件中可以解释出，食品安全风险警示信息不是食品安全监管信息，是在食品安全监管信息之外的食品安全信息。

（2）地方行政规范性文件。在行政规范性文件中，《重庆市食品安全信息公布管理办法》（2014年）规定，重庆市食品安全委员会办公室和各区县（自治县）食品安全委员会办公室发布影响限于本行政区域内的食品安全风险警示信息；《广西壮族自治区食品药品监督管理局食品安全信息公布管理办法（试行）》（2015年）规定，在发布食品检测信息的同时，如有必要得公布风险警示；《上海市食品药品监督管理局监管信息公开管理办法》（2018年）规定，各级食品药品监管部门在公开抽样检验相关信息的同时，应根据需要对有关产品特别是不合格产品可能产生的危害进行解释说明，必要时发布消费提示或风险警示；《湖北省食品药品行政监管信息公开管理办法》（2017年）未包含食品安全风险警示信息的内容。

从上述规范中，我们可以看出各层级的法律规范本身并未界定何谓风险警示。法律、法规和部门规章中仅对发布主体做出了清晰的规定。从规范文本中，我们可以得出，风险警示的发布主体有三类：国务院食品安全监督管理部门（国家市场监督管理总局）、省级食品安全监督管理部门（省级市场监督管理局）、国家出入境检验检疫部门（海关总署）。但是，在部分地方的规范性文件中，将风险警示的发布主体扩大至更低层级的监督管理部门，如重庆和上海。

不论发布风险警示的主体是哪个层级，如何界定风险警示的内涵，食品安全风险警示已经成为一种非常重要的食品安全监管手段。我们可以对其进行初步描述：食品安全风险警示作为一种监管手段，具有所指涉的风险具有不确定性、对相对人具有非强制性、对消费者具有紧迫性的特征，并具有引导消费者理性消费和预防风险发生的功能①。

（二）食品安全风险警示的类型

食品安全风险警示可以根据不同的标准划分为不同的种类，本文以规范文本和监管机关的实际作法为两类标准。

1. 规范上的分类

目前无有效的法律规范规定食品安全风险警示的分类，但在已失效的《食品安全信息公布管理办法》（卫监督发〔2010〕93号）中，我们可以窥探监管机关的一些作法。该办法将食品安全风险警示分为三类：① 对食品存在或潜在的有毒有害因素进行预警的信息。如2010年7月3日发布的《关于预防群体性食物中毒事故的公告（2010年 第11号）》中，原卫生部根据中毒事故多发的情况，向社会发布了风险预警公告，预防和控制食品安全事故发

---

① 参见林沈节：《解析行政机关的风险警示活动》，载《社会科学战线》2011年第7期，第258-260页。

生,保护消费者的身体健康权。②具有较高程度食品安全风险食品的风险警示信息。③其他情形。这三种食品安全风险警示的分类标准具有一定的模糊性,此三种分类的潜在标准为某种食品发生风险的程度的高低,但其表述很难将各自区分开来,特别是第一种和第二种分类。在原卫生部网站查找上述三类食品安全风险警示,也很难查到各种分类的风险警示信息。

2. 实务中的分类

在原国家食品药品监督管理总局网站的信息公开专题专栏的栏目下,有食品安全风险预警交流、曝光栏、产品召回等几方面的信息公开,食品安全风险预警交流的上位栏目为预警提示,包括了食品、药品和医疗器械等方面的预警提示,食品安全风险预警交流包括了食品安全风险解析和食品安全消费提示。在国家市场监督管理总局食品安全抽检检测司的网站上,有预警交流专栏,该专栏下有食品安全预警交流和食品安全监督抽检汇总分析两个子栏目。

通过查阅31个省级食品安全监管机关的官网发现,只有1个没有风险警示信息专栏,其他的监管机关都有风险警示的栏目。① 在使用名称方面,10个监管机关使用的是消费警示、10个监管机关使用的是警示信息、7个监管机关使用的关键词是预警(预警信息、风险预警或预警交流),在剩下的3个监管机关网站中,山西省的监管机关未使用任何"警"字的词语②、海南省的监管机关在具体发布的信息中有使用"警示信息"③、天津市原食品药品监督管理局使用的是消费提示。

《食品安全法》赋予食品安全监管机关在食品安全存在风险时及时向社会公众发布信息的职权,这是风险社会下监管机关的风险措施之一,相较于传统的监管方式更具复杂性。但是通过法律规范和监管机关的具体操作层面来看,监管机关对风险警示这类的活动有着不同的态度。

(1)从原国家食品药品监督管理总局对食品安全风险预警交流的内容来看,风险警示可以分为两种:一种是对某种食品原料的风险解析,即根据当前社会上的某种食品或食品

---

① 通过访问31个省级(香港、澳门、台湾除外)食品安全监管机关发现,8个省级监管机关在首页上直接有风险警示栏目,13个省级监管机关首页相关栏目下作了第二次链接,9个省级监管机关在相关栏目下作了三次以上链接。使用名称判断的标准是发布具体信息的上一级栏目名称,本数据材料截止于2018年7月15日。虽然有些网站信息不是很完善,有的还链接至原食品药品监管机关的网站。

② 山西省原食品药品监督管理局的网站上使用的是"风险解析",具体的信息中有使用"消费警示"的情形,风险解析多是转发国家食品药品监督管理总局的风险解析内容;但在机构改革后,该省市场监督管理局的网站上相关专栏已无法查到,但是在部分栏目下,有食品安全风险提示、消费警示的信息。

③ 在该省原食品药品监督管理局网站,"政务公开—警示消息"栏目项下,2017年的信息名称关键词为"消费警示",参见 http://hifda.hainan.gov.cn/zwgk/spypxfzn/index.html,最后访问日期:2021年3月20日。在机构合并后,该省市场监督管理局近三年来发布的信息关键词为"消费提示",由原来的消费警示和消费提示并存调整为仅是消费提示,参见 https://amr.hainan.gov.cn/zw/xfts/,最后访问日期:2021年3月20日。

原料的消费状况,依据食品安全标准和相关法律规范,由专家对该种产品可能带来的风险进行说明、阐释,并对食品生产企业和消费者提出相应的建议。如在《关于"法国召回疑似沙门氏菌污染的婴幼儿配方乳粉"的风险解析》中,食品安全领域的专家对"沙门氏菌"进行了详细的解读,阐述其对婴儿身体健康的不利后果,并针对生产经营者、消费者等提出预防该种病菌的方法①。另一种是针对某种食品或者某种消费现象的消费提示,这种消费提示是根据过往发生的食品消费事件或者发生的食物中毒事件,提示消费者在购买食品或者消费时理性消费。如该局《元宵节饮食安全的消费提示》,提示消费者在该节日期间注意消费安全,保障身体健康。②原国家食品药品监督管理总局的食品安全风险预警交流信息不涉及具体的产品或者生产厂家,且对食品安全监管机关、食品生产经营者和消费者都有提示或者建议。

（2）而各省级食品安全监管机关的风险警示措施有着很大的差异。总结下来,大概有以下几种情形:

第一,直接转发国家食品药品监督管理总局的风险预警交流信息。如上海市原食品药品监督管理局的预警公告栏目项下转发了原国家食品药品监督管理总局发布的《关于"法国召回疑似沙门氏菌污染的婴幼儿配方乳粉"的风险解析》。③

第二,针对某种或某类食品或者某种消费现象的消费提示或警示。如湖北省原食品药品监督管理局发布的《关于预防野生毒蘑菇中毒风险提示》就是针对野生毒蘑菇这种特殊食品的安全消费提示,为消费者购买、消费这种食品时提供消费指引。

第三,将抽查食品不合格的情况作为警示信息发布。如甘肃省原食品药品监督管理局将食品抽检的不合格结果放置于消费警示栏目公开,不合格产品的名称或公司名称都在该信息中公开。④

前两种风险警示不涉及具体的生产者或者生产产品,一般情况下不会产生太多争议,而对于第三种,由于监管机关采用"警示"一词,常常会引起生产者或者销售者的不同意见,并成为当时社会的热点事件之一。⑤

---

① 《关于"法国召回疑似沙门氏菌污染的婴幼儿配方乳粉"的风险解析》,http://www.zgwg.gov.cn/contents/15730/165350.html,最后访问日期:2021年3月10日。
② 《元宵节饮食安全的消费提示》,http://samr.cfda.gov.cn/WS01/CL1680/225704.html,最后访问日期:2018年6月10日。
③ 《消费警示:关于"法国召回疑似沙门氏菌污染的婴幼儿配方乳粉"的风险解析》,http://www.hda.gov.cn/directory/web/WS01/CL0807/24532.html,最后访问日期:2018年6月10日。
④ 甘肃省食品药品监督管理局网站"公共服务—消费警示"栏目:http://www.gsda.gov.cn/CL0274/,最后访问日期:2018年7月10日。
⑤ 2009年发生的农夫山泉"砒霜门事件"就是最为典型的一例,参见林沈节:《"消费警示"及其制度化——从"农夫山泉砒霜门事件谈起"》,《东方法学》2011第2期,第142-150页。在农夫山泉"砒霜门事件"中,生产企业提出了自己的意见,并促使监管机关撤销警示,但监管机关未采纳,依然发布了农夫山泉产品中"砒霜"含量高的消费警示。

因此，作为政府监管措施的食品安全风险警示是行政机关行使行政职权的一种方式，其在实务中的不同情形应当引起法学理论上的关注。该种活动进入法治视野，面临的首要问题是行为的性质。但是，行为性质的界定需要通过观察该种行为的特征、行为的形成过程才能更好地确定。由于不同层级的法律规范都将食品安全风险警示作为信息的一种，且该种信息与其他食品安全信息的形成过程有着显著的差异，我们有必要根据《食品安全法》的规定来分析该种行政活动，并从其形成过程来认定食品安全风险警示的性质。

三、食品安全风险警示的形成过程

世界永无绝对的安全，零风险的事情不会存在。我们需要做的就是预防风险可能造成的损害。而食品安全风险警示就是预防风险产生损害的有效方法之一。它是监管机关基于风险评估并综合考虑其他信息而决定发布的。根据《食品安全法》第二十二条的规定，国务院食品安全监督管理部门应当会同国务院有关部门，根据食品安全风险评估结果、食品安全监督管理信息，对食品安全状况进行综合分析。对经综合分析表明可能具有较高程度安全风险的食品，国务院食品安全监督管理部门应当及时提出食品安全风险警示，并向社会公布。换句话说，食品安全监督管理机关不是随时都可以发布风险警示，而是对具有较高程度安全风险的食品才发布风险警示。对于如何确定某种食品具有较高程度的安全风险，法律要求需要在结合食品安全风险评估结果和食品安全监督管理信息的基础上进行综合分析。这是食品安全监督管理机关需要根据各种信息进行风险决策的过程。因此风险警示实际上是监管机关在风险不确定的条件下进行的决策。正因为是监管机关在不确定的条件下的决定，该风险决定本身也可能有风险。

为了降低食品安全风险警示本身的风险，《食品安全法》规定食品安全风险警示的作出至少需要三个环节，即发现有可能存在的食品安全风险，然后经过风险评估并在此基础上作出分析。风险评估是某种风险情形成为风险警示最为关键的一环。风险评估是风险分析的三个阶段之一，另外两个阶段是风险管理和风险交流。风险评估由专业的风险专家组成的风险评估机构作出；风险管理是根据风险评估结果，由法律规定的行政机关选择和实施风险管理措施；风险交流是风险评估人员、风险管理人员、消费者和其他有关团体之间就与风险有关的信息和意见进行相互交流。[①] 风险警示既是风险管理的措施，也是构成风险信息交流的一环。换句话说，风险分析的三个阶段没有一个明确的前后关系，甚至可以说是一个同时进行的过程，但风险评估是整个体系的核心，决定着其他两个环节的实际效果。那么风险评估的风险信息如何得来？风险评估如何进行？有了风险评估结果后，如何确定是否发布

---

① 参见魏益民、刘为军、潘家荣：《中国食品安全控制研究》，科学出版社2008年版，第23-25页。

风险警示呢?

(一)风险评估的信息来源

某一因素是否会成为风险评估的对象,主因在于其是否可能会产生风险,这一点要求监管机关进行先期的判断。① 而监管机关如何获知需要判断某一因素是否会使风险发生呢?根据法律的规定,本文认为主要有以下几种情形。

1. 风险评估机关发现需要进行风险评估

风险评估机关在日常的风险监测中发现某一已经存在的因素或新出现的因素可能会产生风险,其应当安排进行风险评估。《食品安全法》规定,国务院卫生行政部门负责组织风险评估。该法还规定,当通过食品安全风险监测发现存在食品安全隐患的、发现新的可能危害食品安全的因素的、需要判断某一因素是否构成食品安全隐患的,国务院卫生行政部门应当组织风险评估。因此,国务院卫生行政部门作为风险评估的机关,在其日常的风险监测活动中发现食品存在风险,可以启动风险评估活动。而风险监测是指有国家食品安全监督管理机关确定的技术机构来承担,通过系统和持续地收集食源性疾病、食品污染以及食品中有害因素的监测数据及相关信息,并综合分析、及时报告和通报的活动。② 该机构对以下情形进行优先监控:健康危害较大、风险程度较高以及风险水平呈上升趋势的;易于对婴幼儿、孕产妇等重点人群造成健康影响的;以往在国内导致食品安全事故或者受到消费者关注的;已在国外导致健康危害并有证据表明可能在国内存在的;新发现的可能影响食品安全的食品污染和有害因素;食品安全监督管理及风险监测相关部门认为需要优先监测的其他内容。③ 这几种情形可能会成为进行风险评估的最主要信息来源。根据《国家卫生健康委员会职能配置、内设机构和人员编制规定》第三条第(十四)项第4目的规定,国家卫生健康委员会对通过食品安全风险监测发现食品可能存在安全隐患的,应当立即组织进行检验和食品安全风险评估。④ 根据该条款的规定,国家卫生健康委员会在收到发现可能存在食品安全隐患的,必须进行食品安全风险评估。

2. 其他食品安全监督管理机关建议

国家卫生健康委员会负责食品安全风险评估工作,负责食品安全监管的中央机构为国家市场监督管理总局。除此之外,农业部、海关总署等还负责部分食品安全的监管工作。因此,国家卫生健康委员会作为风险评估机关之外,其他的食品监管机关在履行食品安全监管

---

① 行政机关的先期判断的判断标准需要有一定的科学根据和理由,需要科学的确定,本文暂不解决这个问题。
② 《食品安全风险监测管理规定》第二条。
③ 《食品安全风险监测管理规定》第八条。
④ 《国家卫生健康委员会职能配置、内设机构和人员编制规定》,http://www.nhc.gov.cn/wjw/jgzn/201809/3f4e1cf5cd104ca8a8275730ab072be5.shtml,最后访问日期:2021年9月15日。

职责和行使食品安全职权过程中,发现有影响风险发生的因素时,其应当向有权进行风险评估的机关提出风险评估的建议。有权进行风险评估的机关(国家卫生健康委员会)在收到建议后,应当根据该机关提供的材料决定是否进行风险评估。建议进行风险评估的机关应当提供需要进行风险评估的相关资料,如风险的来源和性质、相关检验数据和结论、风险涉及范围、其他有关信息和资料。[①] 在该种情形下,该行政机关应当负有证明需要进行风险评估的义务。《中华人民共和国食品安全法实施条例》(2009年)规定,其他食品安全监督管理机关在提出风险评估建议时,应当提供的信息和资料包括风险的来源和性质、相关检验数据和结论、风险涉及范围、其他有关信息和资料。至于其他食品安全监督管理机关提出建议,有权进行风险评估的机关是否立即进行评估,必须在其审核同意后,才能向风险评估专家委员会下达评估任务。但2019年新的《食品安全法实施条例》并未就此问题作出规定。

3. 消费者举报食品安全信息

由于监管机关监管资源的有限性、消费者的风险感知差异性等因素的影响,消费者在日常的食品消费过程中发现或认为某种食品会对其或其他消费者造成较大影响时,可以向有关的食品安全监督管理机关进行举报或者投诉。食品安全监督管理机关收到群众举报或投诉后,如果其不是风险监督管理机关,应当将该举报信息转交给有权的风险监督管理机关,并同时告知举报人。有权的风险监督管理机关根据事实情况,决定是否需要进行风险评估。如《食品安全法》第十八条第(一)项规定,国务院卫生行政部门在接到举报发现食品、食品添加剂、食品相关产品可能存在安全隐患的,应当进行食品安全风险评估。因此,根据该条款的规定,消费者的投诉或者举报会引起风险评估机关启动风险评估,但是不会直接启动食品安全风险评估活动。《食品安全风险评估管理规定》(国卫食品发〔2021〕34号)第九条第(一)项规定,举报可以成为列入国家食品安全风险评估计划,但不会直接开启风险评估活动。

(二)风险评估

风险评估是一项科学活动,应当由具有专业知识的专家进行评估,我国设立了国家食品安全风险评估中心作为食品安全风险评估的国家级技术机构。与此同时,我国也组建国家食品安全风险评估专家委员会,具体负责开展我国食品安全风险评估工作。

在有权进行风险评估的机关作出需要风险评估的决定后,应当交由风险评估机构进行风险评估。在风险评估过程中,监管机关不得干涉风险评估活动。因为风险评估是决定是否发布风险警示的关键环节,其应当具有独立性。独立性一方面要求风险监督管理机关在提交风险评估的材料后,不得干涉风险评估专家的评估活动。在风险评估过程中,行政机关

---

① 《食品安全法》第十九条。

只负责提供材料和协助评估专家的活动,不得对风险专家的评估活动进行干涉。另一方面要求风险评估机构具有中立性。风险评估机构的独立性在于风险评估专家的独立性,为此我们需要建立起一些必要的制度以保证专家不为特殊利益所牵涉,如采用严格的专家挑选标准、高额的报酬等方式削弱专家与政府、企业之间的关系;风险评估机构、专家小组、风险评估工作等需遵守公开和透明的原则,以便接受社会各界的监督。另外,风险评估所依据的数据和材料应当具有普遍性,数据和资料的收集不具有任何人为性,否则,风险评估的结论就会不可信。长期下来,风险评估机构就会形同虚设。当然,在风险评估过程中,应当适当地让公众参与其中,让公众对风险的认知与专家的认知相结合,使得风险评估结论具有更强的可接受性。①

风险评估机构应当根据所获取的材料,并根据风险评估方法,遵循危害识别、危害特征描述、暴露评估和风险特征描述的结构化程序进行科学的风险评估,并在此基础上作出被评估的因素是否会导致风险的发生或增加风险发生的可能性的结论,将风险评估结论递交给下达任务的监管机关。

(三)综合分析

当风险评估有结论后,有权的风险监督管理机关根据风险结论作出合理风险监管决定。如果风险评估结论为某种因素不会造成食品安全风险的产生,那么风险监督管理机关应当公开风险评估结果,告知公众;如果风险评估结论为该因素会导致食品安全风险的发生,那么监管该风险的监管机关应该采取相应的措施以防止食品安全风险结果的出现。

在这一决策过程中,最为重要的是食品安全监督管理机关根据风险评估结论决定是否需要发布风险警示。根据《食品安全法》的规定,食品安全监督管理机关应当会同有关食品安全监管的其他部门,根据食品安全风险评估结论,结合日常监督管理信息进行综合分析。如果认为该风险发生的可能性较高,应该及时发布风险警示。也就是说,风险警示是经过风险评估并在食品安全监督管理机关综合分析后所采取的预防风险的措施。

综合分析要求风险监督管理机关做到客观、公正、有理有据,以大众的生命健康安全为行动的出发点。综合分析也是监管机关行使风险决定裁量权的过程。食品安全监督管理机关在行使裁量权时,实体上应当权衡各种利益关系,过程中需要各方参与以进行有效的利益

---

① 关于风险评估机构的中立性和独立性,关注的学者比较多,也有成熟的建议。如戚建刚、易君在《我国食品安全风险评估科学顾问的合法性危机及其克服》(《北方法学》2014年第2期,第90-99页)一文中提出,需要设计公正和科学的科学顾问成员的遴选制度、广泛和有效地支撑其开展风险评估工作的网络体系、精密和完整的利益声明规则、合理和全面的食品安全风险评估活动的公开等制度来有效克服科学顾问的合法性危机。赵鹏在其撰写的《风险评估中的政策、偏好及其法律规制:以食盐加碘风险评估为例的研究》(《中外法学》2014年第1期,第28-45页)中提出需要从风险评估的任务界定、组织架构与程序设计方面进行诸多改革,以限制政策、偏好对风险评估的影响。

沟通，并接受司法控制。① 当然，面对风险社会中行政裁量权的司法控制，可能今后还会长期处于试错阶段。②

根据上述食品安全风险警示的形成过程的分析，本文倾向于将食品安全风险警示的范围限于前文实务中食品安全风险警示分类的第一和第二种情形，将第三种情形排除在外。虽然实务中前两种风险警示的发布并不必然经历了风险评估，但是它们最为符合法律条文所描述的风险警示的情形，而第三种对于不合格食品的发布虽然有提醒消费者注意食品安全的内涵，但本质属性上不符合法律条文描述的风险警示的情况。

四、食品安全风险警示的法律属性

（一）食品安全风险警示的名称

行为活动的名称影响行为的实施效果，食品安全风险警示的名称特别明显，因此有必要对其名称进行简要分析。

实务中，各层级的食品安全监督管理机构都希望采用"警示"的形式警醒消费者注意某种食品的风险。但是囿于法律规定发布食品安全风险警示的机关级别较高（中央食品安全监督管理机关和省级食品安全监督管理机关），低级别的机关无法采用"风险警示"这一类别的监管手段。它们多数采取其他形式如"消费警示""风险提示""消费提示"等提示消费者食品风险的存在。省级监管机关虽然有权发布"风险警示"，但实际上也较少采取发布"风险警示"这一形式，原因在于法律规定的发布风险警示的程序相对复杂，需要启动风险评估、进行综合分析，最后才能决定是否发布风险警示；即使采取风险警示这一形式，这一形式本身也存在风险，就如本文引言中的事件一样，监管机关对采用"风险警示"一词越来越谨慎。

最为典型的是中央食品安全监督管理机关（原国家食品药品监督管理总局），在其官网上的食品安全风险预警交流的栏目中，其采用的名称越来越缓和，而不是类似于"警示"这样具有紧急特征的术语。如在该栏目项下，2015—2017年，风险预警交流信息一共11条，9条信息中的关键词为"提示"，1条信息中的关键词为"风险警示"，1条信息为不合格食品抽查信息。③ 因此在食品安全抽检监测司的网站上，"预警交流"专栏大多也是消费提示。法定授权的限定、形成过程的复杂性以及行为本身的风险性使得"风险警示"越来越少。

为了解决风险警示发布主体级别较高的困境，《食品安全法实施条例》（修订草案送审

---

① 参见周佑勇：《行政裁量治理研究：一种功能主义的立场》，法律出版社2008年版，第85-260页。
② 参见金自宁：《风险规制时代的授权与裁量——"美国货运协会案"的启示》，载《法学家》2014年第3期，第163-175页。
③ 食品安全风险预警交流，包括食品安全风险分析和食品安全消费提示，http://samr.cfda.gov.cn/WS01/CL1832/，最后访问日期：2018年7月10日。

稿)第十九条第二款规定,食品安全风险限定于特定区域的,相关区域市、县级食品药品监督管理部门可以根据需要发布食品安全消费提示。根据该条款的规定,如果食品安全风险限定于特定的省级以下(不包括省级)行政区域内,相关的食品安全监督管理机关可以发布消费提示。该条款的出现,必然使得监管机关面临该信息是否需要经过风险评估过程这一历程。但通过后的《食品安全法实施条例》删除了此条款。

(二)食品安全风险警示的法律性质

结合我国《食品安全法》《食品药品安全监管信息公开管理办法》《食品安全信用信息管理办法》的规定,并综合食品安全风险警示的形成过程,虽然食品安全风险警示最后以信息公开的形式发布出来,从最终结果来看,其与食品安全监管信息、食品安全信用信息相同,是以信息公开的形式向公众发布,但是其形成过程与上述二者有着显著的区别。

根据《食品药品安全监管信息公开管理办法》对食品安全监管信息的界定,其是指食品药品监督管理部门在食品的产品注册、生产经营许可、广告审查、监督检查、抽样检验、行政处罚、事故处置以及其他监管活动中形成的以一定形式记录保存的信息。《食品安全信用信息管理办法》界定的食品安全信用信息是指食品药品监督管理部门在依法履行职责过程中制作或者获取的反映食品生产经营者食品安全信用状况的数据、资料等信息。食品安全信用信息包括食品生产经营者基础信息、行政许可信息、检查信息、食品监督抽检信息、行政处罚信息等。根据其定义我们可以得知,这两种信息的形成过程不需要经过食品安全监督管理机关的风险评估及综合分析,其可以是食品安全监督管理机关进行综合分析的基础或者一部分,而不是全部。并且从上述两种信息与食品安全风险警示的比较来看,其主要反映的是一种相对客观的状况。而食品安全风险警示倾向于主观,其所确定的风险仅是发生的可能性比较高,并不一定会发生的风险,其结论可能是部分专家的个人观点或者其研究结论。并且食品安全风险警示还需要风险监管机关根据所获取的材料进行风险决定,主观性相比食品安全监管信息和食品安全信用信息更强。

食品安全风险警示的出现是现代风险社会的要求。为了预防风险造成不必要的损失,监管机关应担负起防范风险的义务。监管机关的防范风险的义务并非指监管机关可以阻止风险的出现,而是指其揭示潜在的风险,发布风险信息,由大众根据获取的风险信息选择自己的活动,监管机关不为大众选择从事何种活动。

因此,就食品安全风险警示的性质,如果从其公布结果来看,是一种信息公开行为;如若将其置于当前的行政法学理论框架下,其是一种行政事实行为。[①] 我国有学者借鉴其他

---

① 参见王锴:《论行政事实行为的界定》,载《法学家》2018年第4期,第51-65页。

国家的行政法学理论来分析此类现象。如采用德国的公共警告①一词或美国的不利公告②制度,在此基础上③,有学者认为行政机关发布警示信息的行为是行政行为④,亦有学者认为属于事实行为⑤,也有学者认为食品安全风险警示具有复合属性,某一特定食品安全风险警示行为的法律属性应当依据行政行为理论并结合警示行为的具体情况判定⑥。

（三）食品安全风险警示的重构

在食品安全风险警示在实务中无法发挥应有作用的前提下,我们应该重新思考该行为在整个食品安全监管中的位置。根据各层级的法律规范来看,我们可以将监管机关所持有的与食品安全有关的信息称为食品安全信息⑦,该信息包括两类信息:

第一类是食品安全监管信息。根据《食品药品安全监管信息公开管理办法》（食药监法〔2017〕125号）规定,食品安全监管信息是指食品药品监督管理部门在食品的产品注册、生产经营许可、广告审查、监督检查、监督抽检、行政处罚、事故处置以及其他监管活动中形成的以一定形式记录保存的信息。该类信息主要包括许可信息、监督检查和抽查信息、行政处罚信息等。该类信息是对食品进行一般性监管所储存的资料。

第二类是涉及食品风险的信息。这类信息应确定为预防食品风险发生的信息,包括食品安全风险提示信息和食品安全风险警示信息。风险提示信息应确定为食品安全风险等级较低的信息,包括季节性食品风险提示（夏季针对虾等产品发布的提示）、特定时期的食品风险提示（如春节、元宵节等发布的风险提示）;风险警示信息是针对食品安全风险难以判断,需要科学技术支持（国家风险评估机构确定）才能确定是否为风险因素,并且需要以最为明显的方式及时提醒消费者的信息。

因此,从结果和形式上来看,监管机关以食品安全风险警示的信息发布有关食品安全的风险信息,其目的在于以特有的方式告知消费者某种食品安全风险,促使消费者对某种食品安全风险保持高度关注,以避免不利结果的出现。其与监管机关日常执法结果公布的监管

---

① 参见[德]哈特穆特·毛雷尔:《行政法学总论》,高家伟译,法律出版社2000年版,第393页。
② Ernest Gellhorn. Adverse Publicity by Administrative Agencies. Harvard Law Review, Vol. 86, No. 8 pp.1380-1441; Leon Liu. The FDA's Use of Adverse Publicity, https://dash.harvard.edu/handle/1/8965582,最后访问日期:2018年9月15日。
③ 在中国知网上,截至2021年9月10日,以"公共警告"为题名的硕士论文14篇,核心期刊论文11篇;以"风险警示"为题名的硕士论文4篇,核心期刊论文2篇。
④ 参见钞天真、李志翀:《试论"公共警告"行为》,载《理论界》2005年第10期,第50-51页;朱春华:《公共警告的概念确立与管制分析》,载《行政法论丛》（2009年第1期）,第322-357页。
⑤ 参见李佳:《社会变迁视野下的行政行为形式理论剖析——以公共警告为例》,中国政法大学法学院2009硕士学位论文。
⑥ 徐信贵:《食品安全风险警示的行政法问题》,《重庆理工大学学报（社会科学）》2014年第6期,第50-54页。
⑦ 《食品安全信息公布管理办法》对食品安全信息的界定,即"本办法所称食品安全信息,是指县级以上食品安全综合协调部门、监管部门及其他政府相关部门在履行职责过程中制作或获知的,以一定形式记录、保存的食品生产、流通、餐饮消费以及进出口等环节的有关信息"。该办法虽然已失效,但依然可以供我们参考。

类信息和食品知识类风险提示信息有着本质上和程序上的差异。后者本质上在于预防食品安全风险、揭示食品安全风险,程序上需要经过风险评估才能确定该因素的风险特征及预防方法。"警"的字义表明该类信息在时间上具有紧迫性、在注意程度上需要高度关注。我们应将食品安全风险警示与其他类的监管信息区别开来,并将其置于合适的位置才能促使其发挥实际效用。

五、结语

在风险社会,人们作出风险决定时无法预知未来的确切情况,但所作的决定却影响未来事件的发展,这是无论科技如何发展都无法克服的。食品安全风险警示作为风险社会中监管机关所采取的一种活动方式,其作出不仅应当具有科学性,还应当有法律的依据,由有权的监管机关依据法定程序作出。

因此,本文认为食品安全风险警示作为一类行政活动,应规范监管机关发布风险警示的权力。作为一种类型化监管活动的风险警示只能由有权机关采用,"风险警示"这一用语也只能由该机关使用。风险警示作为一种类型化的行政活动,同时要求食品安全监管机关规范使用该词语。我们已经看监管机关正在逐步采取措施改变这一困境。尤其是原国家食品药品监督管理总局制定的《食品药品安全监管信息公开管理办法》中不再将食品安全风险警示作为食品安全监管信息。

食品安全风险警示作为保障公众利益的重要监管手段,是不可或缺的。但是行政机关面临的难题是如何调和公益需求与企业私人权益。由于其判断时牵涉因素极其复杂,如科技、风险的不确定性,人们权利保障的重要性,因此对行政机关而言,其犹如在刀锋游走,稍有不慎即可能因误判而行政行为违法,并对政府形象造成损害。食品安全风险警示的整个形成过程都需要进行规范,需要有相关利益群体的参与,并促使专家风险认知和大众风险认知有机结合,这样风险警示的预防功能才能更好地发挥。当然,我们还需要考虑:当行政机关掌握了需要发布的风险警示的内容时,大众能否要求行政机关发布风险警示,如果行政机关不发布,是否需要承担国家赔偿责任?这不仅需要完善我国的信息公开制度,还需要完善行政诉讼及国家赔偿制度。只有整个制度的健全,才有更加优良的风险警示的监管手段,政府才会走上良善之治。

论投诉类行政案件司法审查的对象
——对《行诉解释》第十二条第（五）项的再解释

张松波*

摘　要：《行诉解释》在第十二条第（五）项规定，投诉人与"具有处理投诉职责的行政机关作出或者未作出处理"之间具有利害关系，认可了投诉人的原告资格。但法院如何依据该条规定确定司法审查的对象仍存在一定的模糊性，导致同案不同判现象层出不穷，需进一步解释。从投诉人主观公权利保护的角度出发，投诉人依据法律的明确规定享有投诉权以及与民事权利紧密联结的部分特殊公权利。根据这些主观公权利，"行政机关作出或者未作出处理"的行为是指行政机关向投诉人作出或者未作出答复的行为，行政机关对被投诉人作出的便于投诉人获得民事权利救济的行政处理决定、影响投诉人受损民事权利获得救济的行政处理决定，以及在上述两种情形中行政机关未作出行政处理决定的行政不作为。

关键词：投诉权　答复行为　行政处理决定　主观公权利

一、问题的提出

在理论界，对投诉举报的研究一直是热点，这些研究绝大多数聚焦于投诉人是否享有原告资格。申言之，投诉举报人是否拥有概括性的原告资格，还是仅在自身合法权益受到侵害时，才具有原告资格，即所谓的公益性举报和私益性投诉的区分。[②] 该争议在学者之间和司法实践中从未平息，直到 2018 年《最高人民法院关于适用〈中华人民共和国行政诉讼法〉的解释》（以下简称《行诉解释》）出台，各种意见才基本趋于一致。《行诉解释》第十二条第（五）项规定，为维护自身合法权益向行政机关投诉，具有处理投诉职责的行政机关作出或者未作出处理的，属于行政诉讼法第二十五条第一款规定的"与行政行为有利害关系"。该规定明

---

* 作者简介：张松波，江苏省高级人民法院行政审判庭法官，法学博士。
② 黄先雄、皮丹丹：《公益性投诉举报类行政案件的诉讼救济问题探究》，载《中南大学学报（社会科学版）》2017 年第 23 卷第 6 期。

确了两点：首先，为自身合法权益向有权行政机关寻求救济的，属于投诉；其次，确定了投诉人与具有投诉处理职责的行政机关作出或者未作出处理行为之间存在行政诉讼法上的利害关系。其同时解决了理论上的两大困惑：一是明确了投诉、举报的区别。清晰的概念表述和相对统一的术语使用是一切科学研究的逻辑起点。① 但在此之前，投诉、举报、控告、申诉等表述在学术研究和法律法规中平行列举，很难区分彼此的不同，因此造成了不必要的混乱。《行诉解释》从权利保护角度切入，将投诉明确为保护自身合法权益的行为，其他行为如举报、控告等则归进保护公共利益行为的范围；二是赋予投诉人原告资格，否定了举报人、控告人等的原告资格。② 随着《行诉解释》的施行，理论界和实务界长期争论的投诉人原告资格问题已得到初步解决，有关投诉举报的理论研究似乎再无可能占据热点地位。实则不然，法院在审理投诉类案件时所遇到的问题依然棘手。《行诉解释》第十二条第（五）项中，"作出或者未作出处理"指的是行政机关针对投诉人作出的答复行为及相应的不作为，还是行政机关针对被投诉人作出的行政处理决定及相应的不作为？还是两者均属于该条中的"处理"及"未处理"的行为？从笔者搜索到的大量有关投诉举报类的裁判文书看，就如何确定司法审查对象，不同法院观点不一，裁判结果各异，以下仅举几例加以说明。

针对行政机关向投诉人作出的答复行为，有的法院认为是告知行为，不属于行政诉讼的受案范围，当然也不是行政机关作出"处理"的行为；有的法院却认为，投诉人与答复行为具有利害关系，并对答复行为进行合法性审查，也就承认了答复行为属于《行诉解释》第十二条第（五）项中"作出处理"的行为。请看下表：

序号	案 号	行政领域	被诉行为	作出法院	裁判观点	裁判结果
案例一	（2018）湘行终1030号③	食品监管	答复行为	湖南高院	答复是告知行为	驳回诉讼请求
案例二	（2017）豫01行终93号④	药品监管	答复行为	河南高院	答复是行政行为	撤销答复，责令重新作出
案例三	（2017）最高法行申7358号⑤	城建监管	答复行为	最高法院	答复是行政行为	作出答复的程序合法，驳回诉讼请求

在案例一中，法院认为，行政机关作出的答复行为仅告知原告投诉事项的认定及处理情

---

① 章志远：《迈向公私合作型行政法》，载《法学研究》2019年第2期。
② 为保持文章术语表述的前后一致性，本文中所称的投诉均是指公民、法人或者其他组织为保护个人合法权益，向有权行政机关提供违法线索，并要求行政机关启动查处程序的行为；而举报、控告等则是为了公共利益而为的行为（引用他人文献除外）。

况,并未创设新的权利义务,该投诉答复系告知行为,故不具有可复议、可诉讼的特性,即不属于行政复议和行政诉讼的受案范围,从而否认答复行为系行政机关"作出处理"的行为。在案例二、案例三中,法院均认可答复行为系行政行为,并进行了合法性审查,也就确认了答复行为系行政机关"作出处理"的行为。两者的区别仅在于前者将答复行为作为行政处理决定进行了实体审查,后者则从程序上对答复行为进行审查。

针对行政机关向被投诉人作出的行政处理决定,有的法院认为,行政机关作出的处理决定系为保护公共利益而为,故投诉人与该处理决定之间不具有利害关系,不是适格原告。有的法院则认为,行政处理决定影响投诉人的合法权益,故投诉人与行政处理决定之间具有利害关系,投诉人具有原告资格。请看下表:

序号	案号	行政领域	被诉行为	作出法院	裁判观点	裁判结果
案例四	(2017)最高法行申4924号①	鉴定机构监管	处罚决定	最高法院	处罚决定保护公共利益,原告与其无利害关系	驳回再审申请
案例五	(2018)苏06行终528号②	食品监管	处罚决定	南通中院	原告与处罚决定之间存在利害关系	撤销一审裁定,指定其他法院审理

在案例四中,法院认为行政处理决定系为保护公共利益而为,故投诉人与该处理决定之间没有利害关系,间接否认了行政处理决定系"作出或者未作出处理"的行为。但在案例五中,法院则持相反的观点,认为投诉人为自身利益才寻求行政机关的介入,故行政处理决定显然对其合法权益造成影响,投诉人不服行政机关的行政处理决定,应当可以提起行政诉讼,承认了行政处理决定属于"作出处理"的行为。

从这些案例可以看出,法院对"作出或者未作出处理"的行为究竟指向哪一个行为存在观点不一的情形,甚至从一个极端走向了另一个极端。这就是法院在司法审查过程中所遇到的现实困境。由于法院审理行政案件必须依托行政行为,当《行诉解释》第十二条第(五)项中"行政机关作出或者未作出处理"指向不明确,不同法院把握裁判尺度不一时,实有必要从理论上对该问题进行深入探讨,追寻造成同案不同判的缘由。

二、同案不同判原因之剖析

所谓同案不同判,指的是不同的审判组织对同一个"法律问题"(question of law)作出不一致的判断,导致裁判发生冲突,造成司法不统一。[①]经过多年的实践和不断完善,法院在同类型案件裁判尺度的把握上已经相对一致,同案不同判现象逐年减少。但在投诉举报行为司法审查领域内,同案不同判现象非常突出,根源在于不同法院理解行政机关"作出或未作出处理"时出现了严重的分歧。从主观公权利保护的角度看,主要原因表现在以下几个方面。

（一）混淆了民事权利和主观公权利

投诉人系因民事权利受到另一个民事主体的侵害才依据法律规定向行政机关提出请求,要求公权力的介入。正是基于投诉行为,投诉人、被投诉人和行政机关之间才形成了复杂的三角关系。请看下图：

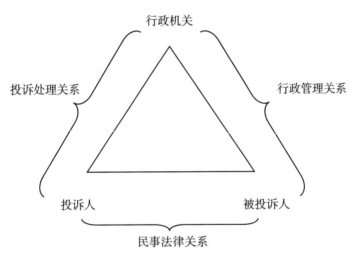

由上图可见,投诉人与被投诉人之间因民事侵权形成了民事法律关系；投诉人与行政机关之间因投诉行为,形成了投诉处理关系；行政机关与被投诉人之间则因行政权能形成行政管理关系。虽然投诉人同时享有民法上要求被投诉人弥补损害的私权利,以及在特殊情形中公法上要求行政机关查处违法行为的主观公权利,但这两种权利性质不同、彼此独立,并不能混同。一旦混同,会出现将行政处罚的事实简单地与应当获得民事赔偿勾连起来,认定生产经营者应负惩罚性赔偿之民事法律责任。这实际上是未能准确区分承担行政法律责任和民事法律责任的判断标准,导致行政法律责任的承担并不必然导致民事法律责任的连锁反应。[②]

（二）混淆了主观公权利和客观公权利

依照法律规定,行政机关具有查处相应违法行为的法定职责。但行政机关自身的执法

[①] 陈杭平：《论'同案不同判'的产生与识别》,载《当代法学》2012年第5期。
[②] 丁冬、陈冲：《司法规制视野下的食品职业打假》,载《上海政法学院学报（政法论丛）》2016年第31卷第5期。

力量非常有限，其不可能也无法随时随地发现违法行为，并作出处理。在执法任务繁重、监督对象众多的当下，举报的功能定位已从监督公权力运行转向弥补行政机关执法能力不足，并在行政实践中发挥着积极的作用。① 以江苏省为例，根据江苏省市场监督管理局的统计，今年（2021）以来，"全省12315热线平台接受群众诉求158.04万件，同比增长14.85%"。② 如果没有投诉人的参与，行政机关无论如何也不可能发现数量如此庞大的违法线索。但必须明确的是，行政诉讼法以保护公民、法人和其他组织的主观公权利为主。在投诉处理法律关系中，一般情况下，投诉人享有的主观公权利仅是法律明确规定的投诉权。行政机关对被投诉人作出的行政处理决定系出于保护公共利益的目的而为之，因此即便投诉人偶然得到利益，也仅是客观公权利的反射。不对该问题正本清源，会导致法院赋予投诉人原告资格后，直接将所有行政机关作出的行政处理决定纳入司法审查，致使原告资格的泛滥。另外，行政诉讼如不能准确把握其在整个社会纠纷解决机制中的定位，随意放宽利害关系的认定，扩大司法审查至保护客观公权利范围，还会出现各种救济途径相互重叠，进而抵消行政诉讼救济功能的消极后果。因为除行政诉讼之外，上级行政机关的考核、监察委员会的介入以及信访等都会对行政机关的投诉处理情况进行有效监督，行政诉讼仅是众多救济手段中的一种而已。

（三）混淆了民事诉讼和行政诉讼的边界

理论上看，公法与私法之区别，常发生于个案之中，法院必须衡量系争法条与个案之特色。一般而言，只有当系争法条与个案显示出强烈公共利益色彩时，法院始得认定其属于公法案件；反之，若系一般人民间亦可能相互成为该项法律之权利义务关系主体，或依社会通念属于一般人们间所能完成之案件，则为私法案件。③ 行政争议与民事争议相关联的案件虽然在表现上大致相同，但基本属性却并不相同。有的案件形式上是民事争议案件，但实质上却是行政争议案件；有的案件中行政争议与民事争议的处理可以分开，而有的情况下两者却不能分开。④ 在实践中，由于投诉人民事权利和主观公权利可能同时存在，形成了这两种权利相互交织的局面，导致法院在判断审查对象时，受到民事权利保护外溢的影响，自然而然过渡至审查投诉行政处理决定的审查进路，将本应通过民事途径处理的纠纷，统统囊括进行政诉讼之中。

---

① 黄锴：《行政诉讼中举报人原告资格的审查路径——基于指导案例77号的分析》，载《政治与法律》第2017年第10期。
② 详见江苏省市场监督管理局官网，http://scjgj.jiangsu.gov.cn/art/2021/12/10/art7015410188578.html. 最后访问日期：2021年12月19日。
③ 翁岳生：《行政法（上册）》，中国法制出版社2002年版，第113-114页。
④ 马怀德、张红：《行政争议与民事争议的交织与处理》，载《法商研究》2003年第4期。

（四）忽略特殊情形中民事权利的保护需要行政机关介入的必要性

一方面，投诉人的民事权利保护应当通过民事途径解决，不可通过投诉恣意要求行政机关介入。但另一方面，在一些特殊的情形中，投诉人仅以个人之力通过民事诉讼很难获得完全的权利救济，行政权的介入是必要的。如相邻权纠纷中，邻人未取得规划审批手续即建设高楼，严重影响邻居的通风、采光。该侵权行为从性质上看，应属民事法律关系无疑，只要通过民事途径寻求救济即可。与此同时，受害人也可以根据法律规定向有权机关投诉，要求启动行政程序，查处违法行为以保护其个人合法权益。针对投诉人的投诉，行政机关作出的行政处理决定既是加强城乡规划管理、协调城乡空间布局、改善人居环境、促进城乡经济社会全面协调可持续发展、维护公共利益的需要，同时也保护了投诉人的合法权益，此时投诉人便与行政机关作出的处理决定之间具有利害关系。因此，盖然性地认为行政机关针对被投诉人的行政处理决定系为保护公共利益而为，投诉人不能针对行政处理决定提起行政诉讼，实属以偏概全。

（五）忽略答复行为是否属于受案范围的先行判断

根据我国的行政诉讼法，原告起诉首先要属于行政诉讼的受案范围，其次才考虑诸如原告资格、起诉期限等其他起诉要件。从《行诉解释》第十二条第（五）项看，该条只明确了与"行政机关作出或者未作出处理"行为有利害关系的投诉人具有原告资格，似乎仅涉及利害关系的判断，实际上，还隐含了受案范围的问题，这是很多理论研究所没有注意到的盲点。通说认为，行政相对人与行政行为具有直接利害关系，因而当然具有原告资格。[①] 就答复行为而言，投诉人作为相对人，并不存在利害关系判断的问题，其本人作为行政相对人当然对答复行为具有利害关系。司法实践中，法院往往纠结于答复行为系告知行为还是行政处理决定，而非利害关系的有无。反对者认为："行政行为必须是能够产生和具有一定法律效果的行为。所谓法律效果或法律意义，是指主体通过意志为行政相对人所设定、变更或消灭的某种权利义务关系，及所期望取得的法律保护。行政行为作为行政主体的一种意思表示，只有当这种意思表示具备了为行政相对人设定、变更或消灭某种权利义务的内容时，才具有法律意义。如果一个行为没有针对行政相对人，或者没有设定、变更或消灭某种权利义务，或者尚未形成或完成对某种权利义务的设定、变更或消灭，则该行为不具有法律意义，不是法律行为。"[②] 因为，答复行为仅告知投诉人投诉的处理情况和结果，并未设定新的权利义务，系告知行为并不属于行政诉讼的受案范围。在我国台湾地区也有类似的观点，认为"公平交易法"下的举报答复属于观念通知。观念通知系行政行为的对立物，行政机关如果就某

---

① 参见梁凤云：《新行政诉讼法讲义》，人民法院出版社2015年版，第144页。
② 周佑勇：《行政法原论》，中国方正出版社2005年版，第176页。

一事件的真相及处理的经过,通知当事人且并未损害他的任何权益,则属于观念通知。①学者闫尔宝认为,告知行为也被认为是行政主体在行政执法过程中,依法将有关事项告知行政相对人一方,使之知晓的行为。②前述案例一即属此种情形,法院将答复行为排除在行政诉讼的受案范围之外。支持者认为,法律法规已经明确规定了投诉人具有投诉的权利,且行政机关在办理投诉时负有告知处理结果的法定义务,故答复行为属于行政处理决定。案例二、案例三中,法院都持此观点。如果仅根据《行诉解释》第十二条第(五)项确定的利害关系标准,这些争论均无法加以澄清,司法实践中,不少法院恰恰忽略了答复行为是否属于受案范围的先行判断。

（六）利害关系标准存在模糊性,实践中难以把握

概念是法律构造的工具,是法律体系的基石,离开了概念,法理将无所依附,法律亦无法表达。事实上,任何法典化的努力乃至判例法的规则都无法离开法律概念而存在,不仅如此,"透过概念,混沌变成了有秩序的宇宙,透过概念,杂乱变成了一部伟大的艺术作品：一个法律的魔术宫殿"(Sohm 语)③。在我国行政诉讼法研究领域内,利害关系是一个非常重要的概念,它是判断第三人是否具有提起行政诉讼原告资格的标准。但如何理解"与行政行为有利害关系",学界观点并不相同。有观点认为,只要行政行为对起诉人的权利义务产生了实际影响,不论这种影响或利害关系是直接的还是间接的,起诉人即具有原告资格④;有观点认为,利害关系是公民、法人或者其他组织的合法权益与行政行为之间存在的一种因果关系⑤;还有观点认为,利害关系指的是第三人对行政行为的标的享有合法权益,行政行为侵犯了该权益,第三人因此与行政行为形成法律上的利害关系⑥。学界纷纭的观点无助于法院在具体案件中准确把握立法本意,判断第三人是否具有原告资格。在投诉类行政案件中,情况尤为特殊。投诉人与行政机关对被投诉人作出的行政处理决定之间是否具有利害关系仍然莫衷一是,导致不同的法院作出截然不同的裁判。

以上六个方面问题在理论研究和司法实践中的存在,给法院正确理解和适用《行诉解释》第十二条第(五)项、确定投诉类行政案件司法审查的对象带来了极大的困扰,是法院同案异判的根本原因之所在。而走出困境的路径就在于法院要首先认定投诉人究竟享有哪些行政诉讼法应予保护的主观公权利。只有确定了投诉人的请求权,法院才能以此为指引判定案件审理的对象。

---

① 参见吴庚:《行政法之理论与实用》,中国人民大学出版社2005年版,第215页。
② 参见闫尔宝:《行政行为的性质界定与实务》,法律出版社2010年版,第191页。
③ 吴从周:《民事法学与法学方法:概念法学、利益法学与价值法学》,中国法制出版社2011年版,第43页。
④ 杨海坤、黄学贤:《行政诉讼:基本原理与制度完善》,中国人事出版社2005年版,第175页。
⑤ 张旭勇:《"法律上利害关系"新表述:利害关系人原告资格生成模式探析》,载《华东政法学院学报》2001年第6期。
⑥ 王克稳:《论行政诉讼中利害关系人的原告资格——以两案为例》,载《行政法学研究》2013年第1期。

三、投诉人主观公权利有无之判断

主观公权利,从公民的角度来看,是指公法赋予个人为实现其权益而要求国家为或者不为特定行为的权能。主观公权利的实践意义在于司法救济。[①] 申言之,只有当公民的主观公权利遭受公权力的侵害,公民才可以向法院提起行政诉讼。与主观公权利相对应的概念是客观权利,即全部公法规定的总和,是法律义务和主观权利的根据。如果公民认为行政机关侵害其权利,但该权利仅是客观权利,即法律保护的公共利益,公民仅通过公共利益的保护获取反射的利益,则因其缺乏个人主观权利而不具有原告资格。主观公权利的概念一经提出,便得到了广泛的认可。有学者就认为,虽然投诉人偶然受益,但在法律上但缺乏请求行政机关作为、不作为或容忍的权利,且其请求权被拒绝时,在公法法规上也没有司法救济的手段,此种情形就属于反射利益或者法规的反射效果。[②] 通常情况下,法律或规章仅规定了投诉人可向有权机关投诉,行政机关应当在调查结束后,将调查情况告知投诉人。而对于行政处理决定,多数法律法规并未明确投诉人具有提起诉讼的权利,且行政机关作出该行为纯粹为保护公共利益,故投诉人缺乏法院应予保护的主观公权力,一般不具有请求权。据此,投诉人在投诉过程中享有的主观公权利包括以下两项:

（一）投诉权

如何判断当事人是否享有一项主观公权利？德国学者毛雷尔认为,如果有效的法律法规(行政的法律义务即由此而来)不仅是为了公共利益,而且至少也是为了公民个人的利益,就应当肯定主观权利。某个法律规定对公民有利尚不足以确立一个主观权利,而只是提供一个有利的权利反射。只有公民个人权益成为法律的目的时,才构成主观权利。主观权利的成立涉及如下两个问题:首先,是否存在规定行政机关应当采取特定行为(行政的法律义务)的法律规定？其次,该法律规定是否——至少也——以保护个人利益为目的(个人利益)？[③] 就投诉答复行为而言,投诉人享有行政诉讼应予保护的主观公权利。

1. 法律、规章等规定了行政机关应当针对投诉人的投诉作出处理的法定义务。依照法律规定,行政机关具有查处违法行为的法定职责。但行政机关自身的执法力量非常有限,因此,很多行政领域中,行政机关制定了数量不菲的部委规章,鼓励民众通过投诉向行政机关提供违法线索,以弥补行政机关执法力量和能力的不足。这些规章虽然在内容上存在些许不同,但在职权依据、权利义务、办理程序等方面却大同小异。

---

① [德]哈特穆特·毛雷尔:《行政法学总论》,高家伟译,法律出版社2000年版,第152-153页。
② 王和雄:《论行政不作为之权利保护》,三民书局股份有限公司1994年版,第140页。
③ [德]哈特穆特·毛雷尔:《行政法学总论》,高家伟译,法律出版社2000年版,第155页。

笔者搜集了13个有关投诉举报的管理办法等。①这13个部委规章,均明确规定了处理投诉人投诉的法定机关和受理的条件;有10个规章规定了受理期限,9个规章规定了办理期限和延长办理的情形;12个规章规定了处理投诉的行政机关负有将投诉处理结果告知投诉人的义务,而且进一步明晰了告知的内容。以原《食品药品投诉举报管理办法》为例,在第一条就明确了制定该办法目的之一是"规范食品药品投诉举报管理工作";在第四和第五条确定了国务院食品药品监督管理部门和地方各级食品药品监督管理部门作为办理投诉事务的法定机关;在该办法中还对投诉的受理、办理程序作出具体而详细的规定,并要求"投诉举报承办部门应当自投诉举报受理之日起60日内向投诉举报人反馈办理结果;情况复杂的,在60日期限届满前经批准可适当延长办理期限,并告知投诉举报人正在办理。办结后,应当告知投诉举报人办理结果"。2018年3月1日起施行的《政府采购质疑和投诉办法》在第三十三条第(三)项甚至规定,投诉处理决定书应当告知相关当事人申请行政复议的权利、行政复议机关和行政复议申请期限,以及提起行政诉讼的权利和起诉期限。所以,行政机关已经制定了相关投诉管理办法,从职权依据、行政程序、权利义务等方面将投诉人的投诉权保护落到实处。除部委规章以外,一些位阶更高的法律也明确规定了投诉人在特定情形中,可以针对侵犯其民事权益的违法行为投诉的权利。比如,《中华人民共和国城乡规划法》第九条就赋予任何单位和个人举报或者控告违反城乡规划行为的权利,也规定了城乡规划主管部门或者其他有关部门对举报或者控告及时受理并组织核查、处理的义务。由此可见,实定法不仅赋予了投诉人投诉权,而且从法定职责、办理程序、答复内容等方面确定了行政机关向投诉人作出答复的法定义务。

2. 法律、规章保护投诉人的个人利益。一般而言,利益指向可以从法律规定中推断出来。有些法律明确规定以保护个人合法权益为目的;如果没有这种明确规定,就需要借助一般法律解释方法认定有关法律规定是否应当以及应当保护什么样的个人合法权益。从投诉人的公权利看,一部分法律、规章直接在立法目的中就确定了保护投诉人合法权益的立法意图。例如,《住房城乡建设领域违法违规行为举报管理办法》在第一条就明示其立法目的:规范住房城乡建设领域违法违规行为举报管理,保障公民、法人和其他组织行使举报的权利,依法查处违法违规行为。可见,住房和城乡建设部将投诉作为公民、法人和其他组织的一项权利。又如,《价格违法行为举报处理规定》在第一条也明确:为保障公民、法人或者

---

① 这13个规范性文件分别是:《食品药品投诉举报管理办法》《12398能源监管热线投诉举报处理办法》《保险消费投诉处理管理办法》《工商行政管理部门处理消费者投诉办法》《价格违法行为举报处理规定》《社会组织登记管理机关受理投诉举报办法(试行)》《涉外劳务纠纷投诉举报处置办法》《文化市场举报办理规范》《文物违法行为举报管理办法(试行)》《征信投诉办理规程》《证券期货违法违规行为举报工作暂行规定》《政府采购质疑和投诉办法》和《住房城乡建设领域违法违规行为举报管理办法》。

其他组织依法举报价格违法行为的权利,规范价格主管部门对价格违法行为举报的受理、办理、告知等工作,根据《中华人民共和国价格法》及有关法律、行政法规,制定本规定。上述两例均可说明,除了保护社会公共秩序外,一部分法律、法规也以保护投诉人的投诉权为根本目的。

(二)与民事权利紧密联结的公权利

通常而言,受害人民事权利的弥补并不需要行政机关的介入,平等主体之间通过合法途径即可化解矛盾纠纷。例如基于购买行为而产生的侵权纠纷,受害人完全可以直接向法院主张其合法权益。原则上,投诉人也无法针对行政机关向被投诉人作出的行政处理决定提起行政诉讼。但在一些特殊情形中,当民事权利受到损害后,只能借助行政机关的介入才能得到完全救济,或者行政机关的介入会使得民事权利能够更全面、快捷地得到救济。换言之,行政机关在一些特殊情形中负有介入民事法律关系,保护受害人合法权益的义务。以殴打他人为例,A对B实施了殴打行为,造成B轻微伤。该纠纷显然属于平等主体之间的纠纷,B可以提起人身侵权之诉,要求A对其受到的损害予以赔偿,也可以依照《中华人民共和国治安管理处罚法》第九条的规定,要求行政机关介入组织调解。但仅民事赔偿显然不足以完全覆盖B的合法权益,故其还可以向公安机关投诉A的违法行为,要求公安机关对A给予治安处罚。对于民事赔偿,B完全可以通过自身的努力,向法院提起诉讼,实现权利的保护。但对于B而言,其当然不能以自力救济的方式自行对A实施行政拘留。因此,当行政机关具有保护投诉人合法民事权益的义务时,投诉人便享有与民事权益具有紧密连接的主观公权利。

四、对《行诉解释》第十二条第(五)项的再解释

有损害就应当有救济。通过以上分析,投诉人享有投诉权,同时当一些民事权利受到损害时,请求公权力的介入也是必要的。一旦这些主观公权利被行政机关侵害,投诉人便具有向法院提起行政诉讼的请求权基础。当然,法院审理行政案件时必须以行政行为为依托,这就需要确定法院司法审查的对象,明确《行诉解释》第十二条第(五)项中"行政机关作出或未作出处理"的所指。

(一)行政机关向投诉人作出答复行为或未作出答复的行为

首先,行政机关向投诉人作出答复的行为。投诉作为一种特殊的制度安排,设定的初衷在于通过投诉人向行政机关提供被投诉人的违法线索,触发行政程序,达到保护投诉人自身合法权益和公共利益的目的。为全方位保护投诉权,行政机关的答复行为应当受到司法审查。其实,投诉答复行为具有行政行为的处理性,并非程序性的告知行为。因为在有关投诉举报的法律规范中,不仅规定了履行答复职责的行政主体、履行答复的行政程序,还明确要

求行政机关在调查处理后,将结果告知投诉人。因此,从法律效果上看,举报人依法享有举报权、要求答复权等行政法权利。既然举报行为以请求权为后盾,那么举报答复行为的行政法律行为属性也就非常明确。[1] 有必要明确的是,投诉权是一种比较特殊的权利,如同政府信息公开领域内的知情权一样,行政机关答复行为的处理性主要体现在行政机关应当按照行政程序的明确规定,将有关调查处理的真实信息及时提供给投诉人。

其次,行政机关未向投诉人作出答复的行为。前文已述,为保护个人的合法权益,投诉人依据法律或者规章等规定享有向行政机关提出申请,要求启动行政程序,并作出答复,告知调查处理结果的权利。既然投诉人享有投诉权,行政机关在收到申请后在相当期限内未向投诉人作出答复的,就侵害了投诉人的投诉权,该不予答复的行为构成行政不作为,应当属于"未作出处理"的情形。事实上,不履行答复行为和答复行为本身就是一个硬币的两面。

(二)行政机关向被投诉人作出的行政处理决定或未作出处理的行为

作为行政相对人,投诉人因实定法的规定,享有投诉权,故对答复行为可提起行政诉讼。但投诉人对行政机关向被投诉人作出或不作出行政处理决定则多数情况下不享有应予保护的主观公权利,故其与作出或不作出行政处理决定的行为不存在《行诉解释》第十二条第(五)项中所明确的利害关系。然而,在一些特殊情形中,行政机关具有保护投诉人民事权益的法定义务,故投诉人与行政机关作出或未作出处理的行为具有利害关系。

首先,行政机关作出的便于投诉人民事权利获得救济的行政处理决定。理论上看,民事权利和主观公权利应通过不同的法定途径得到救济,因而法律一般不会提供重复的救济,即一项权利不能依照民事法律的规定得到保护的同时,还能依照行政法的规定得到保护。但实际上,确实有一些权利可以通过以上两种方式获得保护。比如,当邻居建造的违法建设妨害了当事人的通风采光时,其可以依据《中华人民共和国民法典》第二百九十三条的规定,要求邻居停止侵害,排除妨碍,赔偿损失;也可以依据《中华人民共和国城乡规划法》《住房城乡建设领域违法违规行为举报管理办法》的规定向行政机关投诉,要求行政机关介入,查处违法建设,消除侵害。以上两种途径均可以达到保护相邻权的目的。不过,从当事人的角度而言,通过投诉达到保护合法权益的方式显然便捷又经济。由于行政机关的处理决定对投诉人的合法权益造成直接影响,故投诉人可以向法院提起行政诉讼,质疑该处理决定的合法性。实践中,公平竞争权也属此列。

其次,行政机关作出的影响投诉人受损民事权利获得救济的行政处理决定。私权利和公权利虽非泾渭分明,但受到侵害后通常应依据不同的法律规定寻求救济途径。不过,两者也非完全不可交叉、相互平行的权利,在一定情形中,两者不但会重合,还可能形成互动、共

---

[1] 黄小波:《试论举报答复行为的行政法属性》,载《行政法学研究》2007年第4期。

振现象,即行政处理决定影响民事权利救济的实现。比如,在特许经营领域内,当特许经营权受到当事人侵犯时,特许经营者应首先寻求行政机关的保护而不是直接以第三人为被告提起民事诉讼,行政许可机关收到保护申请后应当及时采取有效措施加以保护。再如,某条河流是甲县和乙县的界河,甲县渔业局给张某颁发了养殖许可证,乙县渔业局给李某颁发了捕捞许可证。张某认为李某捕鱼而侵犯其养殖权,李某认为自己捕捞合法,有捕捞证为依据。此时,张某直接到法院起诉李某侵权是不合适的,因为双方的纠纷表面上是民事纠纷,实质上是两个行政机关之间的行政争议。张某认为李某侵害其养殖权时,应当首先寻求甲县渔业局的保护。① 不过,如果行政机关作出的行政处理决定对投诉人寻求民事救济不产生直接影响,即便投诉人偶然因为行政处理决定获得利益,其也仅是反射的利益,故投诉人不能针对此类行政处理决定提起行政诉讼。最为典型的例子便是违法行为被查实后,投诉人能够依据相关规定获得一定数量奖励的情形。《举报、查处侵权盗版行为奖励暂行办法》规定,举报人的举报事实清楚、查证属实并符合其他条件的,对举报人进行奖励。由于处罚决定仅是保护社会公共利益,或者在特殊情形中,兼顾保护投诉人的合法民事权益,故投诉、举报人得到奖励仅是行政机关在保护公共利益时客观权利的反射,投诉、举报人不能为获得奖励针对行政机关作出或者不作出行政处罚决定提起行政诉讼。

最后,行政机关未向被投诉人作出上述行政处理决定的情形。在前述两种情形中,投诉人对行政机关的行政处理决定享有主观公权利,与行政处理决定具有利害关系,可以提起行政诉讼。与此相对应,如果行政机关未作出行政处理决定的,该不作为当然也影响投诉人的合法权益,故对未作出处理的,投诉人也可以提起行政不作为之诉。

五、结束语

法律文本中概念语词的模糊性和意义的不确定性、法律漏洞的必然存在、法律规范的滞后性、法律规范之间的冲突及法律价值的隐藏等众多原因,导致法律解释成为司法裁判的必然前提。② 最高人民法院在颁布《行诉解释》后,通过编写的《最高人民法院行政诉讼法司法解释理解与适用》对该条作出了说明。投诉处理行为可诉需要满足两个条件:一是行政机关作出或者未作出处理。这里的"处理"指的是对相对人的权利义务或者地位加以改变或者意图改变。二是投诉的目的在于维护投诉人的合法权益。行政诉讼本质上是受害人之诉,只有主张维护自身合法权益的人才可能成为行政诉讼的原告。比如,按照产品质量法的规定,产品质量监督部门或者工商管理部门接到产品问题的申诉后,可以对生产或者销售者进

---

① 肖泽晟:《公共资源特许利益的限制与保护——以燃气公用事业特许经营权为例》,载《行政法学研究》2018年第2期。

② 陈金判:《法律解释规则及其运用研究(上)——法律解释规则的含义与问题意识》,载《政法论丛》2013年第3期。

行调查,如果问题属实,则可以作出处罚决定等相关处理。因此,该投诉、申诉行为可诉。如果申诉人是出于消费目的的购买者,则其原告资格应当得到认可。[1]虽然最高人民法院对《行诉解释》第十二条第(五)项规定中的"处理"进行了说明,但并未清晰回答投诉人司法审查对象究竟为何的问题。笔者从主观公权利出发,对该条进行了再解释,厘清了司法审查的对象。当然,除了投诉类行政案件司法审查对象确定外,有关投诉举报类行政案件的其他疑难问题仍然不少。例如,如何认定职业打假人?是否赋予购买了商品的职业打假人原告资格?如何对答复行为进行司法审查?这些问题都对法院的司法智慧提出了巨大挑战,法院的裁判不但关涉到个案的公正,还会对我国目前所处阶段的社会治理产生不小的影响,因此如何妥善处理这些问题仍然有待理论和司法界进一步的深入研究。本文仅是将投诉举报类案件的司法审查向前推进了一小步而已。

---

[1] 最高人民法院行政审判庭:《最高人民法院行政诉讼法司法解释理解与适用》,人民法院出版社2018年版,第102页。

·青年法苑·

《刑法修正案(十一)》的法教义学检视
——以"妨害社会管理秩序罪"为切入点

张梓弦[*]

摘　要：《刑法修正案(十一)》的公布为检验时下的立法姿态是"理性"抑或"感性"提供了良好的平台。在"积极主义刑法(立法)观"的话语体系下，"理性"的标准之一即为摒弃将"积极"等同于"积极增设新罪"的思维模式，取而代之的思考路径应是将"积极"解读为"积极调整"。基于此前提，《刑法修正案(十一)》对于"高空抛物罪"以及"催收非法债务罪"的新设明显是以立法的方式僭越了刑法解释学应尽职责的领域，因而不可取；而"妨害兴奋剂管理罪"之新设虽形式上符合"理性扩张犯罪圈"的旨意，但《刑法修正案(十一)》对此新设罪名的章节编排之问题点仍无法通过解释论得以消弭，因而可考虑以其他路径实现"积极主义刑法(立法)观"的实质贯彻。

关键词：刑法修正案(十一)　积极主义刑法(立法)观　社会管理秩序

一、问题的提出："理性"的修法与"感性"的修法

众所周知，《中华人民共和国刑法修正案(十一)(草案)》的一次审议稿及二次审议稿(以下分别简称"一审稿""二审稿")已分别于2020年7月和10月正式公布。在针对两次审议稿中的诸多细节之探讨尚未偃旗息鼓之际，经第十三届全国人大常委会第24次会议

---

[*] 作者简介：张梓弦，北京大学法学院博士后研究人员。

审议,《中华人民共和国刑法修正案(十一)》)(以下简称《修十一》)于二审稿公布的两个月后旋即问世。相比之下,《修十一》虽对二审稿已做修改的部分罪名构成要件再次予以了微调,但对新增设之罪名的章节编排等则是完全沿袭了二审稿的设定;而对《修十一》的立法进程加以审视可知,争议点颇为显著且于两次审议中有着较大体系更动的罪名大多集中在妨害社会管理秩序罪一章中。如《修十一》延续了二审稿的体系编排,将在审议前既已形成热议之势的"高空抛物罪"及"侵害英雄烈士名誉、荣誉罪"之体系定位分别由一审稿中的"危害公共安全罪"及"侵犯公民人身权利、民主权利罪"移至了妨害社会管理秩序罪之下;此外,如两次审议稿均将"催收非法债务罪"作为第二百九十三条之一规定在了寻衅滋事罪之后,此后的《修十一》亦维持了此举措。同时,《修十一》肯定了二审稿在一审稿的基础上于妨害社会管理秩序罪一章中所新设的诸如"冒名顶替罪"及"妨害兴奋剂管理罪"等。截至于此,《修十一》对于妨害社会管理秩序罪一章的罪名之增补占据了14条之多。种种迹象表明,在妨害社会管理秩序罪这一领域,当学者们尚未完全施展解释学的片长薄技时,"规范膨胀"之浪潮已悄然而至。

　　从直观的角度而言,修正案的起草者们始终在秉持着积极回应社会热点问题的立法姿态,这从前文部分条款的简述即可看出端倪。如高空抛物、侮辱英烈、滥用兴奋剂、利用优势地位实施性侵等,无一不是时下汹涌民意的聚合点;若按图索骥,此等罪名之新设也皆可找到成为"立法导火索"的最初事件原型。诚然,起草者对于社会事件及公众舆论予以及时回应自然有其合理的一面,如休谟所言,"统治者除了舆论之外再无他法以支持自己,因此,政府唯一的基础是意见"[①];据此,立法固然受舆论或民众情绪影响,这在各国刑事立法中都难以避免[②],但是,当立法者不再重视"前立法阶段"的立法必要性等评判,不再追求刑罚规范的实际效果,而更多的只是为了表达某种姿态与情绪、态度与立场时,此类立法便沦为了感性的"象征性立法"[③]。因而,在回避刑事立法"只象征、无实效"的语境下,"社会公众的不安感及由此引发的对刑事立法犯罪化、重刑化的强烈支持是导致刑事立法扩张的重要原因;为避免出现情绪化、非理性化立法,必须对社会公共中的形式诉求进行过滤"[④]。

---

　　① Hume. Green and Grose, Essays, vol.i, Essay iv, p.110.转引自[英]戴雪:《公共舆论的力量:19世纪英国的法律与公共舆论》,戴鹏飞译,上海人民出版社2014年版,第44页。
　　② 参见周光权:《积极刑法立法观在中国的确立》,载《法学研究》2016年第4期,第37页。
　　③ 参见刘艳红:《象征性立法对刑法功能的损害——二十年来中国刑事立法总评》,载《政治与法律》2017年第3期,第37页。此外,部分学者并未使用"象征性立法"一词,而是使用诸如"情绪化、空想型立法"这一用语(参见付立庆:《平衡思维与刑法立法的科学化》,载《法学》2018年第3期,第77页)。不过,后者同样旨在强调"不考虑可执行性,甚至也未必充分论证其必要性"的"感性"特征,这实际上和其他论者笔下的"象征性立法"的内容有相似之处。
　　④ 参见程红:《象征性刑法及其规避》,载《法商研究》2017年第6期,第26页。

但无论如何,一个不争的事实是,适度犯罪化的时代在我国既已来临。①自《中华人民共和国刑法修正案(八)》将"危险驾驶"入罪伊始,我国刑事立法的总体倾向呈现出"只增不减,只改不删"的趋势。②如对此类立法现象加以归纳,近来被频繁提及的"积极主义刑法(立法)观"③或许可以成为折射时下立法动向的一个坐标。持此观念的论者指出,"我国目前的刑法结构仍然存在一种从'厉而不严'的恶性结构到'严而不厉'的良性结构的演进和优化的过程之中,在这样一种整体趋势之下,……我国当下仍是一个严密刑事法网的过程,是渐次的犯罪化过程"④。但这一理念并不与刑法谦抑性矛盾,⑤因为"积极"这一概念并非昭示着"无条件、无限制"地扩张处罚范围,即便是支持积极主义刑法(立法)观的论者,也都会在肯定刑法应积极介入生活时加入"适度理性犯罪化""增轻不增重""明晰刑法与其他部门法间的关系"或"增强立法实证研究及实效性鉴别"等限定或考量,企图寻得犯罪圈扩张范围的底线和边界。⑥

基于上述铺陈可见,积极主义刑法(立法)观为更多学者所提倡,且经过近年来学者们的不懈努力,在单纯的积极主义概念上植入了诸多理性的限制或以理性的方式对积极主义刑法(立法)观进行了细化;不过,积极主义刑法(立法)观当然也有其感性的一面,如前所述,任何理性一般人都无法回避或忽略来自社会层面的"感性需求",因而立法的理性永远是建立在对立法的感性诉求之上的。因此,在本文看来,没有必要也不可能将"积极主义刑法(立法)观"与"象征性立法"形容为白黑两极,将前者奉为圭臬而对后者弃若敝屣。在"前立法阶段"对新设罪名予以合目的性评判时,也应以区分"纯粹的感性"和"基于感性之上的理应"为目的和指导;故此,有必要思考以下两点:第一,是否针对某一社会问题或某一既已发生的事件穷尽现有规范之解释也无法归罪;第二,如果确无现行规范可用,新设罪名之章节编排选择及构成要件内容理应为何。从《修十一》的角度而言,前文所述妨害社会秩序类犯罪的诸多变化便是印证上述两点的最好例证;当然,本文无法在有限的篇幅内做到面面

---

① 参见刘艳红:《人性民法与物性刑法的融合发展》,载《中国社会科学》2020年第4期,第115页;白建军:《犯罪圈与刑法修正的结构控制》,载《中国法学》2017年第5期,第69页。
② 当然,《刑法修正案(九)》删除"嫖宿幼女罪"是一个值得肯定的"例外"。
③ 本文所称"积极主义刑法(立法)观"不代表积极刑法观等同于积极主义立法观,而应解释为后者只是前者的一个维度。但由于本文主要是就《修十一》所展开的评述,因而在文章中会将此两种说法并用,务请读者注意。
④ 参见付立庆:《论积极主义刑法观》,载《政法论坛》2019年第1期,第100页。
⑤ 参见周光权:《转型时期刑法立法的思路与方法》,载《中国社会科学》2016年第3期,第133页以下。另有学者指出"晚近刑事立法犯罪化的扩张,既不是背离谦抑性的象征性立法之态,亦非告别传统刑法观转向积极刑法观的告白檄文"(参见田宏杰:《立法扩张与司法限缩:刑法谦抑性的展开》,载《中国法学》2020年第1期,第177页)。但从立法扩张并不有悖刑法谦抑性的角度来看,其与积极主义刑法观在大方向上并无二致。
⑥ 这些限定或考量基本上都可见于支持"积极主义刑法(立法)观"和反对纯粹的"象征性立法"的学者的论著中。参见张明楷:《增设新罪的观念——对积极刑法观的支持》,载《现代法学》2020年第5期,第166页;付立庆:《论积极主义刑法观》,载《政法论坛》2019年第1期,第109页;周光权:《积极刑法立法观在中国的确立》,载《法学研究》2016年第4期,第33页以下。

俱到，因而仅选取《修十一》中的三个具体罪名，从解释学出发对其内容及体系定位予以评释。

二、"高空抛物罪"的实然与应然

从社会关注度的角度而言，高空抛物是否应当入刑的问题并非在《修十一》的立法工作启动后才被提上议程的；相反，实务中先前的诸多判决已把这一问题推至了风口浪尖。如发生于2014年的王美刚高空抛物案中，被告人因产生不良情绪于楼顶拿起两块红砖扔下，该红砖击中正在路边行走的被害人头部，致其重伤倒地，后经抢救无效死亡。法官认定被告人构成以危险方法危害公共安全的理由是，"就所抛掷的地点而言，其为公共场所，能致不特定的人或物处于极度的危险当中"①。此外，2017年的李旭晨高空抛物案中，被告人在小区阳台处先后扔出一个啤酒瓶和一个玻璃杯，砸中站在楼下操场上的叶某头部致其颅脑严重损伤。关于此案，法院指出："李旭晨从50余米的高楼上先后将空啤酒瓶、玻璃杯扔向学校操场，其后果可能伤及不特定多数人。其行为造成了相应的危险和侵害结果，对人员伤害的危险性与刑法所列明的放火、决水、爆炸、投放危险物质等犯罪行为相当，危害不特定人员的生命、健康以及公私财产的安全"②。

顺应此类判例的生成，司法实务界于早先既已有所回应。如2019年发布的《最高人民法院关于依法妥善审理高空抛物、坠物案件的意见》（下文简称《高抛意见》）中指出："故意从高空抛弃物品，尚未造成严重后果，但足以危害公共安全的，依照刑法第一百一十四条规定的以危险方法危害公共安全罪定罪处罚；致人重伤、死亡或者使公私财产遭受重大损失的，依照刑法第一百一十五条第一款的规定处罚。"此后，通过以危险方法危害公共安全罪来规制高空抛物案似已成为实务界的一贯思路。

（一）一审稿：作为保护法益的"公共安全"概念之稀释

显然，上述司法解释也直接影响了一审稿对于高空抛物罪的体系性定位。一审稿于刑法第一百一十四条中增加两款，规定"从高空抛掷物品，危及公共安全的，处拘役或管制，并处或单处罚金""有前款行为，致人伤亡或者造成其他严重后果，同时构成其他犯罪的，依照处罚较重的规定定罪处罚"。至此，官方以明确的态度肯定了司法实务的立场③，但也将如何理解"公共安全"的问题再一次抛给了学界。

有关危害公共安全罪中"公共"的内涵，我国学界观点已从早先的"不特定多数人"的

---

① 参见《人民司法·案例》2015年第20期，第19页以下。
② 参见《最高人民法院公报》2020年第5期（总第283期），第43页以下。
③ 支持将高空抛物罪作为一种危害公共安全之犯罪的观点可见陈兴良：《刑法定罪思维模式与司法解释创制方式的反思——以窨井盖司法解释为视角》，载《法学》2020年第10期，第13页。

立场①转至了"不特定或多数人"之立场②;据此,作为保护法益的公共安全即指代"不特定或多数人生命、身体或重大公私财产安全"③。但是,即便"不特定或多数人"这一理解方式可规避将"不特定少数人"或"特定多数人"从危害公共安全罪的保护范围内剥离的后果,"不特定"本身意指为何却言人人殊。以蒋某高空抛物案为例,被告人因与父母产生冲突将父母屋内手机、平板电脑、水果刀及其他杂物从14楼扔下,致使楼下三辆轿车物损4293元。判决理由指出,"从时间段上来看,事发时为夏季,17点为下班时间,小区内进出人员较为频繁,楼下公共区域人员随时可能增多;从小区布局看,属于人员可随意经过的公共场所,事发时停车场已停了数辆轿车;从抛物的具体情况看,被告人抛扔多件危险物品,加上被告人没有实际也不能控制物体抛坠的落点,导致抛落物品具有在一定范围内随机损害的特点,具备对不特定多数人造成现实危险的条件",据此肯定了蒋某构成以危险方法危害公共安全罪。④从中,可以提炼出用以判断公共危险存否的关键词为"人员随时增多""人员随意经过""抛落物随机损害"等;以此推演,司法实务界更倾向于将"不特定"的内涵解释为"随机"或"无差别"。

由一审稿可知,其并未遵循《高抛意见》将高空抛物作为以危险方法危害公共安全罪的亚类型加以理解的立法思路,而是在刑法第一百一十四条第一款和第三款另辟蹊径,将高空抛物与第114条所规定的其他行为类型予以了并立规定。但这并不代表一审稿赋予了高空抛物超然于危险方法危害公共安全罪的内涵。根据一审稿的体系编排,高空抛物罪仍然可被视为对以危险方法危害公共安全罪中"危险方法"的一种具体化、事实化描述;其所蕴含的公共危险之判断亦与以危险方法危害公共安全罪相同,应与放火、决水等典型危害公共安全类犯罪具有相当性或同质性。⑤既然如此,以放火罪等典型危害公共安全罪为例进而对高空抛物罪予以平行比对研究尤为必要,"不特定"的内涵也应由此而探寻。

以放火罪为例,在实施一般观念上的放火行为时,行为人的能量投入均是以"点"的状态而生(如以某易燃物品为引火媒介点火)进而扩大至一定的火势范围,因而从"引火"的视角而言其与高空抛物等行为类型并无本质差别;但不同于其他基于行为人之物理力所创设的实害结果,放火罪所固有的公共危险属性即在于其延烧范围是以一种"人为支配不能"

---

① 参见高铭暄、马克昌:《刑法学(下编)》,中国法制出版社1999年版,第609页;周道鸾、张军:《刑法罪名精释(下)》(第4版),人民法院出版社2013年版,第73页。
② 参见张明楷:《刑法学(第5版)》,法律出版社2016年版,第687页;黎宏:《刑法学各论》(第2版),法律出版社2016年版,第17页。
③ 参见张明楷:《刑法学(第5版)》,法律出版社2016年版,第687页。
④ 参见《人民司法·案例》2020年第20期,第29页以下。
⑤ 参见陈兴良:《现行刑法中具有口袋化倾向的罪名规范适用研究:口袋罪的法教义学分析》,载《政治与法律》2013年第3期,第9页;陆诗忠:《论"以危险方法危害公共安全罪"中的"危险方法"》,载《法律科学(西北政法大学学报)》2017年第5期,第64页;樊建民:《以危险方法危害公共安全罪过度适用检讨》,载《法商研究》2016年第4期,第98页。

的形态连锁性地扩大发展而成。部分学者在论述放火罪的客观属性时指出,"如果行为指向的是特定的个人或财物,犯罪分子能够有效地控制其损害的范围的,便不以放火罪论处"之背后的意旨便在于此。① 从这个角度出发,放火或决水等典型危害公共安全类犯罪中所谓的"不特定"之内涵即应理解为"具有随时扩大可能性的,且扩散范围及程度无法估量或支配";换言之,即便偶然因素的介入导致仅有少数被害客体停留在了犯行行为的侵害领域内,但仅存在少数被害客体的事实并不影响"被害领域具有潜在的、支配不可能的扩散倾向"。相反,若行为人之行为本身的能量投入和结果范围都是以"点"的状态而呈现,相应的"被害领域"不具有随时扩大的可能性,或即便可以人为扩大侵害领域之范围但该扩大是在行为人自由意志的范围内的选择或支配时,那么则不可肯定该类行为危害公共安全之属性。以判例为证,如林永强放火案中,判决理由指出"综合考虑放火对象物本身的性质和案发现场的周边环境等实际情况,一旦火势蔓延则难以有效控制"②;而在叶润生故意杀人案中,判决理由指出"原审被告人叶润生为报复林祖针,置他人生命于不顾,驾车朝林祖针的杂货店撞去,造成一死三伤的严重后果,虽其中一死二伤都是无辜群众,叶的侵害对象是明确的,损害范畴是特定的,是可以预见和控制的,其行为构成故意杀人罪。原审判决以危险方法危害公共安全罪定性不当"③。从以上措辞来看,实务界已经出现了不着眼于"被害个体的随机性"而将"对于被害范围的扩散是否具有支配(控制)可能性"作为取而代之的判断基准之判例。

而回到高空抛物的分析中,任何高空抛物类案件的被害领域仅能是以"点"的状态而呈现,在此种情形下,被害人是以一种随机或无差别的方式"被选择"至了行为人所创设的"被害领域"中,其固有的法益侵害性与"在人流量较大的公共场所随机刺杀他人"并无实质之差。因此,故意高空抛物等行为根据相应的实害后果分别被认定为故意杀人、故意伤害或故意毁坏财物等罪即可。④ 申言之,在危害公共安全罪的语境下,"不特定"与"特定"并非"表里关系",后者的对立概念仅能被解读为"随机",而非"不特定";即便"随机的被害个体"不止于一人,但这也仅彰显了"若干随机性侵害的人为叠加",而非"随机性的自发扩大"。⑤ 任何"不特定"如果脱离了"向由多数个体而组成的公共集合蔓延或发展"之倾向时⑥,便不再

---

① 参见黎宏:《论放火罪的若干问题》,载《法商研究》2005年第3期,第119页。
② 参见浙江省杭州市中级人民法院刑事裁定书(2016)浙01刑终724号。
③ 参见《中华人民共和国最高人民检察院公报》2000年第6期,第29页。
④ 参见张明楷:《高空抛物案的刑法学分析》,载《法学评论》2020年第3期,第23页以下。
⑤ 如有学者指出,此类"若干随机性侵害的人为叠加"其实涉及同种数罪的问题。参见劳东燕:《以危险方法危害公共安全罪的解释学研究》,载《政治与法律》2013年第3期,第27页。
⑥ 有学者据此认为无须额外认定"不特定",只需以"多数"为核心视角(参见劳东燕:《以危险方法危害公共安全罪的解释学研究》,载《政治与法律》2013年第3期,第27页)。不过,如此思考的理由并不意味着"不特定"并不重要,而是将"不特定"融入"多数"的判断中,即多数的内涵即为"存在可能随时扩大或增加被害范围意义层面的多数"。

具有可契合"公共安全"之概念的内核。

(二)二审稿:作为兜底性立法选择的"妨害社会管理秩序罪"

与此相对,二审稿的此番改动似乎是意识到了如此立法必定会引发学界的多重非议,因而选择直接把本罪安置在了妨害社会管理秩序罪一章中,进而规避了"公共安全"和"不特定"等关键词。毋宁说,此处存在一个更为深刻的担忧是,刑法分则第六章妨害社会管理秩序罪是否会彻底地沦为一个兜底性立法选择[1],即在认定公共安全、人身权利或者财产法益等存疑的时候,只要手段行为类型可被称为社会公众的聚焦点,那么就可仅凭手段行为所塑造出来的犯罪形象而将相应新设罪名安置于分则第六章之下。

事实上,问题的症结很大程度在于作为保护法益的社会秩序其内涵为何至今未有定论。例如,部分论者将社会秩序定义为"根据社会规范所维持的正常的公共生活状态"[2],但诸如故意杀人或抢劫等犯罪势必也彰显了对社会规范所维持的正常公共生活状态之打破;显然,此类定义未能在此层面自圆其说。与此同时,部分传统观点从消极层面界定了不应隶属于妨害社会管理秩序罪的行为类型,即"任何犯罪都从不同角度侵害了广义的社会管理秩序;但是,我国《刑法》分则已对侵害国家安全、社会公共安全、市场经济、人身权利、民主权利、财产权利、国防与军事利益以及国家机关正常活动等社会秩序的行为专门分章作了规定,因此这类犯罪所侵犯的同类客体是狭义的社会管理秩序"[3]。但如此的界定方式显然只是对刑法分则章节编排的单纯描述,而非从正面对社会管理秩序予以积极的框定;尤其是对于立法者在新设罪名时的章节编排选择方面,此观点亦未能提供一个确切的引导标准。

有鉴于此,部分学者从社会管理秩序本身入手,企图寻得一个妥善的定义。如有学者指出,"社会管理秩序是指由社会生活所必须遵守的行为准则与国家管理活动所调整的社会模式、结构体系和社会关系的有序性、稳定性与连续性"[4];另有学者指出,"社会管理秩序包含了社会秩序,这里的社会秩序是与政治秩序、经济秩序相对应的概念,是社会生活秩序;同时,社会管理秩序又包含了管理秩序,具有国家对社会秩序进行管理的内容"[5]。这些观点对于探索社会法益区别于个人法益的特征而言当然有着长足的进步,但仍未能对妨害社会管理秩序罪划定一个合理的射程范围。而从"行为准则""生活秩序"等兼具社会和个人之面向的措辞来看,现有的定义同样没能合理界分"侵犯个人权利"与"侵犯社会秩序"之域。

不过,能否将"个人领域"从"社会领域"中完全割裂本是一个无法证成的命题。如卢

---

[1] 参见卢恒飞:《网络谣言如何扰乱了公共秩序?——兼论网络谣言型寻衅滋事罪的理解与适用》,载《交大法学》2015年第1期,第123页。
[2] 参见王作富:《刑法分则实务研究(中册)》(第3版),中国方正出版社2007年版,第1190页。
[3] 参见高铭暄、马克昌:《刑法学(第9版)》,北京大学出版社2019年版,第519页。
[4] 参见张明楷:《刑法学(第5版)》,法律出版社2016年版,第1030页。
[5] 参见陈兴良:《寻衅滋事罪的法教义学形象:以起哄闹事为中心展开》,载《中国法学》2015年第3期,第268页。

梭在论证社会公约时既已指出:"我们每一个人都把我们自身和我们的全部力量置于公意的最高指导下,而且把共同体中的每个成员都接纳为全体不可分割的一部分。"① 从这个角度而言,广义层面的"社会"本就具有"人类集体"之面向,并同时涵摄了"人们之间的直接交流"及"增进集体福利"等内在含蕴。② 同样,在刑法语境中,彻底将"个人领域"从"社会领域"中予以剥离近乎系风捕景;在此前提下,更为合理的思考路径即在于摒弃个人法益与社会法益之界的彻底明晰,取而代之的方式是探讨社会法益缘何不同于单纯的个人法益之叠加。③ 循此思路,一个可取的解释方式是将妨害社会管理秩序罪的部分行为类型与危害公共安全罪之内涵进行平行比对。以二审稿对于高空抛物罪的体系定位,即我国刑法分则第六章第一节的"扰乱公共秩序罪"为例,有学者指出,公共安全和公共秩序之中的"公共"概念,乃是相对于国家利益和个人利益的社会利益,利益之主体是社会公众,因而"公共"概念可以转换为刑法分则章节之下条文中的更为具体的概念——"公众",公众是指不特定人或多数人。④ 由此视之,至少我国刑法分则第六章第一节的各罪名与刑法分则第二章的各罪名共享同一个"公共"之概念,并可借此概念来阐述此章节下的罪名为何没有安置于侵犯公民人身权利等章节之下的缘由;亦即,前者旨在保护"不特定或多数人的生活平稳与安宁"⑤,后者旨在保护"不特定或多数人的生命、健康或财产等"。依本文前述观点,"不特定或多数人"本身具有一定程度的不明确性,根据放火罪等典型危害公共安全类犯罪之客观特征的归纳,"被害领域具有随时扩大可能性的,且扩散范围及程度无法估量或支配"之描述更能匹配"公共"的本质内涵,"公共秩序"同样应作此解。但与放火罪等典型危害公共安全类犯罪稍有不同的是,刑法分则第六章第一节中各罪之实现方式并不具有经由自然力之扩散而导致的"支配不可能性";相反,扰乱公共秩序类犯罪是通过行为人针对"分担社会机能或构成社会集合的抽象领域"之侵扰从而导致了相应领域的停滞、瘫痪,而鉴于社会各领域间的连带依赖性⑥,部分领域的瘫痪状态可能随着参与者的递增而具有向周边领域扩散的连锁效应,因而具有支配不可能性。

据此,高空抛物不满足公共秩序意义层面的"不特定或多数人"之内涵已在前文有所指明。而在妨害社会管理秩序罪的语境下,一个可能的入罪逻辑是将高空抛物罪所保护的法益认定为被害个体不会随机"被选择"至行为人实施高空抛物而生的被害领域内的"安全

---

① 参见[法]卢梭:《社会契约论》,李平沤译,商务印书馆2017年版,第20页。
② 参见[美]查尔斯·霍顿·库利:《人类本性与社会秩序》,包凡一、王源译,华夏出版社2015年版,第26页。
③ 类似分析路径可参见刘艳红:《随意殴打型寻衅滋事罪研究》,载《中国刑事法杂志》2014年第1期,第43页以下。
④ 参见卢恒飞:《网络谣言如何扰乱了公共秩序?——兼论网络谣言型寻衅滋事罪的理解与适用》,载《交大法学》2015年第1期,第124页。
⑤ 参见卢恒飞:《网络谣言如何扰乱了公共秩序?——兼论网络谣言型寻衅滋事罪的理解与适用》,载《交大法学》2015年第1期,第123页。
⑥ 参见[法]埃米尔·涂尔干:《社会分工论》,渠敬东译,生活·读书·新知三联书店2000年版,第181页。

感"。① 若依此理解，我国刑法第二百九十一条之一的投放虚假危险物质罪及编造、故意传播虚假恐怖信息罪即可理解为保护"安全感"而创设之罪名。同时，有学者指出，"安全感"或"恐慌心理"本身只是此类犯行的反射效果，而非保护法益；真正的保护法益理应为其背后的"社会秩序"。② 故此，且不论将安全感作为保护法益的当否，从安全感所折射的社会秩序这一角度而言，将高空抛物罪作为刑法第二百九十一条之二编排至投放虚假危险物质罪之后似乎仍有一定程度的可行性。但在本文看来，高空抛物行为类型的本质特征决定了其所折射的不安感之内涵与投放虚假危险物质罪等全然不同。究其原因在于，偶遇高空抛掷物的不安感与偶遇抢劫或偶遇交通事故所带来的不安感并无本质差别，此种不安感是在一国治安体系下的实然结果。而不同于高空抛物案中被害领域的"点性特征"及"扩散范围的支配可能性"，投放虚假危险物质罪的固有法益侵害性并不仅仅在于不安感本身，而是在于"基于此不安感而为避免不具有支配可能性且随时具有扩散性质的危险之现实化而导致的不特定或多数人客观生活秩序遭到损害"③。因而如前所述，只需根据相应的实害结果，确定故意高空抛物之行为应分属故意杀人、故意伤害或故意毁坏财物等即可，无须在分则第二章或第六章内节外生枝。④

三、"催收非法债务罪"的体系逻辑与手段行为叙述

与高空抛物类案件相比，非法索债类案件往往因行为人手段行为之卑劣而更能聚集社会大众的视线。2018年"于欢案"的出现，更是将这一问题推至舆论的交火口。⑤ 以此为契机，"公检法司"于2018年联合下发的《关于办理黑恶势力犯罪案件若干问题的指导意见》（下文简称《扫黑意见》）中指出，"为强索不受法律保护的债务或因其他非法目的，雇佣、指使他人有组织地采用上述手段寻衅滋事，构成寻衅滋事罪的，对雇佣者、指使者，一般应当以共同犯罪中的主犯论处"；此外，呼吁单独设立非法催收债权罪的学界之声亦不绝于耳⑥。种种迹象的叠加，直接促成了本次《修十一》对第二百九十三条之一的新设，但在此之前，是否对于催收非法债务之规制已于解释论层面无计可施，以至于有必要动用立法来对妨害社会管理

---

① 认为"安全感"可作为保护法益的观点可参见吕英杰：《风险刑法下的法益保护》，载《吉林大学社会科学学报》2013年第4期，第32页。
② 参见刘炯：《法益过度精神化的批判与反思——以安全感法益化为中心》，载《政治与法律》2015年第6期，第83页。
③ 参见张明楷：《高空抛物案的刑法学分析》，载《法学评论》2020年第3期，第21页注39。
④ 另外，按照本文前述"公共秩序"的理解方式，诸如妨害公务类犯罪也不应隶属扰乱公共秩序罪之列。理由在于，妨害公务罪实际上保护的是"国家（和相应国家机关）的执行权能"，而非公共秩序（Vgl.Rengier. Strafrecht BT. II , 21.Aufl, 2020, §53, Rn.2.）。
⑤ 参见"于欢故意伤害案"，最高人民法院指导案例93号（2018年）。近期案例可参见：湖南省怀化市鹤城区人民法院刑事判决书（2020）湘1202刑初120号；辽宁省阜新市中级人民法院刑事裁定书（2020）辽09刑终106号；山东省淄博市中级人民法院刑事裁定书（2020）鲁03刑终89号之二。
⑥ 参见王红举：《非法催收贷款行为的刑法规制》，载《法学杂志》2019年第3期，第60页以下。

秩序罪一章予以如此之扩张,是首先应当检验的问题。

(一)基于体系性架构的审视

1. 前置问题:与"以非法手段催收合法债务"的比对

若对历来的学理分析加以审视,则可发现"以非法手段催收非法债务"之论证实际上是作为"以非法手段催收合法债务之定性"这一问题的"衍生品"而存在的。[①] 与此相关,一个不可回避的学界惯用语即为"权利行使"。如历来争论不休的"违法相对论"与"缓和的一元论"的对立,实际上大多是在"权利行使"的语境下予以展开的。例如,在债权人为实现合法债权而对债务人施以暴力、胁迫的案件中[②],"违法相对论者"基于刑事违法性相对独立于其他法域的判断方式,认为在债务人对涉债钱款的占有系合法的前提下,债权人的权利行使行为当然地造成了债务人的财产损失,且民法赋予债权人的系请求履行债务的权利,而不允许直接剥夺债务人对财产的占有,因而债权人的非法占有目的亦可被肯定[③];而"缓和的一元论者"立足于法秩序的统一的立场,认为若能肯定民法意义上的有效偿还当然也不能肯定债务人的财产损失,而债务本身的合法性同样是行为人欠缺非法占有目的的表征[④]。

可见,上述问题会因论者的立场不同而得出相反的结论,抑或尽管能够得出相同的结论但具体的论据定然会因人而异;但无论如何,从上述说明亦可看出,"以非法手段催收合法债务"的争议点仍然是以财产犯罪的脉络为主线而展开的,仅当财产犯罪的实体(如非法占有目的、财产损害等)未能具备时,方需论及手段行为之不法以归罪[⑤]。将此分析思路推及"以非法手段催收非法债务"的情形亦然。换言之,在判断"以非法手段催收非法债务"的罪与罚时,财产犯罪的成否仍应是首要的考量要素[⑥],只是相比"以非法手段催收合法债务"

---

① 参见于改之:《自力实现债权行为的刑法教义学分析:以我国《刑法》第238条第3款的性质为基础》,载《政治与法律》2017年第11期,第98页。

② 实际上,"债权实现型"的权利行使类案件可进一步区分为"仍在合法存续期内的合法债权"和"已逾期的合法债权"。本文上述论证是建立在前者的视角下。有关后者,完全可以认为若债务人已逾期多时仍不归还相应钱款,那么无论是否介入行为人之(非法)手段都存在相应的还款义务,即可否定行为人之索债行为与债务人交付欠款之间的条件关系。故此,否定"以非法手段索取、催收合法债务"成立财产犯罪的原因除后文所述"行为人不具有非法占有目的"或"行为人未对债务人造成财产损害"外,也在于行为人之手段行为与债务人交付欠款行为之间的因果关系。

③ 参见简爱:《权利行使行为的刑法评价——以违法相对论为立场的分析》,载《政治与法律》2017年第6期,第59页以下;王骏:《不同法域之间违法性判断的关系》,载《法学论坛》2019年第5期,第75页以下。

④ 参见王昭武:《法秩序统一性视野下违法判断的相对性》,载《中外法学》2015年第1期,第192页以下;于改之:《自力实现债权行为的刑法教义学分析:以我国《刑法》第238条第3款的性质为基础》,载《政治与法律》2017年第11期,第97页以下。

⑤ 参见刘明祥:《财产罪专论》,中国人民大学出版社2019年版,第254页。

⑥ 类似分析可参见杨绪峰:《权利行使在财产犯罪中的类型化解读:以取回所有物和实现债权二分为视角》,载《政治与法律》2014年第11期,第42页;江溯:《财产犯罪的保护法益:法律·经济财产说之提倡》,载《法学评论》2016年第6期,第96页以下。实际上,此处引用的两位学者的论证模式已经完全跳脱出了"违法相对论"和"缓和的一元论"相对峙的理论范式,而是回到财产犯罪的构成要件或保护法益本体。从这个角度而言,所谓"权利行使与财产犯罪"这一热点问题的重心实际上在于"财产犯罪"而非"权利行使"。

的情形,此时需要增加一环对于债务的权属之认定。

2. 方向确立:以非法手段催收非法债务的罪与罚

事实上,在《扫黑意见》出台前,实务界将催收非法债务的行为认定为寻衅滋事罪的情形既已有之。如黄泽彬非法讨债一案,被告人等开始合作从事高利息贷款生意,在对被害人追讨未果之际,雇佣另外三名被告人多次上门采用喷红油字、破坏门锁等滋扰方式向被害人追讨欠款,致被害人及家人的精神受到严重恐吓。该案法官指出,"被告人为索取非法债务,纠集同案被告人多次恐吓他人,破坏社会秩序,情节恶劣,其行为妨害社会管理秩序,已构成寻衅滋事罪"[①]。除此之外,2000年发布的《最高人民法院关于对为索取法律不予保护的债务非法拘禁他人行为如何定罪问题的解释》规定:"行为人为索取高利贷、赌债等法律不予保护的债务,非法扣押、拘禁他人的,依照刑法第二百三十八条的规定定罪处罚。"由此可见,在《修十一》之前,上述司法解释及司法解释性质文件共同构成了规制"以非法手段催收非法债务"的规范体系。这样的规范体系使得"抛开债务权属问题而仅取手段行为之不法予以归罪"的思路已于司法实务界定型化,也间接地导致了《修十一》的墨守成规。

但是,如此的规范体系内部仍存有难以自洽的问题点。按照我国刑法第二百三十八条的规定,非法拘禁他人处3年以下有期徒刑,即便存在殴打或侮辱等情节也仅从重处罚;而根据我国刑法第二百九十三条的规定,以随意殴打他人的方式犯寻衅滋事者可处5年以下有期徒刑。这样的条文构造所导致的结果是,同样存在殴打他人的情节时,并未实施非法拘禁等手段者甚至可以被科处较实施了非法拘禁等手段者更为严苛的刑罚。显然,《修十一》在妨害社会管理秩序罪一章中将催收非法债务罪增设为第二百九十三条之一,以对不同的索取非法债务之手段予以限定列举的方式直接淡化了不同手段行为之间的量刑差异。亦即,《修十一》规定:"有下列情形之一,催收高利放贷等产生的非法债务,情节严重的,处三年以下有期徒刑、拘役或者管制,并处或者单处罚金:(一)使用暴力、胁迫方法的;(二)限制他人人身自由或者侵入他人住宅的;(三)恐吓、跟踪、骚扰他人的"(以下简称"本条")。

值得注意的是,我国《刑法》第二百三十八条第三款规定:"为索取债务非法扣押、拘禁他人的,依照前两款的规定(即非法拘禁罪——引者注)处罚"。考虑到《修十一》的本条已经涵盖了以限制他人人身自由的方式索取非法债务的情形,若将第二百三十八条第三款中的债务解释为可包含"非法债务"和"合法债务"的话,那么就没有了新设本条第(二)项的意义。但是,将以限制人身自由之方式索取"合法债务"的条文安置在分则第四章侵犯公民人身权利、民主权利罪中,却将索取"非法债务"的条文安置在了分则第六章妨害社会管理秩序罪中的立法模式,无疑没能回答"合法、非法"之界为何能够直接决定两罪体系编排之

---

① 参见汕头市金平区人民法院刑事判决书(2018)粤0511刑初367号。

差的问题。从结论的角度而言,这样的体系安排一方面源于民法中不法原因给付条款的缺失,导致在认定"涉不法原因的财产犯罪"[①]时并无确切的条文导向;另一方面也源于司法实务界对不法原因给付制度之理解的不足,进而从根本上规避掉了"涉不法原因的财产犯罪"之探讨,仅取手段行为与寻衅滋事之近似性而选择了将本条安置于妨害社会管理秩序罪一章之编排。

除本条中所称的高利贷债权外,诸如买卖毒品后的欠款,赌博后未支付的赌资等非法债务均在本条的射程范围内;而论及此等"涉不法原因的财产犯罪"时,首先应解决的是相应债务的权属问题。如学界经常讨论的"不法原因给付与侵占罪"之关系,实际上也是在不法原因的语境下探讨受领人所受领之财物可否被称为"他人财物"。[②] 依此视角,诸如以暴力胁迫催收非法债务的场合,也理应以"涉不法原因的财产犯罪"为切入点。例如,甲向乙购买毒品后未支付毒资50万元即离开,经乙的多次催促后仍未支付,乙纠集他人以暴力将甲制服后逼迫其交出毒资50万元。在此设例之中,甲虽未向乙给付相应的毒品价款,但由于购买毒品之行为系不法原因,因而乙并无要求甲支付相应价款之请求权(即甲并无债务之负担)。故此,鉴于该债务不受民法保护之属性且乙对该毒资不具请求权之事实,以暴力、胁迫催收毒资无疑可以肯定乙之行为的非法占有目的,亦可肯定其行为对甲之财产造成了损害。[③] 此时,财产犯之实体业已具备,即可根据暴力、胁迫是否压制对方反抗而分别认定为抢劫罪或敲诈勒索罪;而《修十一》对于本条的章节编排除极大程度弱化了此类行为的财产犯属性外,此立法倾向直接表明了一种刑法甚至可保护民法不予保护之债的态势,进而有损法秩序之统一。从这个角度而言,以暴力胁迫之方式索取催收非法债务之行为不宜在财产犯体系外画蛇添足。

(二)基于手段行为叙述的审视

在前述疑虑之外,本条对索取非法债务的手段行为之叙述同样存在值得审视之处。除暴力、胁迫等惯常手段行为外,本条还规定了"限制他人人身自由或者侵入他人住宅"以及"恐吓、跟踪、骚扰他人"等索债手段。然而,以抢劫罪及敲诈勒索罪为例,作为其手段行为之描述的"暴力、胁迫"当然可涵盖以"限制人身自由之方式压制他人反抗或使他人产生恐惧心理"之情形[④],将"限制人身自由"与"暴力、胁迫"予以并立规定无非只考虑到了将分则中相关罪名的手段行为一举纳入以防挂一漏万,而忽略了不同罪名手段行为之间的重合性。

[①] 此处之所以使用"涉不法原因的财产犯罪"而并没有使用"基于不法原因给付之犯罪"的描述的原因在于,不法原因而生的债务并不一定基于一个终局性的财产给付行为,如行为人在嫖娼后未支付嫖资旋即离开便是此例。

[②] 参见王钢:《不法原因给付与侵占罪》,载《中外法学》2016年第4期,第928页以下。

[③] 参见于改之:《自力实现债权行为的刑法教义学分析:以我国〈刑法〉第238条第3款的性质为基础》,载《政治与法律》2017年第11期,第99页。

[④] 参见张明楷:《刑法学(第5版)》,法律出版社2016年版,第972页。

至于"恐吓""跟踪""侵入他人住宅"等,在一定程度上亦可被评价为"胁迫"。根据"公检法司"联合发布的《关于办理实施"软暴力"的刑事案件若干问题的意见》,"跟踪""非法侵入他人住宅"以及诸如"扬言传播疾病、揭发隐私、恶意举报、诬告陷害"等恐吓行为均属于"软暴力"的范畴;另根据该意见第八条,"以非法占有为目的,采用'软暴力'手段强行索取公私财物,同时符合《刑法》第二百七十四条规定的其他犯罪构成要件的,应当以敲诈勒索罪定罪处罚"。是故,官方的这一表态意指软暴力等行为可以符合敲诈勒索罪中的"胁迫"这一构成要件要素,而《修十一》的此番规定显然与此相悖。因此,本条所规定的手段行为叙述之烦冗交叠,非但不能形成一个类型化的标准,更不能为司法实务提供确切的指引。

总结而言,若认为索债行为不构成相应的财产犯罪,那么其原因也一定是否定了行为人的"非法占有目的""被害人的财产损害"或"手段行为与财产转移行为之间的因果关系"等,至于债务本身的合法或非法,只不过是判断债务权属关系时的辅助资料。对于以非法手段索取合法债务之所以在很多情况下不成立财产犯罪之原因,同样也应归结于在权利行使的范围内,行为人之行为并不具备财产犯之实体等;此时,仅以手段行为之不法为着眼点另寻出路方为应然之举。《修十一》的此番增设无疑是于财产犯的体系基础上叠床架屋,但诸如将暴行、胁迫或跟踪等行为单独入刑的立法意识却始终付诸阙如;因而在索取合法债务的情形下,除非法拘禁等既有规定外,如何能够使得非法之手段被予以合理的定罪量刑,则仅能期待立法论的进一步展开。

(三)可能的解决方案

综合前述分析,欲避免本条沦为纯粹象征性立法之窠臼,删除本条才是更为可取的结果。或许质疑者会指出,对于本条的删除是否会削弱扫黑除恶斗争中依法惩治暴力催收行为的政策导向。实际上,根据"公检法司"于2019年联合发布的《关于办理非法放贷刑事案件若干问题的意见》,"违反国家规定,未经监管部门批准,或者超越经营范围,以营利为目的,经常性地向社会不特定对象发放贷款,扰乱金融市场秩序,情节严重的,依照刑法第二百二十五条第(四)项的规定,以非法经营罪定罪处罚"。据此,即便不考虑具体的财产犯罪之构成或手段行为之不法,索取高利贷债务本身至少也可成立非法经营罪的共犯。① 加之前述将此类犯罪回归刑法中财产犯罪之认定的路径选择,这样的做法不仅不会削弱惩处效果,反而还能够实现以扫黑除恶为目标的更为精准之打击,亦能减轻妨害社会管理秩序罪

---

① 参见张明楷:《增设新罪的原则:对〈刑法修正案十一(草案)〉的修改意见》,载《政法论丛》2020年第6期,第14页。

一章之负荷。①

四、"妨害兴奋剂管理罪"保护法益的一元化与多元化

以上探讨的两个罪名的本质问题均在于刑事立法本身僭越或侵蚀了刑法解释学应有的领域。在此疑惑外,《修十一》对于部分罪名的新设虽颇有创见,但细究其理却仍有可商榷之处。其中,《修十一》对于"涉兴奋剂类犯罪"的新设是一个恰如其分的研究样本。

(一)章节编排与法益保护之张力

1. 保护法益的界定:与毒品类犯罪的比对

《修十一》将妨害兴奋剂管理罪编排在了第三百五十五条"非法提供麻醉药品、精神药品罪"之后,其内容为:"引诱、教唆、欺骗运动员使用兴奋剂参加国内、国际重大体育竞赛,或者明知运动员参加上述竞赛而向其提供兴奋剂,情节严重的,处三年以下有期徒刑或者拘役,并处罚金。组织、强迫运动员使用兴奋剂参加国内、国际重大体育竞赛的,依照前款的规定从重处罚。"按照本罪被定位于妨害社会管理秩序罪的体系编排,其保护法益从广义的角度而言理应为"社会秩序";而从狭义的角度而言,本条与其他毒品类犯罪隶属同一节,因而其法益内容的界定同样应匹配或近似于毒品类犯罪的保护法益。但是,使用于竞技比赛中的兴奋剂的危害机理与毒品本身不尽相同,其管制范围与毒品等亦有出入,因而在对毒品类犯罪和妨害兴奋剂管理罪予以比对时,有必要厘清二者之差。

按照我国传统观念,毒品类犯罪的保护法益是国家对于毒品的管理制度。② 这样的理解从一定程度上将毒品类犯罪与社会秩序建立起了关联,也间接解释了毒品类犯罪之所以被规定在我国刑法分则第六章之下而未单列一章的原因。但正如部分学者所言,传统观点一方面未能解释"国家对毒品的管理制度"为何,另一方面此类抽象的法益射程界定既不能说明对毒品类犯罪的处罚范围也不能对毒品类犯罪的构成要件解释起到指导作用。③ 但是,即便肯定此保护法益观,能否由此推及妨害兴奋剂管理罪的保护法益之理解尚存疑问。从对毒品机理的研究可以发现,任何毒品除具有致瘾性和健康危害性外,还会产生第三人效应

---

① 另有学者指出,在《修十一》之前,大量索取非法债务被认定为寻衅滋事罪有违法理,而"与其容忍司法实践中违背寻衅滋事罪的法理对被告人定重罪,不如设置轻罪让被告人获得'实益'"(参见周光权:《论通过增设轻罪实现妥当的处罚:积极刑法立法观的再阐释》,载《比较法研究》2020年第6期,第45页)。此观点看似采取了与立法者相同的立场,但实际上传递的却是为了避免更多的寻衅滋事罪的认定而不得已为之的一种"权宜之策"。在本文看来,既然能够将以非法手段催收非法债务的行为认定为财产犯罪,那么就不需此权宜之策。

② 参见高铭暄、马克昌:《刑法学(第9版)》,北京大学出版社2019年版,第591页;周道鸾、张军:《刑法罪名精释(下)》(第4版),人民法院出版社2013年版,第892页。

③ 参见张明楷:《刑法学(第5版)》,法律出版社2016年版,第1140页;王钢:《运输毒品行为的限缩解释》,载《华东政法大学学报》2020年第1期,第41页以下。

(即"负外部性")。① 相比之下,根据我国《2020年兴奋剂目录公告》②对兴奋剂品种的列举,诸如"可卡因"等在《中华人民共和国禁毒法》(以下简称《禁毒法》)规制范围内的麻醉药品亦可见于兴奋剂目录之列;反之,部分属于兴奋剂的药物品种却可散见于日常医疗卫生事业中,诸如不属毒品之列的"乙雌烯醇""雄烯二醇"等激素类原料即为此例。可见,相较于国家对于毒品"零容忍"的高压政策,国家对于兴奋剂的整体把控仍然是在维持体育竞赛的公平性的框架内的抑制。此逻辑也在《禁毒法》及《反兴奋剂条例》中有所印证;如前者第三条及第四条规定,"禁毒是全社会共同责任。国家机关、社会团体、企业事业单位以及其他组织和公民,应当依照本法和有关法律的规定,履行禁毒职责或义务""禁毒工作实行预防为主,综合治理,禁种、禁制、禁贩、禁吸并举的方针。禁毒工作实行政府统一领导,有关部门各负其责,社会广泛参与的工作机制";而后者第三条规定,"国家提倡健康、文明的体育运动,加强反兴奋剂的宣传、教育和监督管理,坚持严格禁止、严格检查、严肃处理的反兴奋剂工作方针,禁止使用兴奋剂。任何单位和个人不得向体育运动参加者提供或变相提供兴奋剂"。由此观之,在国家对于毒品和兴奋剂的管制方向有所出入的情况下,仅由国家对于毒品的管理制度推及妨害兴奋剂管理罪的保护法益并不可取。

2. 妨害兴奋剂管理罪保护法益的不同面向

与上述观点相对,部分学者着眼于毒品的实质危害性,认为既然国家杜绝毒品泛滥的本质理由在于毒品的致瘾性和健康危害性,那么毒品类犯罪的保护法益也理应为"不特定多数吸毒者的身体健康"。③ 这样的理解同样将毒品类犯罪与社会秩序建立起了关联,也肯定了吸食毒品本身虽有违国家对于毒品的管制却可因被害人自陷风险而出罪的路径。循此思路,妨害兴奋剂管理罪或可在此种保护法益理解下独辟蹊径,即将本罪的保护法益解释为"运动员的身体健康"。如此一来,妨害兴奋剂管理罪也可与《反兴奋剂条例》第一条规定的"保护体育运动参加者的身心健康"有所契合,而本条对于运动员自服兴奋剂之罪责不咎也与毒品类犯罪中不处罚单纯吸食毒品之思路相符。

但是,首先从实然的角度而言,"运动员的身体健康"仅能是妨害兴奋剂管理罪保护法益的其中一个面向,而无法涵摄所有在体育竞技中使用兴奋剂的情形。如前所述,我国公布的兴奋剂目录中仅有部分药品具有损害运动员健康的可能性,而相较于吸食毒品等行为所具有的"负外部性"而言,兴奋剂的危害机理决定了其"被害领域"仅限于竞技体育的范畴

---

① 参见[美]理查德·A.波斯纳:《法律的经济分析(下)》,蒋兆康译,中国大百科全书出版社1997年版,第318页。
② 此公告全文可参见:http://www.sport.gov.cn/n316/n340/c939319/part/587241.pdf,最后访问日期:2020年11月20日。
③ 参见张明楷:《刑法学(第5版)》,法律出版社2016年版,第1141页;王钢:《运输毒品行为的限缩解释》,载《华东政法大学学报》2020年第1期,第42页以下。

内。① 其次，由体育竞技的客观属性而言，"运动员自服兴奋剂"无法通过被害人自陷风险理论而排除其对于体育竞技公平性的损害，而这恰与毒品类犯罪中"原则上不处罚吸食毒品者"的基本视角相悖，也彰显了妨害兴奋剂管理罪理应具有"维护体育竞技中的公平竞争原则"这一超个人法益层面的内涵。再者，若本条旨在强调保护运动员的健康，理应在"引诱、教唆、欺骗运动员使用兴奋剂"或提供兴奋剂之外额外规制诸如"制造、贩卖或其他使兴奋剂得以流通"之手段，从本罪对于运动员的健康保护仅具有"断片性"的效果来看，一元化的身体健康法益观已无法自圆其说。

实际上，和前述毒品类犯罪的思考路径趋同，妨害兴奋剂管理罪的规范保护目的也理应从兴奋剂的实质危害性入手加以考察。这一点在《反兴奋剂条例》里也有所指明。该条例第一条对于条例目的的阐述除"保护体育运动参加者的身心健康"外，还包括"维护体育竞赛的公平竞争"，因而可知，兴奋剂的实质危害即为以可能对运动员造成的健康损害之手段危及体育竞技的公平公正性。这样一种糅合个人法益与超个人法益的多元化理解范式固然可以与"社会管理秩序"相关联，以此为由肯定《修十一》的立法模式亦非不可。但是，即便加入了这一层次的考量，也仍无法对《修十一》新设的第三百五十五条之一的构成要件张本继末。其原因在于，《修十一》将禁止使用兴奋剂的范围限定在了"国内、国际重大体育竞赛"；依此限定，在"国内、国际非重大体育竞赛"或"国内、国际具有一定程度重要性的竞赛"中使用兴奋剂而有损公平、公正性的手段并不在本条的规制范围内。② 一个更为契合本条构成要件的理解方式是，《修十一》对于新设妨害兴奋剂管理罪之用意并非在于强调其对运动员身体健康之损害或对有损公平、公正性的竞技手段予以杜绝，鉴于其有着"重大体育竞赛"之范围限定，本条的侧重点或在于保护由"国内、国际重大体育竞赛"而折射出的"国家

---

① 有德国学者指出，运动员自己服用兴奋剂并非一个绝对的可自我答责的自我危害。因为竞技比赛的结果即决定了运动员的职业生涯；兴奋剂服用者通过自己的服用行为创设出了一个"使他人宁愿结束职业生涯也必须通过服用兴奋剂物质才可获得公平竞争机会"的"绝境"（Not）。虽然不排除部分运动员"不屈于高压局面而自愿选择服用对自身健康有害的物质"，但反兴奋剂的立法只要能够涵摄"抽象的危险"既已足够（Vgl.Timm. Die Legitimation des strafbewehrten Dopingsverbots, GA 2012, S.737f）。亦即，按照此处的理解，兴奋剂的服用者通过自己的服用而驱使其他运动员为了维护公平竞争而不得已也服用类似药物从而创设出的对他人身体健康的抽象危险犯。

② 虽然《最高人民法院关于审理走私、非法经营、非法使用兴奋剂刑事案件适用法律若干问题的解释》第八条规定："对于是否属于本解释规定的'兴奋剂''兴奋剂目录所列物质''体育运动''国内、国际重大体育竞赛'等专门性问题，应当依据《中华人民共和国体育法》《反兴奋剂条例》等法律法规，结合国务院体育主管部门出具的认定意见等证据材料作出认定"。但结合如《中华人民共和国体育法》《反兴奋剂条例》等国内规范以及如《世界反兴奋剂条例》等国际规范，"重大赛事"的明确定义仍难以得见。根据《世界反兴奋剂条例》的规定，"国际赛事"是指"由国际奥委会、国际残疾人奥委会、国际单项体育联合会、重大赛事组织机构或其他国际体育组织作为其管理机构的，或任命技术官员的赛事或比赛"；"重大赛事组织机构"是指"各洲际国家奥委会协会和其他多项运动的国际组织组成的洲际联合会，其职能是单位任何洲际、地区性或其他国际赛事的管理机构"。一种可能的解释是将"重大赛事"理解为《世界反兴奋剂条例》里规定的"重大赛事组织机构"所承办的赛事，但即便如此，为何由"非重大赛事组织机构"组织的赛事中的兴奋剂投用不在二审稿新设的第355条之一的规范保护目的内的缘由仍未得到充分的说明。

形象"。①果真如此，那就必须面对为何"社会管理秩序"在此罪中异化为了"国家形象"、为何"非重大体育赛事"不在"社会管理秩序"范畴内以及为何不处罚运动员自服兴奋剂等疑虑；否则，若完全按照"妨害社会管理秩序罪"的规范目的以及兴奋剂本身的实质危害性去设置本罪的构成要件，那么"重大体育赛事"之限定完全可以举要删芜，自服兴奋剂之情节亦需纳入其中。

综合上述考量，对妨害兴奋剂管理罪的保护法益采取单一化理解无法贴合《修十一》新设的第三百五十五条之一的构成要件射程；与此同时，即便对本罪的保护法益采取多元化理解也无法解答本条被安置于妨害社会管理秩序罪之下的章节编排的问题点。如此一来，《修十一》的立法选择是否妥善则有待考究。

（二）妥善的立法选择

1. 德国《反兴奋剂法》的可借鉴性

有关涉兴奋剂类犯罪的立法选择，一个可参考的立法范例是德国2015年公布的《反兴奋剂法》。②亦即，德国对于涉兴奋剂类犯罪的规制并没有选择在现行刑法典之内新设罪名，而是改弦易辙，以单行法的方式宣示了反兴奋剂对策的强化。而在此单行法之前，德国仅有《药品法》（Arzmittelngesetz）原第6a条规制了以在体育竞技中适用为目的的"兴奋剂流通、开具处方或者使他人使用"。③而在2007年的修法中④，立法者在《药品法》第6a条之后加设了第2a项，将以使用兴奋剂为目的的非少量持有也纳入了处罚范围，但仍未对运动员本人使用兴奋剂有所规制。⑤除此之外，能够规制兴奋剂滥用的罪名寥寥无几，仅在对运动员身体造成了伤害时可涉及故意伤害罪的处罚⑥；此外，当运动员服用兴奋剂后仍隐瞒此事参加竞技比赛可能会涉及对参赛奖金或赞助商资助的欺诈⑦，而在兴奋剂检测的环节，兴奋剂

---

① 这是在梁根林教授于2020年10月30日组织的"刑法修正案十一草案交流会"上提到的观点。
② Vgl. Gesetz zur Bekämpfung von Doping im Sport vom 10.Dezember 2015, BGBl. I, S.2210ff.
③ Vgl. Achtes Gesetz zur Änderung des Arzneimittelgesetzes vom 7.September 1998, BGBl. I, S.2649f.
④ Vgl. Gesetz zur Verbesserung der Bekämpfung des Dopings im Sport vom 24.Oktober 2007, BGBl I, S.2510.
⑤ Vgl. Jahn. Die Strafbarkeit des Besitzes nicht geringer Mengen von Dopingmitteln, GA 2007, S.580ff; Schöch. Defizite bei der strafrechtlichen Dopingbekämpfung, in FS-Rössner, 2015, S.672.
⑥ Vgl. Glocker. Die Strafrechtliche Bedeutung von Doping-de lege lata und de lege derenda, 2009, S.139, 179ff. 值得一提的是，Glocker在其著作中按照"运动员的刑事责任"与"体育竞技参与者的刑事责任"进行了区分论述。
⑦ Vgl. Valerius. Zur Strafbarkeit des Dopings de lege lata und de lege ferenda, in FS-Rissing-Van Saan, 2011, S.718ff. 此处，Valerius又额外区分了"针对主办方的奖金或入场费等欺诈""针对赞助商的欺诈""针对体育竞技比赛观众的欺诈"及"针对竞技对手的欺诈"等情形。另外，饶有特色的是，奥地利直接将使用兴奋剂作为了刑法147条"重诈骗罪"的行为类型之一。其第147条第1a款规定："在体育竞技中以兴奋剂之投用为目的，以使用反兴奋剂公约（BGBl.Nr.451/1991）附录中所规定的被禁止之物质或被禁止之方式的方法实施诈骗而致使并非轻微之损害者，亦罚。"但又如部分奥地利学者所言，这一兴奋剂欺诈条款仅于极其例外的场合方可适用。原因在于，"观众购买入场券后并未获得'劣等的商品'，而相比并没有运动员使用兴奋剂的情形，使用兴奋剂的场合反而更能呈现出精彩刺激的竞技；因而最多仅可在运动员通过使用兴奋剂取得胜利进而从主办方处获取奖金之时方可考虑诈骗罪的成立"（Fuchs/Reindl-Krauskopf, Strafrecht, BT. I, 6.Aufl, 2018, S.212.）。

服用者可能会通过伪造文书等方式以确保其能顺利参赛,因而此等行为也可能涉及伪造文书类犯罪①。

显然,上述论证都未能涉及兴奋剂对于体育竞技的实质危害,也未能合理规制运动员自服兴奋剂之情形。在晚近十年内,部分学者对体育竞技的现代意义展开了探讨,并试图从另一个角度将涉兴奋剂类犯罪纳入刑法典的规制范围中。如 Greco 所言,"能够对国家(对于反兴奋剂的)强制手段予以正当化的重要价值面向在于,体育竞技所指向的经济层面之利益的存在;这是因为,体育在今日已不仅仅是文化和闲暇时间的附庸品,而是一种'生意(Geschäft)'。欲在此领域获取利益者,与其他自由市场相同,必须和竞争对手相互竞争;而在具有金融价值且不仅仅局限于体育比赛的体育竞技中,同样也应该适用于其他自由市场所适用的诚实正当性规则(Lauterkeitsregeln)。据此,兴奋剂犯罪应为一种不正当竞争罪"②。顺应此思路,部分学者提议在德国刑法典第 26 章"妨害竞争之犯罪"中新设"体育比赛中的竞技欺诈罪",并将其作为第 298a 条安置于第 298 条"限制竞争约定罪"后;其内容为:"基于为自己或第三人获利之目的,通过使用被禁止的手段以改善成绩进而影响体育竞技的比赛进程,故意做出虚伪决策或类似的严重未经授权之操作的,处三年以下自由刑或罚金。"③但是,体育竞技不仅具有经济利益和市场竞争的面向,兴奋剂的本质危害亦不能完全脱离"运动员的身体健康"④或"体育竞技本身的公正性"⑤。只是,涉兴奋剂类犯罪的多元化保护法益观无法让立法者在刑法典中寻得一个合适的体系定位。

为解决上述疑惑,德国于 2015 年公布了《反兴奋剂法》,以单行法的方式解决了此罪体系定位问题。该法第一条规定:"本法旨在保护运动员之健康,以及竞技体育中的公平性和机会平等性,并由此确保体育竞技的廉洁公正性(Integrität),从而打击兴奋剂的投入,以及防止兴奋剂不正当使用之方法。"第二条规定了禁止兴奋剂的制造、交易流通、贩卖转让等;第三条规定了"禁止在不具备医学方面的指示时,以在有组织的体育竞技活动中获利为目的,从而自己使用或对他人使用",并在随后的第四条规定了相应的罚则。根据草案理由书的解说,体育竞技的"廉洁公正性"即为"公平性、机会平等性"之表征,而兴奋剂的投用亦有损体育竞技的"信赖性"和"典范性"等伦理道德;加之有组织的体育竞技往往涉及经济利益等要素,草案理由书亦对因使用兴奋剂而对主办方或相关团体所造成的财产损害有所

---

① Vgl.Glocker. Die Strafrechtliche Bedeutung von Doping-de lege lata und de lege derenda,2009,S.172.
② Greco. Zur Strafwürdigkeit des Selbstdopings im Leistungssport,GA 2010,S.629.
③ Glocker. Die Strafrechtliche Bedeutung von Doping-de lege lata und de lege derenda,2009,S.278.同样持此观点者,Vgl. Cherkeh / Momsen,Doping als Wettbewerbsverzerrung?,NJW 2001,S.1750f.
④ Vgl.Sternberg-Lieben. Einwilligungsschranken und Rechtsgutsvertauschung am Beispiel des Fremddopings im Sport,ZIS 2011,S.584ff.
⑤ Vgl.König. Dopingbekämpfung mit strafrechtlichen Mitteln,JA 2007,S.573.

提及。在此之上，理由书中同样指明，"对于体育竞技的廉洁公正性的保护并非仅为之于体育团体的任务，之于国家更是如此"①。结合这些描述即可看出，将涉兴奋剂类犯罪以单行法规定的立法思路实际上是在追求回避法益界定的单一化以及试图将违法行为予以类型化的产物。而从立法技术的角度而言，单行刑法的立法模式也间接抹消了法典单一化语境下的章节编排以及相应章节下相应保护法益界定一元化的困境。这也间接说明了，涉兴奋剂类犯罪的保护法益应兼具保护个人法益和保护超个人法益之面向，其射程也不应局限于"重大体育竞赛"。故此，运动员自服兴奋剂即便可因自我答责的自陷风险而于个人健康法益层面罪责不咎，却有损体育竞技的廉洁公正性这一超个人法益。与此相关联，体育竞技的廉洁公正性决定了其所涵摄的内容同时可以包括体育竞技本身的公平公正性以及通过体育竞技所折射出的国家形象或国家利益；上述法益恰恰无法通过"社会管理秩序"这一单一概念而穷尽说明。

2. 单行刑法与积极主义刑法观

综上可见，我国学者对修正案的研究大多集中在对于"前立法阶段"的立法必要性之评判上，相比之下，对于确有必要新设之罪名的章节编排问题却鲜有指明。通过本文上述分析，诸如将妨害兴奋剂管理罪限于"重大体育竞赛"并安置于刑法分则第六章之下显然限缩了其理应具有的规范保护目的；同时，囿于我国刑法的法典单一化体系，解释者仍然难以赋予妨害兴奋剂管理罪超脱章节编排之内涵的解释方式。基于此，一个可尝试的立法选择即为启动单行刑法之编纂，即便这样的思路与我国历来的立法惯性相悖，但在本文看来，启动单行刑法编纂完全能够与积极主义刑法观达成自洽。

实际上，积极主义刑法观并不应限于"积极、适度犯罪化"的一面，还应包含"积极、适度对现行刑法章节体系编排予以反思"或"积极、适度对现行刑法中不必要之罪名予以删改"之侧面。换言之，不应将"积极"盲目理解为"增设新罪"，而应解读为"积极调整"我国现有犯罪圈。对于分散式立法模式之尝试，持积极主义刑法观的学者亦指出，"直接在行政法规、经济法规之中规定罪刑罚则，形成行政刑法、经济刑法，进而实现立法的双轨制，这种分散性的立法应该是中国刑事立法完善的发展方向"②。这样的优点还体现在可以使得法律规范的"受众"更加了解行政法、经济法的禁止内容，便于指导相关犯罪的构成要件；有利于避免相关从业人员只了解行政法、经济法而不了解相应罚则的弊端，使其能够预测何种行为构

---

① Vgl.BT-Drucks.18/4898,S.22f.另外，在正式的立法理由书中，存在着诸如"常常被兴奋剂事件所撼动的体育竞技的廉洁公正性之保护具有显著的公共性利益"等描述（Vgl.BT-Drucks.18/6677,S.1.）。

② 参见付立庆：《积极主义刑法观及其展开》，中国人民大学出版社2020年版，第82页。同样支持在行政法、经济法领域启动单行刑事立法的文献可参见卢建平：《刑法法源与刑事立法模式》，载《环球法律评论》2018年第6期，第22页；李立丰：《特别刑法及其存在之合理性》，载《暨南学报（哲学社会科学版）》2017年第1期，第76页；张小宁：《经济刑法机能的重塑：从管制主义迈向自治主义》，载《法学评论》2019年第1期，第74页。

成犯罪;何况,即便行政法或经济法的相关法规有修正的必要,也不会影响刑法本身的稳定性。① 显然,肯定单行刑法之编纂的思路同样在宣示所谓扩大"犯罪圈"并不限于扩大"刑法"中的犯罪圈,也将"扩大犯罪圈"这一形式大于实质的命题转化为了"如何调整犯罪圈"这一具有更为实质内容的话语体系。

五、结语

诚如埃尔曼所言:"立法是通过法律来实现政治意志影响社会变迁的最明显方式,为了从混乱中理出一套秩序来,人们便有了一种周期性需要,或进行新的法典编纂,或至少对现行法律加以汇编整理。"② 在现今犯罪圈扩张之势似无可逆的大环境下,主张彻底将法规范的"受众"之需求奉为圭臬者虽已不占多数,然"理性"的积极主义立法观与"感性"的象征性立法仅一墙之隔,在持积极主义立法观的学者之憧憬未能全盘实现时,忌惮于象征性立法之弊端的学者们的忧虑却又隐隐浮出水面。前文对《修十一》新设的三个罪名之考察便是检验"理性"与"感性"之界的良好例证;而对此三个罪名进行的"前立法阶段"审视之结论可归纳如下:

第一,积极主义刑法(立法)观所谓的"适度"或"理性"的其中一层含蕴应为刑事立法不应盲目僭越刑法解释学所应尽职责的领域。这从本文对《修十一》增设的高空抛物罪及催收非法债务罪的分析中即可知晓。在解释学的语境下,两罪应分属侵犯公民人身权利类犯罪和财产犯的范畴,而没有必要以新设罪名之方式予以二次宣示。亦即,行为人手段行为的"侵害领域"直接指向"单一被害人个体",但鉴于个体本身的特殊性、随机性或手段行为的卑劣性而可能成为社会聚焦点的,并不能成为将此类行为全盘纳入刑法分则第六章的决定性理由。

第二,积极主义刑法(立法)观并不仅有"积极扩大犯罪圈"这一层次的内涵。其中,"积极"这一概念应解读为"积极调整"而非"积极增设",如此一来,对刑法条文予以合乎理性的删减或改动当然也符合积极主义刑法(立法)观的旨意。《修十一》对于妨害兴奋剂管理罪的增设虽于形式层面符合了"适度、理性扩大犯罪圈"的要求,但从实质的角度而言,其章节编排的问题点无法通过解释论得以消弭。在此情形下,启动单行刑法之编纂,肯定妨害兴奋剂管理罪的多元化法益保护是一个可取的方案,此方案同样与积极主义刑法(立法)观并不相悖。

---

① 参见张明楷:《刑事立法的发展方向》,载《中国法学》2006年第4期,第20页。部分学者在分析德国近五十年刑事立法时也指出:"德国刑法规范大量采用了附属刑法的形式,这在客观上也有利于立法者在对其他部分法律规范进行修订的同时对刑法规范进行修正。"(参见王钢:《德国近五十年刑事立法述评》,载《政治与法律》2020年第3期,第109页)

② 参见[美]H.W.埃尔曼:《比较法律文化》,贺卫方、高鸿钧译,清华大学出版社2002年版,第44-45页。

论政务处分的"违法"事由及其范围界定*

陈 辉 明广超**

摘 要：关于政务处分的适用事由问题，现有法律规定和法律释义中存在违法行为、职务违法行为、违法违规行为、违纪违法行为等几种不同的规定和理解。基于对法律规范结构的分析，应当将违法行为作为政务处分的适用事由。对监察对象道德审查的法治安排、重典治吏传统监察文化的传承以及公职人员模范遵守法律的义务要求，是确立政务处分违法事由的法理基础。对违法行为适用事由的规范界定既是技术操作层面的实际需求，也是在强化对公职人员监督管理的价值诉求下，准确适用政务处分权的必然选择。政务处分的违法事由决定了公职人员所承担的责任应为法律责任。监察法治原则导控下政务处分违法事由的规范路径，在形式上要求违法事由应当法定，在实质上要在合理划定违法行为事由类型的基础上，实现违法行为与政务处分的轻重程度相匹配。

关键词：监察委员会 政务处分 适用事由 违法行为 规范界定

根据《中华人民共和国监察法》（以下简称"《监察法》"）第四十五条、第四十六条的规定，监察委员会根据监督、调查结果，有权作出六类处置结果。六类处置结果与公职人员的违法轻重程度相互匹配，全面考虑公职人员违法行为的性质、目的、动机、手段、对社会的危

---

* 基金项目：2017年度国家社会科学基金重点项目"宪法个案解释基准的证成路径、方法与规则研究"（项目号：17AFX010）及2020年度东南大学—徐州市铜山区人民检察院检察理论课题"检察机关对监察机关的监督机制"（项目号：20TJKT002）的阶段性成果。

** 作者简介：陈辉，河南工业大学法学院讲师，河南工业大学监察法治研究中心研究人员，法学博士，研究方向为宪法学、监察法学。明广超，江苏省徐州市铜山区人民检察院党组书记、检察长。

害等诸多环节,该严则严,该宽则宽,这是对《监察法》"宽严相济"原则的遵循。① 从处置对象的类型看,可分为对人的处置、对机关单位的处置、对事的处置和对物的处置四大类。依据《监察法》的规定,各级监察机关有权对违法的公职人员作出政务处分决定,具体包括警告、记过、记大过、降级、撤职、开除等六种情形。在上述六种政务处分类型中,警告、记过、记大过属于精神惩罚,主要是对公职人员名誉的贬责,是监察机关向违法者发出的警戒,进而对其名誉、荣誉等施加影响,在强度和严厉程度上明显高于《监察法》第四十五条第一款第(一)项的谈话提醒、批评教育等轻微处置情形。降级和撤职属于实质惩罚,降级是降低级别,撤职是撤销职务,二者直接与公职人员的工资待遇关联。开除作为对违法公职人员最为严厉的一种处分形式,直接面临解除公职人员与其所在机关单位的人事关系问题。政务处分能有效突破行政处分、纪律处分对象的局限性,完整、准确地涵盖监察全覆盖的范围,符合监察工作的实际需求。为此,有不少学者认为政务处分已经取代行政处分,成为监察机关追究公职人员职务违法责任的行政惩戒措施,是监察机关行使监察职能的体现。②

关于政务处分的适用事由,即公职人员在什么条件下应当受到政务处分的问题,《监察法》第十一条和第四十五条均明确规定,政务处分适用于违法的公职人员。③2018 年 4 月 16 日,中央纪委、国家监委联合发布了《公职人员政务处分暂行规定》(以下简称《处分暂行规定》),将作为在国家有关公职人员政务处分的法律出台前,规范监察机关政务处分工作的主要依据。《处分暂行规定》第二条将政务处分的事由规定为"公职人员有违法违规行为应当承担法律责任的",据此,可将政务处分的适用事由理解为,既包括违法行为也包括违纪行为。2018 年修订的《中华人民共和国公务员法》(以下简称《务员法》)第六十一条将处分或政务处分的事由界定为"公务员因违纪违法应当承担纪律责任的",明确了公务员因违法违纪应承担的"纪律责任"。2020 年 7 月施行的《中华人民共和国公职人员政务处分法》(以下简称《政务处分法》)第二条则规定了"本法适用于监察机关对违法的公职人员给予政务处分的活动"。从规范层面看,关于政务处分的适用事由问题,上述法律规范④分别确立了"违法行为""违法违规行为+应负法律责任""违纪违法行为+应负纪律责任"等三种模式。基于政务处分在监察委员会处置权中的核心性地位及其对公职人员人格权、财产权

---

① 参见姜明安:《监察工作理论与实务》,中国法制出版社 2018 年版,第 12-13 页。
② 参见朱福惠:《国家监察法对公职人员纪律处分体制的重构》,载《行政法学研究》2018 年第 4 期;刘艳红、刘浩:《政务处分法对监察体制改革的法治化推进》,载《南京师大学报(社会科学版)》2020 年第 1 期。
③ 《监察法》关于政务处分的规定仅有两处:一是第十一条第(三)项规定"对违法的公职人员依法作出政务处分决定",另一处是第四十五条第一款第(二)项规定"对违法的公职人员依照法定程序作出警告、记过、记大过、降级、撤职、开除等政务处分决定"。
④ 《处分暂行规定》作为中央纪委和国家监委联合制定的规范性文件,对监察委的政务处分工作具有约束力。随着 2019 年 10 月 26 日,第十三届全国人民代表大会常务委员会第十四次会议通过了全国人大常委会授予国家监委制定监察法规权的决定,《处分暂行规定》的法律规范地位也得以确立。

及参政权等基本权利的限制,如何界定政务处分的适用事由便构成了政务处分制度的关键问题。本文拟立足于监察法规范的文本规定,围绕政务处分的适用事由展开讨论,认为应将"违法"而非"职务违法"作为政务处分的事由,并对"违法"作为政务处分事由的法理基础进行论证;鉴于"违法"概念的宽泛性,有必要对"违法"事由进行规范化界定,在法治轨道上合理限缩"违法"的类型与范围。①

一、政务处分"违法"事由的内涵阐释

"监察法是反腐败国家立法,是一部对国家监察工作起统领性和基础性作用的法律"②,这是《监察法》的基本定位。一项涉及几千万国家公职人员的监察制度和一个全新的国家机关及权力形态构建,注定是一项宏大系统的宪法工程设计。但目前所制定的《监察法》条款仅仅 69 个条文,兼具组织法、行为法、程序法为一体,足以证明其所囊括内容的局限性及原则性。《监察法》的统领性和基础性地位一方面决定了其必然存在原则性较强、指导性较弱的问题,及存在空白性、模糊性③、概括性条款等不足,具有较大的完善空间;另一方面决定了其在监察法律体系中居于最高地位,是《政务处分法》等其他监察法律规范的制定依据,也是监察法律规范发生冲突时的合法性审查依据和法律解释基准。因此,在《监察法》对政务处分事由有明确规定的情况下,对其确立的"违法"事由的概念内涵释义则具有重要意义,这对于前文所提出的问题之解决亦至关重要。

(一)"违法"是包含"职务违法"和"职务犯罪"的上位概念

在《监察法》文本中,存在"职务违法""职务犯罪""违法""职务违法犯罪"以及"违法犯罪"等诸多概念用语并用、单独适用、混合适用的现象。如《监察法》第三条规定"调查职务违法和职务犯罪"、第四条规定"监察机关办理职务违法和职务犯罪案件"、第十一条第(三)项分别规定了"对违法的公职人员依法作出政务处分决定"和"对涉嫌职务犯罪的,将调查结果移送人民检察院依法审查、提起公诉"、第三十二条规定"职务违法犯罪的涉案人员揭发有关被调查人职务违法犯罪行为"、第二十二条规定"监察机关已经掌握其部分违法犯罪事实及证据"等。在文义解释上,职务违法和职务犯罪概念并用意味着二者是互相独立的两个词语,分别代表职务违法行为(案件)和职务犯罪行为(案件)两种性质不同且互

---

① 为行文方便,本文除在题目和一级标题适用双引号突出"违法"等相关主题概念外,在正文部分未继续适用双引号,但二者意义相同,特此说明。

② 参见第十二届全国人大常委会副委员长李建国于 2018 年 3 月 13 日在第十三届全国人民代表大会第一次会议上关于《中华人民共和国监察法(草案)》的说明。

③ 如较为典型的是《监察法》第四十二条第二款,该条款规定"对调查过程中的重要事项,应当集体研究后按程序请示报告",这里存在什么是重要事项,集体研究是监察委领导集体研究还是全体监察员集体研究,按什么程序,向谁请示报告,集体研究的结果与请示报告的内容存在什么逻辑关系等诸多模糊性内容。

不包容的概念。而有关职务违法犯罪的表述,则是职务违法和职务犯罪的统称或简称。对关于违法犯罪的表述,则存在职务违法犯罪和包括职务违法犯罪和非职务违法犯罪在内的广义违法犯罪两种理解,但基于这并非监察机关的处置事由条款,且运用体系解释亦能进一步确定其究竟是代指职务违法犯罪还是广义上的违法犯罪概念①,故对该概念无严格区分之必要。但是,"违法"属于政务处分的法定事由,且违法与职务违法具有明显的区分,二者也在《监察法》文本中分别使用。另外,违法概念存在多种理解。广义上的违法包括违反国家机关、单位、组织之规范性文件的行为,在轻重情节上,既有达到犯罪情节的违法,也有未构成犯罪的一般违法;狭义上的违法是指违反法律规定但不构成犯罪的情形。

在概念界分上,"违法"系"职务违法""职务犯罪"的上位概念(属概念)。从"违法"词语在《监察法》中的使用规则来看,其应当是区别于职务违法和职务犯罪的法律概念。在对法律条文及语词进行解释时,应当考虑语言学中语言的使用规则,包括词语成分分析、语法句法规则等属于语义学的内容,有学者将这种字面解释称为语义学解释,并主张将其作为独立的解释方法。②职务违法和职务犯罪是《监察法》中较为明确的法律概念,具有特定的内涵,二者通常并列使用,以此凸显监察工作的范围既包括查处公职人员的一般职务违法行为,也包括查处职务犯罪行为。这是监察体制改革成果(整合行政监察职权和检察机关查处职务犯罪职权)在监察立法中的具体体现。若使用"违法"则无法体现出各级监察委员会作为反腐败专责机关的性质与职能定位。在使用频率上,"职务违法"词语在《监察法》中使用14次,"职务犯罪"使用19次,二者均出现在同一条款中的次数为10次;而"违法"单独使用的频率为7次③,分别出现在《监察法》第十一条、第二十条、第四十五条、第四十六条、第四十八条、第六十一条和第六十五条。通过对上述条款观察,可以发现立法者使用"违法"概念的意图也十分明显,即在通过"职务违法"和"职务犯罪"不足以涵盖立法旨意时,选择使用涵摄范围更加宽泛的"违法"词语,避免产生立法"缝隙"。根据入罚举轻明重的原则,《监察法》中的"违法"概念,在内涵上至少应包括职务违法与职务犯罪两种情形,若仅将其解释为狭义上的一般违法行为,将犯罪排除在外的话,则将会得出荒谬的结论。④

(二)《监察法》第十一条和第四十五条中"违法"的含义

伴随着《监察法》的公布实施,由中央纪委、国家监委法规室编写的《〈中华人民共和国

---

① 如《监察法》第二十二条规定:"被调查人涉嫌贪污贿赂、失职渎职等严重职务违法或者职务犯罪,监察机关已经掌握其部分违法犯罪事实及证据,仍有重要问题需要进一步调查,并有下列情形之一的,经监察机关依法审批,可以将其留置在特定场所。"结合留置事由是严重职务违法或职务犯罪及整个条文内容等理解,这里的部分违法犯罪事实应当是指部分职务违法犯罪的事实,只是基于语言的简练性要求,未在同一条款中重复使用修辞词语"职务"二字。
② 参见舒国滢、陶旭:《论法律解释中的文义》,载《湖南师范大学社会科学学报》2018年第3期。
③ 这里的单独使用是排除"职务违法""违法犯罪"等词语中的"违法"概念。
④ 如仅仅将政务处分中的"违法"事由理解为"违反法律规定但不构成犯罪"的狭义理解,则将会出现公职人员职务犯罪不受处分的结论。

监察法〉释义》(以下简称《监察法释义》)也予以出版。① 与学理解释不同,该释义代表官方观点,更具有权威性,也是我们准确理解《监察法》相关规定含义的重要参考。官方发布的法律释义对法律适用具有一定的约束或影响效力②,有些释义甚至被法院援引作为个案裁判依据③。《监察法释义》对《监察法》第十一条第(三)项中的"对违法的公职人员依法作出政务处分决定"的解读较为简明,即认为这是一项处置职责,是监察委员会根据监督、调查结果,对违法的公职人员依照法定程序作出警告、记过、记大过、降级、撤职、开除等政务处分决定。其实,这种解读正是对《监察法》第四十五条第一款相关内容的复述,据此可以得出这两个条文中"违法"的含义是一致的结论。既然政务处分是依据监督、调查的结果作出的,那么我们需要探讨监督、调查的范围与内容具体如何。监督是监察委员会的首要职责,监察委员会代表党和国家,依照宪法、监察法和有关法律法规,监督所有公职人员行使公权力的行为是否正确,确保权力不被滥用、确保权力在阳光下运行,把权力关进制度的笼子。④《监察法》第十一条中关于监督范围的规定是"对公职人员开展廉政教育,对其依法履职、秉公用权、廉洁从政从业以及道德操守情况进行监督检查";关于调查职责范围,本条列举了涉嫌贪污贿赂、滥用职权、玩忽职守、权力寻租、利益输送、徇私舞弊以及浪费国家资财等7类主要的职务违法和职务犯罪行为。从上述规定中不难看出,监察委员会监督、调查的内容范围仍然是围绕公职人员行使公权力的廉洁性展开的,其监督、调查的结果自然是公职人员职务违法和职务犯罪行为事实是否存在及其轻重程度问题。从这一视角理解,《监察法》规定的政务处分违法事由应当是职务违法和职务犯罪的简称。

《监察法释义》对《监察法》第四十五条第一款第(二)项政务处分条款的解读是:"监察机关给予公职人员政务处分,应当坚持实事求是和惩前毖后……应当使公职人员所受到的政务处分与其职务违法行为的性质、情节、危害程度相适应。"⑤ 显然,《监察法释义》将"违法"解释为"职务违法行为"。《监察法释义》对"职务犯罪行为"是否属于政务处分事由未作出解释的可能原因是:第一,公职人员是否构成职务犯罪的最终判断权在于司法机关,若

---

① 在该书前言中,编者写道:"为帮助大家学习贯彻监察法,我们编写了《〈中华人民共和国监察法〉释义》,对监察法的精神实质、核心要义、法律条文进行阐释……"前言落款为"中央纪委国家监委法规室,2018年3月20日",这与《监察法》通过和公布的时间为同一天。

② 有学者经对法工委的法律释义司法适用问题进行实证研究,截至2017年2月24日检索到人民法院涉及援引法律释义的裁判文书332份,经分析认为法律释义对司法具有间接影响力。参见许聪:《法律释义司法应用的实证研究》,载《西南政法大学学报》2017年第6期。

③ 在"汪贺臣与汪永占财产损害赔偿纠纷案"中,法院将《中华人民共和国森林法释义》第三十九条作为裁判依据。详见安徽省利辛县人民法院(2014)利民一初字第3088号。

④ 参见中共中央纪律检查委员会、中华人民共和国国家监察委员会法规室:《〈中华人民共和国监察法〉释义》,中国方正出版社2018年版,第88页。

⑤ 中共中央纪律检查委员会、中华人民共和国国家监察委员会法规室:《〈中华人民共和国监察法〉释义》,中国方正出版社2018年版,第206页。

在此处明确将"职务犯罪"作为政务处分的事由,则将有违无罪推定原则,亦存在超越权限嫌疑。第二,职务违法不一定构成职务犯罪,但职务犯罪一定构成职务违法①,涉嫌职务犯罪行为在违法程度上肯定大于职务违法行为;基于此种逻辑及监察机关对职务违法行为的专责认定权,此处仅规定政务处分的职务违法事由并不影响对涉嫌职务犯罪公职人员作出政务处分。

按照《监察法释义》的理解,应将政务处分的适用事由界定为"职务违法",这固然能够将公职人员职务违法和职务犯罪的情形囊括进来,却无法解释《监察法》为何适用"违法"概念,而没有适用内涵更为明确的"职务违法"概念。因此,《监察法释义》的解释显然超越了"违法"本身的字义。字义是指一种表达方式的意义,即依普通语言用法构成之词语组合的意义。"之所以考虑语言的用法,因为应该可以假定:当大家想表达些什么,通常会以一般能够理解的方式运用语词。"② 具体到本文所讨论争议对象"违法"的意涵,如果仅仅表达的是"职务违法"的话,那么在同一条文中(第四十五条第一款第(一)项),对谈话提醒、批评教育、责令检查、予以诫勉等轻微处置结果的事由为何明确表达为"有职务违法行为但情节较轻的公职人员"呢?此处与本条款第(二)项的"违法的公职人员"在表述上的明显区别在于"职务"二字,结合第十一条同样出现了政务处分"违法"事由的规定,这种区分应当排除语言技术上的问题,是立法者的有意为之。也就是说,这里的"违法的公职人员"不仅指向公职人员的职务违法和职务犯罪行为,亦包括公职人员的非职务违法犯罪行为,故立法者在此次选择使用了"违法"这一上位概念,如此理解更符合"违法"的字义,才能准确把握立法旨意。

(三)"违规"和"违纪"不宜纳入"违法"范畴

1.《处分暂行规定》中"违规"不宜成为政务处分事由

《处分暂行规定》第二条规定,公职人员有违法违规行为应当承担法律责任的,在国家有关公职人员政务处分的法律出台前,监察机关可以根据被调查的公职人员的具体身份,依照相关法律、法规、国务院决定和规章对违法行为及其适用处分的规定,给予政务处分。按照这一规定,公职人员的违规行为也要予以政务处分。这里将违规与违法并列适用,意味着制定者认为违法行为与违规行为属于两个不同的概念,代表不同的含义;否则没必要使用"违法违规"这一词语。违规在通常意义上的含义是违反某些规定,这里的规定不但包括规范性法律文件的规定,还包括国家机关、企事业等组织制定的相关规定、章程,村规民约等规范性文件。目前,学界对违规与违法往往不加区分地进行适用,如关于行政事业单位违规收

---

① 从这个意义上说,职务违法和职务犯罪之间属于属种关系,即所有违反法律、法规和规章规定的职务行为都是职务违法行为,职务犯罪也是职务违法行为,职务违法包括职务犯罪,且在范围上大于职务犯罪的范围。

② [德]卡尔·拉伦茨:《法学方法论》,陈爱娥译,商务印书馆2003年版,第200页。

费的研究,有学者对违规收费的定义是"指某些机构、部门、人员以不符合正式法律法规的名目,侵占服务对象利益,在规定的种类和范围之外收取费用的不正当行为"。① 该定义对违规的判断依据仍然是法律法规,此处的"违规"收费替换为"违法"收费似乎更准确,但也许这是一种习惯性用法。还有学者将违规的"规"理解为法律确立的具体规则,如《中华人民共和国证券法》(2014年修改版)第八十六条所规定的"权益披露规则"与"慢走规则"连同该法第一百九十三条的法律责任条款共同构成了当前的举牌规则体系,有学者将违反此规则的行为称为"违规举牌"。②

从规范结构上看,《处分暂行规定》虽然在第二条规定了公职人员"有违法违规行为应当承担法律责任的"这一政务处分事由,但该条文后半部分的表述却是"依照相关法律、法规、国务院决定和规章对违法行为及其适用处分的规定,给予政务处分"。这里存在两个问题:一是后半部分所列举的规定均属于法律规范性文件,并不包括其他非法律规范性文件;二是这里只是提到了对违法行为适用处分,未明确对违规行为如何处理。若将违规行为也作为政务处分事由的话,则该条款因内容上存在缺失,难以适用。此外,作为专门规范政务处分的法律《政务处分法》中并未适用"违法违规"这一概念。结合《处分暂行规定》是由中央纪委和国家监委联合制定和发布的,我们有理由认为,这里的违规应该是违反党规党纪。

党的十八大以后,随着国家治理体系和治理能力现代化及法治思维日臻完善,党中央提出纪法分开的原则,在2015年的《中国共产党处分条例纪律》中删减了与《中华人民共和国刑法》《中华人民共和国治安管理处罚法》等法律法规重合的内容。将政务处分在《监察法》中固化为法律规范名称,从实质到形式进一步厘清了纪法边界,实现了纪法分开。③ 在纪法分开的背景下,对违反党规党纪的行为,应当由纪检机关予以党纪处分,对违反法律规定的行为,则由监察机关予以政务处分。基于党纪国法的衔接安排,在纪检监察合署办公模式下,纪法衔接表现为纪严于法,纪挺法前,政务处分与党纪处分的轻重程度相匹配三个方面。党纪之严在于它的纪律性规定较法律规定得更密、要求得更严④,对党员干部而言,其违法行为一定是违规违纪行为,而违规违纪则不一定违法。纪挺法前体现了党纪与国法之间的先后适用顺序与功能互补关系,这能有效地遏制轻微违纪或轻腐败走向更加严重的违法犯罪。政务处分与党纪处分相匹配体现了二者不可互相替代性和贯通性。

在《处分暂行规定》政务处分事由的规定中使用"违法违规"概念,是基于党纪国法贯

---

① 刘斌:《行政事业单位违规收费的表现形式及审计方法》,载《审计月刊》2017年第2期。
② 吴飞飞:《违规举牌相关争点回应与规制路径探寻》,载《证券市场导报》2017年第9期。
③ 参见石建华:《纪律检查和国家监察体制改革背景下有关纪法贯通、法法衔接协同问题研究》,载《公安研究》2018年第11期。
④ 夏伟:《监察体制改革"纪法衔接"的法理阐释及实现路径》,载《南京师大学报(社会科学版)》2020年第1期。

通的逻辑关系,以及大多数公职人员系共产党员的现状,其目的是实现党纪处分与政务处分的衔接协同,体现了"党言党语""法言法语"两种话语体系在党组织与国家机关共同制定的规则中的融合。《处分暂行规定》将违法违规行为所承担的责任规定为一种法律责任,也进一步表明,应将"违规行为"排除在政务处分的事由之外,这亦是法治反腐的基本要求。按照纪法分开的原则要求,政务处分的事由应当是违法行为,被处分人所负的责任是区别于政治责任、纪律责任的法律责任。

2.《公务员法》中"违纪"不属于政务处分事由规定

《公务员法》是我国干部人事管理中第一部基础性法律,是公务员管理的基本法律依据。2018年新修订的《公务员法》与《监察法》《中国共产党纪律处分条例》等相衔接,进一步扎牢从严管理公务员的制度笼子。[①]《公务员法》是监察机关实施政务处分的重要依据,《处分暂行规定》《政务处分法》对此均作出明确规定。《公务员法》第六十一条第一款规定:"公务员因违纪违法应当承担纪律责任的,依照本法给予处分或者由监察机关依法给予政务处分;违纪违法行为情节轻微,经批评教育后改正的,可以免予处分。"据此,公务员的违纪违法亦可能作为政务处分的事由,较《监察法》和《政务处分法》而言,这一事由增加了"违纪"行为,如何对此加以理解,也是我们在讨论政务处分事由时不可回避的问题。

所谓违纪,即违反纪律、规则等有约束力规定的行为,凡是其行为与组织、团体、单位等对相关人员行为纪律要求相抵触的,都属于违纪。通常情况下,违纪的范围大于违法的范围,违纪不一定是违法,只有当违纪行为被规定在法律规范之中,违纪才构成违法。《公务员法》以及《中华人民共和国法官法》《中华人民共和国检察官法》等法律规范中存在大量的违纪行为类型;在规范结构上,既有明确的列举,也有兜底性概括条款[②],且"违纪违法"通常放在一起使用。2005年《公务员法》第五十三条规定,公务员必须遵守纪律,并且规定了16种违反纪律的行为。在监察体制改革之前,对上述法律规定的违纪违法行为,通常给予政纪处分或行政纪律处分。

在制定《中华人民共和国政务处分法(草案)》的说明中,官方认为,政务处分是对违法公职人员的惩戒措施。由于所有"政纪"均已成为国家法律,《监察法》首次提出政务处分概念,并以其代替"政纪处分",将其适用范围扩大到所有行使公权力的公职人员。[③] 据此,似乎意味着所有的违纪情形均予以法定化,所有的违纪行为应当承担法律责任。但是,既然

---

① 详见《中共中央组织部负责人就修订公务员法答记者问》,http://www.chinanews.com.cn/gn/2018/12-30/8716152.shtml,最后访问日期:2021年12月10日。

② 如《中华人民共和国法官法》第四十六条第一款,列举了9种违法违纪行为,第(十)项"有其他违纪违法行为的"规定即属于兜底条款。

③ 《关于〈中华人民共和国公职人员政务处分法(草案)〉的说明》,http://www.ccdi.gov.cn/toutiao/201910/t20191008_202058.html,最后访问日期:2020年2月1日。

所有的违纪行为均成为国家法律的话,为何新修订的《公务员法》中又提出"违纪违法"和"纪律责任"这一概念呢?我们认为,政务处分对政纪处分的代替主要体现在处分制度上。而《公务员法》作为对公务员队伍进行约束和管理的法律规范,其监督和惩戒方式除了处分外,还包括予以谈话提醒、批评教育、责令检查、诫勉、组织调整和处分等(第五十七条)。这些惩戒措施仍然继续适用,且其功能作用是政务处分所不能替代的。《公务员法》第五十七条第三款规定,对公务员涉嫌职务违法和职务犯罪的,应当依法移送监察机关处理。这从规范层面厘定了双轨惩戒体制下两种处分主体之间的分工问题,即任免机关对其所管理的公职人员之违法行为具有优先处分权,但涉嫌职务违法的行为(案件)则应由监察机关优先办理。[①] 此外,根据《公务员法》第六十一条"公务员因违纪违法应当承担纪律责任的,依照本法给予处分或者由监察机关依法给予政务处分"的规定,对违纪违法应承担纪律责任的情形,即便是要给予政务处分,也要由监察机关依法进行,那么监察机关所依据的法律规定,自然是监察法规范。因此,对《公务员法》所规定的"违法违纪"行为,与其说是对政务处分事由的设定,毋宁是对行政法和监察法规范相互衔接的制度安排,依据此规定得不出违纪行为属于政务处分的事由。

二、"违法"作为政务处分事由的法理基础

前文立足于《监察法》和《政务处分法》的文本规范,并通过对《处分暂行规定》《公务员法》的处分事由对比分析,认为政务处分的事由应界定为"违法"而非"职务违法"。目前,虽然学界尚未对政务处分的适用事由展开充分论证,但从相关学者发表的观点看,并非没有争议。如有学者认为,政务处分制度"凸显出规制职务违法的独立制度价值"[②],《政务处分法》"构筑起了惩治职务违法的严密法网"[③],"明确了监察机关对于法定的监察对象进行全面监督并将监察对象的职务违法行为纳入政务处分的范围"[④]。上述观点显然认为职务违法才是政务处分的适用事由。将监察对象的职务违法行为纳入政务处分的范围,该观点实际上将《监察法》《政务处分法》中"违法"概念限缩为"职务违法",关于该限缩的合理性,前文已经从法释义层面予以讨论。接下来,笔者尝试从规范背后的法理基础进一步论证将"违法"作为政务处分适用事由的深层次原因。

[①] 参见陈辉:《〈政务处分法〉双轨惩戒体制下处分主体之间的关系定位》,载《甘肃政法大学学报》2021年第3期。
[②] 王军仁:《论政务处分制度对传统政纪处分制度的扬弃与超越》,载《安徽师范大学学报(人文社会科学版)》2020年第6期。
[③] 颜德如、栾超:《当代中国监察制度变迁的动力分析》,载《社会科学》2020年第8期。
[④] 杜昕怡、肖泽晟:《任免机关、单位处分的法律规制研究——基于二元处分体制的语境》,载《湖湘论坛》2021年第4期。

（一）对监察对象道德审查的法治安排

加强对所有行使公权力的公职人员的监督，实现国家监察全面覆盖，既是《监察法》的立法目标，也是我国监察制度改革的重要成果。这种对人的监督模式是对西方三权分立、权力制衡模式的突破和超越，有助于提升监察权威和监察实效，也避免了监察权与其他国家权力之间发生冲突与抵牾的情形。《监察法》界定的监察对象是公职人员而非一般意义的自然人，在治理标准上要求公职人员应当成为具备社会主义高尚道德情操的人民公仆。为此，《监察法》第六条监察工作方针条款中明确规定了"加强法治教育和道德教育，弘扬中华优秀传统文化，构建不敢腐、不能腐、不想腐的长效机制"。该条款将法治和德治有机结合起来，体现了强烈的时代特色。《监察法》第十一条第（一）项关于监察委员会监督职责的规定中，明确了监察机关对公职人员廉洁从政从业以及道德操守情况进行监督检查的权力。这表明，《监察法》对公职人员的要求已从法律评价上升到道德评价的高度，且将道德惩戒法治化，即将道德操守转化为公职人员的法定义务，并赋予监察机关对公职人员的行为是否符合道德操守进行监督检查的权力。基于权力腐败与权力行使者个人道德沦丧的内在联系，对公职人员进行道德性约束亦成为法治反腐的主要阵地，这能够使道德力量在一定范围和程度上发挥约束国家公权力的辅助作用。监察机关的这种"道德审查"处置方式是道德权力的法治表述，有利于从公职人员道德层面控制权力滥用并遏制腐败。[①]中央高层在设计监察体制改革方案时，将监察机关的职责范围设定为对公职人员的执法合规性、执法廉洁性和道德操守三个方面进行监察，其功能定位不仅是反腐败的工作机构，而且是推进公权善治的专门机构。[②]对公职人员遵守公共道德的情况进行检查监督，也符合其他法治国家通行的标准。[③]

"法律是成文的道德，道德是内心的法律。"[④]对公民道德操守的法治安排，即将道德治理融入法律规范治理体系，运用法律手段（他律）推动实现道德自律。这集中体现在《中华人民共和国宪法》（2018年修正，以下简称《宪法》）第二十四条。[⑤]社会主义核心价值观入宪是坚持依法治国和以德治国相结合的必然要求，亦是实现我国治理体系和治理能力现代化的重要举措。[⑥]《监察法》将个人的道德操守问题规定在监察机关的监督职责中，则意

---

① 参见黄美玲：《监察模式及其权力本质的历史解释》，载《中外法学》2019年第4期。
② 参见魏昌东：《国家监察委员会改革方案之辩正：属性、职能与职责定位》，载《法学》2017年第3期。
③ 参见童之伟：《国家监察立法预案仍须着力完善》，载《政治与法律》2017年第10期。
④ 中共中央纪律检查委员会、中华人民共和国国家监察委员会法规室：《〈中华人民共和国监察法〉释义》，中国方正出版社2018年版，第73页。
⑤ 《宪法》第二十四条规定："国家通过普及理想教育、道德教育、文化教育、纪律和法制教育，通过在城乡不同范围的群众中制定和执行各种守则、公约，加强社会主义精神文明的建设。国家倡导社会主义核心价值观，提倡爱祖国、爱人民、爱劳动、爱科学、爱社会主义的公德……"
⑥ 参见吴增礼、王梦琪：《社会主义核心价值观入法的理论逻辑与现实省思》，载《学习与实践》2019年第10期。

味着公职人员违反道德操守的要求,所受到的不再是单纯的道德评价,而是法律制裁。这在实际上是将违反道德操守作为一种违法行为对待。监察机关基于对监察对象道德操守的监督检查,取得了对公职人员的道德审查权,这种审查在基准上是由社会公德、思想品德、职业道德等组成的,在表现形式上体现为对法定义务的违反,在效力上体现为以法律惩戒代替道德评价。将公职人员对道德操守的违反上升至法治高度,是对法言法语的创新,也是坚持中国特色社会主义法治道路的具体体现。基于此,将违法作为政务处分事由,能为监察机关对公职人员的道德操守审查提供法制化进路。

（二）重典治吏传统监察文化的传承

在历史上,对官吏的道德操守问题,历来是监督的重点领域。早在周朝出台的"六计"考核官吏制度中,第一记为廉善,主要考核官吏道德品行是否端正。封建君主统治国家,从来都是依靠一大批从中央到地方的官吏来实现的,官吏的道德水准、价值取向、动机心态、综合素养等是关乎国家兴衰、民族强弱、社会治乱的基本要素之一。官制不修、官德沦丧,则政策失效、社会失范,不仅国家因此衰败,而且导致社会动荡,民不聊生。[1]古代人们已经深刻地认识到吏治的关键在人。为了选任德才兼备的人才,西汉时期,由汉武帝推行了一套由下向上推选人才为官的举孝廉制度,被举荐的对象,除了博学多才外,尤须孝敬父母,行为清廉,没有孝廉品德者不能为官。官民分野、重典治吏是传统监察制度文化的法理特色,在我国古代的法律体系中惩治官吏的法律程序一直是单独设置的。[2]就实体法而言,在历代的"刑典"之外还有一个庞大的法律分支,即关于行政管理和维护官僚制度的"官典"。[3]在古代监察史上,对官吏道德操守的监督历来备受重视,甚至往往成为监察官查处贪腐案件的重要突破口。如宋代御史监察百官,大到朝纲政纪,小到日常言行均在监督之列。[4]古代监察文化不但注重对官吏德行的监督,还十分注重对监察官德行的严格要求。如明代在监察官的选任上,多选德行显著、学识优长、老成练达之士任职。监察官如违法失职,则加重处罚。[5]

《监察法》第六条明确规定要"弘扬中华优秀传统文化",并将其作为监察工作方针,体现了新时代监察工作对中华民族历史文化智慧的汲取和借鉴。在重典治吏的传统监察文化影响下,我国监察工作在理念思路上,不仅要查处贪腐等公职人员的职务违法行为,还要坚持标本兼治、综合治理、防微杜渐,预防公职人员从轻微违法一步步走向严重违法甚至犯罪的道路。将"违法"作为政务处分的事由,意味着公职人员存在职务违法行为以外的一般违

---

[1] 参见程敏:《中国古代的用人之道——举孝廉》,载《文史杂志》2014年第2期。
[2] 参见吴建雄、张咏涛:《论国家监察创制的文化自信》,载《中共中央党校(国家行政学院)学报》2019年第4期。
[3] 参见张晋藩:《中国法制史研究综述》,中国人民公安大学出版社1990年版,第3页。
[4] 参见刘社建:《古代监察史》,东方出版中心2018年版,第176页。
[5] 参见姜明安:《监察工作理论与实务》,中国法制出版社2018年版,第184页。

法行为时,要面临双重评价和制裁,即在其他有关国家机关依据相关法律和法定程序对公职人员的违法行为予以惩罚后,公职人员还将面临监察机关基于其同一违法事实给予的政务处分等惩戒措施。相较非公职人员的一般公民而言,这种双重评价并不违反宪法上的平等原则。原因在于:一方面公职人员的身份决定了其代表人民和国家行使公权力,管理和维护公共利益,并接受人民的纳税供养,应当接受较普通人更为严厉的制裁。另一方面,监察机关对公职人员的违法行为处置在内容和效果上与其他执法机关据此所追究的法律责任存在区别,二者在本质上并不重复。

（三）公职人员负有模范守法的义务

《宪法》第五十三条将"遵守宪法和法律"作为公民的一项基本义务,这同样是公职人员应当承担的基本义务。此外,《宪法》第二十七条规定了国家工作人员①必须接受人民的监督,并确立了国家工作人员就职前的宪法宣誓制度②;第七十六条对全国人大代表提出了"模范地遵守宪法和法律"的义务。《监察法》第五十六条规定了"监察人员必须模范遵守宪法和法律"。根据《公务员法》第十四条的规定,公务员应当履行"模范遵守、自觉维护宪法和法律"的义务。公职人员存在的职务违法行为以外的一般违法行为,可以被视为公职人员违反公务员义务的行为,因此也应受到一定的惩戒处分。③上述规定表明,宪法和法律对国家工作人员、人大代表、监察人员、公务员等在法律遵守方面提出了较一般公民更高的要求,并以此为公民守法作出表率。公职人员违反一般法律规范的行为,虽然未涉及滥用职权、权力寻租等职务违法问题,但毕竟违反了作为国家工作人员应负的模范遵守宪法和法律的义务,如对这种违法行为不课以惩罚的话,则不利于营造海晏河清的政治生态。

三、政务处分"违法"事由范围的规范界定

目前,学界之所以有意将《政务处分法》明确规定的"违法"限缩解释为"职务违法",一个可能的缘由是,他们认为违法的范围过于宽泛,包括违反任何部门和任何层级的法律规范,将与公职人员职务无关的违法行为一概纳入政务处分范畴,既不可行也无必要,这将导致监察机关借助政务处分权过度介入公职人员私有领域的问题。笔者认为,学界的隐忧不

---

① 关于国家工作人员的范围,根据《中华人民共和国刑法》第九十三条规定,"国家工作人员"的范围包括但不限于公务员,而是指国家机关中从事公务的人员以及国有公司、企业、事业单位、人民团体中从事公务的人员和国家机关、国有公司、企业、事业单位委派到非国有公司、企业、事业单位、社会团体从事公务的人员,此外还将其他依照法律从事公务的人员,等同于"国家工作人员"。从这个视角看,国家工作人员的范围是比较宽泛的,理论上应大于《监察法》公职人员的范围。

② 2018年2月24日,全国人大常委会对宪法宣誓制度作出修订,新的誓词为:"我宣誓:忠于中华人民共和国宪法,维护宪法权威,履行法定职责,忠于祖国,忠于人民,恪尽职守、廉洁奉公,接受人民监督,为建设富强民主文明和谐美丽的社会主义现代化强国努力奋斗!"这实际上是国家工作人员对守宪守法的公开承诺。

③ 参见秦前红、刘怡达:《制定〈政务处分法〉应处理好的七对关系》,载《法治现代化研究》2019年第1期。

无道理，但以此否认政务处分的违法事由又不免有些意气用事，简单粗暴。笔者认为，在充分尊重法律所设定的违法事由的前提下，基于违法事由的范围过大，有必要对违法的范围进行规范化界定。

（一）界定政务处分违法事由范围的必要性

在将违法作为政务处分的事由后，我们面临的问题是：公职人员在实施违法行为后，是否一概予以政务处分等处置措施？如果答案是肯定的，则意味着公职人员诸如因违章停车而违反道路交通安全法等被予以行政处罚后还要给予处分的话，这种处分的意义有多大。再如，公职人员在职务活动之外的民事活动中，因违反了民事法律规定被诉至法院并被司法裁判课以给付义务后，再由监察机关以此给予政务处分，是否有悖于监察制度的初衷？如果答案是否定的，那么我们要对政务处分的违法事由做进一步的界定，厘清违法者所违反的法应当是什么样的"法"，其违法行为与其公职人员的身份及其职权行使的关联性程度如何，以及对违法行为的程度轻重是否需要进一步加以界分。

监察体制改革的目标是加强对所有行使公权力的公职人员的监督问责，深入开展反腐败工作，以此构建不敢腐、不能腐、不想腐的长效机制。因此，对政务处分的违法行为事由应当准确界定，不能依据字面含义将所有公职人员的违法行为纳入监察机关的处置范围。原因在于：一方面，公职人员的违法行为较之职务违法行为更为隐蔽和宽泛，且往往发生在工作岗位及工作时间以外，全国各级监察机关不可能事无巨细地对分散在不同机关单位的几千万公职人员进行 8 小时之外的全面监察，这亦是《中华人民共和国政务处分法（草案）》将政务处分决定权扩展至公职人员的任免机关、单位的一个主要考量因素。另一方面，违法行为是一个较为宽泛的概念，若对公职人员违法的类型及程度、主观过错大小、与行使公权力及其公职身份的关联性、是否造成严重后果等因素不加综合考虑，一概而论予以政务处分的话，这样的处分显然超过了必要的限度，不符合比例原则。因为监察机关作为一个受基本权利直接约束的公权力主体，在行使监察权时，亦负有对基本权利的国家保护义务。[①] 基于《监察法》只是规定了政务处分的"违法"事由，未对"违法"的具体类别和情形加以明确，而《监察法释义》将"违法"理解为"职务违法"又构成不当限缩，而过于宽泛的理解又走向了另一个极端，不但过度加重了监察机关的职责负荷，也容易导致各级监察机关及监察人员对法律条款理解的不一致，这势必会增大政务处分工作的随意性和不确定性，亦不符合监察治理的目标。因此，如何科学合理地对政务处分的"违法"事由加以界定，是政务处分立法必须直面的问题，也是监察机关开展政务处分工作的现实需要。

---

① 参见陈辉：《论监察委员会处置权的合理配置与规范运行》，载《社会主义研究》2019 年第 6 期。

（二）政务处分的法律责任属性定位

法律是规范人们行为的规范，它为人们在社会中的种种行为（非全部行为）设定了行为标准，要求人们应该做什么和不应该做什么。监察法规范也是这样[①]，它在监察领域为公职人员的职务行为设定了规范标准，当公职人员存在职务违法的情况时，就可能遭受政务处分等处置的责任后果，这种责任后果体现为对被处分人违法行为的一种否定性法律评价。政务处分的法律属性主要体现为四个方面：第一，根据2018年修正的《宪法》第一百二十四条的规定，监察委员会的组织和职权由法律规定，政务处分作为监察委员会行使处置职权的具体形式，应遵循组织职权法定的宪法原则。关于政务处分的设定由全国人大及其常委会颁行法律规定，各级监察委员会应当在法律规定的政务处分类型范围内实施政务处分，不得超越法律规定另行增设新的政务处分类型。第二，政务处分依法实施，政务处分的实施主体必须是各级监察委员会及其派驻或派出的监察机构、监察专员[②]以及法律授权的主体。处分主体作出政务处分的程序应当符合法律规定，在作出政务处分前要审理调查的事实及其卷宗材料，将调查认定的事实及拟给予政务处分的依据告知被调查的公职人员并听取其意见，对被调查人提出的事实、理由和证据，应当进行复核，被调查的公职人员提出的事实、理由和证据成立的，应予采信。第三，受到政务处分的公职人员所承担的责任属于法律规定的责任，区别于党纪处分、行政处分。党纪处分的对象是违犯党纪应当受到党纪责任追究的各级党组织和党员，其适用依据主要是《中国共产党纪律处分条例》《中国共产党党内监督条例》等党内法规。[③]从承担责任的性质看，党纪处分是党员承担的政治责任。行政处分是国家机关工作人员违反行政纪律准则应当受到的纪律处分，是国家机关对其工作人员违反行政纪律而追究的行政责任，适用于包括党员和非党员在内的所有国家机关工作人员。[④]《处分暂行规定》和《政务处分法》均明确了处分对象应承担法律责任的规定。第四，政务处分法律责任属性还体现在对政务处分的救济上。基于政务处分直接涉及公职人员的职务、职级、级别、薪酬待遇等重要事项，为充分保障被处分人员的合法权利，《政务处分法》专章规定了复审、复核、申诉途径，赋予了被处分的公职人员对处分决定不服的申请复审、复核权，这些救济权利及救济程序安排均由相关法律规定，并在法律制度框架内得以实现。

---

① 这里的监察法是最广义的，并不局限于《监察法》文本，而是包括宪法、法律、法规、规章等所有涉及监察执法工作的法规范。

② 《监察法》第十三条规定，派驻或者派出的监察机构、监察专员根据授权，按照管理权限依法对公职人员进行监督，提出监察建议，依法对公职人员进行调查、处置。按照此规定，派驻或派出的监察机构和监察专员亦是政务处分的实施主体。

③ 参见宋尚华、王多：《党纪处分和政务处分有什么区别——适用对象、依据、程序及权利救济不同》，载《中国纪检监察》2018年第22期。

④ 参见朱福惠：《国家监察法对公职人员纪律处分体制的重构》，载《行政法学研究》2018年第4期。

（三）政务处分违法事由的法定原则

《中华人民共和国政务处分法草案（一审稿）》第五条将法定事由和法定程序作为政务处分工作的基本原则。尽管该条款从正式通过的《政务处分法》中被删除，但《政务处分法》第六条则规定了"公职人员依法履行职责受法律保护，非因法定事由、非经法定程序，不受政务处分"。据此，从解释的视角看，法定事由和法定程序仍然是监察机关实施政务处分的基本原则。违法事由法定则是法定事由的具体体现，其是对公职人员所违背的"法"之形式要求，即所违反的"法"应当是法律、行政法规、监察法规、地方性法规、行政规章及法律解释等立法法所规定的几种规范性法律文件。《处分暂行规定》规定应受政务处分的行为和事由是"违法违规行为应当承担法律责任"，其中"违规"的"规"应当仅指规范性法律文件，因为其他任何规范载体都不能设定法律责任。① 此外，《公务员法》将处分和政务处分的事由界定为"违纪违法应当承担纪律责任"，这里的"纪"也应当是以法律形式明确规定的纪律规定。《政务处分法》在明确规定应受政务处分的"违法"事由的同时，存在一些"不按照规定""违反……规定""违规"和"违反相关规定"的不确定性事由表述②，这些"规定"或"规"也应当是规范性法律文件。如果将违法事由制定权下放给不具有规范性法律文件制定主体，则意味着监察机关的处分依据将会是各种层级不同、纷繁杂乱、内容各异甚至存在冲突的一系列不具有稳定性的规范性文件，这不符合法治反腐的制度要求。

此外，对政务处分的具体违法事由，应明确规定。申言之，规范性法律文件应当载明应给予政务处分的违法情形。如《中华人民共和国全国人民代表大会和地方各级人民代表选举法》第五十七条规定了4种破坏选举和违反治安管理规定的情形，并明确应给予其治安管理处罚或追究刑事责任，并在第二款明确规定"国家工作人员有前款所列行为的，还应当由监察机关给予政务处分或者由所在机关、单位给予处分"。据此，若公职人员违反上述法律规定，除了应当承担行政责任或刑事责任外，还应当给予政务处分。对公职人员违反道德操守的监督检查，也应当以规范性法律文件的形式加以规定，即将予以惩戒的违背道德操守的情形法定化。为了避免挂万漏一，可在法律条文结构中设计"列举+兜底"的具体事由模式。《政务处分法》第四十条、《事业单位工作人员处分暂行规定》第二十一条均存在诸如其他严重违反社会公德的兜底条款。③ 这为实践操作中遇到的其他严重违反道德操守但未经法律规定的情形提供了解释和适用空间，但应对比已列举条款规定的情形加以理解把握，并谨慎处理。一般情况下，对未明确列举的违背道德操守的情形，不宜给予撤职或开除的重处

---

① 参见秦前红等：《关于〈公职人员政务处分法（草案）〉的研究意见》，http://www.aisixiang.com/data/118557.html，最后访问日期：2019年12月20日。
② 详见《政务处分法》第三十二条、第三十三条、第三十五条、第三十六条、第三十八条等规定。
③ 如《政务处分法》第40条第1款第6项将"其他严重违反家庭美德、社会公德的行为"作为兜底性条款。

分,否则容易引起合法性质疑。

(四) 政务处分违法事由的限定路径

1. 违法行为的类型界定

将违法行为作为政务处分的事由,并不意味着违反任何法律的行为都应予以处分。我国法律规范体系存在部门法分类,如宪法、民法、刑法、行政法、诉讼法等,这些部门法又可进一步分为公法和私法两种基本范畴。违反不同法律规范的行为,在性质上亦存在不同区别。这在是否构成政务处分的违法事由上也应有所体现。

对于公职人员违反私法的行为一般不予处分。这种违法行为主要表现为民事纠纷,由法院介入并进行中立裁判,违反者所承担的是司法裁判文书确定的给付义务。这些纠纷实际上是由公职人员基于私主体身份在民事活动中引发的,与其行使公权力并无关系。在实践中,在涉及金融机构贷款的民事案件时,纪检监部门往往会被邀请和法院执行部门联合向具有公职人员身份的被执行人施加压力,对在规定期限内不履行裁判义务者,给予政务处分等处置措施。对此情形,除非有证据证明公职人员在贷款用途、手段等方面存在违法行为,一般不应当予以处分。① 但若公职人员在诉讼程序中存在伪造证据、进行虚假陈述妨碍诉讼或者利用职务便利干预司法裁判等情形,已经突破了民事正常活动的基本界限,可依法予以处分。

对公职人员的职务违法行为应予以处分。此类行为通常由诸如《监察法》《公务员法》《政务处分法》《事业单位工作人员处分暂行规定》《国有企业领导人员廉洁从业若干规定》等专门的监督管理性法律规范加以规定。《监察法》列举贪污贿赂、滥用职权、玩忽职守、权力寻租、利益输送、徇私舞弊及浪费国家资财等7类主要的职务违法犯罪行为。处分决定机关和单位应当依据上述法律规定对职务违法的公职人员予以处分。

对公职人员违反刑法的行为,基于违反刑事法律规定行为性质的恶劣性和刑罚的严厉性,应当予以处分。根据《政务处分法》第十四条的规定,公职人员实施犯罪,一般应给予开除处分;即便是因过失犯罪被判处三年以下有期徒刑或者被判处管制、拘役的情形,除存在特殊情况外,一般也予以开除。这足以体现了立法机关对公职人员实施犯罪行为零容忍的态度。

若相关法律明确规定具有公职人员身份的违法行为人应由监察机关给予处分,则监察机关可依法作出政务处分。如缺乏此类明确规定,则应判断该违法行为与公职人员的公职身份、职务和权力行使等因素的关联性程度,并结合政务处分法律规范设定的具体兜底性事

---

① 在现实生活中,由于公职人员属于在岗在编人员,收入稳定,信誉度高,不少银行等金融机构在向贷款人贷款时,往往要求其提供公职人员予以担保。在此条件下,公职人员便成为其有贷款需求的亲戚朋友"围猎"的对象,在借款人无力偿还后,将被动陷入官司并成为被执行人。

由条款综合判断该违法行为是否属于政务处分事由,以及违法行为事实能否被政务处分法定事由条款涵摄等。对法定事由条款无法涵摄的违法行为事实,则不宜给予政务处分。

2. 违法行为与处分结果在轻重程度上相适宜

按照《监察法》的规定,政务处分的严厉程度从轻到重分别为警告、记过、记大过、降级、撤职、开除等六种类型,这与《公务员法》的处分类型是一致的。《处分暂行规定》第五条明确规定,给予公职人员的政务处分要与其违法行为的性质、情节、危害程度相适应。《政务处分法》第四条也规定了"给予的政务处分与违法行为的性质、情节、危害程度相当"。违法行为与处分结果的互相匹配,既是监察法治的内在要求,也是规范监察机关政务处分裁量权的基本原则。目前,《政务处分法》第十一条规定了违法公职人员可以从轻或者减轻处分的情形,但这些情形均是诸如主动交代本人应当受到政务处分的违法行为,配合调查工作,如实说明本人违法事实等公职人员违法后的行为表现,且未就从轻或减轻处分的幅度、档次等加以规定。对于公职人员违法行为的性质、情节等如何界定,缺乏相关规定。对此,国家监委可通过制定实施型监察法规的方式予以完善。对公职人员违法行为轻重的判断标准,可以概括为四点:

第一,公职人员违法的原因及主观过错程度。一般而言,主动违法比被动违法严重,故意违法比过失违法恶劣。如关于办公用房超标准问题(《政务处分法》第三十五条第(二)项),如果公职人员对所在单位在用房标准上没有决定权或选择权,那么其按照所在单位安排分配使用的办公用房即便是超越了法定标准,属于违法行为,因其属于被动违法,应当从轻或减轻处置。

第二,公职人员的违法行为性质。通常情况下,职务违法往往比非职务违法行为严重;违反公职人员基于特定身份所应负的义务比其他违法行为在性质上更恶劣;比较而言,违反法律规定的道德操守行为应当比职务违法行为要轻。如公职人员实施公开发表反对宪法确立的国家指导思想,反对中国共产党领导,反对社会主义制度,反对改革开放的文章、演说、宣言、声明等行为的,根据《政务处分法》第二十八条第三条的规定,对此类行为不再区分轻重程度,一概给予开除处分。之所以设定如此严厉的惩戒措施,是因为公职人员实施此类行为在本质上违背了其国家公职身份,站在了人民群众的对立面,是对党的领导、国家制度及中央重大决策的公开反对和公然挑战。

第三,公职人员违法行为所造成的后果。即同一违法行为,若造成严重后果的自然要受到较重的处分,未造成严重后果的违法行为可以从轻减轻处分。这里的严重后果不但要以经济损失衡量(如对社会公共利益的损害、违法行为获得的非法利益金额),还要考虑对国家公职人员的形象、国家荣誉、国家权力的公信力造成的损害与影响,以及对当地政治生态的破坏等。

第四,公职人员违法行为的方式和手段。比较而言,如下几种违法方式情节比其他违法情形相对较重:① 公开实施的违法行为;② 在公共场所以及所在机关、单位对外服务窗口等执行公务期间实施的违法行为;③ 在特殊时期、危难时刻(如2020年初武汉暴发的新型冠状病毒肺炎疫情)实施的违法行为;④ 特殊岗位公职人员利用自身优势和职务便利条件实施的违法行为。

四、结语

《监察法》将公职人员的违法行为作为政务处分的适用事由,体现了党和国家对公职人员的严格要求和全面监督。制定《政务处分法》,将《监察法》的原则规定具体化,把法定对象全面纳入处分范围,使政务处分匹配党纪处分、衔接刑事处罚,构筑惩戒公职人员违法的严密法网,既是时代所需,又是使命所在。随着监察法律规范的日臻完备,学界对监察制度的研究也需要从宏大叙事的制度构建转向精雕细琢的规范释义和制度衔接研究轨道上来。本文所做的努力在于通过对现行法律处分事由条款的梳理和释义,进一步从法释义层面上阐述将"违法行为"作为政务处分事由的规范依据,并论证了政务处分违法事由的法理基础。对违法行为适用事由的规范界定既是技术操作层面的实际需求,也是在强化对公职人员监督管理的价值诉求下,准确适用政务处分权的必然选择。政务处分的违法事由决定了公职人员所承担的责任属于法律责任。因此,政务处分工作的开展应当遵循监察法治的原则要求,在形式上要求违法事由应当法定,在实质上要在合理划定违法行为事由类型的基础上,实现违法行为与政务处分的轻重程度相匹配。

我国城市住宅小区中的空间所有权检视及其治理路径*

房梁 单锋**

摘　要：我国城市住宅小区存在独立的空间所有权。规划明晰了小区内外部之间的边界，也形塑了小区完整且独立的空间，公权力应尽力止步于小区边界之外。民法典将住宅小区内部空间的权利结构交由建筑物区分所有权制度加以规范，然而平面思维下的制度设计掩盖了小区空间形态的权利，导致在共有财产面临困境时，业主制度工具逐渐失灵。例如在城市更新的背景下，住宅小区的地下管网虽然产权清晰却常常由于更新成本过高全体业主无法达成共同意志，最终沦入由政府财政出面解决的困境。住宅小区的财产权呈现出典型的共-私混合形态，空间所有权人需要具有"业主"这一非法定民事主体身份，单个业主对小区空间内的财产没有事实上的处分权，全体业主可以行使所有权却极易陷入"戈尔迪之结"的低效率，最终伤害全体业主的共同利益。对此类混合财产权应依循政府公权力有限介入，充分引导所有权主体自治的共有私产治理路径，追求提高决策效率、寻找财产权自由与限制的平衡以及提升共益三种价值。

关键词：住宅小区　空间权　共有私产　治理路径

---

* 基金项目：国家社会科学规划基金资助项目"共租赁住房法律制度研究"（项目号：16BFX102）；国家自然科学基金重大研究计划培育项目"应用大数据识别和控制住房公积金扩面风险研究"（项目号：91646126）。

** 作者简介：房梁，南京大学法学院博士研究生；单锋，南京大学法学院教授。

一、问题的提出

历史将按照它自己的方式摸索着前进。改革开放以来,我国经济高速发展,城镇化规模不断提升,其间伴生着许多具有中国特色的居住制度、模式和形态①,比如福利分房制度、住房商品化、住房公积金和城市住宅小区。

新中国成立后,我国百姓经历了从独门独院的农村房屋到城市楼上楼下的住宅小区的不同阶段,这些阶段大体来说可以分为邻里单位②、街坊式住宅③、早期式小区住宅④、中大型住宅社区和特大型住宅社区。需要强调的是,中大型和特大型住宅社区与本文所说的住宅小区不同,这两种住宅区更偏向若干社会群体、组织聚集生活的区域,其间包含若干个居住用的住宅小区,也包括为居民提供服务的商业、医疗、教育配套空间。

在法律层面并没有关于城市住宅小区概念和范围的直接规定,但"住宅小区"一词在人们的生活交流和文意表述中并不会引起歧义,原因在于多年的城镇化和居住样态的固化已经让城市住宅小区的模式嵌入了日常生活中。涉及住宅小区的法律规范散见于我国《中华人民共和国民法典》(简称《民法典》)、《中华人民共和国城乡规划法》、《物业管理条例》、《城市居住区规划设计规范》等不同层级的法律法规或规章里。其中,只有《物业管理条例》第十四、二十和五十三条直接使用了"住宅小区"四个字,目的在于明确物业服务企业服务的范围。实际上,城市住宅小区和居住小区、居民小区在内涵上是相同的,根据《城市居住区规划设计规范》第 2.0.2 关于居住小区的表述,住宅小区应当具备以下特征:一是住宅小区的空间范围必须按照城市统一规划,经过规划部门批准;二是住宅小区内部建筑物、构筑物及其他公共基础设施配套齐全;三是投入使用的住宅区域须相对封闭、独立。⑤

---

① 参见张军:《社会转型背景下的城市住房制度变迁与住房属性演变》,载《重庆社会科学》2021年第2期。
② 新中国成立初期,我国首次提出了"邻里单位"的设想。邻里成为住宅区设计的基础:每一个邻里单位的人口约5 000人,非邻里单位内部的车辆行驶在环绕邻里单位外围的干道上,不可以穿行进入内部。邻里中心由小学、日用品的供应地组成,中心四周建造住宅。
③ 在邻里单位被广泛采用的同时,苏联提出了大街坊的规划原则。一个大街坊中包括多个居住街坊,大街坊的周边是城市交通,为保证居住区内部的安静安全,只在住宅的布局上更强调周边式布置。1953年全国掀起了向苏联学习的高潮,随着援华工业项目的引进,也带来了以"街坊"为主体的工人生活区。为节约用地和市政设施投资,建筑层数一般不低于三层。要统一规划,统一设计,综合建设,配套建设文化福利设施,安排绿地和儿童游乐场,保证居住区有充足阳光和新鲜空气。
④ 1957年,我国引进了居住小区规划的理念,开始用小区代替过去的街坊。主要模式为:城市居住以小区为基本单位,由几条城市道路所包围的地区形成小区,每个小区的面积一般是30到60公顷,远景居住规模为1万到2万人,小区内部允许城市公共交通车辆穿行,最小规模是以能设置一个小学校为基本条件,最大范围取决于生活服务设施的服务半径,且受周围道路的约束。
⑤ 《城市居住区规划设计规范》第2.0.2:居住小区,一般称小区,是指被城市道路或自然分界线所围合,并与居住人口规模(10 000—15 000人)相对应,配建有一套能满足该区居民基本的物质与文化生活所需的公共服务设施的居住生活聚居地。

城市住宅小区是建立在国有土地使用权上的，从住宅小区模式伊始到2015年《不动产登记暂行条例》的实施，住房已成为国人最为重要的财产，而对房产权益大小的衡量标准为"面积"。所谓面积是表示平面中二维图形或形状平面层的程度的数量，这说明人们对财产权益的关注是建立在平面思维基础上的。然而，土地从来不是平面，住宅小区内财产也是空间态的，平面上的"面积"无法展示完整的空间态的财产。在面对住宅小区财产纠纷时立体的财产会逃逸出平面的思维，仅拥有平面而缺少空间视角的财产权思考在法律规范上容易走入困境。

实施城市更新是党的十九届五中全会作出的重要决策部署，观察诸多相关地方性法规，内容均以城市公共空间的财产更新为主，对住宅小区的关注甚少，地下管网更是几近被遗忘。但是，城市更新必须遵循的一个原则就是：所有权人负责所有物的更新，包括决定是否更新以及更新费用的负担。城市公共空间的更新费用由政府财政负担，住宅小区的更新由全体业主共同负担。所有权人不仅排他地享有物，而且也对物的维护、保养负有排他的责任，他人不应也无法代其负担。这符合法的基本伦理秩序，也是必须厘清的权利边界，否则在城市更新中极易发生费用负担含糊不清和张冠李戴的问题。

住宅小区地下管网以小区规划范围为界[①]，业主通过购买住房取得了地下管网的共同所有权，那么地下管网发生的维修和更新费用也应该由全体业主共同负担。业主在购买住房时缴纳的维修基金形成了业主的共有财产，然而，根据我国《住宅专项维修资金管理办法》第二十五条的规定，住宅小区的地下管网的维修不属于住宅专项维修资金可以负担的范围。维修尚且不可，更新则更无可能，地下管网更新费用巨大，由全体业主共同负担显然极其困难，常常为此陷入僵局。部分地区转而由地方财政支付，但是财政来源于税收，公共税收为"私人之物"支付又于法无据。这一切的困境都与住宅小区相对封闭的空间有关，全体业主享有对住宅小区空间的所有权，可以形成共同意志，但在面临分摊义务时却困难重重。不免生疑：经过规划的住宅小区边界意义是什么？住宅小区是否存在独立于外部的空间所有权？空间所有权与普通物权所有权形态似乎有所不同，应遵循何种路径行使权利？

二、住宅小区财产的空间权解构

（一）空间权在我国法律中的既存

关于空间权是否存在的争论由来已久，在学理上主要分为否定说和肯定说两种观点，两种观点不乏支持者。随着《民法典》的颁行，学者们以更开阔的视野对我国空间权法提出

---

① 参见许宏福、宁昱西、林若晨：《基于空间活力模拟的城镇开发边界划定研究：以北海市国土空间规划为例》，载《规划师》2020年第12期。

了理论上的改进意见。① 否定说认为空间权的讨论并无意义,所谓空间权不过是从土地所有权萌发、延伸和分离出来的,是纯粹学术研究中创设出来的概念②。同时,空间具有不特定性,也与一物一权的物权基本理论相左,现实困境在现有物权理论框架内均可予以解决,研究的空间权法律规范应当附属于土地规范的一部分。③ 肯定说则认为,空间的独立性使其不与一物一权的原则相违背④,特定性和可被人们掌握的经济价值决定了空间早已成为具备法律属性的物,能够成为民法或物权法上一类独立的权利客体。⑤ 自然科学技术的发展和建筑技术的迭代,让人们能越来越快地脱离出土地的束缚,构建全新的空间利用模式。学者们还引用国外判例或成文的立法例加以论证,比如英国判例 1587 年波利诉波普案(Bury v. Pope),1870 年科比诉希尔案(Corbett v. Hill),美国判例"纽约中央火车站上空租赁案""美国鸡农起诉军用机超低空飞机侵权案"以及世界第一部关于空间权的单行法律《俄克拉何马州空间法》(Oklahoma Air Space Act)等。⑥ 更有学者直言,"让建筑物与土地相分离而存在的观念,实为划时代的构想",此即为空间所有权。⑦ 从关于空间权真伪争论开始的一刻,证明了空间权已如影随形般地出现在人们生活的各个角落,只是它将以什么样的形式呈现在人们眼前需要进一步讨论,现阶段空间权还不是一个严格的法律术语。⑧

1. 被遗忘的空间权力

关于空间权的学术争论在焦点上发生了偏差,陷入了空间权即为空间权利的误区,把空间权当然地放置在传统民法体系中的物权领域,进而把空间权挤入了仅有空间权利而无权力的范围。这是对空间权中"权"的误读,无论什么时代,什么法律规范内,空间都是权力、权利共同作用的"场域",空间权的法理构造是在具象的空间场域内分析权力和权利的互动作用,而非简单地以私法逻辑发展和完善空间权利即可。城市住宅小区只是空间权研究的一个载体,其内部蕴含了空间法律规范的司法价值、权力规制和权利实践的方式。

人具有空间属性,财产同样以其形态占据一定的空间,⑨ 这是由财产的自然属性和物理结构决定的,另一种情况是财产所需要的空间由权力依据一定的规则予以厘定,标示出空间的外在范围,内外按照不同的规则予以治理,呈现出内外有别的状态,比如城市住宅小区。

---

① 参见秦彪、张民安:《〈民法典〉空间所有权制度研究》,载《河南社会科学》2021 年第 3 期。
② 参见房梁:《论空中空间权的所有权属性及行使》,载《江苏大学学报(社会科学版)》2019 年第 2 期。
③ 参见史浩明、张鹏:《论我国法律上的空间权及其类型》,载《政法论丛》2011 年第 5 期。
④ 参见刘保玉:《空间利用权的内涵界定及其在物权法上的规范模式选择》,载《杭州师范学院学报(社会科学版)》2006 年第 2 期;吴珮君:《区分地上权之探讨——以物权编修正草案为中心》,载《月旦法学杂志》2001 年第 69 期。
⑤ 参见谢在全:《民法物权论》(中),台北三民书局 2003 年版,第 400 页。
⑥ 参见房梁:《论空中空间权的所有权属性及行使》,载《江苏大学学报(社会科学版)》2019 年第 2 期。
⑦ [日]近江幸治:《民法讲义 II:物权法》,王茵译,北京大学出版社 2006 年版,第 183 页。
⑧ 参见史浩明、张鹏:《论我国法律上的空间权及其类型》,载《政法论丛》2011 年第 5 期。
⑨ 参见周安平:《私人空间与公共空间漫谈》,载《浙江社会科学》2017 年第 5 期。

空间权力历史已久，最为典型的体现是我国古代的城市，内在是维护权力的手段和工具，外在是彰显统治者合法权力、突出国家力量的象征。在古代城市的外围筑有城墙，城墙厘定了城市空间的最大范围。城墙的功用不仅是抵抗外在攻击的安全防御，[1]保卫城市内部的安宁，同时也是帝制时代国家、官府权威的表征，没有城墙的城市在某种意义上不算正统的城市。[2]在城墙的内部存在由建筑物、构筑物和道路组合而成的城内空间布局，空间布局会根据城市的不同属性、定位出现差异。这种差异并非建筑物、构筑物的所有者依据私有的对物权利按照私人的意志建造的，而是统治者根据需要进行的安排，包括建筑物、构筑物的选址、形态，相互之间的距离等因素。就我国古代城市的空间布局而言，其并非依循传统的城市功能需求、人口增长和商业发展需要自然形成，而是基于权力（包括政治制度和封建文化）的运作辅以不同时代社会因素共同作用确定的。

换言之，我国古代城市以都城为中心区别华夏与非华夏，城市以城墙为界限使城市内外有别，再通过对城市内的建筑物、构筑物和城市空间布局的设计安排实现在不同层级上的空间权力。

城市住宅小区的逻辑起点就是公权力的制度安排，是公权力通过体系化的规划、审批形塑了住宅小区的空间属性和空间内容。其后，居民的需要才在市场的推动下进入住宅小区的内部，最终通过建造的法律行为将住宅小区内部的空间结构确定下来，形成了内外有别的城市住宅小区。通常内外的界限可能是"围墙"也可能是"栅栏"，它们的共同特点是经过公权力划定的"城墙"。故而，从城市住宅小区的外在上看，它即是权力通过法律在空间中"缔造"出来的。

2. 我国法律中既存的空间所有权

将空间权重新放回传统的物权理论中来，空间权在我国法律规范中实际已既存多时，并非所谓的空间法律规范缺失，但是仍需通过解释加以呈现。

第一，是我国关于矿产资源的法律规定，根据《中华人民共和国矿产资源法》第三条的规定，地下矿产资源归属于国家，即不因土地所有权主体的不同而随之变化[3]，当土地为集体所有时，土地下部如若发现矿产则该矿产仍然归国家所有。此规定已存在良久，矿产资源客观地占据土地下部空间。如果土地只为一个整体，其权利辐射于土地上部和下部空间，那

---

[1] 参见陈正祥：《中国文化地理》，生活·读书·新知三联书店1983年版，第68页。
[2] 参见章生道：《城治的形态与结构研究》，载施坚雅：《中华帝国晚期的城市》，中华书局2000年版，第484页。
[3] 《中华人民共和国矿产资源法》第三条：矿产资源属于国家所有，由国务院行使国家对矿产资源的所有权。地表或者地下的矿产资源的国家所有权，不因其所依附的土地的所有权或者使用权的不同而改变。本条隐含了两项内容：第一，矿产资源占据的空间既可以与地表相连也可以不相连，如果不相连接，则开采矿产需要通道，采掘后会形成土地下方的新的中空地带；第二，对于采掘后形成的空间没有涉及，笔者在其他法律法规中也没有找到矿坑回填及不回填的空间归属。

么不应当存在某一下部空间归属于其他主体所有的情况,从空间权的角度看,矿产资源所有权及其占据的空间是可以与土地所有权相分离的。

第二,是我国《民法典》物权编延续了物权法的规定,确定了建设用地使用权的分层设立,此项"分层设立"在事实上承认并构建了"空间建设用地使用权",虽然这种构建依然是粗糙的。《民法典》第三百四十五条规定,"建设用地使用权可以在土地的地表、地上或者地下分别设立。"第三百四十八条第二款第(三)项规定:"建设用地使用权出让合同一般包括下列条款:……(三)建筑物、构筑物及其附属设施占用的空间。"从条文的表述上看,土地的地表和地上、地下为三个完全独立的空间范围,否则无法分别设立物权,从条款上下排列的解释来看,建设用地使用权的分层设立是以土地地表为界限,以上下部一定空间范围为客体。[①]因此,分层设立建设用地使用权不仅仅是简单地对地表和上下部分做出划分,还需要标明建设用地占用的面积和四至以及建筑物、构筑物的竖向界限。学界已有观点认为土地所有权人在土地空间内可以分别设立:地上空间建设用地使用权、地表空间建设用地使用权和地下空间建设用地使用权。[②]

第三,是住宅小区地下车位、车库的登记、发证已经在全国多地实现,诸多地区以地方性法规为依据,对地下空间建筑物、构筑物所有权进行登记,其中尤其以车位、车库及人防工程建筑物为重,地下车位、车库存在竖向界限,其空间应当以"八至"为界限,亦是客观上承认了地下空间所有权的独立存在。[③]部分地区已在政府规章中开始使用"城市地下空间所有权人"的表述来规范地下空间所有权人的权利和义务[④],可以说空间权从地方的尝试到全国范围的施行从未销声匿迹,只是能否落地适法值得思考也值得期待[⑤]。

(二)城市住宅小区的空间权解构

1. 规划范围形塑住宅小区的空间权力边界

中国人的生活常常与"墙"紧密相连,在封建帝制时代的城市有城墙,现代国家机关、宅院的外围有院墙,楼房外围有承重墙等。其实,墙基本的功用,除了从物理上形成间隔之外,另一个重要的使命就是合围出一个独立和封闭的空间,在此空间里权利人享有自由行使权

[①] 最高人民法院民法典贯彻实施工作领导小组:《中华人民共和国民法典物权编理解与适用(下)》,人民法院出版社2020年版,第754页。

[②] 参见史浩明、张鹏:《海峡两岸空间权利设计思路之比较——以区分"地上权"和"空间建设用地使用权"为中心》,载《苏州大学学报(哲学社会科学版)》2010年第1期。

[③] 《上海市地下空间规划建设条例》第二十八条;《芜湖市市区地下空间建设用地使用权利用和房地产登记实施细则》第十、十四、十五、十七条;《南昌市城市地下空间建筑物登记暂行办法》第五、六、七、八、九条;《江苏省不动产登记条例》第四十二、四十四条等。

[④] 《成都市城市地下空间开发利用管理办法》第三十六、三十七、三十八、三十九、四十一、四十二条中均使用"城市地下空间所有权人"的表述,进一步说明了立法者对空间所有权既存的理解。

[⑤] 参见房梁:《论空中空间权的所有权属性及行使》,载《江苏大学学报(社会科学版)》2019年第2期。

利不受他人干涉的保护。"有围墙的社区"（walled community or gated community）早已成为国外城市规划研究的热门方向。[①] 20世纪90年代我国住房商品化改革以来，城市住宅小区逐渐形成了以规划的界限为间隔，相对封闭的空间构造。需要说明的是，规划的界限不一定会建造有实体的墙，可能依据美观需要和自然条件的限制，采用不同的区隔形态。

我国城市住宅小区的规划主要通过《中华人民共和国城乡规划法》《城市居住区规划设计规范》《城市规划编制办法》等法律法规和政策予以规范，体现在控制性详细规划的层面。[②] 其中主要用途、建筑密度、建筑高度、容积率、绿地率、基础设施和公共服务设施配套规定应当作为强制性内容。控制性详细规划对住宅区的尺度控制、建筑物密度和高度、容积率的要求是基于城市全局的角度而非考量住宅区内部自身体系的控制而作出的。从不同法规政策来看，对住宅小区的法律规范无论是范围边界还是内部协调，都出现了层级不高、精细化不足的特点。例如，对城市道路和住宅区之间，以及不同的住宅区之间的边界没有做出针对性的设计和规定，仅可以作为参考的是关于建筑物"退线距离和退界距离"的规定[③]，然而该规定造成了后退距离内土地功能的混乱。同时又为了明确边界，在城市规划的法律法规中设计了一系列遍布四处的"线"，其中影响力最为深远的是道路红线和建筑控制线[④]。这些"线"如同无形的"墙"一样合围成了不同大小和结构的空间。不同功能预设的空间之间因规划存在边界，比如住宅用地和公共用地之间[⑤]；统一功能预设的空间内部也存在不同的边界，比如相连接的两个住宅小区也因为分属不同的住宅区而存在边界。（图1）

边界的意识源于藏身之所的庇护建筑，所谓庇护建筑就是使用砖块将四周合围出墙壁，把空间分割成若干部分保护人类免受外界威胁，这也是建筑的第一个定义。[⑥] 在边界以内的人们会有自身处于安全空间的认知，在此空间内权利可以自由的行使，同时边界会防止外部的权力向内部侵入影响内部权利的运行。规划是一种公权力的表现，其赋予了住宅小区

[①] 参见赵燕菁：《围墙的本质》，载《北京规划建设》2016年第2期。
[②] "控制性详细规划应当包括下列内容：（一）确定规划范围内不同性质用地的界线，确定各类用地内适建，不适建或者有条件地允许建设的建筑类型。（二）确定各地块建筑高度、建筑密度、容积率、绿地率等控制指标；确定公共设施配套要求、交通出入口方位、停车泊位、建筑后退红线距离等要求。（三）提出各地块的建筑体量、体型、色彩等城市设计指导原则。（四）根据交通需求分析，确定地块出入口位置、停车泊位、公共交通场站用地范围和站点位置、步行交通以及其他交通设施。规定各级道路的红线、断面、交叉口形式及渠化措施、控制点坐标和标高。（五）根据规划建设容量，确定市政工程管线位置、管径和工程设施的用地界线，进行管线综合。确定地下空间开发利用具体要求。（六）制定相应的土地使用与建筑管理规定。"引自《城市规划编制办法》（2006年4月1日起生效）第四十一条。
[③] 退线距离系指建筑物后退各种规划控制线（包括：规划道路、绿化隔离带、铁路隔离带、河湖隔离带、高压走廊隔离带）的距离。退界距离系指建筑物后退相邻单位建设用地边界线的距离。引自《北京地区建设工程规划设计通则》（市规发〔2003〕514号）第2.3.1条。
[④] 建设用地的边界线位置通常根据规划行政部门出据钉桩条件的钉桩坐标成果确定；建设用地邻规划道路时，规划道路红线即建设用地的边界之一。
[⑤] 参见吴凡、蔡辰霏等：《街道公共空间格局及街道空间开放性评价研究》，载《城市建筑》2019年第6期。
[⑥] 参见[美]卡斯腾·哈里斯：《建筑的伦理功能》，申嘉、陈朝晖译，华夏出版社2010年版，第139页。

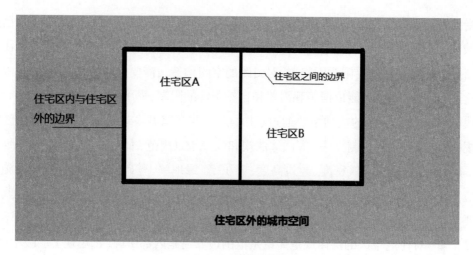

图 1 住宅区边界示意图

居住空间的边界，使住宅小区被划分为内与外两个不同的空间。内部对于外部来说相对封闭，因为进入内部需要具备特殊的身份即住宅空间权利人或者得到权利人的许可，两个空间的权力和权利的配置与行使呈现出显著差异。

住宅区之外的城市内是以公有空间财产共用为主的形态[①]，在公有的空间里作为社会成员的公众可以共同行使权利、共同使用空间内的财产，权利的行使和财产的使用通常不具备所有权意义上的排他性，因为财产的公有性表明其并不为特定某一私主体所有而是服务于公众，产生公共价值。这里需要强调的是：第一，公有的空间不排斥私产的存在，即公有空间里也需要遵循私产自治和排他的原则；第二，在公有空间里，当具体的私主体在使用财产时依然具有经济学意义上的"公共产品的排他性"。例如，在公园里湖畔旁有若干供游人休息的长椅，此长椅是公共空间里的公有财产，为不特定多数人共用，当有一个游客累了使用长椅时，此游客在休息的特定时空条件下具有了对长椅排他的使用权，未经其许可他人不得以长椅为公共财产将其驱赶，此时游客享有了对公有财产的私有权[②]。又如，城市道路为公有空间的共用财产，当道路狭窄仅可容下一辆车行驶且有车辆先行驶入时，其他车辆只得跟随其后而不可以道路的公有共用排除在先之人。[③] 住宅小区外的公有空间财产共用的形

---

① 由于本文主要讨论城市住宅小区内的空间权，住宅区外的空间和财产形态并非重点，所以并没有做精细化的区分。很显然，住宅区外的城市空间不仅包含公有共用形态，还有公有公用等，其间的区别并不是清晰的，可以另作讨论。城市的公有空间相对好理解，财产的使用上似乎为公用，但城市的空间范围本来就有界限，例如城市建成区、行政区划等，对于城市公有空间内的财产的使用至少要进入其内部，所以只有其内部的这部分成员具备对城市财产的共有权利。

② Joseph D. Kearney, Thomas W. Merrill. Private Rights in Public Lands: The Chicago Lakefront, Montgomey Ward, and the Public Dedication Doctrine. Northwestern University Law Review, vol.105, 2011, pp.1417-1530.

③ Armen A. Alchian, Harold Demsetz. The Property Right Paradigm. The Journal of Economic History, vol.33, 1973, p.19.

态旨在提升公共利益,需要公权力对空间和财产资源进行合理的协调和配置,相应减少内部私主体权利的随意使用,以防阻碍公益的提升。故而在住宅区外公共空间共用财产的治理应倡导以公权为主要行使内容的公私法协同合作,例如城市内公园、风景区等为人们提供休闲的场所是典型公有空间,合法饲养的犬只为私人合法财产,在采用牵引绳携犬外出时理应不予干涉,但为了使得公有空间的公共利益提升,各地制定的"养犬管理条例"均采取公权力严格限制的态度。①

2. 住宅小区的空间所有权

住宅小区外的城市空间为公有共用,公权力主导资源配置的状态应止步于规划范围形成的边界之外。住宅小区内部则完全不同,相对封闭的空间结构应当遵循另一种治理模式,原因在于规划形塑了住宅小区的外部边界,使得公权力多数停留在边界线外,其内部存在复合的可以分割的权利束结构。②

所有权的权能是基于人与物之间的关系塑造,主张所有者依据自己意志行使权利,权利束不等同于所有权,更强调人与人之间的法律关系。权利束的理论在法经济学和英美财产法律学者中使用得更为普遍,物权则源于大陆法系的物权法理论。传统上,霍菲尔德(Hofeld)和奥诺雷(Honore)两位法学家的理论分析组成了权利束的模型③。"束"意味非单体的权利,而是以描绘某一权利为中心,其他权利围绕其外的一"束"权利。权利束的配置有别于传统权利公－共－私三分法,纳入原有制度后容易造成权利人之间的"权利束"彼此倾轧。④拥有住宅小区空间所有权的人可能并不实际利用空间,实际享有空间利用的人可能并不是空间所有者,业主通过房屋所有权扩张而取得了住宅小区的空间所有权,通过房屋使用权的让渡使得房屋使用权人实际获得了住宅小区空间的使用权。虽然学理上使用建筑物区分所有权中的专有权、共有权和管理权,却忽略了其三权框架是基于房屋所有权人的身份扩张而来的,本就不应用于住宅小区内的空间财产和治理问题,如需解释则应直面住宅小区的空间底色。

住宅小区规划的边界封闭了内部空间,同时由于封闭塑造了住宅小区的空间所有权,在我国虽没有明文规定,但是通过法律的解释和客观现状依然可以证成它的客观存在。

第一,住宅小区的整体空间为所有权客体。现阶段,住宅小区空间所有权的讨论须在建

---

① 例如,《南昌市养犬管理条例》第十七条之(二)规定,不得携犬进入机关、学校、企业、事业单位、儿童活动场所和公园、广场、商业步行街、商店、医院、饭店、博物馆、图书馆、体育馆、展览馆、歌舞厅、影剧院等公共场所。《马鞍山市养犬管理条例》第十九条规定,"禁止携带犬只进入下列区域和场所:……(四)采石矶风景区……",《苏州市养犬管理条例》第二十一条规定,禁止携带犬只进入……封闭式公园、健身步道……

② 参见曹春方、张超:《产权权利束分割与国企创新——基于中央企业分红权激励改革的证据》,载《管理世界》2020年第9期。

③ J. E. Penner. The "Bundle of Rights" Picture of Property. UCLA Law Review, vol.43, 1996, p.724.

④ 参见冉昊:《反思财产法制建设中的"事前研究"方法》,载《法学研究》2016年第2期。

筑物区分所有权制度中进行,古巴比伦契约记载中的建筑物区分所有被认为是楼层的区分所有权出现的端绪,①后经1804年《法国民法典》第664条、1865年《意大利民法典》第532条、1886年《日本民法典》第208条加以确认,建筑物区分所有权成为民法体系中一项重要制度。②两次世界大战改变了建筑物、土地的利用方式和居住方式,进而改变了法律的规则,区分所有的建筑物进入了蓬勃发展的时期。1948年奥地利制定了《住宅所有权法》,20世纪50年代德国、葡萄牙、西班牙也都制定了单独的关于住宅区分所有权的法律。从建筑物区分所有权的历史沿革来看,制度萌芽和发展都在土地私有为主的国家,建筑物形态与土地的所有权制度契合符合以建筑物所有权涵摄空间的现状,尽管如此,区分所有中的"专有部分"③和"共有部分"④是否能组成全部的建筑物区分所有权的争论也从未停止过。

建筑物区分所有权主要针对建筑物的区分所有进行设计。与此设计初衷不同的是,在我国人们的居住模式以住宅小区为主,引入该制度后,为适应新的土壤,业主所有权的客体被扩张,包括:"对住宅、经营性用房等专有部分的所有权""对专有部分以外的共有部分的共有权""建筑区划内道路、绿地、公共场所的业主共有""共有道路中的车位的业主共有"等等。以上规定中的共有即为共同所有,依据学界通说,此为建筑物区分所有权中的共有权。对此需要强调的是,在域外法律中建筑物区分所有权中的共有部分的共有权主要是指建筑物本身的共有,或强调由于占有建筑物的一部分而共享集合到一起的共有权利⑤,并不泛指建筑物所在住宅小区的空间范围的共有,这与域外并不普遍性地采用住宅小区模式密切相关,将两种共有权概念的混同界定为一种共有,只是鉴于我国居住模式的无奈选择。

再进一步地观察可以发现,共同所有的客体范围受限在"建筑区划内",建筑区划内是指住宅小区经规划形成的边界范围内,强调的是完整的空间范围,而不是特指某一类或某一

---

① 参见陈华彬:《建筑物区分所有权法》,中国政法大学出版社2018年版,第2页。
② 实际上,各国立法中对建筑物区分所有权的名称均不相同。德国称为"住宅所有权"(Wohnungseigentum),也有一些学者认为是"住宅所有";瑞士称为"楼层所有权"(Stockwerkeigentum);法国称为"住宅分层所有权"(la copropriete des immeuloles bates)。在日本和我国台湾地区称之为建筑物区分所有权,区分意为划分。参见王利明:《论业主的建筑物区分所有权的概念》,载《当代法学》2006年第5期;陈华彬:《建筑物区分所有权法》,中国政法大学出版社2018年版,第5页。
③ 法国学者在解释《法国民法典》第664条"建筑物之各楼层属于不同所有人"时提出了专有权说的观点,该学说认为建筑物区分所有权的核心就在于专有部分的专有权,至于共有部分根本不需要考虑在内。参见陈华彬:《建筑物区分所有权法》,中国政法大学出版社2018年版,第60页。
④ 该观点由法国学者普鲁东与拉贝创立,该说认为建筑物区分所有权作为一种特殊的所有权形式,不同于普通所有权的相互独立和排他性,是一种受"共同所有"特性支配的所有权,该项权利的核心其实为"共同所有",即建筑物区分所有权本质上是共同所有的一种特殊形式。参见陈华彬:《建筑物区分所有权法》,中国政法大学出版社2018年版,第61页。
⑤ 日本学者星野英一认为,建筑物中每个区分所有人都享有属于自己的单独所有权,而区分所有,就是将这些单独所有权集合到一起形成一个共有的权利,每个区分所有人因为占有该整体建筑的一部分而共同享有集合到一起的共有权利。此外瑞士民法也认可并采纳了共有权说。参见陈华彬:《建筑物区分所有权法》,中国政法大学出版社2018年版,第62页。

处的财产。综上，业主共同所有的客体有以下特点：财产宽泛、无法也无须穷尽列举，重点是必须在住宅小区的空间范围内。在民法的视角中，住宅小区的空间的整体性是共性，可以单独分割出去的房屋所有权或者地下车位等的所有权应为另类，只是囿于建筑物区分所有权制度的共有权解释结论，反而使得住宅小区空间所有权成为房屋所有权的延伸，这是建筑物区分所有权作为引入制度与我国住宅小区模式错位的结果。

全体业主是空间所有权主体。我国《民法典》物权编第六章规定了建筑物区分所有权制度，所有权的主体为"业主"。① 在我国，民事主体不包含业主，但是它同时兼具身份性和财产性的特点②，此称谓源于域外关于物业的法律规范，比如美国《统一区分所有物业产权法》等。需要说明的是，域外物业相关规定中业主的对应词通常为 Owners，从字面意思来看是指所有权人，移植到我国法律中理应称所有权人。根据我国《物业管理条例》第六条的表述，业主为房屋的所有权人，那么"业主的建筑物区分所有权"就等同于"所有权人的建筑物区分所有权"，这存在显而易见的逻辑龃龉。究其原因是我国法律把业主的概念嵌入建筑物区分所有权时，将房屋的所有权人内涵扩张到了住宅小区整体空间的所有权之中，形成了匹配的错误。

根据物权理论，所有权需要有典型的用于公示的外观表征③，动产为占有，不动产为登记，如果住宅小区的空间所有权存在，那么也应有相应的公示手段。《不动产登记暂行条例实施细则》第三十六条规定，建筑区划内业主共有的道路、绿地等均应登记为业主共有。④ 该条中的业主并非某一个具体的房屋所有权人而是全体业主的集合，在现实生活中单个业主是会因房屋所有权转移而不断变换的，每一次的变换虽然在全体业主中的比例很低，依然会形成新的所有权主体的集合。反之不变的是住宅小区的空间，所以在不动产登记的实际操作中无法将共有道路、绿地登记到每一个业主名下。这里出现了一个隐匿的含义：法律并不在意业主是谁，即便这个主体内部不断更迭，全体业主都将是一个整体的集合，同时作为匹配，住宅小区的空间也被看作一个整体的所有权客体，需要做的是把整体的全体业主作为所有权主体，住宅小区空间作为客体进行匹配即可。换言之，只要具有业主的身份即可拥

---

① 业主一词并非全舶来品，在我国历史上具有特别指向，通常是私有企业或财产的所有者。1956年2月8日通过、2月11日发布的《国务院关于私营企业实行公私合营的时候对财产清理估价几项主要问题的规定》第九条规定：对家、店（厂）不分的企业，属于生产经营专用的生产资料，应该清理估价，作为私股股份；属于家庭专用的生活资料，应该归原业主所有。对生产经营和家庭使用难以划分的财产，例如房屋、家具等，可以由原业主提出意见。在照顾原业主家庭正当需要的原则下协商处理。
② 参见蔡立东、姜楠：《农地三权分置的法实现》，载《中国社会科学》2017年第5期。
③ 参见李永军：《论我国〈民法典〉物权编规范体系中的客体特定原则》，载《政治与法律》2021年第4期。
④ 《不动产登记暂行条例实施细则》第三十六条规定，办理房屋所有权首次登记时，申请人应当将建筑区划内依法属于业主共有的道路、绿地、其他公共场所、公用设施和物业服务用房及其占用范围内的建设用地使用权一并申请登记为业主共有。业主转让房屋所有权的，其对共有部分享有的权利依法一并转让。

有住宅小区内空间的所有权,但是此种解释非常粗糙,缺少精细化。综上,在我国单个业主为房屋所有权人,但住宅小区空间的所有权人应当通过整体登记行为确认给全体业主[①],但因为法律规范上缺少空间权的概念而没有明确其地位。

所有权的四项权能中最为重要的是处分权能,单个业主可以自由处分自己所有的房屋,有观点认为单个业主对小区共同所有部分也有相同效力的处分权能,依据是《民法典》第二百七十三条以及《不动产登记暂行条例实施细则》第三十六条的规定。业主在转移房屋所有权时,对共有部分享有的权利一并转让,其中的共有部分就是指单个业主在住宅小区内与房屋所有权面积相匹配的空间所有权,虽然无法得知具体是指哪一部分的空间,只能混沌地解释为共同所有部分,但规定依然有其价值,否则只需要保留"建设用地使用权一并登记为业主所有"就可以覆盖业主的权利完成立法意图,何必重复表达多此一举。此观点看似颇有道理,然而从法律条文的表述来看,单个业主对自己所有的住宅小区的空间部分的处分是被动和受限的,其处分并非物的所有权人依据自己的意思进行自由的处分,而仅依附于房屋所有权的转让而被动转让,倘若房屋所有权并未转让只是出租给他人,住宅小区的空间所有权部分是不能单独转让的。

综上,笔者认为在城市住宅小区的范围内客观地存在一个独立的整体的空间所有权,由于建筑物区分所有权制度作为舶来品与我国住宅小区的居住模式发生错位,只得借用共有权、管理权配合专有权加以解释,使得任意一个房屋的所有权人凭借单个业主的身份获得整个空间内的所有权,实质是强调单个房屋所有权的意义,忽略全体业主和住宅小区整体空间所有权的价值。

三、住宅小区空间所有权的混合形态及其治理路径

（一）住宅小区空间所有权为共-私混合形态

根据上文分析,住宅小区客观存在着一个以规划为边界的独立空间,主体为全体业主的空间所有权,与美国的"共有权益社区"（全体业主共有居民小区内的财产）类似。[②] 此空间所有权似乎与普通所有权有所不同,全体业主并不能自由行使所谓的所有权,原因在于该空间所有权是混合而非单一的。住宅小区的混合财产权中存在着可以单独分离的纯粹私产,这种分离虽然不受其他权利人的限制,但是新的财产继受人一旦成为全体业主中的一分子,其权利行使会受到其他权利主体甚至公权力的制约,比如安置房限购政策的影响等。

---

① 参见余凌云:《船舶所有权登记的行政法分析》,载《中国海商法研究》2021年第2期。
② 参见付大学:《论混合财产》,载《中国政法大学学报》2018年第1期。

混合财产又称混合财产权,[①]它并不是指财产本身发生了物理上的混合,而是指财产权的混合,传统的财产权容易偏入先然的割裂和对立中,其实纯粹的私有、共有和公有财产权是极端而非普遍的存在,绝大部分的财产权游荡在公－私、公－共和共－私以及公－共－私的场域中。现实中复杂的财产权形态有时既不适于宏观的描述也不宜于微观的分析,混合财产权恰可以弥补中观的思考。[②]其理论的旨趣就是为了避免穷尽地列举出所有的财产内容再分别加以微观研究的烦琐,而是将不同的财产放入不同的混合类型中去。

明确住宅小区空间所有权为共－私混合形态,包含两部分意义:一是混合形态为单个业主的私有财产权与全体业主的共同财产权的混合。住宅小区内的房屋、地下车位(库)为单个业主纯粹的私有财产权[③],建筑物的其他部分、小区内部道路和设施甚至整体的空间属于全体业主的共有财产。按照我国物权规则,单个业主享有对自己所有房屋的建设用地使用权,进而又享有整个住宅小区一定比例的建设用地使用权,但具体是哪一部分却无从得知,这种规则设计通过不动产登记簿彰显,其被称为公摊面积。由于建设用地使用权并不能辐射空间所有权,故而单个业主通过购买房屋的所有权,取得了整个住宅小区空间范围内一定比例的空间所有权,对于该所有权法律并没有明确如何予以登记加以公示,只是将建设用地使用权和住宅小区的空间所有权各自混合处理,再次凸显出住宅小区的共－私财产权的混合。

二是寻找符合共－私混合财产权的价值追求和治理路径。首先,在住宅小区的共－私混合形态中,共有财产为空间所有权的底色,纯粹的私有财产为特例,纯粹私有财产在物理性质上无法从住宅小区的空间中剥离,导致它既能够享受共有财产所带来的收益,也不能逃逸出共有财产所造成的损害,前者比如小区绿化带来的美好环境,后者比如小区地下管网未及时更新造成的生活困境。其次,住宅小区的混合财产权主体是由单个权利人组成的特定集合体即全体业主,这个集合体的每一个成员都必须拥有该住宅小区业主的身份,在此维度中单个权利人的身份价值显著高于所有权人的意义。从更高维度来看,住宅小区空间所有权的处分依赖于全体业主达成共同意志,这使得住宅小区对内表现为共有财产,而对外则透露出强烈的私产特征,简言之,住宅小区的空间是全体业主的共有私产。共有私产应当有与之相契合的价值目标,实现目标应当探求妥适的进路,住宅小区不能依循物权中纯粹共有或纯粹私有的固有思维,而应当遵从共有私产的价值追求和治理路径发挥财产价值,提高利用效率。

---

① 混合财产由科尔教授提出、莱哈维教授初步构建,我国学者付大学教授通过一系列著述结合我国国情系统分析和阐释了诸多混合财产权类型。
② 参见董保华:《社会法原论》,中国政法大学出版社2001年版,第3页。
③ 参见王直民、黄莉:《地下空间的权利冲突及整体性治理策略》,载《经营与管理》2019年第7期。

（二）住宅小区共有私产治理的价值追求

不同财产存在不同的价值趋向，差异性的价值趋向同样会导致财产治理选择的不同。有的财产是为了单一满足权利人的利益需要，[①] 有的则是在此之外更多服务于其他财产的多重价值财产。当多重价值赋予同一财产时在不同的适用场合会产生融合或冲突。[②] 需要厘清多元价值冲突下的价值追求以便明确治理路径的选择。笔者认为，住宅小区共有私产应当追求自由与限制的平衡、提高效率和提升共益三种价值。

首先，财产权的自由与限制是法学中历久弥新的话题，有人把自由作为财产权利行使的终极目标，认为自由应当是外界障碍不存在的状态，[③] 也有人认为财产权的限制是宪法与法律规定的义务，[④] 显然无限的自由与绝对的限制都会影响业主对住宅小区空间的应得利益。普通财产所有权的主体通常比较单一，权利行使根据自我意志即可实现，但是住宅小区存在单个权利人对纯粹私产以及全体业主对共有私产的复合权利结构，前者为自由、后者为限制，两者在不断寻求平衡。

例如，单个权利人进入私有房屋后只要不侵害他人，可以"任意"行使权利，其他权利人应保持相当高程度的容忍，在此自由大于限制。相反，在共有空间内单个权利人财产权必然受限，如果依然"任意"则势必影响其他权利人。例如，住宅小区内部道路归全体业主共有，某一业主在道路上驾车，他/她必须时刻关注驾驶状态，因为高速行驶和噪声极易影响其他权利人利益，在此限制大于自由。自由与限制的状况无法穷尽，但寻找两者的平衡点，发挥住宅小区共有私产的价值，理应为财产法律的目标，恣意倾向一侧的绝对化必然导致共有私产价值受损。

其次，共有私产的治理需要提高效率，权利人的决策决定财产治理的效率。对住宅小区共有私产的权利行使来说，效率和公平是一个动态和复合的关系。[⑤] 追求公平不意味着放弃效率，提高效率也不代表剔除公平。相对于单一所有的私产，共有私产的创设和治理却极大仰赖于全体权利人。单个权利人通过购买房屋取得业主身份，将房屋的所有权范围延展至住宅小区空间的全部，由此创设了一个彼此交叠、相互融合的住宅小区空间所有权，其间业主之间无须形成合意即可创设完成，此时为高效率。但该共有私产形成并进入治理阶段后开始出现分化和冲突，由于意思主体的分散、高效转向低效，并不断下降直到形成妥协的

[①] 参见辛巧巧、李永军：《城市规划与不动产的役权性利用》，载《国家行政学院学报》2018年第2期。
[②] Gregory S. Alexander. Pluralism and Property. Fordham Law Review, vol.80, 2011, pp.1017-1052.
[③] 参见[英]霍布斯：《利维坦》，黎思复、黎廷弼译，商务印书馆2020年版，第98页。
[④] 参见金俭：《不动产财产权自由与限制研究》，法律出版社2007年版，第120页。金俭教授在著作中详细论述了不动产财产权的自由与限制问题，虽然本文并未明确住宅小区的空间属于不动产还是动产，但是并不影响对自由与限制平衡价值的追求。
[⑤] 参见史瑞杰：《政治哲学视域中的效率与公平》，载《社会科学战线》2021年第4期。

共同意志。

法经济学常借用帕累托最优、帕累托改进和帕累托低效来描绘效率问题。①虽然住宅小区地下管网的更新应由全体业主共同负担,但现实中由于费用极高且每一个业主成为共有私产人的时长不同,所以通常难以达成一致意见,为避免全体业主陷入生活窘境,最终由地方政府以财政资金予以更新了结。地方政府用公共税收的资金为私有财产支付费用于法无据,不应倡导,但症结并非"以共为私",而是共有私产治理中的决策低效甚至无效。

最后,共有私产权利的行使应当提升共益价值。共益与公益有所区别,公益是公共利益,指不特定多数人的利益,主体范围极具弹性,利益内涵也比较宽泛,散见于我国现行法中,在学界多有共识但无定论。②共益主要是指特定多数人共同享有的利益,主体通常具有一定身份属性,范围有严格的限制,利益追求比较狭窄且一致。具体而言,在住宅小区的空间范围内,共益的主体必须是财产权人,其他进入住宅小区范围的第三人不属于享受共益的主体。需要强调的是,财产权人可能是业主,也可能是住宅小区空间的使用权人,他们借助租赁等债权行为接受了权利让渡,当然使用权人在共有私产的处分权能上受到所有权人的限制。鉴于住宅小区空间的封闭性和面对外部权力的侵入,共益人的利益是趋同的,趋同的利益会加深业主之间的协作,使其更容易达成共同意志。例如,某地新冠肺炎疫情突然再起时,即便疫情防控部门还未明确下达封闭小区的通知,住宅小区业主为了尽力确保小区居民的健康和安全,依然可以协商一致决定授权物业服务企业拒绝一切非本小区人员进入,如有特殊情况必须进入的则由本小区内人员陪同,外卖餐食或快递物件放于住宅小区外的数个集中放置点。

提升共益价值还可以培养权利人的宽容度和利他性。由于共益价值是住宅小区内全体权利人追求的目标,单个权利人也会逐渐关心他人利益,因为他人利益也是被包含在共同利益之中的,为他人利益提供便利能够提升共益的价值,互相合作必然大于冲突带来的效用提升。③一个处处为他人利益着想的社会里合作的达成易如反掌。④

---

① 例如,住宅小区地下管网更新时会呈现不同状态的效率状态:地下管网建成之初财产状态完好,无须维修、更新,也就无须全体达成任何决策,符合帕累托最优;经过一段时间的使用,部分管网出现损坏但整体系统可勉强使用,此时因维修费用较高,全体业主没有形成及时修复的决策,大部分业主有地下管网可用又无维修费用支出,符合帕累托改进;最终因年久失修需要更新管网时,全体业主利益受损无人受益,此时为帕累托低效。Duncan Kennedy, Frank Michelman. Are Property and Contract Efficient? Hofstra Law Review, vol.8, 1980, p.714.

② 对于公共利益范围的厘定一直是学者们孜孜以求的工作,从不同的角度均可以阐释。同时,公益诉讼也是近年来颇受关注的内容,范围不仅包括物权、文化、教育领域,还有公民个人信息、互联网、大数据安全等等。相关著述可参见温辉:《行政公益诉讼"等外"刍议》,载《河北法学》2020年第9期;曹明德:《检察院提起公益诉讼面临的困境和推进方向》,载《法学评论》2020年第1期。

③ 参见吴忠民:《社会公正催生有效的社会合作》,载《中国行政管理》2021年第6期。

④ 参见[美]罗伯特·艾克斯罗德:《对策中的制胜之道——合作的进化》,吴坚忠译,上海人民出版社2000年版,第103页。

(三)住宅小区内共有私产的治理路径

不同的部门法有不同的价值追求,①价值追求如同点亮在路途远方的灯塔,不同的灯塔指明了路径选择后的结果,如同中国现代法治的价值追求会引导中国法治选择何种道路到达彼岸。共有私产治理路径的选择须以价值追求为基础,在没有明确共有私产法律地位的前提下,是否应坚持纯粹的私产私权治理值得思考。住宅小区的共有私产的价值追求完全假手全体业主的私权得以实现似乎变得十分困难,纯粹的私产私权治理路径会使公平－效率的天平失衡,加大效率的砝码才能寻找到平衡点,否则低效率甚至无效率依然伤害共有私产的权益。

伴随我国城市住宅小区规模的发展,居民的自治意识也在不断提高,虽然社会管理格局从"大政府、小社会"向"小政府、大社会"转变,②但现阶段并未质变。在住宅小区的相对封闭空间内,社区文化和意识已经得到了良好培育,尤其是《中华人民共和国物权法》在实施多年后,社会对财产法制度的系统接纳到《民法典》的全民学习,业主群体已经形成私有财产的微观概念与公共财产、公共利益的宏观概念。进一步可以完善的将是特定主体对特定共同财产进行管理使用的中观理念。住宅小区的空间所有权虽为整体,但是在遇见困境需要形成共同意志的情况下,效率价值由于权利主体过于分散消耗殆尽,最终伤害全体业主的共同利益。所以如何将权利进行配置,并寻找合适的方案进行激励并斩断"戈尔迪之结"(Gordian kont)显得尤为重要。③

笔者认为,住宅小区的共有私产应采用政府公权力有限介入住宅小区私产内部困境,充分引导权利人自治的治理路径,实现的关键在于控制介入程度和选择妥适的方式。总的来说,公权力在介入程度上仅限于解决住宅小区私产困境,不参与其他私产权利的行使;在介入方式上分为短期和长期,短期是提供困境的具体解决方案,长期是借助金融工具构建全体业主能够充分自治的安全机能。

1. 公权力在进入私产内部时应当极为审慎,控制介入程度须有三个维度

一是厘清身份,住宅小区共有私产的主体是全体业主,公权力部门是解决具体困境的协助者,应当遵循主动协助和申请介入的规则,促成业主经过合适程序尽快形成共同意志。主动协助和申请介入是指公权力部门在发现住宅小区内部困境后主动提出协助,并向全体业主申请经同意后介入处理困境。住宅小区的空间虽为私产但仍然在城市管理之中,其地下管网或是空中空间都与城市连为一体,政府及职能部门如街道办事处、住建部门有责任也有能力全面了解内部困境。此处可能存在的担忧是业主是否会因为权利行使的公平性拒绝公

---

① 参见张卫平:《民事诉讼智能化:挑战与法律应对》,载《法商研究》2021年第4期。
② 参见曾绍东、刘菡:《中国社区善治的理论与实践——简评〈社区管理〉》,载《江汉论坛》2015年第9期。
③ Ronald. H. Coase. The Institutional Structure of Production. The American Economic Review, vol.82, 1992, pp.713-719.

权力申请介入。其实,困境损害的是全体业主的共益,困境也源于业主长期无法达成决策,在现实中,更多的可能是困境产生后业主已经向公权力部门申请介入。在介入程度上仍强调申请介入规则并非多此一举,是基于对住宅小区私产边界和私权底线的保护。

二是明确引导而非接管,住宅小区空间所有权的基本属性是共有私产,公权力介入后应当是精细的引导,而非喧闹的接管,否则有公权力侵犯私权利之虞。[①] 引导是指公权力部门基于协助者身份为全体业主提供解决方案,但不作决定。正因为在财产治理上有丰富的经验、优越的条件和高效率,公权力部门更容易在介入后,越俎代庖于短时间内作出决定解决困境,或许这样的决定在效率上达到了"快"的效果,但更可能的结果是忽略介入的初衷,即引导全体业主达成共同意志,换言之,当公权力把"快"作为解决困境的意旨之后,就从引导演化为接管。

接管的实质是公权力部门享有等同于全体业主的地位和权利,公共利益会取代特定群体的共益,权利的行使和决策的达成将从为全体业主的共益跃入为不特定多数人的公益,公共利益在政府公权力的视域中始终占据重要地位,[②] 在效率和公益的驱动掩盖下,公权会替代私权依循公-共财产权的治理路径配置住宅小区内部资源,结果将是全体业主共益的沦陷,共有私产的结构也会瓦解。

三是介入和引导的范围仅限于产生"戈尔迪之结"的困境,不应超脱于困境之外的其他事项。住宅小区内有诸多单个权利人,每个权利人均有单独的、更为具体的私益,私益之间未必是融合的,某两个权利人会因私益相左产生冲突和矛盾,所以彼此需要协商和妥协达成统一决策,相对来说需要协调的单个主体越少,达成统一决策的效率就越高。当住宅小区全体业主的共有财产遭到损害时意味着共益受损,单个业主的私益因为共有私产的特点也一定受损,那么全体业主为了恢复共益应当更容易相互协调达成共同意志摆脱困境为常情,然而事实并非如此。在住宅小区内共益性越强的困境越容易形成"戈尔迪之结"(Gordian kont)。

"戈尔迪之结"源自西方传说,弗吉尼亚人定都戈尔迪组建了自己的王国,戈尔迪的市中心有一辆献给神萨巴兹乌斯(Sabazios)的牛车,在车轭和车辕之间用山茱萸绳结成了一个无法找到绳头和绳尾的结扣,被称为"戈尔迪之结",其上赋有神谕:谁能解开绳结,谁就能成为亚细亚之王。为此无数智者尝试未果,最后亚历山大大帝在仔细观察后没有依循传统思路寻找绳头和绳尾解开绳扣,而是用剑直接斩碎绳结解开了困扰百年的困局。后世用

---

① 参见方乐:《保险公司破产前置程序的演变、评价与改进》,载《公司法律评论》2019年第0期。
② 参见胡婧:《行政监督管理职责公益诉讼检察监督的限度分析——以2017—2020年行政公益诉讼判决书为研究样本》,载《河北法学》2021年第10期。

"戈尔迪之结"形容毫无头绪、极难解决的困境,[①] 而解开此结不能拘泥于内部的纠缠,需要借助外力用简单和直接的方法破解。

住宅小区共有私产的困境中有一部分犹如"戈尔迪之结",例如小区地下管网的更新问题,很难确定"绳头"和"绳尾",全体业主是由许多单个业主组成,每一个业主都可能是"绳头"或者"绳尾",但当其利益交织在一起时就无法分辨出谁才是关键。每个业主获得身份的时间、付出的金钱都不相同,为了解决困境愿意付出的利益也必然不同,如果按共有私产的私权处置,应当让所有业主互相表达、交换意见才能形成合意,这可能陷入漫长的无解。此时就需要借助亚历山大的"剑",即公权力的介入斩断"戈尔迪之结"摆脱困境。

特别注意的是,由于公权力之剑在不同场域显得长短不一,斩断的"结"仅限于长期未达成决策致损害共益的困境,禁止公权力随意介入其他范围。住宅小区财产权的基本构造仍然是共有私产,当公权力介入与私权利自治发生竞合时,必须给予私权利优先权,公权力动态退出,而非一味地"乱者须斩"。

2. 公权力介入解决困境的方式可以采取短期和长期两种形式

短期方式是指,就具体困境提供解决方案并交付一体化管理机构予以确定和执行。我国作为成文法国家存在法律规定与实践多样性之间的冲突,周密的法律常常在遇见具体案例时表现得僵化,[②] 依照私权行使规则,小区全体业主应当充分协商达成一致,然而这样的结果通常是陷入低效决策的泥潭。公权力部门可以依托丰富的治理经验就困境提供更具效率和平衡性的方案交付一体化管理机构讨论,在住宅小区内一体化管理机构通常为业主委员会,业主委员会甚至已经在相当程度中取得了合同履行的抗辩权。[③] 虽然我国《物业管理条例》和《民法典》规定了业主委员会的设立,但仍然有许多小区没有业主委员会,此时可以由物业管理委员会替代,或者由住宅小区所在街道办事处、社区居民委员、住建部门等牵头与业主代表就专门问题成立临时服务组替代。短期方式的优势是高效,公权力部门提供的方案相较于业主直接的协商结果通常更具可操作性,同时在困境进入僵局时公权力的介入容易起到溶解和梳理的作用,在短时间内可以促进全体业主就专门事项达成共同意志。但是短期方式依然是基于"头痛医头,脚痛医脚"的政策补丁,空间所有权和财产权的混合形态长期隐匿于我国实定法之外的现实生活中,这意味着在法律层面常无法寻找到合适的长期方式,必须借助他学科的方法和工具,为全体业主的充分自治提供安全机能。

长期方式是赋予住宅小区一体化管理机构法人地位,借助金融工具创设专门用途的资

---

① 参见郑生冬:《环境侵权案件中的"合规抗辩"问题研究——以"戈尔迪之结"的破解为启示》,载《法治论坛》2015年第2期。
② 参见韩成军:《论法律解释的原因》,载《政治与法律》2008年第3期。
③ 参见陈广华、张力元:《业主交纳物业费义务之法律性质研究》,载《时代法学》2018年第2期。

金池,公权力部门与金融机构协同托管和辅助管理。以小区地下管网更新为例,法律坚守了地下管网共有私产的地位,但是依法设立的"住宅专项维修资金"却无法用于私产的更新,"更新"有别于"维修",而更新却是物品长期使用后的必然结果,我国却没有设置"更新资金"。申言之,共有私产中有太多未知困境,法律也无法做到"料事如神",法律是力求严谨和周延的,却也是滞后的,①固定的条文表述无法应对万千世界的纷繁变化,尽管立法技术的革新和解释论的蓬勃发展已经为法律的适用开辟了宽阔的道路,但在面对具有矛盾性问题时仍然不够灵活。②探查源头,多数住宅小区的困境是由于没有足够资金,以及一体化管理机构没有确立相应法律地位所致。

首先,赋予一体化管理平台以独立的法人地位,使其获得独立行为能力,有独立的行为能力才可能拥有完全的独立财产,才有不断发展的动力。在民法典编纂过程中,学界曾建议将业主委员会设为法人,但是最终法律并没有给予其民事主体资格,使其在诉讼以及独立财产的资格上轮空。我国《民法典》和《物业管理条例》都明确了业主可以设立业主大会,选举业主委员会,住宅小区的业主委员会是典型的一体化管理机构,赋予其法人身份后将有两方面作用:一是拥有独立财产,业主委员会可以对全体业主的共有财产行使占有、使用、收益和处分的权能。《民法典》第二百八十二条规定了全体业主对共有部分收益的所有,然而却没有建立有效利用共有财产应对共有私产困境的制度设计,造成现实中全体业主明知存在收益但不知如何高效使用的尴尬。

其次,一体化管理机构可以以归集的共有私产收益为基点创设专用资金池,单个业主可以投入冗余资金,资金在一体化管理机构的管理下借助金融工具获得收益。建立专用资金主要是为了应对法律疏漏带来的共有私产困境,在没有困境时专用资金可以形成收益,收益按照一定比例向投入资金的单个业主分配,在出现困境时实现专款专用。专用资金作为一体化管理机构所有的财产,缴纳方式、比例和管理、专用的用途由业主大会决定,内设执行委员会和监督委员会,同时政府和金融监管机构负责监管,一体化管理机构也可以与商业银行等金融机构协商定制专门的托管方案,托管方案并不为谋求高额收益,而是确保专款专用的前提下有稳定的收益,这样可以构建一个让全体业主面临困境能够自主自治的安全机能。单个业主仍然是共有私产权利人时不可提取专用资金,当出售房屋退出共有私产人时,可以将自有投入的冗余资金和收益一并取回或转移给下一买受人。

除商业银行定制的托管产品外,还可以借鉴信托工具引入第三方作为信托人组成信托关系。③信托具有稳定性和独立性,在信托关系中资金的专用性得到保障,主要体现在其独

---

① 参见何永军、徐同强:《法系理论的困境与出路》,载《石河子大学学报(哲学社会科学版)》2021年第2期。
② 参见梁平、张亦弛:《"回应型法"的泛化运用及匡正》,载《山东社会科学》2021年第6期。
③ 参见翟志勇:《论数据信托:一种数据治理的新方案》,载《东方法学》2021年第4期。

立性和对抗风险性。专用资金独立于单个业主的财产,当单个业主出现债务纠纷需要被执行财产时,信托专用资金可以免于个人债务纠纷的追索。专用资金也独立于一体化管理机构的其他财产,同样可以避免针对一体化管理机构债务纠纷带来的风险。

四、结论

相对封闭的住宅小区为我国城镇化的稳定发展和人民生活水平的提高贡献了中国方法,突出了中国共产党以人为本的核心价值观。但《民法典》以建筑物区分所有权制度对住宅小区的整体空间加以分解,掩盖了其独立存在的空间所有权,同时我国法律没有给予混合财产权以妥当的法律地位,导致无法明晰住宅小区财产权的价值追求和治理路径,在需要达成所有权人共同意志时容易因主体分散而陷入决策低效。城市住宅小区共有私产的治理路径应当契合混合财产权的形态,由政府公权力主动申请、有限介入,严格控制介入程度,并提供短期高效方案和长期机制,引导全体业主创建安全和充分的自治,避免"纯粹公权"和"纯粹私权"所带来的权利桎梏,还原住宅小区空间所有权的全貌,在空间规划立法和民法典颁行的时代背景下,具有现实意义。

论"人的尊严"作为重要范畴及其实现*

黄鑫政**

摘　要：许多社会问题可用尊严没有受到尊重来解析，也可通过加强尊重来解决。相比权利、人权的重要性及其已有的话语地位，尊严地位相对不足。提倡尊严范畴是对法学范畴的必要丰富，是法学变革、进步的表现。为了探寻法中"人的尊严"，就需要厘清尊严与权利、人权的关系。"尊重人的尊严"的落实，其途径包括将"尊重人的尊严"作为法律规范、法律原则、法律义务等。"尊重人的尊严"作为法律原则的内涵包括将"最大多数人的最大被尊重"作为法治活动、政治活动的指导原则。我国人权研究可为尊严研究提供成就与经验，且应该将尊严研究与人权研究联系起来，进行对话。

关键词：尊严　人权　尊重　范畴形成　法治原则

"法学范畴体系的建构离不开法学家的理性发现和创造，没有法学家对法律现象的深入观察、分析、综合和抽象，就不可能有法学范畴及其体系的出现。"[3]

---

* **基金项目**：国家社会科学基金重点项目"提升司法公信力法治路径研究"（项目号：15AFX013）的阶段性成果。
** **作者简介**：黄鑫政，男，福建漳州人，苏州大学法学院法学理论2019级博士生。
[3] 张文显：《论法学的范畴意识、范畴体系与基石范畴》，载《法学研究》1991年第3期，第131页。

一、尊严应是法学的重要范畴

（一）尊严作为重要范畴反映社会需要

社会中的尊重问题有许多，许多的法治问题、社会问题都可以归到尊重问题上来。因此，尊重应该成为一个关键、重要、核心的范畴，不论在法治、哲学还是在人文社科、国家道德领域。这也是尊重需要被提及、重要论述的原因。尊重有必要被提出，也必然会成为理论问题。性骚扰、刑讯逼供、企业垄断性侵权、文章抄袭、强拆、贿选……无数的社会问题在近些年暴露频繁。贾敬龙之死、魏则西案、于欢案等悲剧都在提醒我们反思，这些事件都涉及、都可以归结到尊重的问题。"尊重人的尊严"在《中华人民共和国宪法》第三十八条有所阐释，各部门法也有所体现但不够，如国家赔偿法对人的尊严保护不够。另外，尊重人的尊严的话语在当今的话语中占据的分量不够，不像人权、权利那样流行。"任何一门学科，其基本理论不但支撑着该学科存在的根基，也支配着该学科在一定时期内的话语言路；一旦这些因素出现根本性的松动或变化，这个学科的自明性就会受到撼动，即使短期内该学科不发生范式革命，但该学科从业者的研究信念和精神信仰产生动摇这是一定的。"[①] 不是说彻底否定权利范畴，而是将之精细化、具体化，并将有些饱和的权利话语替换一些，让话语更有活力、有新意、多元。人权、权利与尊严的关系是很微妙的，有许多共同点，不少权利问题都可以解释为尊严问题。权利话语、权利研究已兴起了四十多年，关于权利的文献颇多，但依旧有不少社会问题。学者对完善我国现行法关于人的尊严之规定的建议之中包括："确认人的尊严为基本的法律范畴。"[②] 尊严确实是法学、法理、法律中重要的概念、内容。有必要突出尊严话语，从尊严出发来分析问题、思考问题解决的出路，其中也包括思考法理学、法学的进步。

（二）尊严内涵决定它应有的地位

国际上，"人的尊严的概念已满布于日常言论，深深根植于政治和法律话语中"[③]。尊重、尊严目前进入我国大陆和我国台湾地区的官方文本文件的可能都还不够多。雷斯莱·梅尔泽在被引用数很多的文章中说道："极少词汇能够像'尊严'一样，没有出现在宪法文本中，却在当代宪法中起到一个核心的作用。这个词汇在九百多份最高院意见中出现，但尽管它流行，尊严还是一个无秩序的概念。"[④] 这些都是应改进的。应该让话语地位与概念的内涵、意义相匹配。目前，权利话语配得上它的地位，人权话语同样有进步但仍可以继续提升，尊严话语则相对有些不足。

[①] 张清民：《学术研究方法与规范》，中华书局2013年版，第82页。

[②] 胡玉鸿：《我国现行法中关于人的尊严之规定的完善》，载《法商研究》2017年第1期。

[③] Christopher Maccrudden. In Pursuit of Human Dignity: An Introduction to Current Debates, in Understanding Human Dignity. Oxford University Press. 2013, p.1.

[④] Henry Leslie Meltzer. The Jurisprudence of Dignity. University of Pennsylvania Law Review, vol.160, 2011, pp.169-234.

Dignity,在《英汉大词典》(第二版)里有"尊贵、高贵、高尚、端庄、庄严、尊称、高位"等含义。人性尊严、人的尊严,是可以共用的。德国学者对基本权的理解:"基本权是一个多义性的概念,许多德国学者宁愿对基本权从各种面向描述,而不轻易加以界定,以免有所欠周延。对基本权的描述,已不是对基本权下定义,而是一种基本权理解。"[1]对尊严、尊重等较难下定义的概念,我们同样可以多面向地描述,包括用对其外延进行分类的方法进行理解,不必揪着必须下定义不放,对待"法理"这一概念,同样如此。假设法理是难以被定义的,我们就可以多面向地理解、描述它,而不要轻易去下定义,避免使法理概念、尊严概念、尊重概念的不周延。根据 Oliver Sensen 由德文翻译为英文的说法,德文词典 Duden 将尊严(Wurde)定义为"内在于人类、需要被尊重的价值"(value inherent in human beings that commands respect)[2]。尊严[3],是道德与法的起源、本原[4]。法上的"尊严"和道德上的"尊严"的区别之一,就是法律文本是否规定了尊严,有规定的就是法上的尊严,没有规定就较难说是法上的尊严。尊严是法的内在道德、法律的标准。一部法律是否以人为本、保护人的尊严,是衡量这部法律是否道德、合理的重要尺度。如 Jeremy Waldron 所言:尊严既是权利的基础,也是权利的内容,此乃尊严的二元性(duality)。[5]尊严这一基础价值,囊括了"其他价值",囊括了基本价值观中的平等、文明、友善、诚信等,就像是法律原则与法律规范的关系。尊严是概括性及抽象程度更高的"原则"、高位阶的"基础规范""基础价值"(或基本价值)。人的尊严超越实在法,它可以成为一个法律原则,影响立法、执法、司法。Human dignity 概念有2500年历史。[6]根据以色列学者 Aharon Barak 的看法,"当今的宪法价值(value)与宪法权利的讨论依赖于人的尊严的悠久的神学历史、哲学历史",且作为宪法价值与权利的人的尊严是比较新的:它与当代宪法同样"年长"。[7]第二次世界大战的残酷,尤其对犹太人的大屠杀,将人的尊严概念推向法律话语的前沿。宪法与国际法律文本开始接受这个概念。之后,法学者被叫来将人的尊严确定为宪法价值与宪法权利的理论基础。法官被要求将人的尊严

---

[1] 吴庚、陈淳文:《宪法理论与政府体制》,三民书局2019年版,第85页。
[2] Oliver Sensen. Kant On Human Dignity. De Gruyter,2011,Introduce.
[3] "尊严"与"人的尊严""人性尊严""人格尊严"意义相同,多加一个前缀"人的""人性"只是区别于"动物的尊严",没有其他特别的用意。因此,此文论述人的尊严、尊严、人性尊严,都做同样的意义使用。
[4] Dignity is a principle of morality and a principle of law. 根据《英汉大词典》(第二版),principle 也有起源、本源的含义。这里采用此意思。Jeremy Waldron. Dignity and Rank, in Dignity, Rank and Rights. Oxford University Press,2009,p.13.
[5] Jeremy Waldron. Dignity and Rank. in Dignity, Rank and Rights. Oxford University Press,2009,p.17.
[6] 转引自:Aharon Barak. Human Dignity: The Constitutional Value and the Constitutional Right, Translated by Daniel Kayros from Hebrew. Cambridge University Press,2015,p.xvii.
[7] Aharon Barak. Human Dignity: The Constitutional Value and the Constitutional Right, Translated by Daniel Kayros from Hebrew. Cambridge University Press,2015,p.4.

作为价值或权利的宪法化的问题加以解决。①人的尊严的研究与讨论，从而热了起来。人的尊严是有类别的。一种"人的尊严"是与个人努力、个人道德修养有关系的威望、尊严、人格好坏，也是通俗所说的"有身份"、有人格，这也被称为人格差异说②，个人越努力、成就越多，人格可能越健全。"真正的人格尊严，是要随内在德性的生长而生长的。"③个人自身德性好，则人格好。另一种"人的尊严"与个体主观努力无关，是人都需要具备的尊严，也就是作为底线的人格尊严、为人的尊严、绝对的尊严，如不被刑讯逼供的尊严、不被无故打骂的尊严、不被随意拘禁的尊严等，这种类型的人的尊严的外延，和基本权利多有重合的地方。另外，还有私人之间的尊重与国家和个人之间的尊重。私人之间的尊重一部分是"主体对客体的回应"④，即人格差异说的尊重。当然，私人之间也有绝对的尊重的需要。国家对私人的尊重则基本上是"无条件的"、绝对的尊重。人的尊严某些方面虽说与尊严主体个人努力有关系，但人的尊严在许多方面，如身体、自由等不受侵犯等，仍属于自然天成。"自然法是正义的各种原则的总和"⑤，保护人的尊严可以说是自然法的应有之义。人的尊严，需要被更多地确认。借用柏林的积极自由与消极自由的分类方法，人的尊严分为积极意义上的自治自决的权利、自由的尊严，以及消极的尊严，即人格尊严不被侵犯。多年来，相当严重、可怕、对人的破坏较大的就是对消极意义的尊严的侵害，如刑讯逼供对人格尊严的侵犯。

尊严的历史是需要探究的。"为何需要历史呢？因为历史可以让人们知道自己以及周遭的环境，为什么是现在这个样子，进而对缺失有所调整，对优点继续发挥，以谋求更幸福的未来。"⑥任何学科都需要历史观念，有了历史观，才能更好、更全面地看清所研究的事项内容。法学研究，一样需要史学的眼光，如法制史、历史法学。以尊严研究为例，需要研究尊严与法的关系及其关系的研究历，以及尊严的历史演变，尊严史、尊严与法的历史及研究史，这是当下尊严研究的前提。历史的方法、思维本身，就是一个很重要的思维。尊严是道德的原则及法的原则。⑦

---

① Aharon Barak. Human Dignity: The Constitutional Value and the Constitutional Right, Translated by Daniel Kayros from Hebrew. Cambridge University Press, 2015, p.xvii.
② "每个人的人格自身都是平等的，并无任何差别；但是人格所表现或承载的品格或品性，则会随着每个人人格的具体发展而有所不同。"江玉林：《人格尊严与徐复观的民主政治思想》，载《法制史研究（中国法制史学会会刊）》，2017年第31期，第214页。
③ 徐复观：《中国思想史论集》第169页，转引自江玉林：《人格尊严与徐复观的民主政治思想》，载《法制史研究（中国法制史学会会刊）》，2017年第31期，第199页。
④ 周治华：《伦理学视域中的尊重》，上海人民出版社2009年版，第66页。
⑤ ［德］H.科殷：《法哲学》，林荣远译，华夏出版社2002年版，第165页。
⑥ 王泰升：《台湾法制史概论》，元照出版公司2019年版，第3页。
⑦ Dignity is a principle of morality and a principle of law. Jeremy Waldron. Dignity and Rank, in Dignity, Rank, and Rights. Oxford University Press, 2009, p.13.

二、范畴转变：从"权利、人权"到"尊严"

之所以说权利研究兴盛于人权研究，再兴盛于尊严研究，是有根据的。如有中国人权研究会而无中国"人的尊严研究会"，还有就是以权利、人权、尊严为主题词进行搜索，截至2021年9月9日，知网显示的结果分别为131万个、13万多个、2.4万多个，以权利、人权、尊严为篇名进行搜索，知网显示的结果分别为34 653、56 588、11 544个，递减更为明显。研究数量的多少代表这些范畴的热度、学术话语的兴衰程度。我国中宣部、外交部等国家机构，历来比较注重人权及其话语，以抵御来自国外的舆论，这也是我国人权研究重要的基础和土壤，人的尊严的研究也需要这样的土壤，"往人权上靠"、通过尊严与人权的亲近关系来为人的尊严研究争取支持。

"话语是由一系列新思想、新概念、新范畴、新命题构成的整体。"① 话语的变化其实意味着很多东西的变化，如思想、意识、风尚等。只有具备真理性的话语、范畴，如人权②、权利以及尊严、司法公正等，才会真正流传开来，当然，话语的兴起需要学者、政治人物等的共同努力，学术作为时代、思想的先声，自然尤其需要站出来，提前发声。这也是进行话语呼吁的意义、必要性，包括此文对尊严话语的呼吁，同样是这个道理。这些年来，人权话语逐渐兴起，这是学者们共同努力、呼吁以及国家重视的结果。人的尊严的研究应该效仿人权研究，这是一条明路。2021年南大核心认定《人权》为核心刊物，《人权》与《人权研究》（山东大学）成为人权研究领域较为突出的核心刊物。另外，人权话语如何兴起的过程也是值得总结、学习的。当然，这背后主要也是国家政策、意志的结果，类似宪法规定公共利益引起公共利益研究热，规定人权保障引起人权研究热，规定"国家尊重与保障人权"也间接引起人的尊严研究热，虽说人的尊严研究热度不如人权研究高，成果不如人权研究多，更不如权利话语、研究多。之所以和权利研究做比较，是因为权利是一个更宽大的范畴，其所囊括的领域、外延自然多，辐射到的著作、文章也自然多。人的尊严研究与人权的研究，没有更多的相互引用、讨论、借鉴、并列研究，是值得惋惜的。

话语转变与范畴转变有重合的地方，话语的力量是难以估计的，如"法制"到"法治"是理念的提升。另外，学科核心范畴、范式的转换也是具有必要性和意义的。因此，我们结合法学发展的规律，提出"权利"范畴、话语到"尊严"范畴、话语的转变。以及"尊严"到"尊重"的转变，以求得媲美"法制"到"法治"的效果，以及为类似"以阶级斗争为范式"到"权

---

① 汪习根：《发展、人权与法治研究——新发展理念与中国发展权保障暨联合国〈发展权利宣言〉通过三十周年纪念》，武汉大学出版社2017年版，第2页。

② 参见常健、殷浩哲：《人权概念的不断丰富和发展——兼论〈世界人权宣言〉的历史意义和中国对人权事业的重要贡献》，载《红旗文稿》2018年第22期。

利本位"的转变呼吁、发声,进而为法学、社会进步努力做自己的尝试。这里的"权利",包括人权,[①]又不针对人权。人权话语的兴盛是重要的,尊严话语需要紧随人权的脚步,一起兴盛起来,才符合它们应有的地位,也就是说,权利话语需要具体化。我们知道,话语的准确、具体是重要的,就像学术研究的细化一样,精准体现着认识的深浅,且意味着很多。权利话语的具体化是应有的趋势。

(一)从"权利"话语到"尊严"转变的必要与原因

尊严与权利的关系是值得研究的,它们有共通的地方,也有不同的范围。Charles R. Beitz认为在当代人的权利话语中人的尊严的概念无处不在。[②] 尊严是权利的基础,也是权利的内容,此乃尊严的二元性(duality)。[③] 尊严是权利的渊源,也是权利的目的。[④] 人的尊严,是基本权利。人的尊严的特殊性决定了其在权利位阶上是"多栖"的。有说法说尊严是虚无缥缈的,权利则是具体的。这种说法有它的原因:一方面我们对尊严的内涵,尤其是法学中尊严的含义,尚未给出较为明晰、直观的概念描述;另一方面是由于权利似乎常常可以在法律中得到确定、体现,而尊严还未得到足够多的重视,也在法律的具体规定中体现得少。但时代已不同,尊严可以、应该由法律体现,体现的方式包括法律条文及法治原则;且尊严在法律中已所体现,以原则的方式。尊严也是具体的,同权利可以分为各个具体"部门"权利、现实权利一样,尊严也可以分为私法上的尊严与公法上的尊严,如消费者尊严、政治生活中的尊严等。

法学发展规律要求核心范畴与时俱进。社会问题丛生,呼吁我们进行思考,包括对关注的范畴进行更新,尤其是要关注与尊严范畴相关的问题。"对法的本质的再认识是法学观念变革的核心。"[⑤]法理学界中的"权利学派"无法回应、没有回应近年来社会发生的诸多问题。社会问题发生的本质迫使我们反思法的使命与本质,即对尊严的保护、尊重人的尊严是法的使命。这个使命被强调、重视得不够,因此有必要成为一个重要概念、范畴提出,以使法学、法理学更好地面对社会问题,解决社会问题。这也是法的重要功能之一。法学观念,来到了从权利到尊严、尊重细化的时候。这里着重从法学发展变革的原理对范畴转变的必要性和原因进行论述。

"法学发展,即法学知识、理论、方法等的增长与进步。"[⑥]法学、学术发展有两种:一种是

[①] 在中国大陆,"人权"几乎特色化:指人的生命权、自由权等比较基础、基本的权利,几乎与基本权利同义,但范围、外延小于"权利""人的权利"。如果严格从英文的"human rights"来直译,也可以是"人的权利",人权则是简写的做法。

[②] Charles R. Beitz. Human Dignity in the Theory of Human Rights: Nothing but a Phrase. Philosophy and Public Affairs, vol.3, 2013, pp.259-290.

[③] Jeremy Waldron. Dignity and Rank, in Dignity, Rank, and Rights. Oxford University Press, 2009, p.17.

[④] Erin Daly. Dignity Rights: Courts, Constitutions, and the Worth of the Human Person. Pennsylvania Press, 2013, p.131.

[⑤] 文正邦、程燎原、王人博等:《法学变革论》,重庆出版社1989年版,第90页。

[⑥] 文正邦、程燎原、王人博等:《法学变革论》,重庆出版社1989年版,第2页。

积累式发展,另一种是变革式发展。①重要概念范畴的提出与强调,甚至新范式的出现,属于变革式发展。此文志在做后一种努力。"变革式发展,是对某种法学范式的重大调整或根本变革。法学范式,保证了法学的稳定发展,但随着社会、科学和法制的发展,当法学范式延伸到一定限度,这种稳定性就成了阻碍法学进步的保守性……在大学变革过程中,法学家们不仅反省和查验传统的法学范式,而且变革传统的法学范式和理论体系:基本命题的转换与拓展、原理的修正与更新、理论模式或思维框架的调整与改革、概念范畴的引进与重新界定等等。"②我国的现代法治开始得晚,当下社会依旧问题重重,法治、法学研究有它的责任,所谓穷则思变,法学研究的水准已不属于自满守成的时候。反思社会问题,能归纳出是尊严缺失、不被尊重与重视的问题,强调尊严的保护与重视、尊重,是问题的解药。尊严、尊重本位范式"提供了法本体论的理解系统、融贯法律运作和操作的全部过程、提供基石范畴、提供了全景式的法哲学视窗"③,为正在形成的"尊严"学派提供了理论背景和理论框架。"任何一门学科,其基本理论不但支撑着该学科存在的根基,也支配着该学科在一定时期内的话语言路;一旦这些因素出现根本性的松动或变化,这个学科的自明性就会受到撼动,即使短期内该学科不发生范式革命,但该学科从业者的研究信念和精神信仰产生动摇这是一定的。"④这也是每个范畴的提出与重视、尊严或尊重范畴的确立的一部分目的与意义所在:深化法理学重要范畴转移、推进法理学进步与发展,进而为解决社会问题提供解释路径、方法。不是说彻底否定权利范畴,而是说精细化、具体化权利范畴,并将有些饱和的权利话语替换一些,让话语更有活力、有新意、多元。其实,法理学范畴、本体论基础研究也应该解读、吸收宪法中"国家尊重与保障人权"条款与原则中的精神意旨。范畴也是有时代性、有寿命的。尽管权利是重要概念,但法学或社会、政治生活话语中,尊严的地位不如权利,是值得反思的。关于权利的文章、博士论文、著作非常多,关于尊严的著作却屈指可数,这是值得醒思、改变的。

"盖法律既为人类生活之规范,其本身固须随人类生活之推进而演进。"⑤社会不断发展,其对理论的需求也在不断变化。法理作为法学的重要部分,其重要范畴亦需要根据时代需要、社会问题而转向。法学上、法理学上,对核心范畴的呼吁、需要是逐渐变化发展的。当下,可以说是来到一个需要尊严范畴、尊重范畴的时期。对权利范畴、权利本位进行批判是因为它不够具体,而"尊严"范畴更加具体,也更为分析、解决社会问题所需。权力本位的局

---

① 参见文正邦、程燎原、王人博等:《法学变革论》,重庆出版社1989年版,第2-3页。
② 文正邦、程燎原、王人博等:《法学变革论》,重庆出版社1989年版,第3页。
③ 文正邦、程燎原、王人博等:《法学变革论》,重庆出版社1989年版,第285-284页
④ 张清民:《学术研究方法与规范》,中华书局2013年版,第82页。
⑤ 李肇伟:《法理学》,东亚照相制版厂1979年版,第45页。

限性是必然存在的:权利太抽象,权利需要被具体化,以更有利于接近现实问题的解决。倡导从权利本位到尊严、尊重本位,不是说对权利本位的完全否定,而是对权利本位的精进化。"法,就是出于事物本性的必然关系","就是由万物的本性派生出来的必然关系"。①尊重范畴的提出,也是遵循"事物本质""国家社会规律"的结果,也是对社会规律、必然规律的提炼、抽象。"尊重的普遍缺乏导致一系列社会问题","尊重的重视与实践可以解决许多发生的社会问题"。需迎来从权利热到尊严热、尊重热的范畴转移。为凸显尊严、尊重范畴话语在国家社会、法治、法学中的重要性,同时鉴于权利话语的流行、垄断地位,以及它与尊严的特殊关系,我们不得不面对权利范畴话语,并对它与尊严的异同进行梳理。同时,需对尊严做出更多的定义、解释。法学上,"以阶级斗争为纲"不如"权利本位"来得科学,用权利本位来替代"以阶级斗争为纲"是进步的,也带来法学研究的重要转向及社会贡献,对于法治建设、国家社会发展可谓功不可没。权利话语发轫、兴起至今,权利范畴、话语做出了贡献,但也几乎达到了饱和:面对诸多社会问题,鼓吹权利本位的学者似乎也已淡出直面问题解决的阵营,如新冠肺炎疫情期间的集体沉默。虽然尊严问题包括在权利问题之中,但人的尊严的问题一直很突出,权利话语无法完全替代尊严话语,因此有必要单独凸显尊严范畴。这是一个话语实验,也是一个法理学、法学、社会问题得到突破和解决的方案。

如上文所言,权利本位从1978年前后就开始凸显,为树立正确的法治观念做出了伟大的贡献,实现了法学、哲学、政治学等学科范畴的突出功能、使命,符合时代发展的需要。但近些年来,侵权的各类事情,包括侵犯人的尊严的事件屡次发生,权利话语似乎显得"无力",似乎这个范畴的资源已被开采得接近完结。各种问题频发:中国移动偷顾客流量、乱收费,凭着行业垄断地位胡作非为;京东客服售后服务用机器人回复,消耗顾客时间精力;性骚扰案件屡次发生;学生因为压力自杀;维权的悲剧,如贾敬龙案、于欢案等。这些事情究其原因,都可以归纳为各行各业、各种法律关系中尊重的缺乏的问题。我们的法治也存在一些违背尊重的原则,将公权力、公共利益凌驾于公民个人自由、权利之上的事件。因此有必要重视尊重人的尊严的问题,把它作为国家政府、机关的法治原则、法治义务,学术研究上也有必要提高尊严范畴的"位阶",加强对尊严及其话语的倡导、研究、重视。另外,实现人的尊严的尊重,除了将它通过法定的权利的方式加以保护,还有一个角度就是以公权力机关及及其职员为主体,将尊重人的尊严确立为法治原则、法治义务,贯穿于法治的各个环节。"当今时代不需要我这种思想类型,我必须努力逆流而动。"②与时代、主流不一致,不一定不好,相反,真理也可能掌握在少数人手里,且学术本来就需要一种反思能力,不同的观点可能

---

① 北京大学哲学系外国哲学史教研室:《西方哲学原著选读》,商务印书馆1982年版,第37页。
② 转引自英文本,[美]丹尼斯·帕特森:《真理与法》,牛津大学出版社1996年版,第128页。

是可贵的。因此结合社会现实,对权利本位、权利范畴进行反思。童之伟教授对法理学范畴非常关注①,包括对权利本位的批评思考,也写过不少文章。他一贯较有批判精神,难能可贵。实话实说,对范畴的研究是学者雄心的一种流露,也包括作者对主流观点的本能上的不同意见、批评意识,有可能流于空洞,也有可能具备"学术理论平衡、批评与反思"的作用。

"因为概念是反映客观实际的。历史发展了,客观实际发生变化,反映这个客观实际的概念,也不能不发生变化。"②权利作为范畴也是概念,同样如此。为了思考、学术的进步,反思与适当的批评是有必要的尝试。真实的学术批评给予学者学术生命的主心骨,也真正有利于学者话语观点立足、学术与社会进步。"学术的发展,就是在不断挑战成说,挑战主流的过程中逐渐往前推动的。严格讲没有争鸣就没有学术……没有年龄之分,没有辈分之别。"③观察研究、预测范畴的转变,其实也是历史的方法,只是将历史的眼光延伸到了对现在的揭示与对未来的预测。提出尊严、尊重范畴对权利范畴的更新、革新,其实也企图类似利益法学对概念法学的批判,最终不会彻底否定概念法学的价值、意义,但也提出一种新的见解。学术贵在有不同意见,这样才有进步可能,人类也因为多样性而多彩。法学、法理学需要一场革命:从权利本位进阶、精化到尊严本位、尊重本位。核心范畴、范式都是有生命年限的,它随着社会发展变化而变化。"科学革命化实质是新范式代替旧范式的过程,或说是科学共同体重新概念化的过程,科学理论的变革通过范式的替换最终实现。之所以把旧范式的消失、新范式的形成堪作科学的革命,乃是因为范式的更替意味着基石范畴、理论体系、理论背景、研究方法的全方位更新或跨越时空的创新。"④法治的深化、进步包括范式的改变、范畴的转移。权利话语流行多年,但社会问题依旧重重,二者之间的因果关系是否密切难以确定,但可以说:权利话语已做出相当的贡献,其创造力接近饱和。权利话语在实践上是不够有成效的,这点桑本谦教授有过质疑与论述。

(二)"尊严"到"尊重":由"静态"到"动态"的强调

"尊重就是把自己和他人看成是一个独立的、自由的、完整的,具有独特天性、人格和尊严的人。"⑤心理学家弗洛姆认为,尊重"就是指客观地正视对方的全部,并容纳对方独有的个性存在,还努力地使对方能健康成长和根据自己的意图自行发展"⑥。"尊重是指一个人对其他人的态度,包括对别人的认知、情感和行为倾向。这种态度不是与生俱来的,是个体出

---

① 参见童之伟:《论变迁中的当代中国法学核心范畴》,载《法学评论》2020年第2期。
② 邓九平:《谈治学》,大众文艺出版社2009年版,第241页。
③ 王学典:《把中国"中国化"——人文社会科学的近期走向》,上海人民出版社2017年版,第350页。
④ 文正邦、程燎原、王人博等:《法学变革论》,重庆出版社1989年版,第259页。
⑤ 马利文、陈会昌:《尊重的心理学本质与内涵》,载《教育理论与实践》2005年第4期。
⑥ 转引自马利文、陈会昌:《尊重的心理学本质与内涵》,载《教育理论与实践》2005年第4期;[美]弗洛姆:《爱的艺术》,萨茹菲译,西苑出版社2003年版,第39页。

生以后,在遗传天性基础上,伴随着认知能力的发展,参与社会交往,积累社会化经验,接受教育影响,逐渐形成的。因此,它是一种心理形成物,当这种态度稳定地形成之后,它将成为个体的人格与道德面貌的组成部分。"① 尊重是自然法,也是道德,一部分是道德义务、法律义务。尊重实在为我们的社会生活、国家生活所必需。建立人类命运共同体也需要贯穿尊重的原则和实质。斯蒂芬·达尔沃(Stephen Darwall)总结了"尊重在康德伦理学著作中出现于三个不同地方"②。尊重的前提,包括认识与德性,认识是首位的,尊重是德性的体现。按照德性的主体分类,可以分为个人德性、政治德性、政党德性、事业单位等团体组织的德性。我们可以通过陈述一个概念外延、外延的种类来探索概念及其范围。尊重可以分为认知性尊重与实践性尊重。③ 尊重被认为是一种评价模式。④ 意识、认知指导实践,尊重行为的做出,当然以行为主体心中对行为对象的认知为前提。不尊重往往源自内心、意识的否定性评价。

话语(discourse)、法治话语,都有它的魔力。尊重一词的唤起、强调可能是肤浅的"创新",从尊严到尊重,是认识到实践的转向,由认识转向行动。伦理学专家周治华教授强调:"尊重"是一个值得关注的道德语词,确实如此,"尊重"是一个重要的道德概念。同时,尊重也是一个重要的法治词语、法概念,是一个未来的法学重要范畴。目前为止,将尊重作为法概念进行阐发的,似乎不多。道德与法的关系紧密,在尊重一词上也会得到体现。尊重可以当作道德概念下的二阶概念,却可以是法概念中的高阶概念。国内的人的尊严的研究,有必要向"尊重"范畴转向,以取得新的大幅度增长。部分研究医疗伦理的学者在论及医疗上的尊严的时候,标题就用"尊严这个概念可能无用"、它最多是"尊重某人及其自主性(autonomy)"替代。⑤ 尊严是人作为人的基本权利,是名词性的东西;尊重则是促进尊严实现的原则、方式方法。"尊严"到"尊重"的转换,是名词到动词的转换,也是更纯粹的理论知识到更有实践指导取向的知识的转变,是重要的范畴、概念、范式⑥、话语、思想转换。尊严的实现是目的,尊重则是必要的途径与手段。尊重的落实是德性的体现。主体为国家、公权力的尊重,尊重的落实即是国家、公权力含有德性的体现,也就是所谓政体的德性、国家的德性。李步云认为,"人权有三种存在形态:应有权利、法定权利、实有权利",人的尊严亦可有三种存在形态:应有尊严、法定尊严、实有尊严。应有尊严可认为包括道德上认为有的尊严。人的尊严的实现,在法治上,也该从"应有尊严"往"法定尊严"转变。从"应当"到"实

---

① 马利文、陈会昌:《尊重的心理学本质与内涵》,载《教育理论与实践》2005年第4期。
② [美]斯蒂芬·达尔沃:《第二人称观点:道德、尊重与责任》,章晟译,林出版社2015年版,第138页。
③ 参见刘风景:《国家"尊重"人权的语义及辐射》,载《学术交流》2019年第3期。
④ 参见周治华:《伦理学视域中的尊重》,上海人民出版社2009年版,第32页。
⑤ Ruth Macklin. Dignity is a Useless Concept: It Means no more than Respect for Persons or Their Autonomy. British Medical Journal, pp.1419-1420.
⑥ Paradigm一词的真正含义,是需要进行详细研究的课题。范式也可指将成为的共同承认的成果,尊严范畴、"范式"的认同,已是现实的、必需的事情。

在"是落实事物的法治方式,有助于巩固、促进人的尊严的实现。徐显明概括了法学上三个对人权研究格外重要的分支学科,即法哲学、宪法学、国际人权法[1],有相当的学理性、创见。时至近年,需要加上刑诉法、国家赔偿法等分支学科才更加全面。毕竟一段时间以来,被发现与平反的冤案,以及一直以来的冤案及刑讯逼供问题,都需要人权、人的尊严、刑诉法、国家赔偿法给予详细而充分的回应。按照狄龙的理解,可以把尊重宽泛地界定为一种反应性的关系,尊重作为主体的回应涉及主体四个活动:注意(attention)、遵从(deference)、重视(valuing)、合适地行动(appropriate conduct)[2]。在法治上,执法、司法甚至是立法,为了达到尊重,都应该做到"认识到位、注意""遵循规则与规律""引起尊重与重视""合适地行为"。将尊重、尊严解析为一种反应性的联系(responsive relation),有相当的道理,能解释为何弱者的尊严、权利常被侵犯,更容易被侵犯的现实。侵犯客体、尊严主体由于自身身份"较低"、权势或能力较弱,没能给潜在侵犯主体以强势的反应性感受、认知,从而未能像强权者、高能者一样给予潜在侵权主体以震慑、警醒,因而导致潜在侵权主体认知不足,未能形成尊重的理念、认知,致使侵权发生。刑讯逼供、冤案往往因此发生,制造冤案、行刑逼供的主体经过了解与权衡,一定程度上,对冤案受害者没有产生足够的敬畏、尊重,才导致冤案的发生。

三、将"尊重人的尊严"作为法治原则

法原则、法治原则的表述好于习惯上称呼的"法律原则",此文用法原则或法治原则的表述来替代"法律原则"。我们经常提及的元规范、基础规范,其实就是"尊重人的尊严、人的尊严至上"的法治原则。原则就是法理。民国时期《中华民国民法典》第一条:"民事,法律所无规定者,依习惯;无习惯者,依法理。"这里的法理也可以换为"法原则"。法原则自然是法理之一部分,且"法理""法原则"都监督着"法律""习惯"的正确性,作用如自然法一般。法的落实的模式之一种,包括了政策到法的过程。政策之前,可能是民意、学术建议、咨询报告。对人的尊严的重视与保护,可能需要经历从政治承诺、原则再到规则的转变。当下,我们处于承诺的第一阶段,尚未转化为原则、再到规范、规则的阶段。虽然人的尊严研究有些具体的部门法的具体条文起到尊严保护的作用,但未普遍化、常态化。目前宪法关于尊重、尊严的条款,可以说只是形式上的宣誓作用。尊重人的尊严作为法治原则其实也就是"总纲"——指导思想、根本原理。只不过不仅仅是伦理总纲[3],还是法治总纲,甚至广义上包括政治总纲。"法律概念也可以按照其内含的价值或功能,构成位阶,而形成法律的体系。

---

[1] 参见徐显明:《人权研究的时代性课题》,载教育部人才社会科学重点研究基地、吉林大学理论法学研究中心:《法律思想的律动:当代法学名家演讲录》,法律出版社2003年,第231-232页。
[2] 参见周治华:《伦理学视阈中的尊重》,复旦大学博士论文2007年,第27页。
[3] 参见胡玉鸿:《法学方法与法律人:第二卷 个人的法哲学叙述》,山东人民出版社2008年版,第210页。

在此按照价值的根本性高低,法律概念所负荷的价值如果属于根本性者,则可称为法律原则或法理。在此,于价值顺位上,原则上上位位阶者优越于下位阶者。"① 法学中的"尊严"作为一个最高阶的法概念,自然就成为法理、原则。法律原则与法律规则的区分,是德沃金的主要贡献之一,亚历克西(Alexy)对其有批判性继承。有必要说明一下,法治原则与法律原则的表达的区别,正如法治与法制的区别,法治原则更为全面、准确,法治原则可以分为立法原则、执法原则、司法原则等。如基本原则的功能:"立法准则的功能""行为准则和审判准则的功能""授权司法机关进行创造性司法活动的功能"。② 尊重人的尊严的"最大多数人的最大被尊重"原则,即尊重的最优公式、原则。我们法治、生活中,应该有这样的计算作为衡量标准:一件事如何评判、处理,应该本着最多数人的最大被尊重原则。"按照立法惯例,基本原则条款理应是法律文本不可或缺的一部分。"③

一个名词作为原则,语法上是不正常的,尊重人的尊严作为法治原则、宪法的原则④,比"人的尊严作为宪法的原则"⑤更符合语法。法治原则包括宪法原则。即便它隐含的含义可能就是指"尊重人的尊严"。Dworkin 在 1978 年的作品将原则的作用带到学术界前所未有的关注度⑥,他认为"尊严的原则原理(principles)已体现在宪法中并成为美国的共同基础"⑦。Doron Shultziner 则论述了司法决定中适用的原则。实践中诸多人的尊严不被尊重的实例促使我们去思考尊重人的尊严。而最高站位就是将尊重人的尊严作为原则,作为政治原则、法治原则等。法治的原则有哪些? 主要就是尊重人的尊严、限制权力、保护权利。我们对后两者似乎进行了不少的阐发,对尊重人的尊严可能比较少。法治原则也是政治原则、政治人需要遵循的原则。法治原则、法治义务作为尊严从抽象到具体的媒介。陈永强认为原则有位阶。⑧ 尊重人的尊严是最高位阶,它大于"共产党领导"等经济、政治原则。《当代法及跨国话语中的人的尊严》⑨一文调查人的尊严在巴西和国际法庭的使用情况,尤其关注美国最高院的判例法,描述了跨国话语中人的尊严概念越来越重要的作用。作者发现人的

---

① 陈清秀:《法理学》,元照出版公司2018年版,第334页。
② 徐国栋:《民法基本原则解释》,北京大学出版社2013年版,第11-12页。
③ 周佑勇:《行政法总则中基本原则体系的立法构建》,载《行政法学研究》2021年第1期。
④ 参见汪进元:《论宪法的人性尊严原则》,载《河南财经政法大学学报》2012年第4期。
⑤ 这样表述的国内外文章很多,这里只引用几个作为例子: Lorraine Weinrib. Human Dignity as a Rights-Protecting Principle. National Journal of Constitutional Law, vol.17, 2013; 李海平:《论人的尊严在我国宪法上的性质定位》,载《社会科学》2012年第12期。
⑥ Mary Neal. Respect for Human Dignity as "Substantive Basic Norm". International Journal of Law in Context, vol.10, 2014, p.34.
⑦ Ronald Dworkin. Three Questions for America. N.Y.REV.BOOKS, Sept.21, 2006, pp.24-26.
⑧ 陈永强:《私法的自然法方法》,北京大学出版社2016年版,第111-148页。
⑨ Luís Roberto Barroso. Here, There, and Everywhere: Human Dignity in Contemporary Law and in the Transnational Discourse. Boston College International and Comparative Law Review, Vol.35. pp.331-392.

尊严不单是独立的基础权利,也是一个宪法原则,其还阐释了这个概念统一、普遍的特性,认为人的尊严包含三个要素:内在价值、自主性和社会价值。另外,此文考察了分析人的尊严的基本方法如何有助于疑难案件中的法推理及司法选择论证(justifying judicial choices),如堕胎、同性婚姻、协助自杀等案件。

四、结语

落实人的尊严的途径有许多,如各方面立法上的规定,将涉及人的尊严的维护的事项以法律文本的形式体现,还可通过判例等形式。亦可通过各种"立法"落实宪法,当然包括落实宪法中关于人的尊严的条款。如华东政法大学孙平副研究员提倡的"加大宪法实施的文字比重,探索消极权利保障的评估方法"[①] 等。如果说20世纪以来是权利(话语)的世纪,21世纪则是"人的尊严的世纪"[②],大陆的尊严研究,依旧大可作为。Paradigm,即范式、范例一词,如果说它的一种含义是对共同认知和承认的东西、研究方法的共识的话,那么将"人的尊严是否受损、如何增进与弥补人的尊严"作为一种分析社会问题及其出路的思维方法、范式,是可能的,也是重要的、有意义的。人权话语已兴起,仅次于"权利"话语,人权研究的队伍大于尊严研究的队伍,人权研究的经验、成就有理由为人的尊严研究所借鉴。尊严、尊重话语、研究也应该迎头赶上,向人权、权利话语取经,同时人权话语也需要继续进步。另外,由于英语世界的材料我们尚未了解、翻译、引用足够,因此我们的"人的尊严"研究还处于初级阶段,断不可认为其已成熟。

---

① 孙平:《人权白皮书应与宪法全面接轨》,载卢平:《法治流变及制度构建:两岸法律四十年之发展》,元照出版公司2020年版,第121页。

② Catherine Dupré. The Age of Dignity: Human Rights and Constitutionalism in Europe. Hart Publishing, 2015, Introduction.

· 域外译介 ·

预防接种事故与国家补偿责任[*]

[日]西埜章[**] 著　杨官鹏[***] 译

摘　要：随着加强救济预防接种事故受害者的呼吁逐渐受到重视，已有判例涉及国家的补偿责任。但现有救济制度下的补偿金额和内容仍存在严重不足，各类学说与判例中对于预防接种事故补偿的性质和依据等还有很大争议。"补偿的性质"问题是在国家补偿体系中如何定位的理论问题。而"补偿的宪法依据"问题则是当超出现行救济制度的补偿范围时应依据宪法中哪一条款来请求补偿的技术性问题。应避免把两个议题相混同。预防接种事故是具有意图性的合法行为造成的对生命健康权而非财产权的侵害。预防接种在性质上具有难以避免的危险性，国家为保护全体社会避免传染风险，依法强制或提倡接种，健康损害就是从这一危险状态中产生的。有关补偿性质的损害赔偿说、损失补偿说和结果责任说都各自存在理论上的缺憾。有关宪法依据的宪法第29条第3项类推适用说、当然解释说、作为危险责任的无过失责任说以及宪法第13条第14条说亦均存在不足。应当把预防接种损害认定为公法上的危险责任，并将宪法第13条、第14条和第25条作为请求进行接种损害补偿的依据。

关键词：预防接种　损失补偿　法律救济　宪法依据　危险责任

---

[*]　原文题目为：《予防接種事故と国の補償責任》。原文发表于新潟大学法学会《法政理论》（第24卷第1号，1991年7月），本文翻译已获得作者本人授权。
[**]　作者简介：西埜章，日本新潟大学荣誉教授。
[***]　译者简介：杨官鹏，法学博士、博士后，华东政法大学科学研究院助理研究员。

有关预防接种事故中的国家补偿责任,在地方法院对集体诉讼的判决中已经有所体现,但相关理论的研究却仍有值得探讨之处。比如即便肯定了国家的补偿责任,如何寻求宪法上的依据仍是一个难题。本文将对错综复杂的各类学说、判例进行整理,并就预防接种事故补偿的性质及宪法上的依据加以考察。

预防接种事故补偿要解决的首要问题自然是对被害者的救济。然而除此以外,如何确立接种事故补偿在国家补偿法律体系中的定位,还涉及重新建构国家补偿法律体系的问题。如果将这一议题置于国家补偿法律体系重构的视野内,可能会有批评认为忽略了对被害者的救济。但是如果不能构建好理论基础,救济制度也就失去了其建立的基石。

一、预防接种事故与法的救济制度

明治维新以后,作为传染病的预防对策之一,日本逐步确立了以种痘为中心的预防接种法律制度。但战前主要是把彻底贯彻预防接种作为制度的重点,而预防接种副作用引发的事故并未受到足够重视。这一倾向直到战后仍持续了一段时期。预防接种事故开始被报道出来并真正引发社会关注,是从昭和二十年代后半叶也就是约1950~1955年期间才开始的。

(一)对预防接种事故进行救济的呼吁

实施预防接种的行政方如若确实存在过失,受害者提起国家赔偿请求诉讼又胜诉的话,就可以受到救济。但是依照现行国家赔偿制度,如果无法认定接种方存在过失的话,受害人就难以获得救济。因此逐渐有观点提出,即便在行政方无过失的情况下也应让被害者获得救济。

1. 赤石说

自昭和二十年代后半叶起,开始有学者提出了对预防接种事故进行救济的必要性。作为法医学专家的赤石英教授,在昭和二十九年(1954年)发表的论文中提出:"受惠于社会保障制度,就连过失所致的劳动灾害都已经成为国家补偿对象的当下,现行的《预防接种法》对于法律上完全不具备个人责任的预防接种受害者却并未给予任何国家补偿,这应当说是立法的不足。"[①]

2. 今村说

以法学者的立场阐述救济必要性的是今村成和教授。他在昭和三十二年(1957年)出版的《国家补偿法》中,作为论述结果责任的例子之一,对预防接种事故主张:"即便是体质

---

① 赤石英:《关于提高一、二预防接种的实际效率和相关法律强制的个人观点》,《日本医事新报》第1596号第14页(1954年)。

上的客观原因或者其他原因导致了接种事故,注射者此时并不存在过失,但在客观上仍是预防接种的实施造成了身体障碍的产生。这种情况下,应肯定国家责任的终极依据,国民为了公益而必须接受强制接种,其产生的偶然损失若仅由受害者个人来承担的话显然不合理,而当然应由全体负担来消解这种损失。但是,若寻求实体法上的依据仍有困难,最终应通过立法手段来解决,另外依据宪法第13条及第25条,直接导出国家责任也并非不可。"①

3. 成田说

此后,为确立受害者救济制度而专门展开法学理论探讨的是成田赖明教授。成田教授就此问题发表了众多论文,他在昭和四十三年(1968年)发表的论文中提出:"如果说站在防疫医学的角度上,依法强制进行集体防卫接种是必要且不可避免的话,那么对于强制接种事故的牺牲者来说,应当由强制实施的主体即国家以及负有实施义务的地方公共团体来填补他们的损害,因为这才符合在福祉国家中公平正义的理念。现实中由于对存在过失的事实认定和对因果关系的立证不足,导致实施主体往往免于承担法律责任,而受害者则被置于穷困之地——然而这并不妥当。预防接种中的事故责任及救济问题的关键在于,以何种形式来确立国家补偿制度,使得受害者能通过简易程序实现迅速有效的救济。"②成田教授基于这一观点,提出应从完善救济制度的方向出发,通过在《预防接种法》中设置国家赔偿法和民法的特别规定来完善实体法规定,在程序上要按照简易、明确、迅速三原则来完善行政制度和实现迅速救济,建立受害者能尽快获得补偿的行政体制。③

(二)行政救济措施

随着受害者救济的诉求不断增加,进入昭和四十年代即1965年以后,地方公共团体中有部分开始对受害者支付抚恤金④。在国家层面,由于预防接种事故逐渐成为社会问题,昭和四十三年(1968年)5月31日厚生大臣对其咨询机关"传染病预防调查会"就今后传染病预防对策进行咨询研究,并在昭和四十五年(1970年)6月15日举行了预防对策的中期答辩。答辩对《传染病预防法》和《预防接种法》分别进行了阐述,并就《预防接种法》提出了国家应尽快建立预防接种受害者救济制度的建议。此时正值"种痘祸骚乱"最严重的时

---

① 今村成和:《国家补偿法》第133页(1957年)。
② 成田赖明:《预防接种事故的法律责任及其受害者救济》,Jurist第406号第100页(1968年)。另参见成田赖明:《预防接种事故及法律责任》,载船川幡夫、金子义德:《预防接种》(第2版)第246-247页(1970年);成田赖明:《关于日本预防接种制度运营的法律和行政研究》,载预防接种研究中心:《预防接种制度文献集(I)》第20页以下(1969年)。
③ 参见成田赖明:《预防接种事故的法律责任及其受害者救济》,Jurist第406号第101-102页(1968年);成田赖明:《预防接种事故及法律责任》,载船川幡夫、金子义德:《预防接种》(第2版)第246页以下(1970年)。
④ 参见成田赖明:《预防接种事故及法律责任》,载船川幡夫、金子义德:《预防接种》(第2版)第245页(1970年);成田赖明:《关于日本预防接种制度运营的法律和行政研究》,载预防接种研究中心:《预防接种制度文献集(I)》第17页(1969年)。

候,完善受害者救济制度被列为紧急事务①。

政府在前述答辩的基础上,于同年 7 月 31 日通过阁议,决定构建行政救济措施。该行政救济措施包括对预防接种受害者的慰问金、后遗症补偿金及医疗费的支付等内容②。昭和四十八年(1973 年),政府又提升了后遗症补偿金及抚慰金的金额,还增加了后遗症特别给付金的补偿内容③。但是,这种行政救济措施只是行政措施而非法律制度,并不具有以受害者的法律权利为名而可以依法请求获得救济的性质。

(三)法律救济制度的创设

传染病预防调查会在昭和五十一年(1976 年)3 月 22 日,对救济制度作了题为《预防接种的展望及预防接种所致健康的损害》的答辩,提出:"以法律为依据的预防接种是为了达成公共目的而施行的。作为其结果,对受害者产生的健康损害,应基于国家补偿的精神进行救济,这才符合公平的社会理念。"此后,《预防接种法》和《结核病预防法》的修改案被提交到第 77 次国会,于同年 5 月 21 日通过并于 6 月 19 日正式公布④。基于该法律救济制度,日本从 1977 年 2 月 25 日开始施行相应的救济措施。过去的行政救济措施也于同年 2 月 24 日废止⑤。

(四)法律救济制度的内容

《预防接种法》在第三章"杂则"中规定了法律救济制度。按照其规定,补偿给付的实施主体是受害者接种时所居住区域的市町村长,预防接种是依据《预防接种法》而实施的,属于救济制度的对象。如果被厚生大臣认定健康损害是由预防接种所导致的,相关疾病、残疾和死亡(第 16 条),都被列为救济范围⑥。另外,补偿给付的种类包括医疗费、医疗补助、障害儿童养育年金、障害年金、死亡补偿金、丧葬费等(第 17 条),补偿给付的金额和支付方法等由政府政令作出规定(第 18 条)。

相关法律救济制度创设以后,对国家的损害赔偿和损失补偿的诉讼请求络绎不绝。这主要是因为,该法律救济制度中关于补偿给付的内容仍不到位,受害者不得不再提出增加赔偿补偿的请求。有关给付内容的判决可参见东京地方裁判所"昭和五十九年(1984 年)5 月 18 日判决"(《讼务月报》第 30 卷第 11 号第 2011 页)。该判决认为:"现有法制化的救济制

---

① 参见炭谷茂:《法制化的受害者救济制度》,Jurist 第 646 号第 119 页(1977 年);西埜章:《预防接种事故》,《法律案件百选暨 Jurist 第 900 号纪念特集》第 184 页(1988 年)。
② 相关阁议内容参见:炭谷茂、堀之内敬:《逐条解说〈预防接种法〉》第 278 页以下(1978 年)。
③ 相关内容参见:前注第 285 页以下。
④ 修改过程参见:堀之内敬:《新的预防接种和健康损害救济制度》,時の法令第 961 号第 1 页以下(1977 年)。
⑤ 参见炭谷茂:《法制化的受害者救济制度》,Jurist 第 646 号第 119 页以下(1977 年)。
⑥ 相关概要可参见:炭谷茂、堀之内敬:《逐条解说〈预防接种法〉》第 87 页以下(1978 年)。

度无论在内容上还是在额度上,作为我国当下该种损害的救济途径都缺乏客观正当性。"①另外,名古屋地方裁判所"昭和六十年(1985年)10月31日判决"(《讼务月报》第32卷第8号第1629页)也承认,法律救济制度中的补偿金额和内容存在不足。然而,尽管法律救济制度存在着上述不足,但对于是否应支持增加补偿给付内容的相关诉求,各类观点间还存在着激烈的争论。

二、预防接种事故补偿的性质

由于缺少法律对补偿的明文规定,过去对于预防接种事故补偿的讨论焦点,并不在受害者救济的解释论和立法论上。《预防接种法》的前述修改,本质只是从立法上规定给予被害者一定的补助,而并未解决相应补偿的性质问题。关于补偿的性质,传染病预防调查会在立法过程中曾展开激烈讨论,调查会的答辩最后将其定位为"根据国家补偿精神的救济制度"②。但另一方面,答辩并未明确其自身的宗旨,这也导致对上述表述存在各类不同的解释。值得注意的是,在讨论预防接种事故补偿的性质时,应严格区分补偿的"性质"与补偿在"宪法上的依据"这两个问题③。前者是关于预防接种事故补偿在国家补偿体系中应如何定位的理论问题;而后者则是关于超出现行法律救济制度中补偿给付限度的补偿,应以宪法中哪一条款为基础的技术性问题。另外,如果肯定了超出现行法律救济制度的给付限度的补偿,那么也就应该对预防接种事故补偿的性质问题一并进行探讨。

现实中导致预防接种事故的原因有多种多样。《预防接种法》第16条规定,不论是否存在过失都适用补偿。但预防接种事故最典型的情况,就是在接种时难以事先知晓被接种者的异常体质,另外现实中还有一些原因不明的情形。

---

① 但对于东京地方法院的该判决,有批评观点认为,有必要对于补偿内容不充分的理由进行说明。例如:研究会《预防接种疫苗祸诉讼东京地方裁判所判决的探讨》,判例タイムズ第539号第79页(1985年)中淡路刚久教授、加藤雅信教授的发言;原田尚彦:《判例评释·预防接种疫苗祸事件》,昭和五十九年度(1984年)重要判例解说,Jurist第838号第51页(1985年);《讨论:预防接种事故和补偿》,判例タイムズ第605号第20页(1986年)中盐野宏教授的发言;横山匡辉:《判例评释·预防接种祸和损失补偿》,《昭和五十九年行政类判例解说》第173页(1986年)等。

② 参见田中徳次:《关于〈预防接种法〉的部分修改》,Jurist第619号第68页以下(1976年);成田赖明:《关于预防接种健康受害救济制度的法的性格》,《田上先生喜寿纪念·公法的基本问题》第453-457页(1976年)。所谓"国家补偿的精神"的含义并不明确,因此补偿的内容也引起了宪法上的争论,相关内容见后述。关于"国家补偿的精神"的不明确性可参见《讨论:预防接种事故和补偿》,判例タイムズ第605号第18-19页(1986年)中盐野宏教授的发言;另外成田赖明(同前《关于预防接种健康受害救济制度的法的性格》第457页)指出:"作为新创设的一项制度,不可过于苛责其性格和本质的暧昧性。"

③ 参见成田赖明:《关于预防接种健康受害救济制度的法的性格》,《田上先生喜寿纪念·公法的基本问题》第479页(1976年)。

（一）学说的分类

学说上存在损害赔偿说、损失补偿说、结果责任说、公法上的危险责任说等观点①。

1. 损害赔偿说

这一学说主张：不法行为的概念并非固定的，应该从更广义角度来解释违法行为，预防接种事故补偿实际具有损害赔偿的性质。

该观点的代表人物是泷泽正教授，他认为："以达成公益为目的的活动不得已造成了不特定对象的特别牺牲，应将其认定为广义的违法行为并从损害赔偿的角度来理解。"②"应当置于不法行为的范畴中进行处理，如果是在过失认定已经完全不可能实现的极限情况下，恐怕应认定为危险责任，进而肯定无过失责任。"③另外，还有浦部法穗教授提出："生命身体等人身权利优于财产权利，损失补偿说应类推适用于宪法第29条第3项。但反过来说，正因为生命身体的权利远比财产权更加重要，才不能凭借着给付金钱就进行合法的侵害。基于这种考虑，把宪法第29条第3项类推适用于生命身体的侵害是错误的。只要发生了对生命身体的损害，就已经构成违法行为。那么对于违法行为所造成的侵害，自然也就应支持国家赔偿请求。"④除此以外，还有融合了过失和违法性的见解，但基本同属这一立场⑤。

2. 损失补偿说

这一学说对损失补偿的概念进行了扩张，主张预防接种事故补偿具有损失补偿的性质。基于合法行为的损失补偿自不必说，还有一种观点认为，健康损害是由无过失的违法侵害行为，或者是由于国家形成的危险状态所导致的，相应的补偿应属于损失补偿⑥。

损失补偿说的代表人物是盐野宏教授，他对损害赔偿说、结果责任说、危险责任说均进行了批判式的研讨后提出："主要问题在于损失补偿的观念。由于接种事故补偿的对象并非财产权而是人的生命健康，因此损失补偿说受到许多批评。但是除财产权以外，其他被国家行为所侵害的对象，在损失补偿制度中也并不鲜见。预防接种是以公益为目的进行的，过程中产生的特别损失在事实上显然存在。接种事故所致的损害，是在预防接种这一法律制

---

① 学说的分类可参见秋山义昭：《国家补偿法》第479页（1985年）；参见成田赖明：《关于预防接种健康受害救济制度的法的性格》，《田上先生喜寿纪念·公法的基本问题》第473页以下；山冈健：《基本人权研究》第17-20页（1988年）。
② 泷泽正：《预防接种事故和损害的填补》，判例タイムズ第530号第16页（1984年）。
③ 泷泽正：《预防接种事故和损害的填补》，判例タイムズ第530号第19页（1984年）。
④ 浦部法穗：《案例式演习教室宪法》第109页（1987年）。另外类似观点还可参见研究会《预防接种疫苗祸诉讼东京地方裁判所判决的探讨》，判例タイムズ第539号第61页（1985年）中淡路刚久教授的发言、第82页中国井和郎教授的发言。
⑤ 参见下山瑛二：《国家补偿法》第437页（1973年）。
⑥ 参见山田准次郎：《国家无过失责任研究》第3页以下（1968年）。

度的执行过程中,为实现公共的目的而产生的特别牺牲。"[1]

3. 结果责任说

这一学说的依据是国家补偿体系的三元构成,即适法行为的损失补偿、违法行为的损害赔偿、结果责任。而在这种三元构成中,预防接种事故补偿大致可以列入结果责任之中。

最先提出三元构成是学者是今村成和教授,他在昭和三十二年(1957年)《国家补偿法》中将认定结果责任具体区分为"违法无过失行为的损害赔偿"和"危险责任"两种情况,并主张预防接种事故责任应属于前者[2]。另外他还在著作中指出:"(在国家补偿的空缺之处)国家也应填补损失,是从(1)起因于国家活动的损失、(2)这种损失由受害者承担并不适当——这两点考量的,但并不是把原因行为作为补偿的要件,也不是把行为人的故意或过失等作为特别的归责事由,而纯粹是指对结果承担相应责任——可称为结果责任。"[3]"对预防接种障害赋予一定的给付(《预防接种法》第16条)就是具体实例。这种情形与其说是行为的违法性,倒不如说是对产生的损害结果所进行的补偿。但如前所述,其额度相比正当的补偿来说明显过低也成为问题。"[4]

另外,成田教授也支持上述今村说,他提出:"尽管我国(日本)不像德国那样具有习惯法和判例法确立的牺牲补偿请求权的法理基础,但从立法过程来看,很明显也是基于同样的宗旨和思考方式来建立了国家的救济制度。这一制度不属于传统上既有的二元论体系,而应归于独立的第三范畴。立法者将其定位于——根据国家补偿精神而进行救济,以实现社会公正的特殊的补偿制度。"[5]

4. 公法上的危险责任说

这一学说认为,预防接种事故是国家形成的危险状态所产生的,相应补偿的性质与结果责任不同,而应从另外一种危险责任的角度来理解。

危险责任说的代表学者是秋山义昭教授,他主张应将危险责任和损害赔偿、损失补偿相并列,作为第三种独立的类型:"预防接种在性质上具有难以避免的危险性和副作用,国家为保护全体社会避免传染风险,依法强制或提倡接种,健康损害就是从这一危险状态中产生

---

[1] 盐野宏:《赔偿和补偿的谷间》,载盐野宏、原田尚彦著:《行政法散步》第219-220页(1985年)。同样观点还可参见原田尚彦:《预防接种事故和国家补偿》,Jurist 第898号第6页(1987年);芝池义一:《损失补偿的界限》,法学教室第66号第108页(1986年)等。
[2] 参见今村成和:《国家补偿法》第133页(1957年)。
[3] 今村成和:《行政法入门》(第4版)第195页(1990年)。
[4] 今村成和:《行政法入门》(第4版)第197-198页(1990年)。
[5] 成田赖明:《关于预防接种健康受害救济制度的法的性格》,《田上先生喜寿纪念·公法的基本问题》第480页(1976年)。另外同样观点还可参见阿部泰隆:《预防接种祸的国家补偿责任》,判例タイムズ第604号第13-14页(1986年)。

的。因此预防接种事故补偿在国家补偿体系中应定位于一种危险责任。"①

笔者也曾在其他文章中提出："对预防接种事故补偿应这样定位，它是对从强制预防接种这一特别的危险状态中产生的意外结果所进行的补偿。"②

（二）学说的探讨

如前所述，各类学说相互间呈现出对立状态。由于多数学说都涉及宪法上的依据，上述方式的学说分类并不一定精确，但本文姑且按照这种分类来进行以下考察。

1. 损害赔偿说

损害赔偿说对损失补偿说的批判中也存在值得肯定的部分。但损害赔偿说的问题在于"违法行为所致的损害赔偿"。除了行政方存在过失的情况之外，在不明原因所致的典型预防接种事故中，往往很难将损害的发生直接归结于该预防接种违法。泷泽教授提出的"作为危险责任的无过失责任"理论也面临着同样问题。对侵害行为合法或违法进行区分固然重要，但最重要的标准还是该行为本身。

正如浦部教授所提出的那样，"生命身体损害一旦发生，就已经构成了违法行为"③，可见损害赔偿说实际是以不法结果说为基础的④。可是如果预防接种是遵照预防接种的相关法令而进行的话，以发生事故为由来认定其违法就难免让人质疑。按照依法行政原理，行政行为违法的认定应按照行为不法说，即以行为本身而并非以结果为标准。

基于行为不法说，只要预防接种是遵照法令进行的，就应该认为其合法。由于预防接种事故是在合法形成的特别的危险状态中发生的，损害赔偿说无法对其进行合理的解释。

2. 损失补偿说

损失补偿的概念要素一般包含"侵害行为的合法性"和"对财产权的侵害行为"这两项⑤。而预防接种事故补偿是否符合这两项要素就成了问题。

首先是关于侵害行为的合法性。对预防接种行为自身是否符合法规来进行评价的话，

---

① 秋山义昭：《国家补偿法》第231页（1985年）。另可参见秋山义昭：《其他救济制度》，载远藤博也、阿部泰隆编：《讲义行政法Ⅱ（行政救济法）》第129页（1982年）。
② 西埜章：《预防接种事故补偿的性质》，《行政法的争点》（新版）第191页（1990年）。另外可参见西埜章：《预防接种判决和损失补偿》，Jurist第820号第36页（1984年）；西埜章：《有关损害赔偿和损失补偿的相对化的批判式考察（下）》，判例评论第319号第2-4页（1985年）。
③ 浦部法穗：《案例式演习教室宪法》第109页（1987年）。
④ 可参见研究会《预防接种疫苗祸诉讼东京地方裁判所判决的探讨》，判例タイムズ第539号第79页（1985年）中淡路刚久教授的发言。
⑤ 参见西埜章：《损失补偿的要否和内容》第3页以下（1991年）。

由于行为本身是合法的,那么自然也就符合合法性要素①。但是尽管接种行为本身合法,与公共征收征用中所产生的损失是属于事先的意图范围内的情况不同,预防接种事故中的损害是原有意图之外的。泷泽教授提出:"造成特别牺牲的结果是否属于原有意图范围,是决定赔偿的性质的重要标识。以公益为目的的活动意外造成了不特定人的特别牺牲,应当从广义上的违法行为和损害赔偿的角度来思考。"②这一观点在意图性方面的分析存在着一定的合理性。

盐野教授也就意图性提出了看法,他认为:"问题在于,与通常的征收征用不同,接种事故造成的损失并非本来意图。且不说对于个别被接种者并不具有侵害的意图,即便从宏观层面看,法律设计也很难预料到这种损害的产生。但是在以公益为目的的预防接种过程中,却又发生了实实在在的特别的损失。这可以看作在预防接种法律制度的执行过程中,所伴随的为公共利益而造成的特别牺牲。"③阿部泰隆教授提出:"虽然这种损害并非出于本意,但它并非无缘由的结果,而是在制度上本可以预料到的,甚至在某种程度上是被认可的。"④尽管预防接种事故难以避免,但既然预防接种是被强制或是提倡的,也就意味着事先允许了部分事故的发生。但是,这种意图性又与公共征收征用存在显著的区别,前述观点是对意图性的扩大解释,笔者对于这种扩大解释的意义仍存有疑问。并不是否认意图性就等于否定国家的责任,而且预防接种事故补偿的性质问题在于,要明确在肯定补偿责任时,这种补偿的性质到底是什么。因此似乎没有必要一味对意图性进行扩大解释。

其次是关于"对财产权的侵害行为"这一要素。一般来讲,财产权的损害与"意图性"往往有着密切的联系,只有对财产权的侵害才可以是具有意图性的行为。高松地方裁判所"昭和五十九年(1984年)4月10日判决"(《讼务月报》第30卷第9号第1598页)认为:"对财产权的侵害和对生命及身体的侵害之间具有质的不同,不能直接把财产权补偿的有关规定和解释类推适用于对生命及身体侵害的补偿。"另外,名古屋地方裁判所"昭和六十

---

① 有学者对这种观点提出批评,如:"这种解释在宪法上终究难以接受。即使《预防接种法》规定了国家可以进行这种不可避免的预防接种损害,也就是使国民受到死亡或后遗症等生命身体上的重度损害,而这种法律规定也是违反宪法的。"参见上田国广:《预防接种和国家责任》,载全国(日本)公害辩护团联络会议编:《公害和国家责任》第263页(1982年)。另外还有如:"我相信,不论预防接种对社会预防疾病有多么重要,日本国宪法都不能允许下面这种情况,那就是:接种事故引发的对生命身体的侵害,是适用于作为合法行为的损失补偿的法理的。预防接种一旦发生事故,从恢复损害的角度来说,就是欠缺客观正当性的违法行为,应当认定为国家赔偿法第1条第1项中的'违法施加损害'的情况。"参见中平健吉:《集体预防接种事故的提起》,《特集:医疗和人权》Jurist第548号第333页(1973年)。关于这一点,还可参见阿部泰隆:《国家补偿法》第9页(1988年);远藤博也:《实定行政法》第215页(1989年);高木光:《国家赔偿中的行为规范和行为不法论》,石田喜久夫、西原道雄、高木多喜男著:《损害赔偿法的课题和展望》第162页(1990年)。

② 泷泽正:《预防接种事故和损害的填补》,判例タイムズ第530号第16页(1984年)。

③ 盐野宏:《赔偿和补偿的谷间》,载盐野宏、原田尚彦著:《行政法散步》第220页(1985年)。另外可参见《讨论:预防接种事故和补偿》,判例タイムズ第605号第12页(1986年)中盐野宏教授的发言。

④ 阿部泰隆:《预防接种祸的国家补偿责任》,判例タイムズ第604号第10页(1986年)。

年(1985年)10月31日判决"(《讼务月报》第32卷第8号第1629页)认为:"宪法第29条第3项中的规定正如其文本表述的那样,是为承接同条第2项中有关私有财产的征收征用所指定的。根据同第2项,财产权的内容由法律规定,但显然并没有任何法律规定人的生命健康属于财产。本案中生命、身体和健康的损害,与财产权受到侵害的发生情况和状态都是完全不同的。两者之间有着巨大的区别。"上述两则判决都反映了这一要素的必要性。泷泽教授也强调:"宪法第29条第3项是将财产权作为保障对象,是否将人的生命健康也涵盖在这一范围还存有疑问。"①

然而对于上述观点也有不少不同意见。盐野教授提出:"损失补偿制度中,国家行为直接侵害的对象不是财产权的情况并不罕见。我国(日本)的公用负担法制中向来存在着人的公用负担这一观念,在现有法律中也有明确规定对接种损害进行补偿。另外在现代法制下,接种事故造成的损失完全可以换算成财产价值,所以没有必要过分拘泥于财产权的要素限制。"②此外原田尚彦教授也持有类似观点③,他提出:"对于宪法第29条3项规定的补偿对象,并不应解释为仅限于财产权,预防接种事故对生命健康的损害救济也应当类推适用。"④

生命、身体、健康等权利相比财产权来说固然重要。但是也正如浦部教授所指出的那样,正因为生命健康权更加重要,才应该对补偿辅以条件,使得其轻易不受侵害⑤。劳动和工作的经济价值也可以视为财产权的表现形式,因而可以成为公用负担的对象。但是对生命健康的侵害行为,并不应该因为损害可以量化就能被事先允许⑥。另外也并不是只有将损失补偿的对象扩大至生命健康权,才有可能实现救济。有关宪法上的依据则是另外一个议题。

---

① 泷泽正:《预防接种事故和损害的填补》,判例タイムズ第530号第16页(1984年)。另外类似观点还可参见菟原明:《判例评释·预防接种引发的生命身体侵害及其补偿》,时冈弘编:《人权的宪法判例(第5集)》第262页(1987年)。
② 盐野宏:《赔偿和补偿的谷间》,载盐野宏、原田尚彦著:《行政法散步》第219-220页(1985年)。
③ 原田尚彦:《预防接种事故和国家补偿》,Jurist第898号第6页(1987年)。
④ 其他相同观点还可参见新美育文:《预防接种事故和国家·自治体的责任》,判例タイムズ第546号第14页(1985年);加藤雅信:《预防接种和损失补偿》,判例タイムズ第539号第33页(1985年);藤井俊夫:《行政法总论》第268、272页(1985年)。
⑤ 参见浦部法穗:《案例式演习教室宪法》第109页(1987年)。同样观点可参见泷泽正:《预防接种事故和损害的填补》,判例タイムズ第530号第16页(1984年);横山匡辉:《判例评释·预防接种祸和损失补偿》,《昭和五十九年行政类判例解说》第170页(1986年)。
⑥ 可参见泷泽正:《预防接种事故和损害的填补》,判例タイムズ第530号第16页(1984年);广冈隆:《行政法上的结果责任和宪法基础》,载关西学院大学:《法与政治》第41卷4号第104页(1990年)。广冈教授对东京地方法院判决等提出批评:"不管伴随有怎样的补偿,人的生命身体都不能为公共所用。尽管在公共负担中劳动力可为公共所用,但人的生命和身体为公共所用却不能被神明允许。判决把对预防接种事故进行补偿的根据,间接和宪法第29条第3项相结合,等于是将本不应结合的二者违背常理地结合起来。这种看似巧妙却违背常理的做法,必然造就此等理论不透明的'迷雾之判决'。"

3. 结果责任说

结果责任说对结果责任的定义是："并非基于对原因行为的指责，而是仅着眼于不法结果的发生本身以追究赔偿责任。"此学说将预防接种事故补偿归为结果责任的一种，即"基于违法无过失行为的损害赔偿"[①]。结果责任说把接种事故补偿划分为既不属于损害赔偿又不属于损失补偿的第三种范畴，这一点值得给予较高评价。

依照结果责任说的观点，接种事故本身并无过失，却是违法行为所致。但既然肯定了违法行为的存在，相应责任也就具有了损害赔偿的性质。不管是无过失违法行为还是有责违法行为，都属于违法行为。而在现有的法律救济制度下，将二者专门作出区分的意义并不充足。结果责任的性质本身复杂多元，将其中损失补偿性质的部分归于损失补偿，将其中损害性质的部分归于损害赔偿，但这似乎又退回到公法上的结果责任说上来[②]。

今村教授认为："原本所谓'结果责任'这一用语，是处于国家补偿理论中空缺地带的概念。把危险责任以外的情形从这'第三类型'中排除，将使这一空缺地带的存在变得更加暧昧。"[③]但当下要解决的关键问题是要明确补偿的性质，而且笔者认为，即便是不具有结果责任的情况，也不能不加以救济而放置不管。

4. 公法上的危险责任说

最后是公法上的危险责任说。该学说认为，预防接种事故是在强制或提倡预防接种形成的危险状态中产生的、并非符合原本意图的结果，因此具有公法上的危险责任的性质。它与损害赔偿的区别在于，这种特殊危险状态的形成本身是合法的。它与损失补偿的区别在于，是对于人的生命健康的并非源于本意的侵害。

公法上的危险责任说又不同于"作为危险责任的无过失责任说"（泷泽说）。两种学说都采用了"危险责任"的表述，观点也有相近之处，但主要区别在于对责任的依据和性质的认识[④]。泷泽说中的无过失责任指的是"不法行为法中的危险责任"，因此属于损害赔偿的范畴[⑤]。而公法上的危险责任指的是在危险状态下合法形成的责任[⑥]，因此其性质与损害赔偿

---

① 今村成和：《国家补偿法》第133页(1957年)。
② 参见远藤博也：《国家补偿法(上卷)》第13-15页(1981年)；西埭章：《预防接种事故补偿的性质》，《行政法上的争点》(旧版)第185页(1980年)。
③ 今村成和：《预防接种事故和国家补偿》，Jurist第855号第75页(1986年)。
④ 例如小高刚：《对生命和身体的侵害和损失补偿》，法学セミナー第400号第29页(1988年)；栋居快行：《生命和身体的侵害和宪法第29条第3项》，Jurist第898号14页(1987年)；小幡纯子：《判例评释：预防接种祸大阪集体诉讼判决》，法学教室第90号第99页(1988年)；矶部力：《判例评释：预防接种祸大阪集体诉讼判决》，《医疗过失判例百选》第131页(1989年)。
⑤ 参见泷泽正：《判例评释：预防接种所致被接种者死亡及后遗症对应的国家赔偿责任而非损失补偿责任的事例》，判例评论第329号第52页(1986年)。
⑥ 由国家合法形成并支配的危险状态中发生损害时，国家应当承担补偿责任。有关公法上的危险责任的理论基础可参见西埭章：《公法上的危险责任论》第171页以下(1975年)。

完全不同①。

三、宪法上的依据

关于预防接种事故补偿的性质在实定法制度上的定位又是另一个问题。笔者将对是否应承认超出现行法律救济制度范围的补偿进行探讨。

下文的探讨是以行政方无过失为前提的，因此国家赔偿法第一条规定的损害赔偿并不在讨论范围。这里的主要问题是围绕能否直接以宪法的条文为依据提起补偿请求。引用文献中主要是"预防接种事故集体诉讼"东京地方法院判决之后的热点案件，也有部分该案件之前的案件，涉及以宪法为依据导出国家补偿责任的内容②。总的来讲，学说和判例分为肯定说和否定说。肯定说分为"第29条第3项类推适用说""第29条第3项当然解释说""作为危险责任的无过失责任说""第13条第14条说""第13条第14条第25条说"。另外"第29条第3项类推适用说"又进一步分为"实体类推适用说"和"程序类推适用说"③。

（一）学说的动向

1. 否定说

否定说的代表论者是成田赖明教授、梅木崇教授、古崎庆长法官。

有反对观点认为，不应一味等待立法措施，而应该从宪法条文中直接导出国家的责任。对此成田教授提出："最近有很多人以预防接种制度本身存在风险和相应救济制度的不完

---

① 可参见泷泽正：《判例评释：预防接种所致被接种者死亡及后遗症对应的国家赔偿责任而非损失补偿责任的事例》，判例评论第329号第52页（1986年）；宇贺克也：《判例评释：预防接种祸中的因果关系的存无及损失补偿请求》，判例评论第356号第43页（1988年）；芝池义一：《无过失责任和危险责任》，《行政法的争点》（新版）第163页（1990年）。关于二者的关系，高田贤造指出："国家或公共团体形成的发生损害的危险状态的行为本身，由于并非非法行为，所以很难依循赔偿责任的理论。此时的补偿与'行政上的无过失违法责任'虽类似却又存在区别。"参见高田贤造：《行政上的间接补偿责任及无过失违法责任》，Jurist第491号第34页（1971年）。另外关于"危险责任"概念的多义性可参见山田准次郎：《国家无过失责任研究》第108-111页（1968年）；西埜章：《西德国家责任法体系中的公法上的危险责任》，公法研究第42号第171-172页（1980年）。

② 如今村成和：《国家补偿法》第133页（1957年）；高田贤造：《行政上的间接补偿责任及无过失违法责任》，Jurist第491号第37页（1971年）；原田尚彦：《行政法要论（初版）》第201页（1976年）；平井孝：《种痘后遗症受害的填补》，载室井力、盐野宏：《学习行政法（2）》第186页（1978年）等。原田尚彦在前述著作中指出："设立被害救济制度的途径，一是可以通过从国家无过失责任的角度来推进，二是可以从违法无过失行为的角度，但并不把其作为违法行为的问题，而是和征收征用类似的侵害行为一样作为补偿问题，通过对宪法第29条第3项的类推适用来进一步完善补偿制度。"

③ 关于学说的分类可以参见栋居快行：《生命和身体的侵害和宪法第29条第3项》，Jurist第898号第11页以下（1987年）；小高刚：《对生命和身体的侵害和损失补偿》，法学セミナー第400号第29页以下（1988年）；小高刚：《预约接种损害的行政责任》，都市问题研究第41卷第10号第74页以下（1989年）；高须要子：《判例评释：对生命和身体侵害的损失补偿请求之可否》，《昭和六十二年行政类判例解说》第584-589页（1989年）；常本照树：《判例评释：对生命和身体的特别牺牲与补偿请求》，《宪法判例百选Ⅰ》（第2版）第179页（1988年）；折登美纪：《预防接种损害诉讼的宪法基础》，Jurist第977号第63-64页（1991年）等。相关的学说种类较多，但共同点是基本都以宪法中的补偿请求权作为解释论的依据。——相同观点可参见宇贺克也：《判例评释：预防接种祸中的因果关系的存无及损失补偿请求》，判例评论第356号第43页（1988年）；阿部泰隆：《预防接种祸的国家补偿责任》，判例タイムズ第604号第14页（1986年）。

善为由,主张政策和立法上的违法与不当,并提起了损害赔偿和请求补偿的诉讼。但是相应诉讼请求在现行国家补偿法律体系下是不能被承认的。设置预防接种健康损害救济制度的目的在于,实施机关并无过失的情况下,也难以避免出现一定概率的重度副作用反应,仅靠现有案件审判中的救济手段难以实现救济,而设置相应制度就是为了对应这一事态。"①

同样,梅木崇教授也围绕东京地方法院判决提出了看法:"《预防接种法》的修改是为了补偿特别的牺牲而进行的,是补偿的法律依据。如果认为相关内容缺乏客观正当性,则是对立法权的裁量事项的侵害。无视法律上的救济制度,而非要拿出宪法第29条第3项,如果单凭借司法权的判断就可以实现补偿的话,那么又为何修改《预防接种法》并设置这一制度呢?既然制定了法律,就要以法律为依据进行判断。如果是法律存在不合理的地方或违反了宪法,还可以发动违宪立法审查权,立法机关还可以提供解决方案。只要没有明确证据表明这项制度缺乏客观正当性,就应该给予充足的尊重。"②

古崎庆长法官在对东京地方法院判决的评释中提出:"明明法律中有补偿的规定,而非要依据宪法第29条第3项来直接提出补偿请求,这种做法不合常理。这一点已经在最高法院判决(昭和四十九年2月5日民集第28卷第1号第1页)中所明确。国家如何设立并运用救济制度取决于国家的立法政策,属于行政厅根据社会经济情况,并考虑与其他救济制度(如公害健康损害补偿制度)的相互兼容等诸多因素来作出决定的裁量事项。如此一来,便可以通过行政复议或行政诉讼的方式来解决。行政复议方式是指市町村根据预防接种健康损害救济制度作出行政给付(《预防接种法》实行规则第11条之12)以后,当事人向都道府县知事提起对给付额的审查请求(参照《行政不服审查法》第5条、炭谷茂等《逐条解说〈预防接种法〉》第90页)。行政诉讼是指向法院提起针对行政给付之处分违法的抗告诉讼。这两个方式才是解决问题的正当途径。也就是针对行政厅对决定给付额的裁量权中是否存在滥用职权,从正面解决争议。"③

2. 第29条第3项类推适用说

(1)实体类推适用说

这一学说主张宪法第29条第3项中补偿的对象不应限定于财产权,生命、身体和健康的损害也应当类推适用。其代表论者是盐野宏教授和原田尚彦教授。

盐野教授认为:"预防接种是以公益为目的进行的,过程中产生的特别损失这一事实是

---

① 成田赖明:《关于预防接种健康受害救济制度的法的性格》,《田上先生喜寿纪念·公法的基本问题》第480页(1976年)。

② 梅木崇:《续根据宪法第29条第3项的直接补偿之考察》,政治学论集第27号第110-111页(1988年)。

③ 古崎庆长:《预防接种事故受害与宪法第29条第3项的类推适用》,季刊实务民事法第8号第194-195页(1985年)。同样观点可参见新美育文:《预防接种事故和国家·自治体的责任》,判例タイムズ第546号第14-15页(1985年);横山匡辉:《判例评释·预防接种祸和损失补偿》,《昭和五十九年行政类判例解说》第172-173页(1986年)。

[日]西埜章 著　杨官鹏 译/预防接种事故与国家补偿责任

确凿存在的。也就是说,在预防接种这一法律制度的执行过程中伴随着为公共利益的特别牺牲。基于此,最接近的实定法的依据自然就是宪法第29条第3项。众所周知,条文中的'使用'一词已经不限于当时的征收征用概念,而是业已逐渐扩大并成了各国的通识。认为预防接种损害不能直接适用宪法的理由,无非认为相应损失不属于该条款的范围。从比较法角度看,可能有人会提出是否能适用财产权补偿的宪法条文这一疑问。但正如前所述,德国、法国等国家已经在判例中通过这一方式实现了审判救济。而对我国(日本)来说,援用宪法第29条第3项正是最合适的方式。"①

原田教授也支持这一学说,他认为:"即便是不法的行为,一旦产生了对身体等的损害,为实现救济也应当可以类推适用宪法第29条第3款。即便是已经在特别法中设立了救济制度,也不应将其奉为绝对。如果补偿金额过低而难以实现实质救济,就应当援用宪法第29条第3项提高具体补偿金额。"②

(2)程序类推适用说

这一学说主张,宪法第29条第3项相比作为可以直接适用的实定法意义,更重要的是其作为形式上依据的意义。代表论者是远藤博也教授和今村成和教授。

远藤教授围绕东京地方法院判决提出了以下观点:"损失补偿的依据除了宪法第29条外,还可以从第14条和第25条中得出。本判决中损失补偿的实质依据,是和财产权并无直接关联的宪法第13、14、25条。而补偿请求权的形式依据,才是宪法第29条第3项。"③

今村教授围绕同判决提出:"判决将国家补偿责任的依据归为宪法第13条、第14条第1项和第25条,而非第29条第3项。基于所谓'当然解释',将前者与后者的补偿规定相结合,其实是遵照了以平等原则为基础的'特别牺牲'观念。历史上也没有判例是根据宪法第13条肯定对国家的补偿请求权的。该判决尝试类推适用宪法第29条第3项,也正是出于这一原因。即便可以从宪法第13条等条文中导出国家的补偿责任,也需要援用第29条第3项。"④其中的"当然解释"理论与"程序类推适用说"基本一致。

另外还有小高刚教授也持相近立场。他认为在类推适用说中,采取程序类推适用说更为合理⑤。

---

① 盐野宏:《赔偿和补偿的谷间》,载盐野宏、原田尚彦著:《行政法散步》第220-221页(1985年)。
② 原田尚彦:《判例评释·预防接种疫苗祸事件》,昭和五十九年度(1984年)重要判例解说,Jurist第838号第50-51页(1985年)。另可参见原田尚彦:《预防接种事故和国家补偿》,Jurist第898号第5-6页(1987年)。同样观点还可参见:藤井俊夫:《行政法总论》第272页(1985年);广冈隆:《行政法闲谈》第204-205页(1986年);芝池义一:《损失补偿的界限》,法学教室第66号第108页(1986年);山冈健:《基本人权研究》第37、38页(1988年)。
③ 远藤博也:《行政法素描》第207页(1987年)。
④ 今村成和:《预防接种事故和国家补偿》,Jurist第855号第75-76页(1986年)。
⑤ 参见小高刚:《对生命和身体的侵害和损失补偿》,法学セミナー第400号第30页(1988年)。其他类似观点还有宇贺克也:《判例评释:预防接种祸中的因果关系的存无及损失补偿请求》,判例评论第356号第43页(1988年)。

3. 第 29 条第 3 项当然解释说

"类推适用说"与"当然解释说"二者间并不存在明显区别①。支持类推适用说的学者对于当然解释说也并不持批判态度。尽管将二者作出区分有可能违背其本意，但这里还是姑且尝试着作出区分②。

当然解释说的代表论者是阿部泰隆教授。他对东京地方法院判决提出了自己的观点："虽然并非适用宪法第 29 条第 3 项，但既然财产权的剥夺都应当给予补偿，那么当宪法第 13、25 条保护的生命身体权受到损害时，若不给予补偿显然不妥。这就是'当然解释'。这和东京地方法院判决的宗旨相一致，笔者持赞同态度。但值得注意的是这里采用的并非'损失补偿说'，而是与其相区别的'当然解释'——并不是把对生命健康和身体的损害类推适用于财产权的补偿规定，而是既然财产权被侵害都要受到补偿，同样因为公共目的而产生的对生命健康和身体的损害，当然也应当受到补偿。通俗讲也就是基于'况且（就连）……都……'的思路。"③

另外，栋居快行教授也对当然解释说表示了支持，他提出："大阪地方法院判决继承了东京地方法院判决中牺牲补偿请求权的观点。其中采用对宪法第 29 条第 3 项的'当然解释'更富说服力，并且能巧妙地将补偿金额和损害补偿一样正当化，值得很高评价。"④

4. 作为危险责任的无过失责任说

这一学说主张预防接种事故补偿的性质应属于损害赔偿，可以从宪法第 13 条和第 14 条第 1 项中导出作为危险责任的无过失责任。其代表论者是泷泽正教授，他主张："倡导对尊重个人的第 13 条和涉及平等原则的第 14 条第 1 项中并未规定国家补偿责任，指责以宪法为依据的观点正因为此。个人认为，宪法 13 条和 14 条第 1 项的规定应该与规定损失补

---

① 加藤雅信认为东京地方法院判决采用的是"当然解释说"。参见加藤雅信：《预防接种和损失补偿》，判例タイムズ第 539 号第 32 页（1985 年）。小林武认为东京地方法院与大阪地方法院的解释论存在微妙的差异，他指出："法的解释是法的适用、类推适用或者准用的前一阶段，二者并非相互对立。为解决案件必然要进行法的适用。大阪判决实际是在第 29 条第 3 项的当然解释下，对本案进行了类推适用或准用。"参见小林武：《判例评释：预防接种事故的补偿和宪法第 29 条第 3 项的当然解释》，法学セミナー第 401 号第 131 页（1988 年）。另外折登美纪也认为，东京地方法院判决与大阪、福冈判决在理论构成上有异曲同工之处。参见折登美纪：《预防接种损害诉讼的宪法基础》，Jurist 第 977 号第 64 页（1991 年）。

② 例如，原田尚彦认为大阪地方判决是"对于宪法第 29 条第 3 项的'当然解释'，以此适用于预防接种事故损害并支肯定损失补偿，其结论和理由均应当给予支持。"参见原田尚彦：《预防接种事故和国家补偿》，Jurist 第 898 号第 5 页（1987 年）。如前所述，原田说属于类推适用说。淡路刚久教授也曾提出："类推适用论从这一意义上就成为当然解释论。"参见《讨论：预防接种事故和补偿》，判例タイムズ第 605 号第 11 页（1986 年）。

③ 阿部泰隆：《预防接种祸的国家补偿责任》，判例タイムズ第 604 号第 9 页（1986 年）。

④ 栋居快行：《生命和身体的侵害和宪法第 29 条第 3 项》，Jurist 第 898 号第 12 页（1987 年）。其他支持这一学说的还有：矶部力：《判例评释：预防接种祸大阪集体诉讼判决》，《医疗过失判例百选》第 131 页（1989 年）；小幡纯子：《判例评释：预防接种祸大阪集体诉讼判决》，法学教室第 90 号第 99 页（1988 年）；伊藤治彦：《判例评释：预防接种疫苗事故九州诉讼第一审判决》，西南学院大学《法学论集》第 22 卷第 4 号第 273 页（1990 年）。

偿的第 25 条第 1 项、第 29 条第 3 项相切割,单独对预防接种事故中的无过失的结果责任进行追究。"①

5. 第 13 条第 14 条说

此学说反对以宪法第 29 条第 3 项为依据,主张应以第 13 条和第 14 条为依据。持此学说的论者之间的观点也存在一些差异。

例如,内野正幸教授主张应以宪法第 13 条为依据。他提出:"从第 29 条第 3 项中导出补偿请求权,从该条文的解释上难以说通。其依据应在于宪法第 13 条。"② 另外,冈本博志教授主张:"对生命和身体的特别牺牲,从解释论上来说,可以从第 13 条和第 14 条第 1 项中导出补偿的必要性。"③

广冈隆教授从法国法的角度出发,主张应以第 14 条为依据:"我认为,基于宪法第 14 条的创造性解释,当公平负担理论无法解释时,应以作为结果责任的国家补偿为基础依据。《预防接种法》规定的法律救济并不能弥补公平负担理论的缺憾。应直接以宪法为依据来请求剩余的补偿。因为宪法第 14 条缺少对恢复平等请求权的规定,就认定其难以作为'行政上的结果责任'的依据——这一主张是只停留在条文表面的粗浅看法。基于公平负担理论,为了公益而承受风险者应当拥有补偿请求权——这已经在法国的判例理论中得以证明,也是人类历史的宝贵经验。我认为宪法第 14 条的创造性解释值得期待。"④

6. 第 13 条第 14 条第 25 条说

此学说反对以宪法第 29 条第 3 项为依据,主张应以第 13 条、第 14 条和第 25 条为依据。

户波江二教授主张:"补偿的依据并非宪法第 29 条第 3 项,直接依据宪法第 25 条更为合适。不仅要克服第 25 条的'程序规定说',而且在国家行为导致对生命身体的侵害实际发生时,应允许以违反宪法第 25 条为由直接提起补偿请求。"⑤

笔者也持这一观点,并曾提出:"如果预防接种事故对生命和身体造成的损害能够通过金钱价值来客观评价的话,由于宪法第 29 条是对保障财产权的规定,接种事故补偿责任的

---

① 泷泽正:《判例评释:预防接种所致被接种者死亡及后遗症对应的国家赔偿责任而非损失补偿责任的事例》,判例评论第 329 号第 51-52 页(1986 年)。另可参见泷泽正:《预防接种事故和损害的填补》,判例タイムズ第 530 号第 19 页(1984 年)。相近见解还可参见:研究会《预防接种疫苗祸诉讼东京地方裁判所判决的探讨》,判例タイムズ第 539 号第 79 页(1985 年)中国井和郎的发言。
② 内野正幸:《宪法解释的论点》第 77 页(1990 年)。
③ 冈本博志:《判例评释:预防接种疫苗祸诉讼东京地方法院判决》,法政论集第 12 卷第 3、4 合并号第 113 页(1985 年)。
④ 广冈隆:《行政法上的结果责任和宪法基础》,关西学院大学《法与政治》第 41 卷第 4 号第 102 页(1990 年)。
⑤ 户波江二:《判例评释:预防接种事故和国家补偿》,法学セミナー第 380 号第 115 页(1986 年)。

宪法依据与其说是宪法第 29 条，倒不如说是第 13 条、14 条等更为合理。"①

（二）判例的动向

1. 持否定说的判例

持否定说的代表性案例是高松地方法院"昭和五十九年（1984 年）4 月 10 日判决"（《诉务月报》第 30 卷第 9 号第 1598 页），判决指出："本案中原告主张的损失是对生命及身体的侵害造成的，而并非财产上的损害。前述案例中对于宪法第 29 条第 3 项的解释，主要是涉及对财产权侵害的补偿。二者间存在质的不同，因此不能将对财产权补偿的规定和解释直接类推适用于生命身体的补偿。在种痘后发生脑炎时，尽管为全体国民的利益而作出特别的牺牲，应当给予相应补偿，但补偿的具体内容在该宪法条文中并未直接明确。进行预防接种是为了守护国民健康这一公益目的，而伴随而来的健康损害难以完全避免。救济制度的确立，正是从国家补偿的角度出发，尽可能地给予健康损害者以补偿。上述救济制度范围外的或者超出补偿额度的补偿请求都不应被允许。"

2. 持第 29 条第 3 项类推适用说的判例

不论是类推适用说和当然解释说的区别，还是类推适用说中实体说和程序说之间的区别，实际都并不明显。而在判例中也是如此。例如对东京地方裁判所"昭和五十九年（1984 年）5 月 18 日判决"（《诉务月报》第 30 卷第 11 号第 2011 页），就可以有多种理解。一般来说，可以暂且将其归为类推解释说，但对于属于类推解释说的实体说还是程序说，则不再作专门区分。

上述判决指出："参照宪法第 13 条后段、第 25 条第 1 项的规定，财产上被课以特别的牺牲，与生命身体被课以特别的牺牲相比，后者被施以不利且不存在合理理由。因此应类推适用宪法第 29 条第 3 项，可以以国家为被告请求正当补偿。而现有法制化的救济制度不论是从内容上还是在额度上，对于我国（日本）接种受害者的救济都缺乏客观正当性。通过对宪法第 29 条第 3 项的类推适用，应当肯定本案中被害儿童及其双亲有权以国家为被告提起正当补偿的请求。尽管已经设立了相应的法律救济制度，但只要救济制度规定的补偿金额还未达到正当补偿的额度，当事人就有权就其差额请求补偿。"

3. 持第 29 条第 3 项当然解释说的判例

相关判例有：大阪地方法院"昭和六十二年（1987 年）9 月 30 日判决"（《诉务月报》第

---

① 西埜章：《有关损害赔偿和损失补偿的相对化的批判式考察（下）》，判例评论第 319 号第 4 页（1985 年）。同样观点可参见石村修：《判例评释：预防接种疫苗祸事件》，专修法学论集第 44 号第 140 页（1986 年）。另外，菟原明表示支持名古屋地方法院判决，并将其与笔者观点相区别。这实际是把补偿性质的问题和宪法依据这两个问题相混同。而这里讨论的是宪法依据的问题。参见菟原明：《判例评释·预防接种引发的生命身体侵害及其补偿》，载时冈弘编：《人权的宪法判例（第 5 集）》第 260-262 页（1987 年）。

34卷第9号第1767页)和福冈地方法院"平成元年(1989年)4月18日判决"(《判例时报》第1313号第17页)。

大阪地方法院判决认为:"被告主张,本案中预防接种造成的损害即便被视为特别的牺牲,而生命身体权和财产权不同,并不适用于财产权征收征用的损失补偿,也不能适用或类推适用宪法第29条第3项的规定。但是,上述特别牺牲是为了实现集体防卫传染病等公共利益而不得已造成的。实施预防接种的结果是造成了儿童的健康损害,虽数量稀少而且客观上难以避免,但副作用的产生却是在原本预测范围内的。也就是说,虽然副作用造成的特别牺牲并非原本主观意欲造成的,但也不是纯粹偶然产生的,而是从最初就在预测范围内但又难以避免的结果。应将这一损害结果等同为主观意愿造成的特别牺牲,有必要对其进行补偿。因此,即便考虑到被告所主张的特别牺牲之产生过程的差异,也不能影响有必要对于财产权和生命权进行补偿之判断。"

"从宪法第13条、第25条第1项和第29条等规定可以明显看到,宪法对于国民的生命和身体,是给予了远高于财产权的丰厚保障的。宪法第14条第1项规定国民在法律之下人人平等,第29条第3项规定为实现公共目的征收征用财产权要给予损失补偿。从宪法规定来看,为公共目的进行预防接种产生副作用而对儿童的生命健康造成了重度损害,属于身体遭受的特别牺牲。所以相关保障也不能弱于财产权,这也当然属于宪法第29条第3项的内涵。换言之,对于生命身体的损失补偿至少不应低于对财产权损失的补偿。也就是说,参照宪法第13条、14条第1项、第25条第1项和第29条规定的宗旨,应对第29条第3项作当然解释,承认原告对损失补偿的请求权。"

"既然宪法肯定了本案中原告的损失补偿请求权,那么不管是行政裁量还是立法裁量,都不能对这一权利施加任何实质的限制。因此现有法定的救济制度作为另一救济手段,并不能像被告主张的那样构成否认本案中损失补偿请求的理由。原告可以在现有法定救济制度以外,基于损失补偿请求权,寻求对本案中预防接种事故所致损害的补偿。"

福冈地方法院判决认为:"有观点认为,宪法第29条第3项是在同条第1项财产权不可侵犯的基础上作出的、直接针对财产权征收的规定,而预防接种副作用事故属于对生命健康权的损害,所以不能适用或类推适用上述条款。但是,预防接种副作用导致了死亡或重度后遗症的发生,对于受害者来说,其承担了超出必要忍受限度的损失,属于特别的牺牲。对于大多数国民来说,通过预防接种达到了预防传染病蔓延的目的,享受到了社会共通的利益,而对于承受特别牺牲的人来说,虽然损害的补偿超出了财产权征收补偿的范围,但也应适用由全体国民共同负担的补偿理论。"

"预防接种副作用事故对生命健康造成的损失,虽然和财产权征收所致损失的性质不同,但只要符合国民生命、自由和追求幸福的权利,不违背社会福祉,在立法和国家政策上就应当给予最大程度的尊重,这也符合宪法第13条规定的宗旨。另外,宪法第25条规定了国民的生存权和国家保障生存权的义务。从这些角度可以明显看出,宪法对生命健康权给予了远超出财产权的保障力度。因此,结合第14条和第29条的规定,宪法不仅规定了应对财产权的损失给予补偿,当预防接种事故对国民的生命健康造成了重度损害等特别牺牲时,应进行至少不低于与财产权同等程度的补偿。"

"被告主张,直接依据宪法条文请求损失补偿在法理上站不住脚,应该按照《预防接种法》规定的法律救济制度进行救济。但是从历史沿革来看,这项救济制度原本并非以损失补偿为主要目的。与一般的损失补偿相比,补偿的内容还存在不足。因此上述救济制度并不是基于宪法规定而设立的,也不能完全取代损失补偿。尽管救济制度中与损失补偿存在重合的内容,但不能因为存在这项救济制度,就否认根据宪法提起损失补偿请求的权利。"

4. 持第13条第14条第25条说的判例

相关判例是名古屋地方法院"昭和六十年(1985年)10月31日判决"(《讼务月报》第32卷第8号第1629页)。但该判决最终否认了存在补偿责任。

名古屋地方法院判决认为:"宪法第29条第3项是建立在第2项基础上的针对私有财产征收的规定。根据同条2项,财产权的内容由法律规定,但显然没有任何法律将人的生命身体和健康归为财产。生命健康的损害与征收对财产权的侵害在性质和状态上都是完全不同的。总之类推适用宪法第29条第3项的做法是缺乏合理性的,这种解释很难成立。"

"预防接种中的副作用导致一定比例的接种者遭受重度损害,这在现有医疗条件下是难以避免的。但是在这一群体承受牺牲的同时,其他国民也免于疾病并得到健康保障。全体国民即国家诚然应当担负起对受害者进行救济的义务。"

"宪法第25条已经明确规定了对国民生命、身体及健康权利的保障。国民享有经营健康生活的权利,即便国家也不得进行侵害。关于能否根据宪法第25条直接提起补偿请求,由于条文中并未明确赋予国民直接请求权,所以从文理解释上尚存在困难。征收财产权的情况下可以直接依据宪法第29条第3项请求补偿,虽然生命健康权与财产权的性质不同,但这并不能构成可以轻视被害者生命健康权的理由。预防接种事故的受害者,可以直接根据宪法第25条第1项中关于保障国民健康生活权的规定请求获得补偿。根据这一条文,国家承担着保障国民健康的义务。这也符合宪法第13条中有关国民的生命、自由和追求幸福权,以及第14条中有关法律之下人人平等和不得歧视的精神。"

"但是,修改后的《预防接种法》已经设立了针对预防接种事故的救济制度,并规定了权利的具体内容。而至于相关内容是否客观正当,应属于立法者的责任范围,通过立法裁量来作出判断。如果仅仅以上述救济制度不能满足原告的补偿要求为由,就轻易肯定对二者差额的补偿请求的话,会影响整个法律体系的统一性和稳定性。"

"上述救济制度(具体指《预防接种法》第 16 条以下,以及《〈预防接种法〉施行令》第 3 条以下)"规定的补偿与相应损失相比,数额较低且不合理,显然违反宪法第 25 条——如果从这一角度来看的话,自然会得出不同的结论。那么这里就围绕现行救济制度中的补偿是否违反宪法进行探讨。……尽管上述补偿金额可能并不充足,但也已经达到了数千万日元的额度。如果再加上慰问金,与依照宪法第 25 条进行补偿的情况相比,也不能说给付金额过低。因此,不能据此认为上述救济制度违反了宪法第 25 条而无效。反而在一定程度上讲,以宪法第 25 条为依据的损失补偿请求权的具体内容,正是由现行《预防接种法》规定的救济制度所确立的。不能因为二者存在差别就否认该救济制度的合法性。"

(三)对学说和判例的探讨

1. 关于否定说

近期的文献和判例多呈现出对根据宪法请求补偿权的支持倾向。除了损害赔偿说以外,大多对补偿性质的认识也比较一致。

应当承认,法律救济制度的创设和完善对于被害者的救济来说是一个很大的进步。但是,只要宪法仍作为补偿请求权的依据,那么法律救济制度的存在,就不能成为妨碍增加补偿请求的埋由。正如大阪地方法院在判决中所述:"本案中既然宪法承认了原告的损失补偿请求权,那么不论是行政裁量还是立法裁量,都不能对该权利施加任何实质性的限制。"笔者也认同这一观点。在大阪集体诉讼中,被告主张:"现有的法律救济制度是遵照宪法的理念和规定设立的,它是将宪法第 13 条、第 14 条第 1 项、第 25 条第 1 项和第 29 条第 3 项等规定转化为具体立法的一项制度,仍属于国家补偿的范畴。"然而另一方面,受害人的补偿请求权却被立法裁量限制,这不得不说是一种矛盾[①]。而且根据现行法律,受害人对于在现有救济制度下作出的给付决定不服时,也难以采用撤销诉讼等其他迂回的方式[②]。

2. 补偿性质与宪法依据的区别

如前所述,补偿的性质与宪法上的依据是两个问题,应当区别处理。比如,在补偿的性质问题上持"结果责任说"观点的学者,在宪法依据问题上却未必支持"第 13 条第 14 条第 25 条说"。近藤昭三教授在对宪法依据考察时指出:"这一研究属于法解释论的工作,至于相应责任在法律体系上如何定位,则是另外一个课题。"[③] 从这一点上讲这种研究方法是妥当的。

但是也应当意识到,虽然二者是不同问题,但也并非毫无关系,而是应当将二者相互连

---

① 参见阿部泰隆:《预防接种祸的国家补偿责任》,判例タイムズ第 604 号第 19 页(1986 年)。
② 参见阿部泰隆:《预防接种祸的国家补偿责任》,判例タイムズ第 604 号第 22 页(1986 年)。
③ 近藤昭三:《以九州预防接种事故集体诉讼判决(平成元年 4 月 18 日)为契机论国家补偿责任的问题》,Jurist 第 944 号第 69 页(1989 年)。

接、结合来进行探讨。比如：有关补偿性质问题中的"损失补偿说"在宪法依据问题上是和"第29条第3项类推适用说"相结合的；"损害赔偿说"则是和"作为危险责任的无过失责任说"相结合的；而"公法上的危险责任说"是和"第13条第14条第25条说"相结合的。

3. 关于第29条第3项类推适用说

有关实体类推适用说，本文在对损失补偿说的批评中已经有所涉及，这里不再赘述。另外，高松地方法院判决和名古屋地方法院判决也都已明确对其提出了批评[①]。还有大阪地方法院判决、福冈地方法院判决也都有部分内容对其表示否定。但是，至于持"实体类推适用说"的论者，究竟是有意还是无意地将其与"程序类推解释说"和"当然解释说"相区别开来的——这一问题尚难加定论。所以严格来讲，由于各学说论文的执笔时期不同，其着力重点也不同，在上述学者之间，或许也并不存在如本文学说分类那样的明显区别。

程序类推适用说的特点在于：它借用了宪法第29条第3项的规定，将损失补偿请求权作为形式上的依据而非实体上的依据。如果按照对第29条第3项的传统解释，为论证诉权，就应当对其进行类推适用。程序类推适用说在某种程度上可以说是转移了对"实体类推适用说"的批评焦点。但是这种类推适用为论证诉权而脱离实体法，在法的解释论上是否能够成立？——不得不说还存在探讨的空间。因为要在程序上论证类推适用的合理性，必须以实体上也存在类似情况为前提，否则也就很难叫作"类推适用"。比如，在有关东京都土地的使用许可撤销补偿案件中，最高法院"昭和四十九年（1974年）2月5日判决"（《民事裁判集》第28卷第1号第1页）指出："不论是国有还是东京都所有，都是无差别的行政财产。基于公平原则，《国有财产法》的上述规定在涉及都有行政财产的使用许可时也应当类推适用——这也符合宪法第29条第3项的宗旨。"也就是说，只有存在类似的实体状况时才可以进行类推适用，而不能对"类推适用"一词进行无谓的扩张。

4. 关于第29条第3项当然解释说

在某种程度上，类推适用说与当然解释说之间的界限并不十分明确。这点从东京地方法院判决的内容中就可以明显看出[②]。但二者间又存在着微妙的差异[③]，这里尝试对此进行探讨。

当然解释说主张：既然对财产权的侵害都能进行补偿，那么对生命、身体和健康的侵害

[①] 但名古屋地方法院判决中，"如果按照原告的主张似乎可以对宪法第29条第3项作如下解释：人的生命、身体和健康即便经过正当的补偿也难以进行所谓'征收'——而这种解释显然是不妥当的。而且其与宪法第13条、第15条也都是缺乏整合性的"的表述实际是一种误解。参见阿部泰隆：《预防接种祸的国家补偿责任》，判例タイムズ第604号第15页（1986年）；盐野弘：《行政过程及其统制》第442页（1989年）；《讨论：预防接种事故和补偿》，判例タイムズ第605号第13页（1986年）盐野宏教授的发言。

[②] 而且阿部泰隆也对持"实体类推适用说"的盐野说表示基本接受。参见阿部泰隆：《预防接种祸的国家补偿责任》，判例タイムズ第604号第13页（1986年）。

[③] 参见栋居快行：《生命和身体的侵害和宪法第29条第3项》，Jurist第898号第13页（1987年）。

[日]西埭章 著　杨官鹏 译／预防接种事故与国家补偿责任

就更应该进行补偿。阿部泰隆教授认为："当然解释说虽然貌似讨巧，却反映了宪法的真意。否定国家责任的主张将国民的权利只限定在条文表面，违反了主权在民的原则[①]。"这一观点基本上从何种角度都难以质疑。另外，第13条第14条说、第13条第14条第25条说也都是以此为前提的。

当然解释说是对宪法第第29条第3项的当然解释。阿部泰隆教授提出："把预防接种事故解释成为危险责任，是对宪法第29条的灵活适用"[②]，"我虽然不赞成盐野宏教授'结果责任和危险责任在实定法上没有依据'的观点，但对于他主张的'宪法第29条接近实定法依据'的观点是赞成的"[③]。但是从当然解释说的核心观点来看，第29条第3项与其说是当然解释说的依据，不如说是构成当然解释说的一项素材。

广冈隆教授对当然解释和类推解释说提出了批评意见："宪法第29条第3项补偿的思想基础和预防接种事故补偿是完全不同的，二者之间相隔着难以逾越的鸿沟。预防接种事故补偿是对生命健康权侵害的补偿，本就与宪法第29条第3项毫无关系。仅凭借生命健康权的地位并不弱于财产权或比财产权更加重要，就采用类推适用或当然解释，这在逻辑上难以成立。判决虽然把预防接种事故补偿和第29条第3项补偿相区分开来，最终却又通过说理把二者生硬地联系起来。直接适用或者类推适用第29条第3项的理论难以成立，就转为当然解释[④]——这是对宪法29条第3项的一厢情愿。"[⑤]

上述广冈教授的批评指出了当然解释说的局限性。由于当然解释说成立的前提是必须具备相类似的情况，而对生命健康的侵害和对财产权的侵害截然不同，广冈教授的观点可以说非常具有说服力。

5. 关于作为危险责任的无过失责任说

此学说以宪法第13条、第14条第1项为依据，这一点上与"第13条第14条说""第13条第14条第25条说"较为接近。但是这里要指出两点：

第一，这一学说主张预防接种事故属于不法行为，应承担违法责任。但如前所述，预防接种本身是合法的，接种事故是在这种合法形成的特殊危险状态下产生的。笔者虽然赞成以宪法为依据导出国家的无过失责任，但对"预防接种违法"的观点难以苟同。而且退一步说，即便从违法行为的角度理解，也应该是把宪法第17条（国家和公共团体的赔偿责任）作

---

① 阿部泰隆：《预防接种祸的国家补偿责任》，判例タイムズ第604号第11页（1986年）。
② 阿部泰隆：《预防接种祸的国家补偿责任》，判例タイムズ第604号第13页（1986年）。
③ 阿部泰隆：《预防接种祸的国家补偿责任》，判例タイムズ第604号第14页（1986年）。
④ 参见广冈隆：《行政法上的结果责任和宪法基础》，关西学院大学《法与政治》第41卷第4号第104-106页（1990年）。
⑤ 反对"当然解释说"的观点还可参见梅木崇：《续根据宪法第29条第3项的直接补偿之考察》，政治学论集第27号第118页（1988年）；高须要子：《判例评释：对生命和身体侵害的损失补偿请求之可否》，《昭和六十二年行政类判例解说》第591-592页（1989年）。

为依据,而非第 29 条第 3 项①。

第二,这一学说全面排斥了对宪法第 29 条第 3 项、第 25 条第 1 项的灵活适用。虽然笔者赞同对第 29 条的排除适用,但对于第 25 条的排斥却反映了其对该宪法条文的片面理解。对第 25 条规定的健康权,应当从人的自由权的角度理解,而不应将其与补偿请求权进行简单切割。

6. 关于第 13 条第 14 条说

此学说主张可以从宪法第 13 条和第 14 条第 1 项来导出直接补偿请求权。关于第 13 条规定的幸福追求权,较有力的观点是将其视为一项具体权利②。而至于第 14 条第 1 项规定的平等权,由于其裁判规范性已经为判例所肯定,因此也应当给予一定肯定。但是,"第 13 条第 14 条说"的问题在于从第 13 条、第 14 条中导出直接提起补偿请求权的逻辑难以自圆其说。即便可以证明现行的法律救济制度违反了上述 2 条规定,却无法论证这 2 条规定就是直接提起损失请求权的宪法依据。笔者对"第 13 条第 14 条说"的部分观点持肯定态度,但其问题就是忽视了对宪法第 25 条第 1 项的灵活适用。

7. 关于第 13 条第 14 条第 25 条说

此学说与"第 29 条第 3 项当然解释说"的区别在于是否支持适用宪法第 29 条第 3 项。除此之外可以说二者基本无区别。

假如在宪法中除了第 29 条第 3 项以外并无其他任何可供依据的条文的话,那么"第 29 条第 3 项当然解释说"可谓是无懈可击。然而所幸的是宪法已经有明确规定,包括第 13 条"个人的尊严和幸福追求权"、第 14 条第 1 项"法律之下人人平等"③、第 25 条第 1 项"生存权"等内容。完全可以将这些条文作为依据来主张国家的补偿责任。29 条第 3 项本来是保障财产权的规定,而"第 29 条第 3 项当然解释说"把它拿过来做所谓"当然解释"的做法只能让问题更加错综复杂。

反对"第 13 条第 14 条第 25 条说"的学者主张,宪法第 25 条第 1 项本来是有关社会

---

① 泷泽正认为:"《国家赔偿法》第 1 条第 1 项)将故意和过失作为赔偿要件,恐怕这也属于立法裁量的范围。"参见泷泽正:《预防接种事故和损害的填补》,判例タイムズ第 530 号第 14 页(1984 年)。但如果把宪法第 17 条作为立法裁量范围的话,那么第 13 条和第 14 条也理应属于立法裁量范围。

② 参见樋口阳一等著:《注释日本国宪法(上卷)》第 268 页以下(1984 年)。

③ 这里所谓的"平等原则"即"公共负担平等原则",但在美国判例中,受害者因为所受损害未达到赔偿额度或者超出赔偿额度而受到差别对待,这被认为违反平等原则。参见宇贺克也:《判例评释:预防接种祸中的因果关系的存无及损失补偿请求》,判例评论第 356 号第 43-44 页(1988 年)。

权的规定,与损失补偿请求权分属不同领域,因而不能作为宪法依据[①]。但是这一主张忽视了第25条第1项中的生存权所兼有的"自由权"之性质,因为该条文包含了可以请求排除对"健康生活"之侵害的权利[②]。尽管通说和判例都倾向认为第25条第1项不同于第29条第3项[③],所以无法从中直接得出支持补偿请求权,但如果从自由权的角度考虑的话,再加上补偿的金额可以通过客观计算来实现,那么第25条第1项和第29条第3项之间的区别也就不再明显。正如下山瑛二教授曾指出:"过去法学理论所主张的'不承认请求权就等于否定该项权利'——这种观点实际是本末倒置。只要宪法上不存在阻碍该权利的其他因素,那么就应该响应社会的需求,为实现这一权利而努力。"[④] 生命、身体和健康受到侵害与社会权受到侵害的情况并不相同,不应该只停留在维持"最低限度的生活"的程度,而是应该进行"完全的补偿"(或赔偿)。

如前所述,名古屋地方法院在判决中指出:"虽然生命健康权与财产权的性质不同,但这并不能构成可以轻视被害者生命健康权的理由。""与依照宪法第25条进行补偿的情况相比,也不能说给付金额过低。因此,不能据此认为上述救济制度违反了宪法第25条而无效。"但是该判决最终并未支持增加补偿给付的诉求。这是因为法院认为,法律制度上设定

[①] 例如盐野宏:《赔偿和补偿的谷间》,载盐野宏、原田尚彦著:《行政法散步》第219页(1985年);盐野弘:《行政过程及其统制》第442页(1989年);渡边贤:《判例评释:生命身体的侵害和损失补偿请求权》,法学セミナー第363号第127页(1985年);原田尚彦:《预防接种事故和国家补偿》,Jurist第898号第5页(1987年);原田尚彦:《判例评释·预防接种疫苗祸事件》,昭和五十九年度(1984年)重要判例解说,Jurist第838号第50页(1985年);浇泽正:《判例评释:预防接种所致被接种者死亡及后遗症对应的国家赔偿责任而非损失补偿责任的事例》,判例评论第329号第51页(1986年);近藤昭三:《以九州预防接种事故集体诉讼判决(平成元年4月18日)为契机论国家补偿责任的问题》,Jurist第944号第69页(1989年);横山匡辉:《判例评释·预防接种祸和损失补偿》,《昭和五十九年行政类判例解说》第164页(1986年);折登美纪:《预防接种损害诉讼的宪法基础》,Jurist第977号第63页(1991年);等等。

[②] 参见阿部泰隆:《预防接种祸的国家补偿责任》,判例タイムズ第604号第15页(1986年);奥贵雄:《生存权解释的原理》第269页以下(1985年);菟原明:《判例评释·预防接种引发的生命身体侵害及其补偿》,载时冈弘编:《人权的宪法判例(第5集)》第263页(1987年);石村修:《判例评释:预防接种疫苗祸事件》,专修法学论集第44号第140页(1986年)等。

[③] 尽管最高法院有判例肯定可以根据宪法第29条第3项直接请求补偿,但对此也并非没有异议,可参见梅木崇:《根据宪法第29条第3项的直接补偿之考察》,政治学论集第26号119页以下(1987年);横山匡辉:《判例评释·预防接种祸和损失补偿》,《昭和五十九年行政类判例解说》第165-166页(1986年);西野喜一:《预防接种祸》,《裁判实务大系》第18卷488页(1987年);小林武:《判例评释:预防接种事故的补偿和宪法第29条第3项的当然解释》,法学セミナー第401号第131页(1988年)。另外,即便最高法院判例肯定了依照第29条第3项的直接请求权,但其射程能否包含预防接种事故补偿,仍有值得商榷之处。参见广冈隆:《行政法上的结果责任和宪法基础》,关西学院大学《法与政治》第41卷第4号第106页(1990年)。

[④] 下山瑛二:《健康权和国家的法律责任》第80页(1979年)。

的补偿额度是否妥当,应该由立法者通过裁量来判断①。名古屋地方法院判决虽然意识到了预防接种事故与生存权保障之间的差异②,但在对宪法第25条第1项的解释论中却没有体现出这种差异。

如前所述,宪法第25条第1项具有自由权的含义,对于预防接种事故补偿也应该从这个角度去理解。阿部泰隆指出:"以宪法第25条第1项为根据,主张国家对预防接种事故的受害人进行给付——这行使的并非是社会权。一提到宪法第25条第1项就认为是社会权,这实际是一种误解。社会权的属性是一种既不存在国家责任也不具有国家成因的权利。而预防接种事故是国家行为所致,相应的救济不能完全等同于社会权。"③按照"第13条第14条第25条说",立法者的立法裁量必须在"完全的补偿"(或赔偿)范围内进行。也就是说,低于这一范围的立法裁量就违背了宪法的规定。而在现实中,法律救济制度上的补偿额最终是被委托给政府的政令决定,所以更应对立法裁量的范围加以限制④。而且与社会权不同,预防接种事故对生命、身体和健康的损害,客观上是可以通过计算得出的⑤。当法律救济制度的给付金额低于"完全的补偿"时,应当可以以宪法第13条、第14条第1项、第25条第1项为依据直接对国家提起补偿请求。⑥

---

① 阿部泰隆针对名古屋地方法院的"25条论"提出批评:"这一'宪法第25条第1项论'实际是生命身体和财产的比较论,理念上有合理性但在解释上却存在不足,只会导致接种被害救济仍要交由立法裁量来解决。"参见阿部泰隆:《预防接种祸的国家补偿责任》,判例タイムズ第604号第15页(1986年)。另外,苋原明也指出:"本判决将补偿额的问题交由立法裁量的做法,忽视了预防接种祸是涉及自由权的问题。自由权受到侵害时的救济是不能委任给立法者裁量的。"参见苋原明:《判例评释·预防接种引发的生命身体侵害及其补偿》,载时冈弘编:《人权的宪法判例(第5集)》第263页(1987年)。还可参见原田尚彦:《判例评释:东海地方预防接种祸集体诉讼判决》,法学教室第66号第84页(1986年)。

② 参见泷泽正:《判例评释:预防接种所致被接种者死亡及后遗症对应的国家赔偿责任而非损失补偿责任的事例》,判例评论第329号第51页(1986年)。

③ 阿部泰隆:《预防接种祸的国家补偿责任》,判例タイムズ第604号第16页(1986年)。

④ 阿部泰隆指出:"确定对预防接种受害者的救济金额不能靠裁量,而应该按照宪法的宗旨来决定。要顺应形势,尽快明确修改标准,以对政令的裁量进行约束,立法者不应该不设置任何标准就全部委任给政令,这样放弃自己的职责有违宪的嫌疑。"同前注第18页。另外,伊藤治彦认为,政府若不修改政令,对救济额显著过低的情况一味放置不管,可以以违法不作为为由请求国家赔偿。参见伊藤治彦:《判例评释:预防接种疫苗事故九州诉讼第一审判决》,西南学院大学法学论集第22卷第4号第275-276页(1990年)。

⑤ 参见户波江二:《判例评释:预防接种事故和国家补偿》,法学セミナー第380号第115页(1986年);盐野宏:《赔偿和补偿的谷间》,载盐野宏、原田尚彦著:《行政法散步》第221-222页(1985年);今村成和:《预防接种事故和国家补偿》,Jurist第855号第76页(1986年)。另外关于补偿的内容,名古屋地方法院判决认为生命、身体和健康的损害"复杂多样而难以客观评价",这与民法的不法行为法中的人身损害赔偿理论存在矛盾。参见阿部泰隆:《预防接种祸的国家补偿责任》,判例タイムズ第604号第18-19页(1986年);《讨论:预防接种事故和补偿》,判例タイムズ第605号第14-15页(1986年)中淡路刚久教授的发言。

⑥ 泷泽正认为:"一种情况是为提高生活水准从一开始就被要求介入,另一种情况是积极介入导致生活水准极速下降的结果时,要对这种损害进行填补。在这两种情况下救济的契机是完全不同的。宪法第25条第1项是对应前者的定位,而后者则应适用宪法第13条、第14条第1项,通过这样对不公平的结果进行补救。"参见泷泽正:《判例评释:预防接种所致被接种者死亡及后遗症对应的国家赔偿责任而非损失补偿责任的事例》,判例评论第329号第52页(1986年)。这一观点在对两种事例的区别上具有合理性,但问题在于宪法第25条第1项本来涵盖了后者的情况。

下山瑛二教授曾专门援引《世界人权宣言》第 8 条的内容:"任何人当宪法和法律赋予的基本权利受到侵害时,都拥有向本国有权限的法院寻求有效救济的权利。"他借此指出:"我国(日本)对法的适用解释应尽可能地符合并体现法的宗旨,这也是作为现代国家的一项义务。"①

8. 小结

从法的解释论的观点来看,不论何种学说皆存在一定问题,很难说应优先哪一种学说。如此一来,对于宪法依据的问题,应该回到原点,结合着预防接种事故补偿的性质来进行判断。从这一角度看,将公法上的"危险责任说"与宪法"第 13 条第 14 条第 25 条说"相结合的观点似乎更胜一筹②。这样的理解并非将补偿性质论与宪法依据论相互混同,而是将二者结合起来进行的。

---

① 下山瑛二:《医疗事故和国家责任》,《现代损害赔偿法讲座》第 4 卷第 229 页(1974 年)。
② 阿部泰隆认为:"虽然可以把预防接种事故解释成危险责任,但宪法第 29 条的灵活适用说仍然是合适的。""笔者认为,适用宪法第 29 条第 3 项时不应将其视为危险责任。"参见阿部泰隆:《预防接种祸的国家补偿责任》,判例タイムズ第 604 号第 13-14 页(1986 年)。另可参见宇贺克也:《判例评释:预防接种祸中的因果关系的存无及损失补偿请求》,判例评论第 356 号第 43 页(1988 年)。这一观点虽然具有一定道理,但"当然解释说"的问题在于,宪法第 29 条第 3 项本应适用于对财产权具有意图性侵害的情况。而且对于预防接种事故,也并非没有其他可适用的条款。另外,苋原明指出了名古屋地方法院判决与笔者观点的区别,并对笔者的观点进行批评。参见苋原明:《判例评释·预防接种引发的生命身体侵害及其补偿》,载时冈弘编:《人权的宪法判例(第 5 集)》第 262 页(1987 年)。但仅就宪法依据的话,二者观点其实并无不同。有关补偿的性质,名古屋地方法院判决已经明确表明了立场。

灰箱：从政治价值到法律范畴的转换时刻 *

[瑞典] 莫罗·赞博尼 ** 文　张昌辉 *** 译

摘　要：本文以当代法理论中处于核心地位的"从政治价值到法律范畴"的转换时刻问题为考察对象，全面而深入地剖析了转换时刻在当代法理论尤其是法政关系问题上的三种理想模型中的不同形象和灰箱式命运，解读了转换时刻在自治模型中的边缘性、在嵌入模型中的自明性、在交叉模型中的非规范性，指明了系统研究转换时刻的必要性和方向。

关键词：法政关系　转换时刻　自治模型　嵌入模型　交叉模型

当代法律理论中的法律与政治关系面貌可类型化为自治（Autonomous Model）、嵌入（Embedded Model）和交叉（Intersecting Model）三种理想模型，其间，法律与政治被视为两个自治实体、法律嵌入政治，又或者相互交叉。在所有的三种模型图景中，法律与政治既保持着作为两种不同现象的特征，同时又呈现出范围和强度不一的互动区域。本文将探讨法律与政治交汇的一个区域，这里暂时名之为"转换时刻（transformational moment）"。在这一时刻，政治领域产出的价值被转换为法律范畴和概念。转换时刻在当代法律理论关于法政关

---

* 原文出处：Mauro Zamboni. The Policy of Law: A Legal Theoretical Framework. Hart Publishing, 2007, pp.61-90. 本文的翻译和发表已获得作者授权。标题、摘要和关键词为译者所加，译者还对原文首尾的表述稍作了节略和整合。本译文获安徽师范大学博士科研启动金项目"意识形态视野中的司法面孔"资助。

** 作者简介：莫罗·赞博尼，斯德哥尔摩大学法学院教授，《立法理论与实践》(The Theory and Practice of Legislation)（原《立法法理学》）(Legisprudence)刊物总编。

*** 译者简介：张昌辉，安徽师范大学法学院副教授，安徽师范大学学报法学编辑。

系的研究中具有至关紧要的作用,然而,除此核心定位之外,大多数法律理论运动出于各种原因都把这一问题给边缘化了。

一、灰箱(GREY BOX):当代法律理论中的转换时刻

绝大多数当代法律理论通常都会在其理论论辩中为法律与政治关系的探讨预留一定空间。而且,这些法律理论不管在法律与政治的差异程度上,还是在两种现象的关联性质上都存在着分歧。一个极端例子是批判法学,认为法律与政治几近同质,法律是政治过程的一部分。另一种极端是凯尔森,认为法律与政治之间存在着几乎是本体论意义上的分离鸿沟,将两者置于不同的现实维度上(前者是规范现实,后者是价值现实)。[①]

除了上述差异,绝大多数当代法律理论都承认两种现象之间存在着这样或那样的互动空间。之于嵌入模型理论而言,两者之间的互动空间可能是广泛而频繁的,而在法律现实主义那里,这种互动则是有限而低频率的。尽管是对自治模型所涵盖的理论来讲,法律与政治的联系被缩减至最低程度,但仍存在关联之必然。无论如何,没有哪一种模型理论认为,法律是自发的产物或在真空中运作。外部政治环境始终发挥着重要作用,意即非法律性环境运用法律手段来生产、综合和选择价值,使其实现于共同体中。

诚然,这些价值及其生产和/或选择过程的性质在不同法律理论那里可能有很大差异。这些价值可能是道德性的,如生存权;可能是经济性的,如商业交易保护;可能是严格意义上政治性的,如表达自由。同样,这些价值生产及其选择过程也可能是道德性的,如使用合理性原则;可能是经济性的,如追求经济系统的效率;或者是严格而言的政治性的,如反映统治精英们的意愿。除了上述差异,在所有法律理论中,政治环境一直在"意欲成为法律的价值(values-wannabe-law)"生成和选择过程发挥关键性作用。从法律世界的内部来看,或换言之,在不同的法律理论视野中,无论是否以及何时变得与法律体系相关,这些价值及其生成和/或选择过程都获得了与法律相同的性质。它们是个体或群体(政治行动者)意图通过援引法律的强制性施加给共同体的理想型行为模式。[②]

除了法律现象的这一政治语境化外,当代法律理论也都在法律与政治是两种不同现象的事实上达成了一个最低共识。或大或小的程度上,如分别在嵌入模型和自治模型中所显

[①] See eg, L Kornhauser and L Sager. Unpacking the Court[J].Yale Law Journal,1986,96:85,95;and H Kelsen. The Pure Theory of Law and Analytical Jurisprudence[J].Harvard Law Review,1941,55:45.

[②] See eg, M Van Hoecke. Law as Communication[M]. Oxford: Hart Publishing,2002:64; or W Waluchow. Inclusive Legal Positivism[M]. Oxford: Clarendon Press, 1994:43. 但在下文中可看到规范性视角下政治价值与道德价值之间的可能区别: N MacCormick. Institutional Normative Order: A Conception of Law[J]. Cornell Law Review,1997,82:1062. 价值与规范之间工具性关系的一般思考,see A Giddens. Introduction to Sociology[M]. New York: WW Norton & Company, 1996:58.

示的那样,法律世界被视为与政治相关但又不同的事物。鉴于前面的分析,这一点确实如此,显然的是,无论是归属于自治、嵌入还是交叉模型之下,当代大多数法律理论确实都主张法律在某种程度(或低或高)自治于政治。对于那些最忠实于嵌入模型的理论来说,尽管嵌入在政治环境之中并因而受到政治氛围的高度影响,但是造法(law-making)依然与政治宣告和说服性陈述保持一定程度的分离,这些宣告和陈述描述的正是政治世界中发生的活动及其产生的结果。①

总之,当代法律理论均承认法律与政治是两种不同且互动的现象,尽管其强度和性质有别。在法律与政治现象的几处互动接触点方面,有一点在所有法理论中都得到了呈现,那就是转换时刻。转换时刻指的是造法及其行动者将政治领域中表达的价值转换为法律范畴和概念的时刻。换言之,在造法过程中的这一时刻,特定法律概念和范畴被选用或发明,乃是因为根据最为不同的标准和参数,这些概念和范畴最适合用来将特定价值转换成法律。②

例如这样一个转换契机,将国家出于公益保护对经济的干预主义价值,转换为对一般合同自由原则的法律限制或反向原则。③ 或者,也可能是这样一个转换时刻,即立法者决定对核电站经营者疏忽所致的损害赔偿适用严格责任概念。一方面,为增强保障特定共同体至少在经济上免受核事故影响的一般价值,可以作出这样的决定。另一方面,在使用严格责任概念时,立法者还特别通过限制可给付赔偿的方式,旨在确保不彻底终止特定经济活动,因为此类经济活动虽然危险但之于经济体系至关重要。

如后文所示,转换时刻在三种关于法政关系的理想模型中显然处于核心地位。正是这一时刻为政治现象留给法律现象的空间划定了多少清晰的边界。这是插入绝大多数当代法律理论所描绘的政治世界与法律现象之间边界图景中的一个箱子,它允许政治与法律相互接触但又同时保持各自的独特性。

尽管将这一关键时刻置于他们关于法律与政治关系理论的核心位置,但是一般来说,当代法律理论似乎对这一重要时刻要么没有给予足够的关注(如嵌入模型和自治模型),又或仅从单边视角进行研究(如交叉模型)。

当然,价值转变为法律的箱子并未被当代法律理论完全忽略或不予研讨,也没有被当成一个未知的黑箱。更确切地说,法律学者只是将这一时刻置于一个灰色的世界,其在造法过程中要么被低估,要么未受充分探析。这究竟是怎样一个箱子,它又是如何运作的,这些问

---

① See eg, K Klare. The Politics of Duncan Kennedy's Critique[J]. Cardozo Law Review 2001, 22: 1078.
② 哈贝马斯也指出了政治话语向法律话语转换的必要性, see J Habermas. Between Facts and Norms: Contributions to a Discourse Theory of Law and Democracy[M]. Cambridge: The MIT Press, 1998: 255.
③ See eg, the Sherman Act of 1890, 15 USC §§ 1-7(2000). See also GC Cheshire et al. Cheshire, Fifoot, and Furmston's Law of Contract[M]. London: Butterworths, 1996: 352-353.

题要么被丢在法律学者（如凯尔森）主要关注问题之外，或仅被当成无所谓的事情，其内容和运转方式几乎不言而喻（如批判法学）。

这一问题影响了当代大多数法律理论，即一方面在其关于法律与造法的思想中赋予转换时刻以核心位置，另一方面又以某种方式将这一时刻留放在幕后。将转换时刻置于其研究旨趣的灰色地带，各种法律理论作出此种选择的原因是多方面的，一个共同的背景可回溯到这样一个事实：法律与政治关系议题经常是从法律行动者的视角展开研究的。这一研究路径导致法律与政治问题消失在了"何为法律的定义问题""法律行动者应当关注什么领域"等这样的更大问题之中。法律是否以及在多大程度上与政治关联的问题，时常被"何为有效法律"以及由此导致的"法律行动者如何能够区分有效法律与无效法律"这种一般性问题吸收掉了。价值与法律的关系一经成为理论界探讨的焦点，上述这些问题就占据了20世纪最杰出法律学者们的头脑。[①]

二、转换时刻与自治模型

从自治模型开始，正如法律实证主义和哈特的分析法学所描述的，从价值到法律的转换时刻，在造法过程中扮演着核心角色。根据凯尔森和哈特所描述的法律与造法的一般特征，自治模型中的关键位置归于转换时刻。

对凯尔森和哈特来讲，至少从法律视角来看，法律的性质及其功能只能根据专属于法律本身的术语和范畴来理解。他们都认为，法律与造法是规范性现象，其存在及运行结果（比如制定法或司法判决）有其自身的本体论与认识论面向，只能使用法律和造法本身构建的参数和标准（比如法律有效性的标准）。

哈特特别提及在法律世界内部运行并由法律行动者所共享的法律文化（内在观点），认为唯有通过内在观点才能洞穿法律的本质。哈特关注内在视角与外在视角的区别，以便指出法律行动者是从内在视角出发以一个自治实体来看待和使用法律的。法律的这种自治是由作为终极基础的承认规则来保证的。承认规则是法律秩序的规范性理由，即基于其作为规则本身（比如"国王雷克斯一世颁布的东西就是法律"）而非基于其所要表达的某些价值

---

① See eg, H L A Hart. Positivism and the Separation of Law and Morals[J]. Harvard Law Review,1958,71:622;L Fuller. Positivism and Fidelity to Law: A Reply to Professor Hart[J]. Harvard Law Review,1958,71:644;R Dworkin. The Model of Rules[J]. University of Chicago Law Review,1967,35:22; and J Raz. Legal Principles and the Limits of Law[J]. Yale Law Journal,1972,81:842. See also J Waldron. Legal and Political Philosophy[M]// J Coleman and S Shapiro(eds). The Oxford Handbook of Jurisprudence and Philosophy of Law. Oxford: Oxford University Press, 2002:361-368. 关于这一倾向背后的社会—政治原因,see R Cotterrell. The Politics of Jurisprudence: A Critical Introduction to Legal Philosophy[M]. London: Lexis Nexis,2003:11-13.

(比如"国王雷克斯一世颁布的良善的东西才是法律")的理由。①

凯尔森也旨在赋予法律与造法以自治的规范性实质,即基础内在于法律本身。凯尔森将重点放在作为法律与造法之真正本质的客观意义上,这一含义是根据其在层级结构(Stufenbau)楼梯上的特定台阶位置赋予制定法或司法判决的。法律与造法是规范性的,这不仅因为它们是由规范所构造的,还因为它们最终建立在基础规范之上。②

鉴于法律与造法突出的规范性特征,转换时刻成为自治模型的核心过程。事实上,凯尔森和哈特都不否认政治环境对法律行动者的影响。哈特作出如下阐述是不存在任何问题的:

至关重要的是,待决案件并非空穴来风,而是在一套有效的规则体系运转过程中产生的,在此一运作过程中,多种多样的考量因素不断被确认为裁判的恰当理由。这些理由包括了大量的个人和社会利益、社会和政治目标,以及道德与正义的标准。③

比方说,在裁决一跨国公司和个体消费者之间的合同案件时,法官就不得不考量该纠纷产生其间的道德环境或严格意义上的政治环境。

然而,对凯尔森和哈特来说,只有在政治世界中生成的并已通过制定法或司法造法过程得到法律秩序认可的价值,也即经转变为有效法律的价值,才能在法庭或法学院中拥有作为法律的存在空间。例如,根据凯尔森或是哈特,"保护弱势群体"的政治价值不应当具有任何法律相关性,也因此至少不应以有法律约束力的规范身份去制约法官或社会公众,除非这一政治价值被转换为法律范畴,比如通过强制性规定来保护消费者,将其依法插入保险合同这样的特定类型合同法规中去,而不管当事人之间达成什么样的协议。

只有那些具有法律相关性的政治实例和价值才能进入法律领域(作为有约束力的规则)和法律讨论(作为法律学科议题),即通过转换之箱并获得了法律范畴和概念的形式。可将这个转换之箱定位在法律系统的较高层面,比如凯尔森的基础规范或哈特的承认规则。凯尔森认为,基础规范将表达立法者或法官个人价值的主观意思陈述,转换成根据其在法律

---

① See H L A Hart. The Concept of Law[M]. Oxford: Clarendon Press, 1961: 55-60. See also J Coleman. Incorporationism, Conventionality, and the Practical Difference Thesis[C]//J Coleman (ed). Hart's Postscript: Essays on the Postscript to the Concept of Law. Oxford: Oxford University Press, 2001: 120.

② See H Kelsen. The Pure Theory of Law[M]. Berkeley: University of California Press, 1970: 221-224; H Kelsen. Value Judgments in the Science of Law[M]// H Kelsen. What is Justice? Justice, Law, and Politics in the Mirror of Science. Berkeley: University of California Press, 1957: 213-218; and H Kelsen. The Function of a Constitution[C]// R Tur and W Twining (eds). Essays on Kelsen. Oxford: Clarendon Press, 1986: 118-119.

③ H L A Hart. Problems of the Philosophy of Law[C]//H L A Hart. Essays in Jurisprudence and Philosophy Oxford: Clarendon Press, 1983: 107. See also Kelsen. The Pure Theory of Law and Analytical Jurisprudence[J]. Harvard Law Review, 1941, 55: 54; and T Campbell. The Point of Legal Positivism[J]. King's College Law Journal, 1998, 9: 66.

体系中的位置来界定的客观表达。① 同样，哈特的承认规则"为道德规则或严格意义而言的政治规则等其他规则设置了检验标准"，在得到肯定答复的情况下，其他规则才被允许进入法律领域。②

转换过程也可能发生在司法裁判这样的较低层面。例如，凯尔森强调司法时刻的重要性，这一时刻通过遵循先例原则创造个别规范，或为普通法国家创造制定法意义上的规范。③ 在回应德沃金的批评时，哈特也指出了法官有限但确实存在的造法权力。④

自治模型所涵盖的理论认识到从价值到法律范畴概念的转换时刻的关键性地位。在转换时刻，作为法律而影响共同体的内容，与作为政治陈述而运作的内容是分离的，后者也即缺乏被法律行动者视为具备约束力这一基本特征的陈述。凯尔森和哈特关于法与造法的一般思想，要求将转换时刻安放在一个关键位置：当有效的法律是从与法律无关的实例中产生的，比如，当约束法官的法规是根据国民议会中的政治声明制定的时候。转换之箱决定着什么是或不是法律的本体论界线，也决定着什么是法律研究对象的认识论界线。

诚然，法律实证主义和分析法学都倾向于认为转换过程发生在一个有限的时刻。在价值向法律概念与范畴转换之时，或是在凯尔森所言的第一部宪法这种最高层面，或是在哈特所言的司法推理这样的较低层面，法律行动者在刹那之间便将政治领域表达的价值转换成法律范畴和概念。例如，根据自治模型下的理论，制定宪法的立法者或裁决案件的法官只需在公共当局征用土地的"适当补偿"这一法律范畴中找到私益与公益的最佳平衡即可，换言之，私人财产神圣不可侵犯价值与个人服从共同体利益原则之间的中间值。⑤

然而，尽管在自治模型关于法与造法的理论设计中占据空间有限，但是转换时刻在法律实证主义和分析法学中仍然处于关键地位。这是一座狭小的桥梁，架接着法律与政治两个自治世界，在转换成法律概念和范畴的结构后，政治价值得以进入法律。政治世界表达的价值必须通过这一灰箱，从而作为有效法律，在法律世界的工作和推理中占有一席之地。

---

① See Kelsen. The Pure Theory of Law[M]. Berkeley: University of California Press, 1970: 201-205; and Kelsen. The Function of a Constitution[C]// R Tur and W Twining (eds). Essays on Kelsen. Oxford: Clarendon Press, 1986: 112-115. See also N Bobbio. Kelsen and Legal Power[M]//S L Paulson and B Litschewski Paulson (eds). Normativity and Norms: Critical Perspectives on Kelsenian Themes. Oxford: Clarendon Press, 1998: 438; and A Carrino. Reflections on Legal Science, Law, and Power[M]// Paulson and Litschewski Paulson (eds). Normativity and Norms: Critical Perspectives on Kelsenian Themes. Oxford: Clarendon Press, 1998: 517.

② N MacCormick. H L A Hart[M]. Stanford: Stanford University Press, 1981: 109. See also H L A Hart. Postscript[M]// H L A Hart. The Concept of Law. Oxford: Clarendon Press, 1994: 258; and J Coleman. Negative and Positive Positivism[J]. Journal of Legal Studies, 1982, 11: 162.

③ See Kelsen. The Pure Theory of Law[M]. Berkeley: University of California Press, 1970: 238-239; and H Kelsen. General Theory of Law and State[M]. Cambridge: Harvard University Press, 1949: 272.

④ See Hart. Postscript[M]// H L A Hart. The Concept of Law. Oxford: Clarendon Press, 1994: 272-276. See also Hart. The Concept of Law[M]. Oxford: Clarendon Press, 1961: 130-132.

⑤ See R Cotterrell. Law's Community: Legal Theory in Sociological Perspective[M]. Oxford: Clarendon Press, 1995: 97.

（一）转换时刻处于自治模型研究的边缘地带

凯尔森和哈特都有一种只将法律作为考察对象的研究观点。尽管出于不同的哲学原因，对凯尔森和哈特来说，在开始进行科学探讨之前，明确划分出法律领域是很重要的。[①] 法律是由以法律范畴和概念阐述的法律规则构成的，即由法律世界通过基础规范或承认规则予以接受的范畴和概念来表达的行为模式构成的。由此，这一转换时刻在区分法律考察的对象与必须留给政治科学或道德哲学等其他知识分支研究的内容方面发挥着根本性作用。

法律实证主义或分析法学的一个首要研究任务应该是对转换过程的分析，这一过程划定了自治模型的清晰界线，在这里，政治终结，法律开始。特别是鉴于法律实证主义和分析法学都把法律陈述与价值陈述的分离作为一项基本研究任务，转换时刻的探讨值得展开。[②] 换言之，人们期望转换之箱在法律实证主义和分析法学所提议的法与造法图景中的核心地位，也渗透到他们的法律探究中去。

相反，凯尔森和哈特建议缩小法律研究者观测法律与政治关系的视角，这一限制最终排除了大多数转换时刻。在研究晚期，他们不知何故离开了这个转换之箱。[③] 就凯尔森而言，转换时刻被推入灰色地带，这是因为他认为价值不是科学认知的主题，也就是说，不可能存在一门规范性的价值科学。价值无法根据规范性陈述或"应当"命题来考察，只能用描述性或"是"命题来研究。如前所述，这意味着在本体论和认识论上从法律世界与法律研究分别转向时空现实和社会-政治研究。[④]

凯尔森承认造法过程不可能完全与政治分离，但是当涉及法学研究时，价值为何以及如何转换成法律的问题便超出了法律学者的能力所限领域。[⑤] 相反，哈特对价值的规范研究保持开放姿态。他提出了法律语言的开放结构，以及法律概念和范畴含义（如正当程序的含义）的半影理论（the idea of a penumbra of meanings）。运用这一不确定领域，法官尤其可以扮演一个更富政治性的角色，即将价值转换并插入法律概念含义的模糊地带。更一般地说，哈特承认：

---

① 关于这一认识论前提的不同哲学根源，see S L Paulson. The Neo-Kantian Dimension of Kelsen's Pure Theory of Law [J]. OJLS, 1992, 12: 324; and H L A Hart. Introduction [C] // H L A Hart. Essays in Jurisprudence and Philosophy. Oxford: Clarendon Press, 1983: 1-4.

② See H L A Hart. Analytical Jurisprudence in Mid-Twentieth Century: A Reply to Professor Bodenheimer [J]. University of Pennsylvania Law Review, 1957, 105: 972; and Kelsen. General Theory of Law and State [M]. Cambridge: Harvard University Press, 1949: 437-439.

③ See Cotterrell. The Politics of Jurisprudence: A Critical Introduction to Legal Philosophy [M]. London: Lexis Nexis, 2003: 143.

④ See Kelsen. Value Judgments in the Science of Law [M] // H Kelsen. What is Justice? Justice, Law, and Politics in the Mirror of Science. Berkeley: University of California Press, 1957: 227-230.

⑤ See H Kelsen. Science and Politics [M] // H Kelsen. What is Justice? Justice, Law, and Politics in the Mirror of Science. Berkeley: University of California Press, 1957: 365.

法律反映道德的进一步方式是多样的,这仍未得到充分的研究……没有"实证主义者"会否认这些[镜像]是事实,或法律秩序的稳定性部分取决于这些与道德的一致性。如果这就是法律与道德之必要关联的含义的话,那么其存在就应当得到承认。①

但是,哈特本人似乎认为对此关联进行法律分析的可能性比较低。例如,他将法官的转换过程置于传统司法解释过程之下,指出法官是否扮演立法角色并利用法律的半影插入特定价值这一问题并不重要。②对一位法律学者真正重要的事是,关注那些以半影区域为代价来扩充清晰法律概念空间的司法活动,这一空间扩充并不涉及价值推理。通过这种方式,一方面,哈特能够接纳对价值的规范性考察,而另一方面他又将其与法律的描述性或概念性探讨(即法律学者必须进行的研究)进行了区分。③

出于不同的原因,凯尔森和哈特的关注点并没有放在价值如何及为何转换为法律的问题,而主要集中于这种转换发生以后的事情,即确定何种政治价值在法律领域之内或之外、哪些价值产生于转换之箱。转换如何发生,特定法律范畴和概念何以与政治行动者希望实现于共同体中的价值更为契合从而被选定或新造,自治模型理论倾向于把这样的问题故意丢在他们考察焦点的灰暗地带。④例如,这些法律理论并不触及如下问题:因公共基础设施建设而征用土地情况下的"适当补偿",如何及为何被制宪者或法官认定为是对集体利益和个体利益之价值平衡的最忠实的法律转换结果。

诚然,哈特和凯尔森都承认一幅必须进行转换的价值全景图,立法者和法官在想要把价值转换为有效法律时都应当考虑的图景。特别是,这种转换必须由法律行动者来完成,其要么根据承认规则即"社会压力支持的群体规则"(哈特)进行转换,或是将其转换为"大体上

---

① See Hart. The Concept of Law[M]. Oxford: Clarendon Press, 1961: 199-200. See also Hart. Positivism and the Separation of Law and Morals[J]. Harvard Law Review, 1958, 71: 606-615.
② Hart. Positivism and the Separation of Law and Morals[J]. Harvard Law Review, 1958, 71: 612. 这种对法律与道德之间连接点进行法律研究的消极态度并不妨碍哈特对此问题尝试的其他类型的非法律相关性的考察,例如更传统的道德性考察。See eg, H L A Hart. Law, Liberty, and Morality[M]. Stanford: Stanford University Press, 1965: 34-38.
③ See Hart. Positivism and the Separation of Law and Morals[J]. Harvard Law Review, 1958, 71: 615; and Hart. Problems of the Philosophy of Law[C]//H L A Hart. Essays in Jurisprudence and Philosophy. Oxford: Clarendon Press, 1983: 110.
④ 这种对转换时刻缺乏兴趣的现象可归因于法实证主义者更普遍的对如下问题的兴趣匮乏,即为造法过程提供一种预测性理论,对出自造法过程的既有结果进行纯粹的描述。See eg, S Perry. Hart's Methodological Positivism[C]//Coleman(ed). Hart's Postscript: Essays on the Postscript to the Concept of Law. Oxford: Oxford University Press, 2001: 326-328.

有效的"法律概念和范畴(凯尔森)。① 但是,对哈特和凯尔森来说,转换过程必须考虑的这幅社会政治价值图景仍处于边缘地带。当谈及转换过程的考察时,凯尔森和哈特得出了相同的结论:法律实证主义者和分析法学的追随者都明确(如凯尔森)或事实上(哈特)否认对转型时刻运作过程及模式有任何兴趣,至少从法律研究的角度来看是这样,他们都把法律研究领域限定在有效的法律或曰实证法上。②

价值在转变为完全有效的法律之前到底发生了什么,此一问题无法在法律研究中占有一席之地,因为其涉及的是尚未完全有效的法律。联结法律与政治的箱子是如何将特定政治事件转化为法律或排除在法律领域之外,凯尔森和哈特故意把这一问题丢在法律探究之外,或将其置于边缘。例如,在自治模型下,对引入严格责任制度的法律分析不应超出制定法或司法判决,或(至少对哈特来说)法律界认为具有法律相关性的规定。自治模型所涵盖的理论并不需要对严格责任这一法律范畴旨在实现的价值类型进行任何考察。这些理论并不要求法律学者解答如下问题:通过明确规定相关责任条款,严格责任是否将道德或经济价值、对共同体安全的保障,或者鼓励风险领域经济活动的竞争性价值转换为法律。③

很多批评都指出了研究者在其理论大厦中的一个基本要素分析上所采取的有意忽略(凯尔森)或浅尝辄止(哈特)这些做法的影响,这里的基本要素指的是政治领域与法律领域之间的通道。这些批评经常强调的是,凯尔森忽略其转换之箱(如基础规范)实际政治本质的后果,或是哈特未能充分阐发承认规则的社会-政治基础及其区分前法律与法律的作用的后果。④ 正如拉兹所指出的,凯尔森没有考察转换时刻从而留下了一个未决的基本困境。一方面,凯尔森承认政治环境之于司法造法与法律的影响,另一方面,为了拯救其纯粹法律理论,他只是将上述这些影响从其关于何为法律的考察中排除出去了,似乎这些影响在

---

① Hart. The Concept of Law[M]. Oxford: Clarendon Press, 1961: 92 and Kelsen. The Pure Theory of Law[M]. Berkeley: University of California Press, 1970: 212. See also Hart. Analytical Jurisprudence in Mid-Twentieth Century: A Reply to Professor Bodenheimer[J]. University of Pennsylvania Law Review, 1957, 105: 955; and Kelsen. Value Judgments in the Science of Law[M]// H Kelsen. What is Justice? Justice, Law, and Politics in the Mirror of Science. Berkeley: University of California Press, 1957: 225.

② See eg, Hart. The Concept of Law[M]. Oxford: Clarendon Press, 1961: 206; or H Kelsen. Allgemeine Staatslehre[M]. Berlin: Julius Springer, 1925: 321.

③ See eg, Hart. The Concept of Law[M]. Oxford: Clarendon Press, 1961: 168-176. Compare M Kramer. Where Law and Morality Meet[M]. Oxford: Oxford University Press, 2004: 249-274. 对哈特在转换时刻问题上的沉默产生的一些影响的批评, see MacCormick. H L A Hart[M]. Stanford: Stanford University Press, 1981: 133.

④ See eg, A Ross. On Law and Justice[M]. London: Stevens & Sons, 1958: 69-70; J Stone. Legal System and Lawyers' Reasonings[M]. Stanford: Stanford University Press, 1968: 127-131; J Cohen. The Political Element in Legal Theory: A Look at Kelsen's Pure Theory[J] Yale Law Journal, 1978, 88: 13; Cotterrell. The Politics of Jurisprudence: A Critical Introduction to Legal Philosophy[M]. London: Lexis Nexis, 2003: 90-92; and K Greenawalt. The Rule of Recognition and the Constitution [J]. Michigan Law Review, 1987, 85: 630. 关于哈特与法律秩序中存在若干承认规则的可能性, see J Raz. The Identity of Legal Systems[J]. California Law Review, 1971, 59: 810.

法律上并不存在。^①

三、转换时刻与嵌入模型

对于自治模型来讲,转换时刻处于法律与造法运作的核心,是法律与政治相互区别的地方。在嵌入模型中,从价值到法律范畴概念的转换时刻同样至关重要,但其原因恰好与自治模型相反,是政治开始嵌入法律与造法的地方。转换时刻只是一个更广泛进程的第一步,此一进程的终结时,法律嵌入政治环境中。

根据嵌入模型,法律现象持续而广泛地受到政治领域的影响。政治舞台上生成的价值影响着法律的整个生命,从其生成到解释和适用。政治价值进入法律领域几乎没有任何障碍,法律概念和范畴与政治价值生成过程(反映不同价值冲突)及其最终结果(某种价值的胜出)并行。例如,昂格尔指出:"当前公法和私法的内容未能提出一种单一而明晰的民主与市场版本。相反,它以混乱和粗糙的形式包纳了各种版本的元素。"^②

嵌入模型中,转换时刻在法律与周遭政治环境联系方面发挥着基本作用。至少从法律行动者的角度看,转换时刻是制定法或司法判决生成的第一步,正是这一步让法律现象获得了嵌入性质。与法律实证主义者和分析法学学者相比,嵌入模型所涵盖的法律理论更为明确地表明了从价值到法律范畴和概念的转换过程的存在,及其在法与造法的理论框架中所占据的中心地位。^③

转型时刻在嵌入模型中的关键性作用是由于它显示了这样一个契机,即法律概念因其能够正确地将外部政治环境中的建议引入法律领域从而被法官或立法者创立和/或采用。引入法律之中的政治建议内容可能是人类的基本善、统治精英的政治价值或者资本主义经济体系的效率。不管其内容如何,嵌入模型的理论都有一个共同点,都认为正是首先由于转换时刻的性质法律现象才最终被纳入政治之中:从政治价值及其冲突到法律之间存在一条开放的通道。

在昂格尔著名的《批判法律研究运动》一文中,嵌入模型理论共享的基本观念是,转换时刻的开放性既使法律在面向周围政治背景下的事务保持弹性,又令造法向政治舞台上发生的进程保持开放,这可以追溯到一个例子。昂格尔认为,"不稳定权利(destabilisation

---

① See J Raz. The Problem about the Nature of Law[C]// J Raz. Ethics in the Public Domain:Essays in the Morality of Law and Politics. Oxford:Clarendon Press,1994:186.

② R Mangabeira Unger. The Critical Legal Studies Movement[J].Harvard Law Review,1982,96:570. See also R Posner. The Ethical and Political Basis of the Efficiency Norm in Common Law Adjudication[J]. Hofstra Law Review,1980,8:495; and J Finnis. On "Positivism" and "Legal Rational Authority"[J].OJLS,1985,5:84,87-88.

③ See eg,I Ehrlich and R Posner. An Economic Analysis of Legal Rulemaking[J].Journal of Legal Studies,1974,3:260. 对政治行动者而言,关于法律体现为政治之过程的不同开端问题,see R Dworkin. Law's Empire[M].Cambridge:Harvard University Press,1997:190-195.

rights）"可能是美国平等保护价值的最佳法律版本。这些权利或法律范畴事实上是"一种社会观念和各种社会实际运转信念之间相互作用的结果"，即它们是诸种价值互动的产物。①

与自治模型类似，嵌入模型的理论也认识到，政治要求必须予以转化才能载入法律机制的轨道。这些政治价值必须采取法律概念和范畴的形式。②然而，嵌入模型理论的主要特点却在于它们的转换时刻概念。与自治模型相比，这里的转换时刻被认为具有流动性，它不是一个有限的时刻，而是涵盖并嵌入法律与造法活动的各个方面。

这一转换时刻通常贯穿于造法的全过程，从宪法的价值信息到行政决定的政治基础，并遍布于不同的行动者，从宪法的起草者到地方行政办公室的公务员。③根据嵌入模型所涵盖的各种法律理论，政治价值的嵌入采取了多少不同的形式：自然法学者的逻辑演绎过程、批判法学信徒的社会语言现象，又或是法与经济学追随者的司法推理。

在菲尼斯的法律理论中，非法律概念和范畴在法律领域中的嵌入是通过慎断（determinatio）来进行的，这是一个从道德价值中衍生法律规则的过程。菲尼斯特别指出，法官或立法者采纳或创制的法律概念何以大多数情况下是二度具体化结果（second-degree determinationes）。法律概念和范畴可以由法律行动者根据实践合理性原则，并以推进有利于人类事务持续性的一般需求为最终目的而创造性地得出。这种持续性反过来又有利于人类的一般利益。④

批判法学学者也承认价值转换为法律的过程所占据的关键地位，但他们是在法律语言的不确定性中发现了转换过程的运作。对批判法学来说，这种转换是通过法律行动者（立法者、法官或公务员）对诸如宪法或制定法中表达模糊的法律概念和范畴的解释而发生的。反过来，这些法律行动者本身又是特定政治价值环境的产物，他们倾向于不断使用建立在政治价值基础上的解释性命题来浇铸模糊的法律语言。法律行动者导致了"对法律材料的操纵，为自己和他人提供幻象——法律支持或要求他们做什么"。⑤

---

① See Unger. The Critical Legal Studies Movement[J].Harvard Law Review,1982,96：612.
② See eg, J Finnis. On the Incoherence of Legal Positivism[J]. Notre Dame Law Review, 2000, 75：1604. See also R Mangabeira Unger. What Should Legal Analysis Become？[M].London：Verso,1996：139-142；J Finnis. Natural Law and Natural Rights[M].Oxford：Clarendon Press,1980：169-173；and R Posner. Wealth Maximization Revisited[J]. Notre Dame Journal of Law, Ethics and Public Policy, 1985, 2：94,在这里，波斯纳承认，为了以财富最大化作为指导价值，有必要对产权进行初步分配。
③ See eg,M Moore. Educating Oneself in Public：Critical Essays in Jurisprudence[M].Oxford：Oxford University Press, 2000：330-332；or M Kelman. Trashing[J].Stanford Law Review,1984,36：337.
④ See Finnis. Natural Law and Natural Rights[M].Oxford：Clarendon Press,1980：286-288.
⑤ D Kairys. Introduction[M]//D Kairys（ed）. The Politics of Law：A Progressive Critique. New York：Basic Books,1998：14. See also D Kennedy. Legal Education as Training for Hierarchy[M]//D Kairys（ed）. The Politics of Law：A Progressive Critique. New York：Basic Books,1998：60-62；K Klare. Labor Law as Ideology：Toward a New Historiography of Collective Bargaining Law[J]. Industrial Relations Law Journal,1981,4：469；and D Trubek.Where the Action is：Critical Legal Studies and Empiricism[J].Stanford Law Review,1984,36：603.

与嵌入模型涵盖的其他法律理论一样，法与经济学派也将转换时刻置于其法律与政治关联理论描述的核心位置。无论是在法与经济学内部发展起来的描述性分析模式还是在规定性分析模式中，转换过程都是描述性版本下的"要求"或规定性版本中的诸如自由贸易或财产权等"客观经济价值"被转变并引入造法过程的时刻。[1]

转换过程采取了法律推理的形式，正是法律推理让法官和立法机关能够探知到某种经济观点通过有效司法方案的创设而从政治环境转移到法律领域之中。例如，法律与经济运动以司法经济推理的形式呈现了转换时刻，其背后是对美国宪法第一修正案的有效解释（法律范畴的产生），以鼓励"两种特定'善'——思想和宗教的自由市场"价值。[2]

正是这种无处不在且持续运作的转换时刻赋予了归属于嵌入模型之理论的主要特征。这些特征是造法向政治世界的开放、法律对政治世界中产生的价值的弹性。这一转换时刻还发挥着另一种类似于自治模型中发挥的作用，即扮演着法律与政治分界线的角色。正是转换时刻确保了法律虽因嵌入政治环境并因此受到政治环境的强烈影响，但依然保持了不同于政治的一些独特性，从而防止了法律现象消失在周围的政治海洋中。

嵌入模型理论尽管认为造法向政治秩序开放，但仍然主张在法律现象与周围价值环境之间存在着一条薄的分界线。对自然法理论、批判法学以及法与经济学而言，法律是特定人群按照特定标准并使用特定范畴和概念进行工作的产物。人、程序和概念这些所有的要素都受到其运作其间的政治环境的深刻塑造与影响，但是它们并未在其中蒸发。[3]

嵌入模型理论最终提出的是一种对政治保持弹性的法律观点，而非蒸发的法律观点。它们揭示了一种法与造法观念，当接触到政治舞台及其价值输出，法与造法并未凭空消失，而是让自己灵活适应这些输出。法律范畴和概念在适应政治的同时，仍然围绕着具有独特法律性质（比如使用特定类型的语言——法律语言，而非政治宣传语言）的内核在运转。之于嵌入模型的信徒而言，一般来讲，法律不是政治，但是法律往往以一种矛盾的方式表达政

---

[1] See eg, Posner. Wealth Maximization Revisited [J]. Notre Dame Journal of Law, Ethics and Public Policy, 1985, 2: 104. See also D Brion. Norms and Values in Law and Economics [M] // B Bouckaert and G De Geest (eds). Encyclopedia of Law and Economics vol I. Celtenham: Edward Elgar Publishing, 2000: 1042-1048.

[2] R Posner. The Law and Economics Movement [J]. American Economic Review, 1987, 77: 12. See also Ehrlich and Posner. An Economic Analysis of Legal Rulemaking [J]. Journal of Legal Studies, 1974, 3: 278; and R Posner. The Problematics of Moral and Legal Theory [J]. Harvard Law Review, 1998, 111: 1700 and App.

[3] See eg, J Finnis. The Authority of Law in the Predicament of Contemporary Social Theory [J]. Notre Dame Journal of Law, Ethics and Public Policy, 1984, 1: 118. See also B Bix. Law as an Autonomous Discipline [M] //P Cane and M Tushnet (eds). The Oxford Handbook of Legal Studies. Oxford: Oxford University Press, 2003: 977.

治领域发生的事情。①

由于所有以法律为忠实载体的政治信息都必须由一群特定的行动者(通常也是由法律秩序本身比如宪法来确认的)转换为法律范畴和概念以便在司法判决或制定法中拥有一席之地,法律倾向于保持一定程度的有限自治。政治必须在某种程度上转变为法律或至少转变为法律语言,如此才能在法律身上打下深刻的印记。以这种方式,转换时刻于是发挥了一种非常重要的作用,即构成一条细薄的界线,允许法律在大部分的政治舞台上拥有其自身的尽管是嵌入的性质与功能。

(一)转换时刻的自明性

从其对转换时刻在法律与政治关系问题中所处的核心地位的明确认识来看,这并不意味着自然法、批判法学或法与经济学学者在其研究中给予了转换时刻以中心地位。相反,转换时刻最终被这些学派留在了法律现象考察的边缘地带。实际上,在嵌入模型中,法律行动者实施的每一项法律行动都如此深刻地扎根于他们所传递的政治信息中,以至于转换过程变成了一种不证自明的自动路径。转换时刻几乎是自然地被基本人性方面的规则(如自然法理论)、法律语言的结构性不确定(如批判法学)或驱动法官工作的内在经济效率目标(如法与经济学)所发动。②

例如,对批判法学学者来说,几乎不言而喻的是,保守派法官不太会支持个人诉大公司的惩罚性赔偿请求。③然而,历史表明保守司法机构有时也会作出相反的决定。这是因为同一司法机构有可能信奉其他为惩罚性赔偿范畴所推进的道德或政治价值,诸如保护个体权利免受大型组织的侵犯。对个体诉求的司法同情可以一种形式主义意识形态来解释,即"他们的责任就是适用法律"这一深深根植于司法文化中的意识形态。由此,尽管有自己个人的价值体系,法官们还是感到有义务在惩罚性赔偿方面对相关法律采取一种宽松的解

---

① See R Posner. The Problems of Jurisprudence[M].Cambridge: Harvard University Press, 1990: 243. See also Finnis. Natural Law and Natural Rights[M].Oxford: Clarendon Press, 1980: 260-264; Unger. The Critical Legal Studies Movement[M].Harvard Law Review, 1982, 96: 564; and P Gabel and P Harris. Building Power and Breaking Images: Critical Legal Theory and the Practice of Law[J]. New York University Review of Law and Social Change, 1983, 11: 369.

② See eg, D Kennedy. Freedom and Constraint in Adjudication: A Critical Phenomenology[J]. Journal of Legal Education, 1986, 36: 547; J Finnis. Law and What I Truly Should Decide[J]. American Journal of Jurisprudence, 2003, 48: 111; and Posner. The Law and Economics Movement[J]. American Economic Review, 1987, 77: 5.

③ See eg, R L Abel. Judges Write the Darndest Things: Judicial Mystification of Limitations on Tort Liability[J].Texas Law Review, 2002, 80: 1554, 1572.

释。①

由于追求不同价值的倾向是弹性法律与开放造法的本性之一,所以嵌入模型的代表性理论隐含着如下假设:政治的影响(效率、共同利益或支配地位的价值)遍布于法与造法的各个层面,以至于将研究限定于转换时刻的进程是毫无意义的。②因此,这些理论便倾向于不对这种转换时刻进行特别的探究。

当涉及探测法律更倾向于去适应的那些价值时,嵌入模型内的法律理论自然便出现分歧。大多数自然法学者聚焦于那些应当处于法律秩序底部以使其合法化的终极价值,比如正义、民主、权利以及富勒的程序忠诚等理念。尽管有着不同的表现和暂时的缺陷,这些价值一直都存在于大多数人的意识里,并因此反映在被称作法律现象的人类建构中。③

对法与经济学而言,其主要考量的是那些有助于促进共同体经济活动的价值,所以强调将经济效率价值作为整个法律秩序的基石。因此,法与经济学学者同样将最大的关切放在证明司法判决与经济效率价值(或晚近的财富最大化价值)之间的衍生关联问题上。④

最后,对批判法学来讲,法律机器要实现的价值就是政治、经济和文化上的精英们的价值;因此,批判法学的理论任务便是暴露这些垄断,为共同体中各方面的声音在法律舞台上寻找空间。尽管发表了纲领性声明,批判法学最终的主要关注还是在于发掘法律范畴和概念中藏匿的政治价值。其主要目标与嵌入模型理论相类似,即揭示那些"如果被迫遭遇,法官们会将其视为非法的潜藏动机"。⑤

嵌入模型内的理论将大部分精力集中在确定何种政治、道德和经济性要求符合或应当符合现有的法律范畴和概念。法官和立法者如何以及为何塑造和使用法律范畴概念,从而

---

① See A Altman. Critical Legal Studies: A Liberal Critique[M].Princeton: Princeton University Press,1990:53-54;and Campbell. The Point of Legal Positivism[J]. King's College Law Journal, 1998, 9: 83-84. 美国宪法中种族问题的类似例子,see RA Epstein. Forbidden Grounds: The Case Against Employment Discrimination Laws[M].Cambridge: Harvard University Press, 1992: 91-115; and M Klarman. From Jim Crow to Civil Rights: The Supreme Court and the Struggle for Racial Equality[M].Oxford: Oxford University Press, 2004: 294. 批判法学的代表人物霍维茨并没有排除这种可能性,尽管他是就另一法律问题展开讨论的,即公司的法律性质和十九世纪末保守的美国联邦最高法院的反公司态度。See M Horwitz. The Transformation of American Law 1870-1960: The Crisis of Legal Orthodoxy[M].Oxford: Oxford University Press,1990: 92-93.

② See G Peller. The Metaphysics of American Law[J].California Law Review, 1985, 73: 1182. See also J Finnis. On Reason and Authority in Law's Empire[J].Law and Philosophy, 1987, 6: 374; and G Calabresi and DA Melamed. Property Rules, Liability Rules, and Inalienability: One View of the Cathedral[J]. Harvard Law Review,1972,85: 1105.

③ See J Boyle. Reasons for Action: Evaluative Cognitions That Underlie Motivations[J]. American Journal of Jurisprudence,2001,46: 197.

④ See Posner. The Law and Economics Movement[J]. American Economic Review,1987,77:3-5. 法与经济学试图在经济价值和不具有直接经济性质的诸如家事法这样的法律领域之间寻找这种衍生联系。

⑤ D Kennedy. The Structure of Blackstone's Commentaries[J]. Buffalo Law Review,1979,28:219. See also D Kennedy. Form and Substance in Private Law Adjudication[J]. Harvard Law Review, 1976, 89: 1732; and A Hutchinson. Introduction[M]//A Hutchinson (ed). Critical Legal Studies. Totowa: Rowman & Littlefield Publishers,1989: 4-6.

在共同体中推行效率、正义或仅仅是统治阶级利益等这样的价值,这些关键性问题趋于被留在了嵌入模型理论分析的边缘。

与自治模型类似,嵌入模型理论也承认法律与政治间存在着这些关联,即政治信息被转换为法律范畴和概念。但是,这些联系在理论上没有得到充分的探讨:处于灰箱状态,其中一些输入(外围环境中形成的价值)进入,一些输出(法律范畴或概念)出来,而灰箱内部究竟发生了什么基本上是一个谜。这些理论更关注的是转换过程的前提(政治)与结果(法律范畴和概念),而非过程本身。

波斯纳的一篇文章代表了这一倾向,其一方面承认造法中转换时刻的重要性,另一方面又基本未予探讨。在《道德理论与法律理论的疑难问题》一书中,波斯纳力图证明道德价值为何不能成为重要司法判决的塑造力量,这里所谓的重要司法判决指的是诸如美国联邦最高法院在"罗伊诉韦德"一案中所作的这种具有造法性质的司法判决。同时,由于"我们制度中实证法的标准渊源并没有解决法官必须裁决的大多数新问题",法官便运用其他价值来塑造构建新的法律范畴和概念。[①] 例如,对波斯纳而言,堕胎的合法性不是基于道德考量而是基于对医生职业自治的维护。[②] 此外,波斯纳最初确实指出,他的目的是呈现司法生成的法律范畴不是道德价值而是其他类型价值的转换结果。然而,他最后却只聚焦于何种价值(选择自由 vs 医疗职业自治)契合于法院建构的法律范畴(堕胎合法化)这一问题上。[③]

波斯纳并没有对"罗伊诉韦德案"中从价值到法律的转换过程中发生的两个主要问题作出任何解释。假设法官正面临着两种可选且同等强烈的价值,即 f 价值(维护医生自治)和 e 价值(维护胎儿生命),他为什么选择了这一个而非另一个价值?此外,法官为什么认定某一法律范畴 l(医生特定行为的非罪化)最能反映法律世界中的价值 f(维护医生自治)?波斯纳倾向于更为关注价值通常在法律的行政和司法程序中发挥的作用这一部分问题,而对道德价值经由介入法律世界的方式问题考察不足。波斯纳发现了美国联邦最高法院判决在职业自治价值和堕胎非罪化范畴之间构架了一座桥梁,但是他并没有解释为什么在那里构建这样一座桥梁以及如何进行构造的问题。

四、转换时刻与交叉模型

在交叉模型内的理论中,从价值到法律概念和范畴的转换时刻之核心地位同样显而易

---

① Posner. The Problematics of Moral and Legal Theory[J]. Harvard Law Review,1998,111:1693.
② See Posner. The Problematics of Moral and Legal Theory[J]. Harvard Law Review,1998,111:1703. Compare J Noonan. Posner's Problematics[J]. Harvard Law Review,1998,111:1768.
③ See Posner Posner. The Problematics of Moral and Legal Theory[J]. Harvard Law Review,1998,111:1638. See also R Dworkin. Why Efficiency? A Response to Professors Calabresi and Posner[J]. Hofstra Law Review, 1980, 8: 564; and R Dworkin. Is Wealth a Value? [J]. Journal of Legal Studies,1980,9:200.

见。如前面所述的模型一样,交叉模型赋予法与造法和政治之间关系的两项主要特征,使转换时刻成为政治现象与法律世界交互作用过程的一个必经且重要的阶段。

言其必经阶段,是因为法律现实主义者认为法律面向政治现象具有局部刚性特质。由于法律概念和范畴的局部刚性,法律的运作在一定程度上倾向于遵循其自身的规则和推理方法。法律有限的功能自治迫使政治环境必须考量法律的专门化,使其意欲实现于共同体中的政治价值适应于法律。法律的有限刚性意味着,类似于法律实证主义,所有在政治世界中表达的价值为了被引入法律领域,必须获得新的形式和性质,即法律范畴和概念的形式和性质。[1]

对于法律现实主义而言,在转换时刻,法官(对美国法律现实主义者和斯堪的纳维亚现实主义者罗斯来说)和/或立法者(对其他斯堪的纳维亚法律现实主义者来说)作为关键人物决定把法律相关性陈述之性质赋予不确定政治表达。[2] 在这一时刻中,政治世界生成的价值只有以局部刚性的法律概念范畴的形式和性质才被允许进入法律世界。卢埃林关于信用证的文章就是这样一个例子,说明价值转换为法律范畴从而变得与法律秩序相关的必要性。他强调普通法法院主导的造法过程在构建信用证这一法律范畴中的重要性,这一范畴的构建是为了满足来自经济世界的诸如消除经济交易风险和纠纷等各种需求。[3]

法律现实主义者将法律看作一种用来实现共同体特定价值的工具。在转型时刻,主要的法律行动者决定哪些法律范畴和概念符合政治世界中产生的价值。例如,罗斯指出,一位法律现实主义者的目标是展示:

> 犯罪的司法理论实际上是怎样的……对适应法律机构特殊需要的当前道德观念的更精确表达。[4]

---

[1] See J Frank. The Place of the Expert in a Democratic Society[M].Philadelphia: Brandeis Lawyers' Society, 1945: 4-5, 38; K Llewellyn. The Normative, the Legal, and the Law-Jobs: The Problem of Juristic Method[J]. Yale Law Journal, 1940, 49: 1364; and K Olivecrona. Law as Fact[M].London: Stevens & Sons, 1971: 252-254. See also B Leiter. Rethinking Legal Realism: Toward a Naturalized Jurisprudence[J]. Texas Law Review, 1997, 76: 279; and J Bjarup. Scepticism and Scandinavian Legal Realists[C]//T Endicott et al. Properties of Law: Essays in Honour of Jim Harris. Oxford: Oxford University Press, 2006: 60-64.

[2] "在法律领域……规则指引但并不控制判决。没有什么先例是法官不可以根据需要将其限缩成一片剃刀,或将其扩张成一根大棒的。"K Llewellyn. Bramble Bush: On Our Law and Its Study[M].Dobbs Ferry: Oceana Publications, 1996: 180. See also K Llewellyn. The Common Law Tradition: Deciding Appeals[M].Boston: Little, Brown & Company, 1960: 179-180; and Olivecrona. Law as Fact[M].London: Stevens & Sons, 1971: 186-193.

[3] See K Llewellyn. Some Advantages of Letters of Credit[J]. Journal of Business, 1929, 2: 1. See also V Lundstedt. Legal Thinking Revised: My Views on Law[M]. Stockholm: Almqvist & Wiksell, 1956: 179.

[4] A Ross. Preface[M]//A Ross. On Guilt, Responsibility and Punishment. London: Stevens & Sons, 1975: v. See also JW Singer. Legal Realism Now[J]. California Law Review, 1988, 76: 483; 以及这一纲领性陈述在公法领域的具体应用, A Ross. Why Democracy?[M]. Cambridge: Harvard University Press, 1952: ch VIII.

除作为必要的一步,转换时刻还在法律现实主义的造法理论中获得了关键位置。

转换时刻的这一首要位置是由造法向政治秩序开放这一本质属性赋予的。由于造法的这种开放性,法律现象在其范畴和概念的生产过程中受到政治世界内不同的选择和主导行动者们的直接影响。参与转换过程的法律行动者(主要是法官和立法者),一方面拥有自己的武器库(法律的局部刚性),另一方面又不断承受着强大的压力,代表某一方参与到政治舞台上的争斗。

法官和立法者在不同法律概念和范畴之间的纠结,在某种程度上,与其说反映了根据内在法律标准(如法律体系整体的一致性或连贯性)来决定何为正确解决方案的难题,倒不如说反映了政治世界内部发生的持有不同价值主张的行动者之间的争斗。这种法律冲突反映政治斗争的观念,也得到美国和斯堪的纳维亚法律现实主义者都非常强调的法律语言可能的不确定性事实的证实,由语言所致的不确定性反映着时常冲突的价值生产环境。①

造法的开放及其所呈现的法律面向政治影响的局部刚性结构,使得转换时刻成为法律现实主义整个法律与政治观念的核心。在转换时刻,法官和立法者必须在政治环境影响下(造法的开放性),决定哪些新的或已经存在的法律范畴和概念更符合政治领域所表达的价值(法律的局部刚性)。

正是在转换时刻,采取交叉模型来解释法律与政治关系背后的最终目标,才比在其他地方都更为明显地浮现出来。事实上,转换时刻是法律现实主义者试图将法律与政治关系问题上两个显然不兼容的特征结合起来的时候:一方面,法律行动者将造法的开放性描绘为向他们生活和工作于其间的政治环境影响开放;另一方面,法律现实主义者提出了法律面向政治的局部刚性的观点,认为法律行动者掌握的刚性工具被用来实施他们所倡导的那些价值。

作为上述这种结合的结果,法律现实主义者否认转换时刻作为从政治世界向法律世界转移价值的唯一桥梁(自治模型主张的)的观点。他们也不赞成两个世界之间存在着几乎无限多的允许价值自由穿行的高速通道(嵌入模型主张的)。现实主义者试图达成某种中间方案,认为价值从政治世界到法律舞台存在好几种转换途径,这些途径因法律行动的政治

---

① See W Cook. The Logical and Legal Basis of the Conflict of Laws[J]. Yale Law Journal, 1942, 33: 467; Olivecrona. Law as Fact[M].London: Stevens & Sons, 1971: 252-267; J Frank. Courts on Trial: Myth and Reality in American Justice[M].Princeton: Princeton University Press, 1950: 384-388; and M Radin. My Philosophy of Law[M]// My Philosophy of Law: Credos of Sixteen American Scholars. Boston: Boston Law Book, 1941: 297-298. See also W Rumble. American Legal Realism and the Reduction of Uncertainty[J]. Journal of Public Law, 1964, 13: 45; and Cotterrell. The Politics of Jurisprudence: A Critical Introduction to Legal Philosophy[M]. London: Lexis Nexis, 2003: 198-199.

或价值立场不同而发生变化,但其在范围和数量上有所限制。①

转换途径的范围有限是因为,将某些法律概念和范畴的意义扩展到包纳政治舞台上表达的不同价值,以及通过法官和立法者的政治立场在法律世界内部表达的价值是有限度的。尽管赞同法律概念和范畴的不确定性,但法律现实主义者从未像批判法学那样得出法律语言存在着根本性、总体性模糊的激进结论。用莱特的话说,对于法律现实主义者,这种不确定性仍然是一种限于某些特定类型案件的不确定性。②

价值转换为法律必须遵循的途径在数量上也是有限的。法律现象是一种社会心理现象,因此有必要在造法过程中将其实际面向纳入考量。在价值转换为法律的过程中,法律行动者必须避免只产出书本上的法(对美国法律现实主义者而言)或有效的法(对斯堪的纳维亚法律现实主义者而言)。他们需要在造法过程中遵循此前被人们遵循,并被目标受众或司法代表视为法律的路径。唯有其如此,转换时刻的最终结果才可能是真正的法,即行动中的法或现行的法。③

(一)转换时刻的现实主义分析

类似于其他当代法律理论,采取交叉模型的法律学者也将转换时刻摆放在法政关系观点的核心之处。然而,与法律实证主义或自然法理论相比,交叉模型理论只将转换时刻分析作为其法律研究的一个核心要点。法律现实主义者不断强调法官、立法者及其行动(如以司法判决或立法行为为结果的过程的形式)应被置于任何关于法律如何与政治关联的法律研究的中心。在法律现实主义的造法视野中:

往往是法律人在专家发表意见后,对所有因素进行考量和权衡,并得出最能整合所有激励因素的公式。④

法律现实主义者的研究一直朝着这一方向迈进,最终他们将法律研究简单地视为对法官(美国法律现实主义者和斯堪的纳维亚的罗斯)、立法机构(斯堪的纳维亚法律现实主义

---

① 至于这一系列的限制,see eg, Llewellyn's chapter "Major Steadying Factors in Our Appellate Courts" in Llewellyn. The Common Law Tradition: Deciding Appeals[M]. Boston: Little, Brown & Company, 1960: 18-51.

② See B Leiter. Legal Realism[M]// D Patterson(ed). A Companion to the Philosophy of Law and Legal Theory. Oxford: Blackwell Press, 1996: 267.

③ 卢埃林认为"健全的法社会学是合理的法律技术的先决条件",这一观点特别好地描述了对造法和转换时刻的限制。K Llewellyn. My Philosophy of Law[M]// My Philosophy of Law: Credos of Sixteen American Scholars. Boston: Boston Law Book, 1941: 197. See also Olivecrona. Law as Fact[M]. London: Stevens & Sons, 1971: 71.

④ Ross. On Law and Justice[M]. London: Stevens & Sons, 1958: 330. See also Llewellyn. The Normative, the Legal, and the Law-Jobs: The Problem of Juristic Method[J]. Yale Law Journal, 1940, 49: 1392-1395; and Olivecrona. Law as Fact[M]. London: Stevens & Sons, 1971: 212-216. Against ibid 4.

者)等法律行动者主导的造法过程的研究。交叉模型涵盖下的法律理论不仅承认转换时刻的核心地位,他们还致力于揭示这一时刻的具体进程。他们将陪审团(弗兰克)、上诉法院(卢埃林)或立法者[奥利维克罗纳(Olivecrona)]如何推理与行为的问题放在法律分析的中心。通过这种方式,法律现实主义者可以聚焦于政治价值被法律化的方式,或者说政治价值转换为以司法推理和立法推理使用的范畴概念为代表的特定话语的方式。① 比如,根据罗斯的观点,法律考察的基本部分是探讨法官的价值如何及在多大程度上以法律概念和范畴之名义介入他们的判决中。②

考虑到转换过程在法律现实主义研究中的这种核心地位,美国和斯堪的纳维亚法律现实主义,尽管来自不同的方向,却得出了相同的结论,这就并非巧合。无论是通过消除法律语言与思维中的形而上学要素(之于斯堪的纳维亚现实主义者而言)还是揭露与变动的社会-政治现实相互影响的造法者活动(之于美国现实主义者而言),法律现实主义者纷纷强调了法律学者提供标准的重要性,以使这些转换时刻在立法和司法层面都更有规律和可预期。③

最终,法官和立法者赖以安身立命的造法面向政治保持开放性(比如法官分享政治保守的价值体系)。因此,法律现实主义者把自己的研究集中在法律行动者的主要功能问题上,认为法律行动者主要就是感知政治舞台上创制的价值并将其转换为法律范畴和概念,而法律行动者这一核心和能动的角色又是作为社会工程的法律行动概念的前提。法律旨在将一些价值塑造成一个共同体,而非简单地将其从政治领域运输到法律领域。

导致转换时刻在法律现实主义研究中处于核心地位的另一个因素是他们对法律研究科学性质的关切。他们期望看到转换过程是如何发生的,从而发掘或确认其最终产品的真正本质所在:法律不只是政治价值的载体,而且还是自有其工具(法律范畴和概念)将价值法律化的塑造者。转换时刻赋予了法律双重实质:作为政治的——用以贯彻价值于共同体之中;作为法律的——运用的是法律范畴和概念。这导致了一些明显矛盾的主张,一些学者认为法律现实主义是批判法学等法律运动的法哲学根源,另一些学者则认为法律现实主义

---

① See eg, K Llewellyn. On Reading and Using the Newer Jurisprudence[J]. Columbia Law Review,1940,40:593;and Ross. Preface[M]//A Ross. On Guilt,Responsibility and Punishment. London: Stevens & Sons,1975: v.

② See Ross. On Law and Justice[M]. London: Stevens & Sons,1958: 104. See also K Llewellyn. Some Realism about Realism[J]. Harvard Law Review,1931,44: 1240,in particular at point(a).

③ See N Duxbury. Patterns of American Jurisprudence[M].Oxford:Clarendon Press,1995:131. See also M Martin. Legal Realism: American and Scandinavian[M].Bern: Peter Lang,1997: 109-113,205;and B Anderson. Discovery in Legal Decision-Making[M].London: Kluwer Academic Publishers,1996: 5-11. See eg, Llewellyn. The Common Law Tradition: Deciding Appeals[M].Boston: Little, Brown & Company,1960: 215-217;W Cook. My Philosophy of Law[M]// My Philosophy of Law: Credos of Sixteen American Scholars. Boston: Boston Law Book,1941: 59; Ross. On Law and Justice [M]. London: Stevens & Sons,1958: 336-339;and Lundstedt. Legal Thinking Revised: My Views on Law[M]. Stockholm: Almqvist & Wiksell,1956: 140-141. But see Olivecrona. Law as Fact[M].London: Stevens & Sons,1971: 110-113.

本身倾向于一种更易理解的法律实证主义。①

转换时刻在法律现实主义学界中的核心地位还得到如下事实的证实：法律现实主义对此一时刻的关注反过来引发了诸多批评。如许多批评所强调的，法律现实主义的一个弱点在于，他们往往无视法律的规范性，非常注重对非规范性要素的考察，认为这些要素对法律行动者的工作进而（至少按照一位法律现实主义者的说法）对法律的性质具有决定性。② 也正是由于现实主义对转换时刻之经验基础的着重关注，有批评指出了，法律的规范性是如何消失在所有现实主义者对造法与政治秩序互动——将政治意识形态转换为法律范畴和概念——的社会心理解释学之中的。例如，这导致了弗兰克早期的一些批评者给他的整个法律哲学贴上了"早餐法理学（breakfast jurisprudence）"的标签。③

如果认为现实主义者最初就接受了法律的规范性，将其作为对"法律面向政治范畴的局部刚性"观点的限定的话，那么法律的规范性在现实主义的社会心理学解释中消失这一点就更难说是合理的了。法律现实主义者最后只能从毗邻法律世界及其话语的那一面来阐释价值转化为法律的箱子。他们探讨了造法过程中法律行动者工作的社会-心理构成和影响因素，却仍未考察哈特所谓的法律行动者就其所为之事持有的内在视角。仍有根据的一个批评是，法律现实主义者对转换时刻的阐释尝试即使成功了，其还是将这个转换之箱的一个很重要的部分留在了阴影里：转换之箱的规范性面向，即价值介入其间的法律世界的那一面。

---

① 对于法律现实主义的传统法实证主义方面，see eg, L Fuller. Reason and Fiat in Case Law[J]. Harvard Law Review, 1946, 59: 383; and Note. Round and Round the Bramble Bush: From Legal Realism to Critical Legal Scholarship[J]. Harvard Law Review, 1982, 95: 1676. For realism as the Father of CLS, see eg, B Bix. Jurisprudence: Theory and Context[M]. London: Sweet & Maxwell, 2003: 186; and Martin. Legal Realism: American and Scandinavian[M]. Bern: Peter Lang, 1997: 209-215. Against Duxbury. Patterns of American Jurisprudence[M]. Oxford: Clarendon Press, 1995: 424-426; Leiter. Rethinking Legal Realism: Toward a Naturalized Jurisprudence[J]. Texas Law Review, 1997, 76: 271-274; and EG White. From Realism to Critical Legal Studies: A Truncated Intellectual History[J]. Southwestern Law Journal, 1986, 40: 833.

② See H L A Hart. Scandinavian Realism[J]. CLJ, 1959, 17: 238; Bix. Law as an Autonomous Discipline[M]//P Cane and M Tushnet (eds). The Oxford Handbook of Legal Studies. Oxford: Oxford University Press, 2003: 979-980; and JW Harris. Olivecrona on Law and Legal Language: the Search for Legal Culture[J]. Tidsskrift för Rettsvitenskap, 1981, 94: 636. See also Martin. Legal Realism: American and Scandinavian[M]. Bern: Peter Lang, 1997: 70-76.

③ 法律现实主义对于造法和适法过程的这种消极解释仍然存在于许多当代法律理论家和哲学家著作中，尽管其方式是温和的。See eg, J Murphy and J Coleman. The Philosophy of Law: An Introduction to Jurisprudence[M]. Totowa: Rowman & Allanheld, 1984: 40-41; J Bjarup. Scandinavian Legal Realism[M]//CB Gray (ed). The Philosophy of Law: an Encyclopedia, New York: Garland Publishing, 1999: 773-777. But see Cotterrell. The Politics of Jurisprudence: A Critical Introduction to Legal Philosophy[M]. London: Lexis Nexis, 2003: 181-185; cf. B Leiter. Legal Realism, Hard Positivism, and the Limits of Conceptual Analysis[C]// Coleman (ed). Hart's Postscript: Essays on the Postscript to the Concept of Law. Oxford: Oxford University Press, 2001: 369.

五、灰箱的进一步阐明

除了法律现实主义者,还有其他一些当代法学者和哲学家系统探讨了转换时刻的一些基本问题,包括造法过程这一核心节点的运作方式、参与其中的主要行动者的个性化、转换时刻之于造法和整个法律的影响程度等问题。

在针对性探讨造法过程中转换时刻的模式与行动者的工作中,大量的研究集中在公法理论文献中。① 公法尤其是宪法学者对转换时刻感兴趣的一个原因可追溯到宪法考察的对象上去。正是在宪法领域,法律世界与政治世界之间的冲突如果不是更激烈的话,也肯定是特别显然的。与法律体系中的其他部分相比,正是在宪法上的权力间关系的法律结构及其规制之中,下述问题浮出水面:政治目标是否"因为未能将政治承诺转化为法律,以及参与者无法认识到法律管控框架的制约而被削弱"。② 一个相关的例子是,在宪法层面将绝大多数政治世界对死刑的支持转译为法律范畴,这一举措难以与预设的对酷刑和非常规惩罚的宪法禁止相协调。③

杰里米·沃尔德伦的传统法哲学视角也是专门致力于探究转换时刻的一个例子。从亚里士多德、霍布斯、洛克和康德提供的法哲学贡献出发,沃尔德伦着眼于转换进程中的一个核心调整机制:多数决原则。沃尔德伦还检视了多数决原则在立法机关这一核心造法程序体中运作的方式。沃尔德伦法哲学考察的目的在于"恢复并强调立法问题的思维方式,使之成为一种有尊严的治理模式和可敬的法律渊源"。④

更具体地观察各种分析模型的代表性理论,可以看出其中一些理论实际上是如何强调更多和更深入探讨转换时刻的必要性的。比如,麦考密克在其论文和专著中反复强调,造法

---

① 举几个例子,see J H Ely. Democracy and Distrust: A Theory of Judicial Review[M].Cambridge: Harvard University Press, 1980: ch 6; M Tushnet. Principles, Politics, and Constitutional Law[J]. Michigan Law Review, 1989, 88: 53, 68-74, 76-80; and B Ackerman. Constitutional Politics/Constitutional Law[J]. Yale Law Journal, 1989, 99: 526.

② C Harvey. On Law, Politics and Contemporary Constitutionalism[J]. Fordham International Law Journal, 2003, 26: 996. See also N Luhmann. Law as a Social System[M].Oxford: Oxford University Press, 2004: 403-410; B Cardozo. The Nature of the Judicial Process[M].New Haven: Yale University Press, 1945: 17; Habermas. Between Facts and Norms: Contributions to a Discourse Theory of Law and Democracy[M]. Cambridge: The MIT Press, 1998: 384; and F Frankfurter. Social Issues before the Supreme Court[M]// A MacLeish and E Prichard(eds). Law and Politics: Occasional Papers of Felix Frankfurter 1913-1938. Gloucester: Peter Smith, 1971: 48-49. See also the Famous Decision by the US Supreme Court in Marbury v Madison, 5 U.S. 164-67(1803).

③ See eg, R Bork. The Tempting of America: The Political Seduction of the Law[M].New York: Touchstone/Simon and Schuster, 1990: 213-214; and the Criticism by R Dworkin. Freedom's Law: the Moral Reading of the American Constitution[M].Cambridge: Harvard University Press, 1996: 300-301.

④ J Waldron. The Dignity of Legislation[M]. Cambridge: Cambridge University Press, 1999: 2. See also J Waldron. Legislation, Authority, and Voting[J]. Georgetown Law Journal, 1996, 84: 2109; and J Waldron. Legislation and Moral Neutrality[C]//J Waldron. Liberal Rights: Collected Papers 1981-1991. Cambridge: Cambridge University Press, 1993: 153.

和适法（law-applying）过程都是"法律活动的核心，研究这一过程的理性结构是解释法律推理作为实践推理一个分支的关键"，法律推理处理的是法律行动者在不同法律方案和范畴选择情景中必须面对的标准和价值问题。①

卢曼也代表了从自治模型角度来关注转换时刻的一个例子。他特别指出探究法律现象与政治、经济等外部世界之间的"结构性耦合关系"的必要性，认为这是界定法律的关键要素。②但是，至少从法律理论视角来看，卢曼的分析并不是一种规范性视角。卢曼一直明确而专门地致力于法律系统的研究，只要它被视为一般社会系统的子系统功能、一个"仅为实现稳定性预期的"系统。③卢曼忽视了法律的内在观点，只专注于将转换时刻插入一个更普遍的外部视角的必要性，从外部来评价法律与周遭环境之间是如何互动的。④简言之，卢曼试图描述价值如何转换为法律以及法律行动者在其间所扮演的角色，而未倾听到法律行动者本身对此的看法。

在嵌入模型的支持者中，朱利叶·斯通推进了对转换时刻的系统研究。斯通强调法律的社会、经济维度，法律现象嵌入政治环境中。然而，关于转换时刻这一问题，他的观点似乎更接近一位法律现实主义者。他特别强调，研究转换时刻的重要性原因在于，正是这一节点上，法律相对于从政治世界中释放出来的信息的灵活性特征得以呈现出来。⑤

与斯通的立场相类似的还有法律与社会运动。尽管信奉法律嵌入政治的观点，但法律与社会运动在转换时刻某些方面问题上采取的是类似于法律现实主义者所表达的态度。比如，弗里德曼公开承认转换时刻的存在，强调这是：

将态度——法律文化——转换为法律结构的过程……选择使用哪些法律工具，或如

---

① N MacCormick. Legal Reasoning and Legal Theory[M]. Oxford: Clarendon Press, 1997: ix. See also MacCormick. H L A Hart[M]. Stanford: Stanford University Press, 1981: 110-115, 118-120; and N MacCormick. The Concept of Law and "The Concept of Law"[J]. OJLS, 1994, 14: 10. 类似的强调关注司法造法之转换时刻的是 J Gardner. Concerning Permissive Sources and Gaps[J]. OJLS, 1988, 8: 459; and Kramer. Where Law and Morality Meet[M]. Oxford: Oxford University Press, 2004: 60-61.

② See Luhmann. Law as a Social System[M]. Oxford: Oxford University Press, 2004: ch 10. 至于卢曼关于转换时刻的思想，see ibid 152 and ch 2.

③ Luhmann. Law as a Social System[M]. Oxford: Oxford University Press, 2004: 164. See eg, 卢曼从外在视角对法律论证的分析 in ibid ch 9.

④ See Luhmann. Law as a Social System[M]. Oxford: Oxford University Press, 2004: 142.

⑤ See eg, J Stone. Social Dimensions of Law and Justice[M]. London: Stevens & Sons, 1966: 609-616; and J Stone. Legal System and Lawyers' Reasonings[M]. Stanford: Stanford University Press, 1968: 29. 一个类似的揭示转换时刻之尝试，see M Kelman. Interpretative Construction in the Substantive Criminal Law[J]. Stanford Law Review, 1981, 33: 591.

何塑造这些工具,及它们采取的制度形式的过程。这个过程肯定不是自动的。①

法律与社会运动强调了探讨造法过程中的这一阶段的重要意义,特别使用了概念性工具和非规范性视角,主要是社会学视角,但也包括政治学、历史和经济的视角。②

法律学者试图探讨转换时刻的最后一个例子可见于法律现象的公共选择理论路径之中。公共选择学者特别使用微观经济分析(如交易成本理论)来构建利益如何转换为法律范畴和概念的模型。这些模型的一个基本功能是论证了"转换时刻的灰箱是由随机和无序所主导"这一观点的根本性谬误。③

六、结 论

本文讨论了法政关系中的一个基本时刻:价值转变为法律范畴和概念的时刻(转换时刻)。特别是,一方面,这样一个转换时刻在所有模型(自治型、嵌入型、交叉型)对法律与政治关系的不同描绘中都占据并扮演着了一个核心地位,这一点已得到证明;另一方面,出于不同的原因,转换时刻又被大多数当代法律理论留在了研究的边缘地带。对自治模型所涵盖的理论来讲,价值成为法律的时刻之所以重要是因为它清楚地标明了政治的终结和法律的开始之处。然而,这一时刻并不被认为属于法律探讨的适当领域。恰恰相反的是,对于信奉嵌入模型的学者来说,法律本身被政治概念和范畴渗透得如此之深,以至于处理造法过程中价值世界从何以及如何转变成法律概念世界这样的问题,几乎是徒劳的。

当代法律理论中,法律现实主义可能是给予转换时刻以最多关注者,其将该问题的研究作为法律现实主义研究的一个基石。但是,法律现实主义者对灰箱的阐释主要是从社会学和心理-语言学角度来展开的,由此留下了灰箱之规范性这一基本面未予以探究。最后,本文简要讨论了已涉及的主要法律理论之内和之外的那些从哲学、准社会学或规范性等角度致力于系统探察转换之箱的法律学者。

---

① L Friedman. Total Justice[M].New York: Russell Sage Foundation, 1985: 148. See also B Tamanaha. A General Jurisprudence of Law and Society[M].Oxford: Oxford University Press,2001: 131-132; and White. From Realism to Critical Legal Studies: A Truncated Intellectual History[J]. Southwestern Law Journal,1986,40: 825-830.

② See R Cotterrell. Introduction[M]//R Cotterrell(ed). Law and Society. New York:New York University Press,1994: xii-xiii. See eg, Tamanaha. A General Jurisprudence of Law and Society[M].Oxford: Oxford University Press, 2001: 154-155,210-211; or L Friedman. American Law in the 20th Century[M].New Heaven: Yale University Press,2002: 399-406.

③ See D Farber and P Frickey. The Jurisprudence of Public Choice[J]. Texas Law Review, 1987, 65: 901. See also D Farber and P Frickey. Law and Public Choice: A Critical Introduction[M].Chicago: University of Chicago Press, 1999: 1; and Bix. Jurisprudence: Theory and Context[M].London:Sweet & Maxwell,2003: 208.